평등,
차이,
정의를
그리다

평등, 차이, 정의를 그리다

페미니즘 법이론

초판 1쇄 발행 2019년 7월 15일
초판 2쇄 발행 2021년 7월 20일

편역자 양현아 외

펴낸곳 서울대학교출판문화원
주소 08826 서울 관악구 관악로 1
도서주문 02-889-4424, 02-880-7995
홈페이지 www.snupress.com
페이스북 @snupress1947
인스타그램 @snupress
이메일 snubook@snu.ac.kr
출판등록 제15-3호

ISBN 978-89-521-1931-5 93360

평등, 차이, 정의를 그리다

페미니즘 법이론

양현아 외 편역

서울대학교출판문화원

| 머리말 |

1.

이 책은 지난 10여 년간 이루어진 공동 작업의 성과이다. 번역의 처음 버전이 2007년 1학기에 나온 것으로 보아 번역은 이미 2006년 혹은 그 이전에 시작되었을 것으로 생각한다. 나는 2003년 서울대학교 법과대학에 임용되어 신설된 '법여성학' 강좌를 강의하기 시작했다. 이때 일반대학원에 개설했던 '여성주의 법학이론' 강좌에서 주로 미국 페미니즘 법학의 주요 논문들을 읽어갔다. 한국과 법체계나 법문화가 많이 다르기는 했지만, 사회적이고 법적인 장애를 넘어서기 위한 페미니스트 법학자들의 노력은 한국의 법학자들에게도 큰 울림이 있었다. 특히 문제가 되는 사안에서 새로운 법적 논리를 구성하여 그것을 수용한 판결로까지 이끈다는 것은 얼마나 매력적인 일인지, 나와 학생들은 공감하고 전율하면서, 때로는 의문을 제기하면서 여러 글들을 읽었다.

미국의 법학은 나에게 '판례'라는 열쇳말로 다가왔다. 하나의 판례 속에는 미시적인 인간사와 거시적인 사회구조가 그물망처럼 엇물리면서 소용돌이치고 있었고, 그래서 판례는 내게 사회를 읽는 자료이자 인간들이 아우성치는 기록처럼 보였다. 이러한 판례들이 풍부하게 논의되는 미국의 페미니즘 법학 논문들을 살펴보자니 이것을 제대로 번역하여 널리 공유해야겠다는 생각이 들었고 그것을 실행한 것이 10여 년 전의 일이다. 그런데도 이렇게 긴 시간이 지나서야 출간하게 된 것은 순전히 내 인생의 여러 사정과 느린 속도 때문이리라. 하지만 지난 10여 년 동안 우리 사회 지적인 풍경에도 여러 변화가 있어서 2000년대 중반에 젠더와 페미니즘에 대한 관심이 크게 고양되었다면, 이후 10년은 페미니즘에 있어 암흑기였다고 해도 크게 지나치지 않을 것이다. 그래서 이 책이 페미니즘, 게다가 법학이론서라고 하면 출판사들이 출간 문의에 대해 고개를 젓기가 일쑤였다. 이제 10년도 더 지나서 이 책의 제목에 정당하고 당당하게 페미니즘을 드러낼 수 있게 된 것은 '소가 뒷걸음치다가 쥐를 잡는' 격이랄까, 정말 다행스런 일이다. 또한 지난 세월 동안 번역에 참여했던 대학원생들의 대부분이 더 이상 학생이 아니라 법률가와 연구자 등으로 눈부시게 성장한 점도 매우 기쁜 일이다.

이 책에 실린 논문들은 초벌 번역 이후에도 여러 차례 다른 사람들에 의해 수정 작업이 들어갔으므로, 본 번역 텍스트는 진정한 의미에서 공동 작업이라 할 수 있다. 공동 작업 속에서도 주 번역을 한 사람들은 다음과 같다. 캐더린 바틀렛Katharine T. Bartlett의 논문은 주로 신윤진 선생이, 로빈 웨스트Robin West의 논문은 주로 박가현과 권진아 선생이, 웬디 윌리엄스Wendy W. Williams의 논문은 주로 구미영 선생이 번역하였다. 헐마 힐 케이Herma Hill Kay의 논문은 전아람 선생이, 캐더린 맥키논Catharine A. MacKinnon의 글은 주로 문지선 선생이, 크리스틴 리틀턴Christine A. Littleton의 논문은 주로 송성국과 박주영 선생이, 조안 스콧Joan Scott의 논문은 주로 장다혜 선생이, 마지막으로 패트리샤 윌리엄스Partricia Williams의 글은 주로 김혁기와 오승이 선생이 번역하였다. 앞서 말했듯이 처음에 번역 작업은 강의의 일부로 출발하였으나, 이후 더 이상 번역에 참여하지 못하게 되기도 하고 또 새로운 사람들이 합류하면서 한 논문을 여러 사람이 번역한 경우가 꽤 많았다. 이렇게 번역 작업이 수년간 지속된 탓에 번역에 참여했지만 미처 기록되지 못한 연구자도 있을 것 같아서 아쉽다. 이름이 다 호명되지 않았을지라도 이 책은 번역 작업에 기꺼이 참여했던 모든 연구자들의 노력의 결과임은 말할 나위도 없다. 또한 오재형, 신윤진, 김정혜, 이은진 선생은 번역 과정에서 제기되었던 여러 과제에 대해 함께

상의하였고 판례해설 등을 위해 특별히 수고하였다.

2.

이 책의 번역 과정과 주요 내용을 간단히 소개하고자 한다. 번역은 대학원 수업에서 시작되었지만 2007년경부터는 의식적으로 번역 작업을 시작하였다. 하나의 논문에 대해 대표 번역자 한 명에 보조 번역자 한 명, 이렇게 주로 두 명이 짝을 지어서 책임지고 번역본을 만들고 나면, 그 텍스트를 전체 번역팀에서 돌아가며 읽고 불분명하거나 부정확한 번역을 바로잡았다. 이 과정에서 법학 논문을 철저하게 번역한다는 것이 얼마나 어려운 작업인지를 절감하였다. 그것은 정립된 선례들precedents, 한국과 다른 법률용어와 뉘앙스, 사실관계에 대해서뿐 아니라 이론에 대해서도 이해를 요하는 작업이었기 때문이다. 우리는 번역본을 원문과 대조하면서 재차 검토하고 독해·수정하였으며, 각 논문마다 용어 및 해석의 차이를 없애고 필요한 부분을 재조사하여 번역의 완성도를 높이고자 했다. 이 과정에서 본래 논문에는 없던 '판례해설'이라든가 참고문헌 정리를 따로 진행하였다.

다른 한편, 출간을 위해 접촉한 출판사들은 좀 더 넓은 독자층 확보를 위해서였는지 책이 너무 전문적이지 않은지 우려하였고 각주를 대폭 줄이기를 원하기도 하였다. 우리는 한국의 맥락과 관련이 적다고 보이는 부분은 과감히 삭제하였으나 각주를 더 이상 줄이기는 어려웠다. 본문의 내용을 이해하는 데 필수적인 각주가 상당히 많았기 때문이다. 출판사에서는 이렇게 각주가 많은 책은 드물게 본다면서 그것만으로도 이 책을 출간하기 어려운 사정이라고 말하곤 하였다. 우리는 원본에 충실한 정확한 번역을 꾀하면서도 한국어로 이해가 가능하도록 텍스트를 다듬어 갔다. 하지만 지금의 번역 텍스트에서도 이해가 어려운 부분들을 드물지 않게 발견하면서, 마지막까지 여러 차례 검독과 수정을 했던 나 자신의 한계를 절감하게 된다. 그럼에도 여기까지가 우리가 도달할 수 있는 지점인 것 같아 이제 긴 여정을 마치려고 한다.

이 책에 수록되어 있는 여덟 편의 논문은 1980년대와 1990년대 초에 미국에서 출간된 것들이다. 이미 30년 내지 40년 전의 글이라는 점에서 현재 미국의 법학 내지 미국의 페미니즘 법학의 흐름에도 뒤처져 있는 글이라고 할 수 있겠지만, 동시에 미국 페미니즘 법학을 이끌어 온 초석corner stone과 같은 글이라고 평가된 논문들이다. 우리는 이 책에 실린 논문 외에도 여러 논문들을 읽었고 또 선별하였다. 이에 따라 책의 분량을 감안하여 여러 주요 논문들을 이 책에서 누락시킨 아쉬움도 있다. 한때는 서구권 중심의 페미니즘 법학이론서를 제1권으로, 비서구권의 페미니즘 법학이론서를 제2권으로 출간하자는 포부도 가지고 있었으나, 현실에 비추어 볼 때 제2권의 희망을 가지기는 어렵지 않나 싶다. 다만 원래는 제2권의 머리에 포함될 것으로 예상했던 패트리샤 윌리엄스의 글을 이 책의 마지막에 실었다. 독자들은 이 글을 여성주의 법학이 서구중심성을 넘어서서 자기 땅의 이론과 이야기를 펼치라는 미래의 주문으로 읽어주기 바란다. 이 책의 공역자들을 포함한 후학들이 그러한 작업을 이어갈 것이라고 믿는다.

이 책은 크게 세 부분으로 구성되어 있다. 제I부 총론에는 여성주의 법학의 이론과 방법론이 담겨 있다. 자유주의, 사회주의, 차이 페미니즘, 지배이론, 퀴어이론, 제3세계 페미니즘, 나아가 포스트식민 페미니즘 등이 페미니즘 이론으로 말해져 왔으나, 그런 틀로는 다 포괄할 수 없는 수천의 페미니즘 사유가 존재하고 있다. 사실 이 책은 페미니즘 이론을 세세하게 살펴본다기보다는 각자의 논문 속에서 이론을 구성하고 있다고 할 수 있다. 페미니즘 이론이란, 상자 속에 들어 있는 것처럼 정형화된 사유방식이 아니라 기존 이론에 바탕하면서도 판례와 방법론 속에서 역동적으로 구성되는 사유라고 이해하기에, 이 책에서 독자는 다양한 페미니즘 법이론을 만날 수 있을 것으로 생각한다.

첫 번째 논문인 캐더린 바틀렛의 논문은 페미니즘 법학 방법론을 정리하는 하나의 도전장과 같은 글로 읽힌다. 불편부당한 객관성과 법적 안정성을 추구하는 기존의 법학 방법론을 따르다 보면 여성의 경험이나 입장을 대변하기 어렵다는 사실을 절감하고 여성주의적 법학 방법론은 어떤 것이어야 할까를 고민하는 글이다. 우리는 이 글이 교과서적 의미에서 '페미니즘 법학 방법론'이라고는 보지는 않았으며 다만 바틀렛 자신의 구성물이라고 보았지만, 여전히 그녀가 말하는 실용적 추론, 의식고양, 관점인식론, 포스트모더니즘, 여성의 위치성 등은 여성주의 법학의 합리성과 추론reasoning을 만드는 데 매우 중요한 포인트라고 생각하였다. 그리고 이런 방법론의 정립 안에 여성주의 이론에 대한 그녀의 생각이 스며들어 있다고 보인다. 바틀렛은 여성주의 법학 방법론이 평등과 정의를 찾기 위한 수단을 넘어서 여성주의 법학의 목적 자체라고 생각하고 있다는 점에서도 울림이 있는 글이다.

두 번째 논문인 로빈 웨스트의 글 역시 명시적으로 여성주의 이론들을 해설하고 있다고 할 수는 없으나 상당한 수준의 페미니즘 이론에 대한 이해를 기저에 깔고 있다. 그녀는 기존의 자유주의 페미니즘 법학이나 차이의 페미니즘 내지 지배이론의 페미니즘 법학으로는 '여성의 현실'에 다가가기 어렵다고 갈파한다. 그것은 무엇보다 여성의 현실을 표상할 '언어'를 여성 자신도 가지기 어렵고, 법원과 사회는 여성의 언어에 담긴 합리성을 더더욱 이해하지 못하고 있기 때문이다. 그래서 여성의 고통은 항상 사소하거나 부차적인 것, 심지어 우스운 것으로 간주되곤 한다. 심지어 고통을 느끼는 여성 자신에게도 자신의 고통을 주장할 언어적 현실을 구성하기 어려우니 자신도 자신을 소외시키는 딜레마가 이어진다는 것이다. 이러한 웨스트의 논변은 기성 법학의 장(場)을 훨씬 넘어서 언어와 인식 그리고 체험의 세계로 우리를 데려갔고, 법학에서도 이런 인식의 기초가 여전히 중요하다는 것을 확인시켜 주었다. 여기서 그녀는 '현상학적 이론', 즉 여성들의 체험으로 들어가서 그것을 기록하는 현상학적 방법론을 제시한다. 여성들의 "쾌락적 삶hedonic lives"에 착목하여 남성보다 더 고통받는 혹은 남성들과 다르게 고통받는 여성의 삶에 대해 기록하고 목소리를 부여해야 한다는 방법론을 제시한다. 그런 점에서 그녀의 이론은 로고스 중심적인 기존의 페미니즘 이론을 넘어서 여성의 몸과 체험, 욕망과 쾌락에 착목하고 있어 흥미진진하다. 또한 웨스트는 여성과 법의 괴리를 단지 법학의 문제가 아니라 페미니즘 법학의 문제로도 받아들이고 있다는 점에서도 주목된다.

제II부는 동등대우와 특별대우의 논쟁을 다루고 있다. 미국 페미니즘, 나아가 서구 페미니즘 법학 전반을 '평등과 차이의 논쟁'이라고 정리할 수 있을 만큼 젠더 평등론의 구성에서 평등과 차이 간의 논쟁의 역사를 잘 보여 준다. 여기서의 '평등'은 결과의 평등이라는 의미가 아니라 동등대우equal treatment라는 의미가 짙고, '차이'는 특별대우special treatment의 의미가 강하다. 이 책에 수록된 논문들의 논쟁이 보여 주듯이 평등과 차이 그리고 동등대우와 특별대우를 어떻게 정의하는가는 바로 자신이 서 있는 이론적 입장을 나타낸다고 할 정도로 그 정의는 중요한 사안이다. 특히 일터에서 여성 노동자의 임신에 관한 처우에 있어 평등권 보장이 미연방대법원에서 수차례 다루어지면서 젠더 평등의 시험대가 되어 왔다. 작업장에서의 여성의 임신이 젠더 평등의 딜레마에서 태풍이 눈이 되어 왔다. 또한 '여성의 차이' 개념이 이론의 핵심이라고 할 만큼 논쟁 거리가 되고 있다.

세 번째 논문인 웬디 윌리엄스의 글은 평등과 차이 대우 논쟁에 있어서 가히 기념비적 논문이라고 할 수 있다. 이 글은 미국에서 제기되었던 일터에서의 여성 노동자 모성보호 관련 판례들을 1단계(1870-1970년), 2단계(1970-1976년), 3단계(1976-1978년), 4단계(1978-1985년)로 나누어 살펴보고 있기에 미국의 모성보호 관련 판례들을 전반적으로 이해하는 데 매우 유익할 것이다. 특히 게둘딕 판결(Geduldig, 1974 미연방대법원)이나 라플래어 판결(LaFleur, 1974 미연방대법원), 칼페드 판결(California Federal Savings Loan Association, 1987 미연방대법원) 등 주요 판례의 논거들을 살펴볼 수 있는 좋은 기회를 제공한다. 윌리엄스는 여성의 임신이 여성의 성역할을 강요하는 기반이 된다고 하면서 작업장에서의 임신 처우에 대한 동등대우 접근을 지지한다. 그녀는 동등대우 접근이 여성을 '남성과' 동등하게 대우한다는 점에서 남성을 고유의 노동자/인간 모델로 한다는 비판을 수용하면서도, 불평등효과 이론이 여성에 대한 특별대우 접근법으로 해석되는 것에 대해서도 경계한다. 즉 윌리엄스는 임신하는 여성이 '보통의 근로자'로 대우받도록 하는 법적 논거를 전개하고 그 논거를 동등대우 접근법에서 찾고 있다. 미국의 사법부가 이러한 '평범한 기준'을 충족시키지 못한다는 점을 비판하는 것이다.

네 번째 논문인 허마 힐 케이의 글은 오랫동안 노동법 교수로 재직해 온 저자의 입장을 이론화하고 있다. 케이는 인종 문제를 포함한 차별 사안에서 다수자에 대한 동화주의자assimilationist의 접근을 경계하면서, 여성만이 체험하는 임신 경험에 대한 에피소드 접근episode approach을 제안한다. 에피소드 접근은 여성 자신에게도 임신이 남성의 어떤 체험과도 비교가능하지 않은 차이의 체험이라는 점에 주목하면서, 동시에 그것이 임신 이전이나 이후에는 연속되지 않는 특정 시기에 국한한 체험이라는 점에 착안하고 있다. 이 논문에서 그녀는 다음과 같이 말한다.

> 에피소드식 분석은 생물학적인 재생산적 성차가 존재하는 것을 인식하기는 하지만, 그들의 법적 중요성을 그 차이가 실제로 발휘되는 짧은 기간 동안만으로 한정한다. … 수태의 순간에 정자와 난자는 똑같이 중요한 역할을 한다. 출산 이후 우리는 아이를 돌보는 데 있어 부모가 된 남성과 여성에게 동등한 책임을 부여한다. 그러나 윌리엄스Wendy W. Williams와 달리, 나는 임신이라는 사건이 진행되는 동안 여성의 신체는 특유한 방식으로 기능한다는 점을 강조한다. 우리는 그 특유한 기능을 수행하는 여성이 불리해지지 않도록 하기 위하여 그 점을 인식해

> 야 한다. … 제한된 기간 동안 여성의 필요가 남성의 필요보다 큰 경우에 법이 여성을 남성과 다르게 대우하는 것을 전반적인 고용기회와 관련한 여남평등을 보장하는 하나의 방법으로 인정할 수 있게 된다.(이 책, 240쪽)

이렇게 케이 교수의 입장은 '특별대우' 접근의 하나의 사례가 될 수 있지만, 그녀는 이를 특별대우라고 부르지 않고 '여성의 차이'를 수용하는 접근법이라고 제시한다. 이 논문을 윌리엄스의 논문과 비교하면서 읽는다면 '평등과 차이론'의 논거를 이해하는 데 큰 도움이 될 것이다.

다섯 번째 논문은 한국에서도 널리 알려진 캐더린 맥키논의 글이다. 맥키논은 '래디컬 페미니즘'의 대표적 학자이자 성희롱, 포르노그래피, 전시강간 등 젠더폭력Gender-based violence 문제의 최전방에 서 있는 법률가라고 할 수 있다. 그녀는 남성과 여성의 불균등한 권력이라는 견지에서 여성에 대한 폭력 문제를 이론화했다. 예컨대 직장 내 성희롱은 여남의 성성sexuality의 문제라기보다 일차적으로 여남의 상이한 젠더권력에서 오는 체계적이고도 우발적인 사건이라고 보는 것이다. 그녀의 글 중에서도 가장 널리 알려진 글이라고 할 수 있는 이 논문에서 맥키논 교수는 차이와 차별에 관한 그녀의 사유를 전개하고 있다. 그것은 기존의 평등과 차이 기준 모두가 남성중심적이라는 것이다. 남성과의 '동일성' 그리고 남성으로부터의 '차이성'이라는 남성의 잣대에서 여성을 측량하고 있다는 것이다. 그리하여 저 유명한 캐롤 길리건Carol Gilligan의 '다른 목소리'에 대해서도 회의감을 드러낸다.

> 나는 그것은 더 고음인, 여성의 목소리로 말하는 도덕이라고 생각한다. 여성들이 돌봄에 가치를 두는 것은 남성들이 우리가 그들에게 해 주는 돌봄에 따라 우리의 가치를 매겨 왔기 때문이며, 우리도 돌봄을 어느 정도 이용할 수 있기 때문이다. 여성들은 우리의 존재가 남성과의 관계에 의해 정의되기 때문에 관계적 언어로 사고한다. 더욱이 당신이 힘이 없을 때, 당신은 단순히 다르게 말하는 것이 아니

다. 오히려 당신은 말하지 못한다. 당신의 말은 단지 다르게 발음되는 것이 아니다. 그것은 침묵된다. 제거되어 사라져 버리는 것이다.(이 책, 262쪽)

그녀는 자신의 접근을 '지배접근법'이라고 부르면서 페미니즘의 변치 않는 가치는 가부장제의 전복이지 여성성에 대한 칭송이 아니라고 보았다. 이런 그녀의 생각은 1990년대 포스트모더니즘이나 프랑스 정신분석학의 영향을 받은 다른 여성주의 법학자들에 의해 비판의 대상이 되기도 하였다. 이러한 비판에 대해서 수긍하는 것과는 별도로, 나는 여전히 맥키논의 생각은 오늘날까지 '변치 않는' 유용성을 가지고 있다고 평가한다. 단순한 듯 압축적인 맥키논의 언어는 사실 번역하기가 매우 까다로워서 우리는 그녀의 글을 투사적 시어militant poetry와 같다고 말하기도 했다.

이 책의 저자들 모두는 상이한 글쓰기 방식과 톤(목소리 톤)을 가지고 있었는데, 우리는 가급적 그것을 살려 내어 번역하고자 했다. 마지막 논문의 저자 패트리샤 윌리엄스는 글쓰기의 톤 자체가 하나의 메시지가 되는 사례를 보여 주고 있다.

이 책의 마지막 장인 제III부에는 미래의 방향 내지 대안을 다루는 세 편의 논문이 실려 있다. 여섯 번째 논문인 크리스틴 리틀턴의 글은 앞서의 '평등과 차이론'을 종합하여 그 논의 수준을 한층 끌어올린 글이라고 평가할 수 있다. 리틀턴 교수는 수용acceptance으로서의 평등론으로 성적 평등론을 재구성하고자 한다. 그간의 평등대우와 특별대우 논쟁을 대칭symmetry과 비대칭asymmetry이라고 정리하면서, 문제는 '남성의 잣대로 바라보는' 여성의 차이론에 있다고 진단한다. 수용으로서의 평등은 차이의 소재지를 여성에 위치시키지 않는다. 차이란 여성이 '가지고 있는 것'이 아니라, 여성과 남성의 '관계 속에 있는 것'이라고 저자는 강조한다. 사과와 배는 서로 다른 것이지 사과가 배가 아니어서 차이의 과일이 되는 게 아니라는 것이다. 이런 견지에서 보면, 그간의 여성이란 '남성과 다른 것'의 기호였지 여성인 '무엇이어서' 다른 것은 아니었다고 할 수 있다. 이런 의미에서 여성의 차이 같은 것은 없다. 성별 간 차이가 있을 뿐이다. 하지만 성별 간 차이를 말하기 위해서는 여전히 여성이 누구인지 상상하고, 언설화하고, 그것을 공유해야 할 것이다.

리틀턴에 따르면, 대칭적 접근에는 동화assimilation와 양성성androgyny의 모델이 있으며, 비대칭적 접근에는 특별대우, 포용 모델accommodation 그리고 수용 모델이 있다. 수용 모델에서는 생물학적 차이와 사회적 차이 모두를 인지하고 이런 차이 자체가 불평등을 야기하는 것이 아니라 차이가 불평등을 정당화하는 방식이 문제라고 본다. 그리하여 그녀의 성적 평등론은 차이들에 대한 '동등한 수용'을 요구한다. 예컨대, 연설을 하기 위해 연단에 올라선 한 페미니즘 법률가는 연단이 너무 높아 마이크를 사용할 수 없을 정도일 때, 적절하게도 다음과 같이 말할 것이다. "남성 전용이구먼!" 이때 그녀에게 제공되는 발받침대가 포용적 접근이라면, 높낮이 자체를 조절할 수 있는 연단은 수용적 접근을 보여 준다고 한다. 이렇게 리틀턴이 말하는 수용으로서의 평등은 소수자의 차이를 소수자의 것이 아니라 관계의 것으로 사유하게 하고 그 차이를 '상호적으로' 보정하려는 것이다. 이에 따라 차이를 갖고 있다고 생각되는 어떤 특정 집단이 차이의 대가를 치르지 않도록 만든다는 것이다. 생각해 보면 이것은 법학의 평등이론에서 훨씬 더 나아가 연단의 사례가 말해 주듯이 사회의 공간 구성 및 설비 디자인 등 다양한 변화를 유도하고 요청하는 '사회구조설비 개혁론'이라고 할 수 있다.

일곱 번째 논문은 역사학자 조안 스콧의 글이다. 스콧 교수는 1980년 말 미국의 페미니스트 역사학자로서 포스트구조주의 역사쓰기 방법을 보여 주어 돌풍을 일으킨 학자이다. 그녀의 『젠더와 역사의 정치』*Gender and the Politics of History*(1988)는 이런 견지에서 널리 회자되는 책이다. 그녀에게 젠더는 더 이상 여성다움 및 남성다움에 국한하지 않고 사회 전체를 조직해 온 방식으로서 역사적 분석의 핵심 축이 된다. 이런 이론적 시각이 논문에도 투영되고 있는바, 그녀는 미국에서 제기된 고용기회평등위원회EEOC 대 시어즈Sears 사건을 비판적·해체주의적으로 독해한다. 그녀는 마사 미노우Martha Minnow가 명명했던, 종속집단의 입장에서 "차이에 집중하는 것과 차이를 무시하는 것 모두가 차이를 다시 만들어낼 위험을 가진다"는 '차이의 딜레마'에 주목한다. 스콧에 따르면, 시어즈 판결에서 제시된 증거들을 자세히 살펴보면 평등 대 차이라는 틀로는 대립되는 두 입장을 정확히 묘사하지 못한다는 것을 알 수 있다. 시어즈 측은 성차별이 아니라 오래된 관행 속에서 여성들이 커미션 판매직commission job에 많이 지원하지 않았다고 설명하였다. 시어즈 측은 '성적 차이'에 대한 이런 증거를 가지고 고용기회평등위원회 측을 반박하였다. 아무도 그렇게 말한 적이 없음에도 고용기회평등위원회는 남성과 여성이 동일한 관심을 가진다고 전제했다는 것이다. 고용기회평등위원회 측은 여성과 남성은 시어즈 측이 주장하는 것보다 훨씬 더 다양한 직업을 가졌고, 역사적으로 성별 직종분리는 고용주의 선택이지 피고용주의 선택이 아님을 강조하였다. 하지만 통계수치에 더 많이 입각해 있었던 시어즈 측의 진술과 증거 그리고 역사적으로 형성된 성적 차이론이 재판부에게 더 설득력을 가졌다. 이런 성적 차이의 딜레마를 목도하면서, 스콧은 평등과 차이라는 이분법적 논리가 갖는 위험성을 경고하고 평등의 반대항은 차이가 아니라 불평등임을 분명히 한다. 이에 따라 필요한 것은 평등이나 차이론에 대한 도그마적 접근이 아니라, 역사적으로 구성된 고정된 성별 범주 그리고 평등과 차이론 모두에 대한 해체적인 접근이라고 말하고 있다.

마지막 논문인 패트리샤 윌리엄스의 글은 이제까지의 논문과의 사뭇 다른 스타일로 쓰였다. 이 논문이 포함되어 있는 윌리엄스 교수의 『인종과 권리의 연금술』*The Alchemy of Race and Rights*(1991)의 부제가 "한 법학 교수의 일기diary of a law professor"인 만큼 이 글은 법적인 쟁점들에 대해 '개인적인 목소리'를 드러내기를 주저하지 않는다. 심지어 그녀의 다른 한 논문("The Brass Ring and the Deep Blue Sea")에서는 "나의 법분석에서는 주체 위치subject position가 모든 것이기 때문에, 오늘 아침 내가 매우 우울하다는 것을 당신이 알 필요가 있다"고 시작하고 있다. 이렇게 법학 교수인 저자는 이제까지의 논문들과 달리 법 속에서 자신을 말하는 것이 아니라 자신의 주체성을 드러내면서 법에 대해 말하고 있다. 그녀는 법과 판례를 자신의 체험과 몸에 흐르는 역사 속에 용해시키고 있는 것처럼 보인다.

> 상거래법 교수인 내게 계약법에서 가장 인상 깊은 요소 가운데 하나는 당사자들을 수동태로 전락시킴으로써 발휘되는 어떤 둔화력이다. 계약법은 사람들이 그들이 서명한 서류에 대해 수동적인 관계를 맺도록 강제함으로써 당사자들의 살아 숨쉬는 관련성을 옭아맨다. 상황을 지배하는 것, 모든 일을 "행하는" 것, 모든 책임을 빨아들이고 일체의 다른 보호책을 굴절시켜 버리는 것은 계약 자체이다. 계약법은 삶을 동화fairy tale로 격하시킨다. … 계약상의 실물성은 두 경우에 있어서 마법과 다름없었다. 그것은 환상 아닌 것으로 둔갑한 환상이었다. 심지어 그것은 여성의 자율성과 여성의 살과 여성의 피가, 재고의 여지가 언제까지고 봉쇄된 채 저 멀리 언어의 감옥에 갇혀 버리게 만들었던 강요된 협정의 잔인성을 교묘하게 포장한다.(이 책, 382-385쪽)

윌리엄스 교수는 또한 임종을 함께했던 사랑하는 대모에게서 들은 북극곰의 우화와 별자리 점, 더운 날 그녀와 함께 먹었던 아이스크림과 익힌 과일들에 대해서 이야기한다. 그러면서 자신의 출생의 연원을 흑인과 백인 '조상'으로 거슬러 올라가서 자신이 누구인지, 법을 말하는 자신이 누구인지를 치열하게 묻고 있다. 이런 엄청난 존재의 개별성 및 신체성과 법의 중립적 동등성을 저자는 조용하게 그러나 신랄하게 대비시킨다. 그녀의 글이 아프리카 노예의 후예로서 미대륙에서 삶을 영위할 수

밖에 없었던 아프로-아메리칸 페미니즘Afro-American feminism의 언설인지 혹은 유색인종 페미니즘의 언설인지, 심지어 그것이 페미니즘의 언설을 구사하는 것인지도 분명치 않다. 그녀는 다만 자신에 대해 이야기를 하고 있을 뿐인데, 이 글은 유색인종 여성에 대해, 법에 대해 그리고 그녀 자신에 대해 감동적인 이야기를 들려주고 있다.

3.

이 책의 의의에 대해 나의 생각을 적어 본다. 먼저, 이 책은 본격적으로 서구 성평등론의 이론들을 보여 준다는 점에서 첫 번째 의의를 찾을 수 있다. 한국에서 평등 문제는 헌법이나 인권의 맥락에서 많이 다루어지고 있지만, '비교집단'과의 '동등대우'라는 마법에 갇혀 있지 않나 생각한다. 그래서 평등에 관한 질문이 다양하게 제기되고 다루어지지 않았다고 본다. 흔히 평등을 형식적 평등formal equality과 실질적 평등substantive equality으로 구분하면서 후자의 평등이 결과적인 평등이라고 하지만, 이때 '차이'를 수용하면서 결과적인 평등을 기한다는 것은 과연 어떤 논변을 요하는 것일까? 예컨대, 그 성별 간 차이가 사회적으로 구성된 것인지, 철폐해야 할 사회적 관습이나 통념에 입각한 것인지, 아니면 그 차이란 제대로 보이지 않아 왔던 여성들의 미덕으로서 옹호affirmation의 대상인지 논의를 요한다.

구 병역법 제3조 제1항에서 규정한 대로 남성만을 징집 대상으로 하는 징병제에 대해 우리 헌법재판소는 스스로 구성한 여성과 남성의 차이론에 입각하여 합헌 결정을 내린 바 있다. 이 결정의 논거로 제시되었던 남녀의 육체적 조건 차이에 따른 전투력의 차이, 임신·출산이라는 여성의 차이, 성폭력 위험성이라는 여성의 차이를 어떻게 보아야 할까? 현재까지 지속되고 있는 경찰관에 대한 성별 분리 모집에 대해서도 마찬가지로 여성주의 법이론이 필요하다. 이 책에서 보여 주는 평등과 차이의 논쟁 그리고 리틀턴이 제시하는 '수용으로서의 차이론'은 현실에서 난무하는 성적 차이론에 대해 냉철하게 분석하면서도 풍요로운 대안적 사유를 제시하고 있어 주목된다. 이러한 점에서 이 책에 담긴 이론이 실제 사건들에서도 귀중한 안내자의 역할을 할 것으로 기대한다.

이와 같은 평등론이 가지는 또 다른 중요성은 그것이 젠더 평등론을 넘어서서 다른 소수자에 대해서도 적용성이 높다는 점에 있다. 계급과 계층, 인종, 국적, 장애, 성적 지향 등 많은 소수자들의 평등 문제에 대해서도 논의할 수 있는 열쇳말이 이 책이 다루고 있는 차이론이 아닐까 생각한다. 그런 면에서 이 책이 오늘날 한국 사회와 사법부에 여전히 부족하다고 보이는 차이를 수용한 평등론을 소수자 전반에 확장시키는 사유의 단초를 제공하기를 희망한다.

2010년경 마이클 샌델Michael Sandel의 『정의란 무엇인가』가 한국에서 번역·출간되면서 일약 베스트셀러가 되고 정의론에 대한 관심이 급부상하였다. 이는 한국 사회가 '무엇이 정의로운 것인가'에 대한 대답에 목말라 있었다는 것을 뜻하고, 그만큼 한국 사회가 정의롭지 못하다는 점을 방증하는 현상이라고 생각한다. 이 책에서 중심적으로 다루는 평등과 차이론은 개인 간, 비교집단 간의 그것을 훨씬 넘어선다는 점에 주목할 필요가 있다. 저자마다 다양한 사유와 목소리가 있지만, 이 책에서 말하는 평등과 차이는 한 사회의 사회를 새롭게 디자인할 수 있는 원리로서 제시된다. 요컨대 페미니즘 법이론은 성별에 '관한' 정의론을 추구하는 데 그치지 않고 성별을 '통해서 본' 정의론으로 나아가고 있다.

또 다른 의의는 이 책에 실린 대다수 연구 문제가 현실의 구체적인 이슈에서 비롯된다는 점에 있다. 여타의 개념법학도 실은 '살과 피'를 가진 현장에서 성장한 법과 판례와 해석론을 다룬다고 생각하지만, 페미니즘 법학의 경우에는 그 현장과 법의 해석의 거리가 비교적 짧다고 평가한다. 미국의 대표적인 젠더 판례들을 다루고 있는 이 책에서 독자들은 작업장에서의 임신부를 떠올릴 수 있고, 출산 후 자신의 일자리와 자녀 양육권마저 잃은 엄마를 떠올릴 수 있으며, 강간을 당한 친구를 둔 법학자를 떠올릴 수 있고, 백인들 사이에서 그들의 눈을 똑바로 쳐다보면서 계약을 맺고 있는 흑인 여성을 떠올릴 수 있다. 이러한 구체적인 삶의 현장은 사회과학 그리고 인문학의 관심세계와 중첩된다. 여성주의 법학은 한 순간도 이론적 고민에서 떠날 수는 없겠지만, 그렇다고 구체적인 현실에서 발을 뗄 수도 없다. 이렇게 법과 현실의 역동성을 담아내고자 한다는 점에서 이 책이 법학 분야를 넘어서 사회이론, 인문학, 페미니즘 등의 연구자들, 그리고 일반 시민들의 눈길을 사로잡기를 기대한다.

구체적인 현실이라고 표현해 놓고 보니, 이제 이 책의 한계 내지 아쉬운 점에 대해 지적하지 않을 수 없다. 이 책의 저자들 대부분은 미국의 법학자이며, 그들의 글은 주로 백인 중산층의 체험에 입각해 있다. 패트리샤 윌리엄스의 말대로 법분석은 불편부당한 객관성이 아니라 주체 위치를 보는 것이 필수적이라고 한다면, 이 책은 한국의 여성과 남성 그리고 사회관계와 제도 등을 말하기에는 상당한 거리가 있는 현실을 다루고 있는지 모르겠다. 이미 한국의 학계는 1980년대부터 서구 중심의 (근대화) 이론에 대해 문제를 제기하고 토착화된 이론이 필요하다고 입을 모았고 그간 사회과학을 중심으로 수많은 경험적이고 역사적인 연구들이 축적되었지만, 오늘날까지 이 땅에서 생산된 이론에 대한 허기를 떨칠 수는 없다. 이 책에서는 유색인종 페미니즘, 포스트식민 법페미니즘에 대한 논의를 거의 다루지 못하고 있다. 그것은 나를 포함한 번역자들이 이런 페미니즘을 다룬 지적 작업들을 적극적으로 소개하지 못한 탓도 있지만, 이제 그것은 더 이상 소개의 문제가 아니라 생산의 문제이기도 하기 때문이다. 서구의 여성주의 연구들이 젠더라는 축이 사회관계 속에서 가지는 복잡한 동학을 분석해 왔다면, 냉전이 지속되는 아시아의 포스트식민 한국의 현실에서 또 다른 페미니즘 법이론과 법담론이 필요하다는 것은 말할 나위도 없다. 이 책의 이론적 언설들이 비록 현재의 한국과 상이한 시공간에서 전개된 것일지라도 이 책의 저자들이 보여 주는, 법을 통해서 젠더관계를 개혁하고 사회변혁을 이끌어 내기 위한 끈질긴 성찰과 치열함은 지금 여기 우리들에게도 매우 값진 것이라고 보인다. 이 책의 공역자들은 서구 여성주의 법학자들의 사유에 공명共鳴하면서 비슷한 끈질김의 징표로서 이 책을 세상에 내어놓는다. 부디 오늘의 한국 사회와 젠더 관계를 돌아보고 이곳에 어울리는 이론과 언설을 생산할 수 있는 자양분이 되기를 바란다.

2019년 6월
역자들을 대표하여
양현아

| 차례 |

III
새로운 정의, 새로운 글쓰기

| 일러두기 |

• 이 책에 수록된 논문들의 출처는 다음과 같다.

1. Katharine T. Bartlett, "Feminist Legal Methods," *Harvard Law Review*, Vol. 103, No. 4(February, 1990), 829-888.
2. Robin West, "The Difference in Women's Hedonic Lives: A Phenomenological Critique of Feminist Legal Theory," *Wisconsin Women's Law Journal*, Vol. 3(1987), 81-145.
3. Wendy W. Williams, "Equality's Riddle: Pregnancy and the Equal Treatment/Special Treatment Debate," *New York University Review of Law & Social Change*, Vol. 13(1984-1985), 325-380.
4. Herma Hill Kay, "Equality and Difference: A Case of Pregnancy," *Berkeley Women's Law Journal*, Vol. 1, No. 1(Fall, 1985), 1-38.
5. Catharine A. MacKinnon, "Difference and Dominance: On Sex Discrimination," *Feminism Unmodified*(Cambridge, Mass.: Harvard University Press, 1987).
6. Christine A. Littleton, "Reconstructing Sexual Equality," *California Law Review*, Vol. 75, No. 4(July, 1987), 1279-1337.
7. Joan W. Scott, "Deconstructing Equality-Versus-Difference: Or, the Uses of Poststructuralist Theory for Feminism," *Feminist Studies*, Vol. 14, No. 1(Spring, 1988), 32-50.
8. Patricia Williams, "On Being the Object of the Property," in *Alchemy of Race and Rights*(Mass.: Harvard University Press, 1991).

• 번역자들의 판단에 따라 번역을 생략한 부분은 […]로 표기하였다.

• 원문에 등장하는 대괄호([ ])는 그대로 살려 표기하였다. 특별한 의미가 있을 경우에는 주석을 달았다.

• 본문에 등장하는 인명 등의 외국어 고유명사는 국립국어원 외래어표기법을 따르지 않고 기존 국내 연구에서의 관행을 따랐다.

• 원저자에 따라 미국판례의 표기방식을 달리 선택하고 있어서 번역에서도 원저자의 표기방식을 따랐다. 하급심 판결문이나 재판 자료 등 다양한 자료들이 본문에서 제시되었을 경우에도 원칙적으로 원저자의 표기방식을 따랐다.

• 판례해설에서는 이 책에서 제시된 주요 판례들에 대한 사건개요 및 기본정보를 제공한다. 여기서는 한 종류의 판례 표기방식을 따랐으며, 판례에 대한 보다 상세한 내용은 사건번호를 통해 외국 판례 검색 웹페이지에서 찾아볼 수 있다.

I
총론

페미니즘 법학 방법론
캐더린 바틀렛Katharine T. Bartlett

여성의 쾌락적 삶에 있어서의 차이 _
페미니즘 법이론에 대한 현상학적 비판
로빈 웨스트Robin West

페미니즘 법학 방법론

캐더린 바틀렛Katharine T. Bartlett

I. 서론

어떤 의미에서 법학 방법론들legal methods이 '여성주의적'이 될 수 있는가? 페미니스트 법률가들이 공유하는 일정한 방법론들이 있는가? 그렇다면 그것은 무엇이고, 어떠한 이유로 사용되며, 여성주의적 실천에 있어 어떠한 중요성을 갖는가? 달리 말해 페미니스트들이 법을 다룬다doing law고 말할 때, 혹은 법을 다루고서 그것이 '옳다'고 말할 때 그 의미는 무엇인가?

페미니스트들은 그간 법에 대한 광범위한 비판과 법개혁에 대한 폭넓은 제안들을 전개해 왔다. 그러나 페미니스트들은 법을 '다룬다'는 것이 수반해야 하는 것과 그에 따르는 법적인 주장들에 어떤 진실의 지위를 부여할지에 대해서는 그다지 많은 언급을 하지 않아 왔다. 방법론의 문제가 중요한 이유는 방법 자체가 법실무와 법개혁의 가능성에 대한 시각을 형성하기 때문이다. 즉 방법론은 "진실에 대한 이해를 조직화하고, 무엇이 증거로 인정되는지 결정하며, 무엇이 증명되었다고 간주되는지 정의한다."(MacKinnon, 1982: 527) 만약 페미니스트들이 현재의 권력구조 내에서 의미를 가지는 방법론들을 그대로 사용하여 그 구조에 도전하려 든다면 오히려 "그들이 찾아내고 약화시키려는 부당한 권력구조를 재생산"(Singer, 1988: 1752-1753)할 수도 있기 때문에 페미니스트들은 방법론을 무시할 수 없다.

방법론이 중요한 또 다른 이유는 페미니즘 방법론을 이해하지 않고서는 법학에서 페미니즘의 주장이 정당하거나 '옳은' 것으로 인식되지 않을 것이기 때문이다. 페미니즘을 하찮고 이치에 맞지 않는 것으로 내치는 많은 이들은 이것을 이해하지 못하고 있는 것으로 보인다. […]

페미니스트들은 자신들의 방법론을 명확히 함으로써 현재 하고 있는 일의 본성을 보다 잘 깨달을 수 있고, 이를 더 잘할 수 있게 된다. 방법론에 대해 생각하는 것은 역량을 강화하는 것이다. […]

II. 여성주의적 법실무

페미니스트들은 '법을 다룰' 때 다른 법률가들이 보통 하는 것들을 하게 된다. 즉 법적 문제나 논쟁의 사실관계를 조사하고, 그러한 사실관계의 본질적 특징을 간파해 내며, 논쟁의 해결을 위하여 어떠한 법원칙이 적용되어야 하는지를 정하고, 그 법원칙을 사실에 적용한다. 이러한 과정은 선형적·순차적이거나 엄격히 논리적인 방식으로 펼쳐지는 것이 아니라 실용적이고 상호적인 방식으로 일어난다. 사실관계는 어떤 규칙이 적절할지 결정하고, 규칙은 어떤 사실관계가 관련성이 있는지 결정한다. 법을 다루면서 페미니스트들은 다른 법률가와 마찬가지로 귀납, 연역, 유추 등 모든 법적 추론 방법과 가설, 정책, 그 외 일반적 원칙들을 사용한다.

그러나 법을 다루는 이와 같은 관습적 방법론 외에 페미니스트들은 다른 방법론들도 사용한다. 이러한 방법론들이 페미니스트들에게만 전적으로 고유한 것은 아니라 할지라도, 이 방법론들은 더 전통적인 방법론이 간과하거나 억압하는 경향이 있는 법적 문제들의 특성을 밝히고자 한다. 그중 하나는 여성문제 질문하기asking the woman question인데, 이는 법의 실체가 소리 없이 그리고 정당화 없이 여성과 그 외 배제된 집단의 관점을 어떻게 매몰시켜 왔는지를 드러내기 위하여 고안된 것이다. 또 다른 방법론인 페미니즘 실용적 추론feminist practical reasoning은, 법적 관련성legal relevance에 대한 전통적인 개념을 확장하여 기존의 법리legal doctrine에 반영되지 않았던 사례들의 특성에 보다 민감한 법적 의사결정legal decisionmaking을 내릴 수 있도록 한다. 세 번째 방법론은 의식고양consciousness-raising으로서, 그간 수용되어 온 법원칙들의 타당성을 이로부터 직접적인 영향을 받는 이들의 개인적 경험의 렌즈를 통하여 심사하는 수단을 제공한다. [···]

1. 여성문제 질문하기

어떤 문제가 규칙적으로 질문된다면 그것은 하나의 방법론이 될 수 있다. 페미니스트들은 여러 분야에서 '여성문제'[1]로 알려진 일련의 물음을 규칙적으로 질문하여 왔다. 이는 자칫하면 중립적이거나 객관적으로 보일 수 있는 법규와 실무에 내재한 성별적 함의gender implications를 밝혀내기 위해 고안된 것이다. [···]

1 철학에서의 여성문제를 논한 Gould(1976)와 정치이론에서 여성문제를 다루는 방식에 대하여 논한 Hawkesworth(1988)를 예로 들 수 있다. 내가 알기로 '여성문제'라는 용어가 최초로 사용된 것은 시몬 드 보부아르(Simone De Beauvoir)의 『제2의 성』(1957) 26장에서이다.

1) 방법론

여성문제는 사회적 관행이나 법규의 성별적 함의에 대하여 물음을 던진다. 여성이 고려 대상에서 배제되어 왔는가, 만약 그렇다면 그것은 어떤 방식이었으며 그러한 누락은 어떻게 수정될 수 있는가, 그럼으로써 어떠한 차이를 가져오는가 하는 것들이다. 법에서 여성문제의 질문은, 어떤 이유에서든 남성보다 여성에게 더 들어맞는 경험과 가치를 고려하는 데 법이 어떻게 실패하는지, 혹은 현재의 법적 기준과 개념이 여성에게 어떻게 불리하게 작용할 수도 있는지를 탐구하는 것을 의미한다. 여성문제는 법의 일정한 특징들이 일반적인 의미에서 비중립적일 뿐 아니라, 구체적 의미에서는 '남성적'이기까지 하다고 가정한다. 여성문제의 목적은 법의 이러한 특징과 이것이 작용하는 모습을 밝혀내고 법이 어떻게 수정되어야 하는가를 제시하는 것이다.

여성들은 오랫동안 법의 영역에서 여성문제를 질문해 왔다. […] 사법체계하에서 처음으로 여성문제를 질문했던 사람들 중 한 명은 미라 브래드웰Myra Bradwell이다. 그녀는 일리노이 주법에서 왜 기혼여성에게는 시민권의 특권과 면책에 변호사가 될 자격이 포함되지 않는지를 물었다.[2] 브래드웰 판결에서 연방대법원의 의견은 성별 문제를 회피했지만,[3] 브래들리Bradley 대법관은 그의 보충의견에서 '영역분리separate spheres'를 일리노이 주법에 내재한 법적 이데올로기로서 제시했다.

시민법은 자연에서와 마찬가지로 남성과 여성 각각의 영역과 운명에는 광범위

2 Bradwell v. Illinois, 83 U.S.(16 Wall) 130(1873)(이하 '브래드웰 판결'). 브래드웰 판결의 상세한 역사적 분석을 위해서는 Olsen(1986) 참고.

3 법원은 그녀의 주장에 특권과 면책 조항이 적용되지 않으며, 수정헌법 제14조가 법을 실행할 권리를 연방정부에 양도한 것은 아니라고 간단히 선언하였다. Bradwell v. Illinois, 83 U.S.(16 Wall) 138-139.

> 한 차이가 있음을 인식해 왔다. 남성은 여성의 보호자이자 방어자이거나, 또는 그래야만 한다. 여성에게 속하는 자연스럽고도 적절한 소심함과 섬세함이 시민적 삶의 많은 직업에 부적합함은 자명하다. 가족이라는 조직의 구성은 […] 가정의 영역이 여성다움womanhood의 영역과 기능에 속하는 것이 적절함을 보여 준다.[4]

여성들은, 가끔은 고용주들도 성별에 기반한 최대노동시간 입법[5]과 그 외 직업상의 제한[6], 투표권 제한[7], 배심원 면제 규정[8] 등에 대항하기 위하여 여성문제를 지속적으로 역설해 왔다. 그러나 이데올로기라는 것은 극도로 완강한 것이었다.

1970년대 전까지 여성문제는 법이 상정하고 있는 여성의 역할이 타당한 것인지에 대한 법원의 입장에 변화를 가져오지 못하였다. 그러다가 1971년 연방대법원은 여성보다 남성에게 부동산 관리인이 될 수 있는 우선권을 부여한 아이다호 주법에 대항하여 샐리 리드Sally Reed가 제기한 사건에 대한 판결에서 변화를 보였다. Reed v. Reed 판결[9]에서 연방대법원은 영역분리 이데올로기를 정면으로 언급하지는 않았으나, "일반적으로 남성이 경영 업무에 있어 여성보다 더 정통하다"[10]는 아이다호주의 주장을 배척하고, 그 기준이 자의적이며 미국 연방헌법상 평

4 Bradwell v. Illinois, 83 U.S.(16 Wall), 141(브래들리 대법관의 보충의견).

5 Muller v. Oregon, 208 U.S. 412(1908) 참고.

6 Goesaert v. Cleary, 335 U.S. 464(1948) 참고.

7 Minor v. Happersett, 88 U.S.(21 Wall.) 162, 178(1874); Lockwood *Ex Parte*, 154 U.S. 116(1894) 참고.

8 Hoyt v. Florida, 368 U.S. 57(1961) 참고.

9 Reed v. Reed, 404 U.S. 71(1971).

10 Reed v. Reed, Brief for Appellee(no. 70-74) 12 참고. 아이다호주 법원은 아이다호주 의회가 "일반적으로 남성이 여성에 비해 유산관리인으로서 일하는 데 더 자격이 있다"고 합리적으로 결론 내릴 수 있다고 보았는데, 미연방대법원은 이를 파기하였다. 404 U.S.(1971) 93; Idaho 511, 514, 465 P.2d 635, 638(1970).

등보호조항에 위배된다고 판시하였다.[11] 이 결정 이후 성별 영역분리 이데올로기라는 우산의 보호 아래 여성에게 매우 불리한 가정들이 자리하고 있다고 주장하는 여성들의 도전이 잇따라 성공하게 되었다.[12]

연방대법원은 광범위하고 정형화된 영역분리 이데올로기에 대해서는 명시적으로 비판적인 입장을 취해 왔지만, 그간 법원의 다수의견은 여성이 가지는 기회와 여성에 대한 사회적 시각에 영향을 끼치는, 보다 미묘하게 이루어지는 성별에 근거한 분류classification의 효과에 대해서는 둔감했다. 예를 들어 법원은 전투를 남성의 전유물로 묶어 두는 남성만의 징병등록제가 여성에 대해 가지는 함의를 무시하였다.[13] 유사하게, 일정 연령 이하의 성관계에서 여성은 처벌하지 않고 남성만을 처벌하는 의제강간법statutory rape law을 지지함으로써, 법원은 남성의 성적인 공격성과 여성의 수동성에 대한 가정이 섹슈얼리티를 어떻게 제한적이고 위험한 방식으로 구성하는지를 간과하였다.[14]

임신은 법원에서 특별한 문제였다. 1974년, 캐롤린 애일로Carolyn Aiello를 비롯한 여성들은 주의 노동장애정책employee disability plan에서 사실상 제외되는 유일한 의학적 상태로서 임신을 선별한 캘리포니아 주법에 도전함으로써 여성문제를 질문하였다.[15] 연방대법원의 대답은 그 맹점

11 Reed v. Reed, 404 U.S. 71(1971) 참고.

12 Stanton v. Stanton, 421 U.S. 7(1975); Frontiero v. Richardson, 411 U.S. 677(1973) 참고.

13 Williams(1982) 참고. 여기서 윌리엄스는 남성만이 전투에 적합하다는 전제에서 남성만을 징병등록 대상으로 한 요건을 지지하는 Rostker v. Goldberg, 453 U.S. 57 (1981) 판결을 비판하였다.

14 Williams(1982) 참고. 여기서 윌리엄스는 주정부가 남성만이 야기할 수 있는 10대 여성의 혼외임신을 방지할 정당한 이해를 가진다는 근거에서 일정 연령 이하의 성관계에 대해 남성만 처벌하고 여성을 처벌하지 않는 법률을 지지한 Michael M. v. Superior Court of Sonoma Country, 450 U.S. 464(1981) 판결을 비판하였다. Olsen(1987).

15 Geduldig v. Aiello, 417 U.S. 484(1974).

blindness을 현저히 드러내면서, 비교대상 집단을 정의할 때 성별과 임신 간의 연관성을 단절하는 방식을 취하였다. "이 프로그램은 잠재적 수혜자를 임신한 여성과 임신하지 않은 사람이라는 두 집단으로 나눈다."[16] 첫 번째 집단에는 여성만이 속할 수 있지만 "두 번째 집단은 양성을 모두 포함하고 있다."[17] 남성뿐 아니라 여성도 주 정책으로부터 혜택을 받을 수 있는 집단에 속해 있기 때문에 법원은 '임신한 사람'을 배제한 것이 성별에 근거한 차별이 될 수 없다고 결론지었다.[18]

이에 만족하지 못한 페미니스트들은 임신에 대한 여성문제를 보다 세련화하면서 점점 자신들이 제기한 질문들에 대하여 스스로 분명한 답변들을 다음과 같이 내놓았다. 임신에 기반한 배제는 여성들을 불리하게 취급하는 것인가?(물론 그렇다. 여성만이 임신할 수 있기 때문이다.) 배제사유로 임신을 선별한 이유는 무엇인가?(임신을 포함시키면 비용이 많이 들고, 대부분 임신은 자발적인 상태이기 때문이다.) 다른 장애들도 비용이 많이 드는가?(그렇다.) 다른 수혜대상 장애들은 자발적인가?(성형수술이나 불임수술 등 일부는 그렇다.)[19] 임신을 다르게 취급할 다른 이유들이 있는가?(글쎄, 임신한 여성은 집에서 둥지를 틀면서 있어야만 한다고 하니까.)[20]

페미니스트들의 지속적인 물음은 1978년 의회입법으로서, 성별과 임신 간의 법적 연관성을 정립한 임신차별금지법Pregnancy Discrimination Act,

16 Geduldig v. Aiello, 417 U.S. 497 주 20.

17 Geduldig v. Aiello, 417 U.S. 484.

18 Geduldig v. Aiello, 417 U.S. 496-497.("남성은 보호받고 여성은 보호받지 않는 위험은 없다.") 민권법 제7편하에서 사기업 고용주의 장애정책 항목에서 임신이 제외되어 있는 것을 다투는 사건에서 법원은 이와 동일한 결론을 내렸다. General Electric Co. v. Gilbert, 429 U.S. 125(1976) 참고.

19 Geduldig v. Aiello, 417 U.S. 499-500(브레넌 대법관의 반대의견) 참고.

20 Bartlett(1974); Zimmerman(1975); Williams(1982: 190-200)(여성에 대한 연방대법원의 고정관념에 대한 논평) 참고.

PDA[21]의 제정으로 이어졌다. […]

오늘날의 페미니스트들은 법의 여러 영역에서 여성문제를 묻고 있다. 이들은 강간사건에서 피해여성이 동의했다는 피고인의 항변은 피고인의 관점 및 그가 그 여성도 원했다고 '합리적으로' 생각했다는 것에만 초점을 맞출 뿐, 피해여성의 관점이나 그녀가 그 남성에게 자신의 의사를 전달했다고 '합리적으로' 생각했다는 것에는 왜 주목하지 않는지 물으면서 여성문제를 질문한다(Estrich, 1987: 92-104). 여성들은 왜 자신이 남자와 마찬가지의 조건으로 교도관 자격을 인정받을 수 없는지를 묻고,[22] 또한 여성의 삶에서 직장과 가정에 대한 책임 간의 충돌은 왜 직장환경의 재구성을 수반하는 공적인 문제이기보다 여성이 가족 안에서 알아서 해결해야 하는 사적인 문제로 치부되는지 물으면서 여성문제를 질문한다.[23] […] 여성문제의 질문은 정치적 결정과 제도적 배치가 어떻게 여성의 종속에 기여하는지를 밝혀낸다. 여성문제를 묻지 않는다면 여성과 결부된 차이들이 당연한 것처럼 받아들여지고 검토되지 않아서, 여성에게 불리한 법제도를 정당화하는 수단으로 쓰이게 될 것이다. 여성문제는 현재의 여성의 위치가 어떻게 여성의 선천적 특질보다도 사회체제를 반영하는 것인지 밝혀낸다. 많은 페미니스트들이 지적하였듯이,

21 임신차별금지법은 민권법 제7편의 701(k)조가 되었다. "'성별로 인한' 혹은 '성별에 기반한'이라는 용어는 임신·출산 또는 기타 관련 의학적 상태로 인한 혹은 이에 기초한 것을 포함하지만 그에 제한되지는 않는다. 그리고 임신·출산 또는 이와 관련된 의학적 상태로부터 영향을 받는 여성들은, 다른 이유로 그와 비슷하게 노동능력 혹은 무능력이라는 점에서 유사하지만 그러한 영향을 받지는 않는 다른 사람과 비교하여, 복리후생 프로그램하의 수혜를 포함한 모든 고용 관련 사안에 있어 동일한 대우를 받아야 한다." 42 U.S.C.§2000e(1982).

22 Williams(1982: 188 주 75) 참고. 여기서 윌리엄스는 Dothard v. Rawlinson 433 U.S. 321(1977) 판결을 비판하였다.

23 Dowd(1989); Olsen(1983); Taub(1985); Williams, J.(1989); Williams, W.(1984-1985: 374-380) 참고.

차이는 여성 안에 내재하는 것이 아니라, 직장, 가족, 클럽, 스포츠, 양육 형태 등등의 사회적 제도와 관계 속에 위치한다.[24] 여성문제는 성별에 근거한 차별을 명시적으로 하지 않는 법률들에 숨겨진 효과를 폭로함으로써, 사회구조가 어떻게 은연중에 여성을 [남성과] 다르고 그래서 종속적으로 만드는 규범들로 구현되는지 보여 준다.

여성문제 질문하기가 방법론으로 도입되면서, 이는 법분석에서 앞선 사건들의 선례적 가치를 평가하거나, 사실관계를 기술하거나, 사실관계에 법을 적용하는 데 필수적인 비판 방법론이 되었다. 페미니스트로서 '법을 다룬다'는 것은 법의 표면 아래 존재하는 법규의 성별적 함의와 가정들을 규명해 내고, 여성의 종속을 영속시키지 않을 법규 적용을 강조하는 것을 의미한다. 이는 여성문제가 언제나 잠재적 관련성relevance을 갖고 있으며, '정치한tight' 법적 분석이 결코 성별중립성을 가정하는 것은 아님을 인식하는 것을 의미한다.

2) 여성문제: 방법론 혹은 정치학

여성문제 질문하기를 과연 방법론이라고 할 수 있는가? 아니면 그것은 법적 실체legal substance나 정치학 같은 것을 감추려 하는 겉치레에 지나지 않는가? 미국 법체계는 방법과 실체는 서로 다른 기능을 가지며 방법은 실체적인 '편향'으로부터 분리·독립되지 않으면 그 목적을 달성할 수 없다고 가정해 왔다. 법학 방법론의 규칙들은 법적 절차의 규칙과 마찬가지로 실체적 규칙substantive rules이 자의적으로 적용되는 것을 막아 준다고 여겨진다. 실체적 규범은 개인과 법주체legal entities의 권리와 의무를 정의하고(법이란 무엇인가?), 방법과 절차의 규칙은 그 실체를 확인하고 적

24 예를 들어 De Beauvoir(1957); Harris(1990: 612); Littleton(1987: 1306-1307); Minow(1987: 34-37) 참고.

용하는 데 쓰이는 단계들을 정의한다.(어떻게 법을 행사하고 그것을 작동하게 할 것인가?) 이러한 시각에서는, 방법과 절차의 규칙을 실체적 규칙과 분리하는 것은 실체적 규칙이 규칙적이고 예견 가능하게 적용되는 것을 보장해 준다. 따라서 실체적 규칙을 다루는 믿을 만한 관습적 방법은 특정한 행위의 결과를 미리 구체화하는 것을 가능하게 한다. 관습적 시각에서 방법과 절차는 규칙 외부에서 '자의적으로' 발생하는 실체로부터 우리를 방어해 준다고 보기 때문에, 방법과 절차 그 자체가 실체적인 내용을 가져서는 안 된다고 한다. 이러한 관습적 시각에서 여성문제 질문하기라는 방법론은 방법과 실체의 필수적인 분리를 무시한 것이라는 혐의를 받을 수 있다. 실제로, 여성문제 질문하기는 '저의가 있고loaded' 명백히 정치적인 행위로서, 법과 사실을 확정하고 법을 사실에 적용하는 '중립적인' 작업에서 한참 더 나아간 것으로 보인다.

물론 페미니즘 법학 방법론뿐 아니라 다른 법학 방법론들 **모두가** 실체를 만들어 내는데(Mossman, 1987: 163-165), 이들 간의 차이는 페미니스트들에게는 실체를 만들어 낼 것이 요구되어 왔다는 것이다. 방법은 첫째로, 다른 실체적 결론에 도달할 여지가 있을 때 실체를 형성한다. 예를 들어 관련되는 사실을 확정하고, 적용할 법적 선례와 그것이 적용되는 방식을 결정하는 데 있어서 의사결정자들은 받아들일 만한 실체적 결론들의 광범위한 선택지를 가지게 된다. 불확정성이 클수록 유의미한 방법론적 제약이 없다면 의사결정자의 실체적인 선호는 특정한 결과를 결정짓게 될 가능성이 크다(Mossman, 1987: 158). 이러한 선호가 지배적인 문화 규범을 반영하는 특정한 패턴을 따르기 마련이라는 것은 놀라운 일이 아니다.

방법론은 그것에 담겨 있는 감춰진 편향을 바탕으로 실체를 형성한다. 예를 들어, 법학 방법론에 있어서 강한 선례구속주의의 입장은 새로운 권리를 인정할 것을 추구하는 이들의 이해관계에 맞서서 현상태를 보호한다. 또한 법을 정책적 고려와 분리하는 방법론은 현존하는 권력구조를 강화하고 그 법에 의해 무시되고 있는 관점과 배제를 은폐한다(Mossman, 1987: 157-158; Singer, 1984: 30-33). 헌법해석에 대한 원의주의originalism 및 해석주의interpretivism와 그 외 이론을 둘러싼 끝없는 학문적 논쟁들은 방법론적 원칙이 법에 대한 실체적인 관점을 전달하고 있으며 법적인 결론에 차이를 가져온다는 것을 한층 더 깊이 보여 준다.

방법이 가져오는 실체적인 결과를 인식하게 되면 방법과 실체 간의 구별이 비정합적이고 무의미해지는가? 방법이 실체를 은폐한다면 왜 방법을 모두 폐기하고 모든 법적 문제를 실체 하나로만 분석하지 않는가? 법학 방법론을 법의 실체와 어느 정도 떨어져 있는 것으로 다루는 데에는 실용적인 이유와 규범적인 이유가 있다. 실용적인 이유는, 방법론 없이 실체에서 바로 법적 결론을 생각해 내는 것은 아주 피상적인 차원을 제외하고는 사실상 불가능하기 때문이다. 예를 들어 직장에서 자녀가 있는 여성에 대한 차별을 금지하는 법규가 고용 시에만 적용되는 것인지, 아니면 직장 내 보육시설이나 자유로운 육아휴가 정책과 같은 특별한 근로혜택을 갖출 것도 요구하는 것인지 생각해 보라. 이 문제를 푸는 데 있어서, 다른 차별금지법규 이전의 적용, 수혜자 혹은 일반적으로는 어머니들이 실질적으로 지고 있는 육아책임, 근로자에게 특별한 혜택을 주는 데 드는 비용, 혹은 그러한 법규를 자유시장체제에 적용할 경우 나타날 수 있는 여파와 같은 요소들이 얼마나 관련성을 갖는가? 그 이상의 실체적 규범들이 이러한 이슈들을 해결하는 데 기여할 테지만, 그러한 실체적 규범의 적용은 어떠한 사실관계가 중요한지, 어떠한 해석의 근거자료가 의사결정자들에게 유용한지에 대해 바탕이 되는 원칙들을 가정하고 있다.

이러한 바탕이 되는 원칙 또는 방법론은 불가피할 뿐 아니라 바람직한 것인데, 이를 통하여 법체계가 생산해 내는 실체적 규범들의 통합성integrity을 유지할 수 있기 때문이다. 페미니스트들뿐만 아니라 페미니스트가 아닌 이들도 이러한 통합성에 이해관계를 갖고 있다. 토니 마사로Toni Massaro가 지적하였듯이, 모든 실체적 규범들이 다 나쁜 것은 아니며,[25] 페미니스트들은 좋은 실체적 규범들의 충실한 적용이 보장되기를 바란다. 모든 의사결정자들이 자신들에게 부가된 방법론적 제약에 전적으로 충실할 수 있든 아니든, 이러한 제약들의 존재는 차이를 만들 수 있다.

진짜 문제는 방법론이라는 것이 존재하는지의 여부도 아니고—왜냐하면 방법론은 불가피한 것이기에—방법론이 실체적 결과를 가져오는지의 여부도 아니며—왜냐하면 이 또한 불가피한 것이기에—방법론과 실체 간의 관계가 '타당한지proper'의 여부에 있다(Cover, 1975: 721). 몇몇 관계는 부당improper하다. 예를 들어, 의사결정자가 모든 경우에 있어 자신들이 생각하는 가장 바람직한 결과에 이르기 위해 사용하는 순수히 결과지향적인 방법은, 부당하게도 의사결정자에게 어떠한 의미 있는 제약도 행사하지 못한다. 또한 의사결정자로 하여금 여성의 모든 주장을 옹호하거나 모든 고용주들에 반대하는 결정을 내릴 것을 요구하는 것과 같이, 자의적이거나 정당화될 수 없는 제약을 부가하는 방법 역시 부당하다.

반대로, 여성문제 질문하기라는 방법은 법적 실체와의 정당한 관계를 정립한다. 이 방법은 실체적 규범에 내재한 일정한 편향성이 밝혀질 수 있게 한다. 여성문제의 질문은 여성에게 우호적인 판단을 요구하지 않는다. 오히려 이 방법은 의사결정자로 하여금 성별 편향을 찾아내고, 그러한 편향에 비추어 사안에서 방어 가능한 판단에 이르도록 요구한다. 다시 말해, 이는 만약 이 방법론을 사용하지 않는다면 역사적으로 그래 왔듯이 간과될 수도 있는 일련의 이해관계와 관심사에 특별한 주

25 Massaro(1989: 2120)("재량권은 의사결정자가 그녀의 개인적 관심사나 경험적 이해에 따라, 우리가 생각하기에는 지지할 만한 가치가 있는 규칙들을 무시하도록 허가할 수 있다.") 참고.

의를 요한다. 여성문제 질문하기의 실체는 그것이 폭로하고자 하는 것, 즉 성별에 기반한 불이익에 있다. 이 방법론의 정치적인 본질은 오로지 그것이 존재하지 않을 것으로 생각되는 정보를 찾고자 한다는 점에서 발생한다. 이러한 정보가 존재할 수도 있고 따라서 여성문제의 질문이 필요하다는 주장은, 그러한 정보가 존재하지 않는다는 명시적 혹은 암시적 주장 역시 정치적인 한에서만 정치적이다.

여성문제의 질문은 법적 중립성이라는 가정에 맞서며, 오로지 그 법이 성중립적이지 않은 경우에만 실체적인 결과를 가져온다. 이 방법론의 편향은 일정한 종류의 편향을 벗겨내기 위한 편향인 것이다. 이러한 편향은 성별적 함의가 밝혀지지 않은 법 및 법학 방법론에 의해 혜택을 받았을 이들에게 불이익을 준다. 이러한 것이 '편향'이라면, 페미니스트들은 그것이 '좋은'(또는 '타당한') 편향이며 '나쁜' 편향이 아님을 주장해야 한다(Cain, 1988: 1945).

3) 여성문제에서 배제된 자의 문제로의 전환

여성문제는 배제에 대하여 묻는다. 페미니즘 법학 방법론으로서 주로 제기되는 바와 같이, 그것은 여성의 배제에 대하여 묻는다. 그러나 페미니스트들은 여성이라는 일반적인 분류를 사용하는 모든 분석은 그 자체로서 배제적이라는 사실을 목도하기 시작했다. 왜냐하면 그러한 분석은 특별한 집단의 여성—이른바 백인 여성, 또는 특권층 여성—의 이해관계와 경험을 모든 여성에게 보편적인 것으로 취급하기 때문이다(Spelman, 1988; Harris, 1990; Minow, 1987: 10). [···]

백인 여성이 그들이 경험한 억압을 주로 성별에 근거한 것으로 규명하면서 자신들의 페미니즘을 '여성들'의 정치학으로 기술하였다는 것은 놀라운 일이 아니다. 경험에서의 진실을 주장의 근거로 삼는 운동을 하면서 백인 여성들이 백인 여성으로서의 자신들만의 경험에 좀 더 부합하는 페미니즘을 발전시켜 왔다는 점 또한 놀라운 일이 아니다. 페미니스트들이 그 편파성을 밝혀내고자 하는 남성들의 세계와 마찬가지로, 페미니즘의 세계는 그것을 만든 이들의 편파성을 고발한다.

문제는 젠더의 사회적 중대성을 분석하는 페미니즘의 능력을 지속시키면서도 이러한 오류를 어떻게 시정하는가 하는 것이다. [⋯]

페미니즘이 가진 배제의 오류를 시정하기 위해서, 엘리자베스 스펠만Elizabeth Spelman은 '여성들'을 이야기할 때 화자는 그녀가 어떤 여성들을 의미하는지 명시적으로 지칭할 필요가 있다고 제안하였다(Spelman, 1988: 186). 그 작업은 전혀 쉬운 것이 아니지만, 이러한 제안은 부단히 노력할 만한 가치가 있다. 여성이라는 범주는 셀 수 없이 많은 다른 범주들을 포함하고 있으며, 이러한 범주들 중 어느 하나를 언급하면 다른 많은 범주들은 언급되지 않은 채 남게 될 것이다. 예를 들어 (스펠만이 종종 하는 것처럼) 누군가가 '흑인 여성'이라고 말하면, 이는 반드시 이성애 흑인 여성을 언급하는 것임을 암시한다. 누군가가 '이성애 흑인 여성'이라고 이야기하면, 이는 반드시 이성애 비장애 [흑인] 여성을 언급하는 것임을 암시한다. 어떠한 범주도, 아무리 세밀하게 정의된다 하더라도, 그러한 특성을 가지지 않은 집단 구성원들을 설명하지 못하는 남겨진 특성들을 가정한다. [⋯]

중첩되는 억압 형태의 결과에 대하여 심도 있는 탐구를 하기 위해 '여성'문제를 사용하는 것은 스펠만이 밝힌 문제를 시정하는 데에도 도움을 줄 수 있을 것이다. 이 탐구는 또 다른 배제의 근간을 찾기 위하여 성별 편향의 문제를 넘어서는 일반적이고 폭넓은 일련의 질문들을 제기한다. 법(또는 법실무/법분석)은 그 영향을 받는 이들에 대해 어떠한 가정을 하고 있는가? 이러한 가정은 누구의 시각을 반영한 것인가? 어떤 이들의 이해관계가 비가시적이거나 주변적인가? 어떻게 하면 배제된 관점이 밝혀지고 참작될 수 있는가?

오직 성별에만 기초한 억압을 규명해 내려는 노력을 넘어서, 여성문제는 지배적인 권력구조뿐 아니라 여성의 입장에서만 편향을 발견하려던 노력에 의해 감추어진 억압의 형태들에도 접근할 수 있다. 이러한 억압의 형태는 정도뿐 아니라 종류에 있어서도 젠더 종속과는 다르며, 이를 경험하지 않은 사람들은 아마도 이를 인식하는 것조차 어려워할 것이다. 그러나 자신이 경험하지 않은 억압을 인식하는 어려움은 '방법론'의 필요성을 더욱더 명백하게 말해 준다. 앞서 지적하였듯이 방법론은 특정한 결론을 보장해 주지도 않고, 더욱이 옳은 결론을 보장해 주지도 않는다. 그러나 방법론은 누군가 자신의 이해관계에 부합하지 않는 어떤 것을 탐구하려 할 때 필요한 훈련을 제공해 준다.

이와 같이 확장된 탐구가 젠더 비판의 일관성을 무디게 하는가? 결코 그렇지 않다. 스펠만이 썼듯이, 서로 다른 여성들이, 심지어 일부 남성들이 실제로 경험한 억압의 폭과 구체성을 아우르는 정교하게 조율된 fine-tuning 페미니즘은 페미니즘을 보다 명확하고 굳건하게 만들어 줄 뿐이다(Spelman, 1988: 175-177). 일관성이나 통일성이란, 페미니즘의 기저에 있는 가정들이 혜택받은 몇몇이 아닌 많은 사람들을 위한 진실을 이야기할 때에만 가능한 것이다.

2. 페미니즘의 실용적 추론

어떤 페미니스트들은 여성은 남성과 다른 방식으로 추론 과정에 접근한다고 주장해 왔다(Gilligan, 1982; Belenky et al., 1986; Menkel-Meadow, 1985; Sherry, 1986). 특히 그들은 여성은 상황과 맥락에 보다 민감하고, 보편원칙이나 일반화, 특히 여성 자신의 경험에 부합하지 않는 원칙이나 일반화에 저항하며, 추상적인 정의의 이름으로 "일상생활의 실질적 측면"이 경시되어서는 안 된다고 생각한다고 말한다(Belenky et al., 1986: 149). 이러한 주장이 경험적으로 지지될 수 있는지와 관계없이 이러한 추론 과정은 페미니스트들에게 규범적인 중요성을 가지는데, 많은 페미니스트들은 개별화된 사실 확정은 명확한 규칙bright-line rule의 적용보다 종종 우월하며, 맥락으로부터의 추론은 약자들의 차이와 관점을 훨씬 잘 존중할 수 있게 해 준다고 주장한다. 여기서 나는 여성주의적 버전의 실용적 추론에 대한 논의를 통하여 이 주제를 고찰할 것이다.

1) 방법론

법적 추론의 한 방식으로서 실용적 추론은 여러 다른 목적을 위하여 여러 가지 맥락에서 다양한 의미를 가진다. [⋯] 실용적 추론의 한 형태로서 내가 '페미니즘 실용적 추론feminist practical reasoning'이라고 부르는 방식은, 고전적인 아리스토텔레스의 실용적 숙고practical deliberation 모델의 일정 부분과, 배제된 자의 관점을 찾아내고 고려하는 페미니스트들의 초점이 결합된 것이다. [⋯]

(1) 실용적 추론

아멜리에 로티Amélie Rorty에 따르면, 역사적으로 아리스토텔레스의 실용적 추론 모델은 "가장 복잡하고 다양하고 모호한 상황 속에서 무엇이 최선인지를 인식하고 실현하기" 위하여 목적, 수단, 행동을 사고한다(Rorty, 1988: 272). 실용적 추론은 이미 주어진 것이 있다 해도 이를 거의 인식하지 못한다. 무엇을 해야 하는지, 왜 그리고 어떻게 해야 하는지는 모두 열려 있는 질문들로서 개개의 구체적인 실제 맥락이라는 복잡한 기초 위에서 사고된다. 문제의 해결뿐 아니라 무엇이 문제라고 여겨지는지조차도 특정한 상황 자체의 특성에서 나오는 것이지 미리 정해진 정의나 지시에서 비롯되지 않는다고 본다.

실용적 추론은 문제를 이분법적 대립으로 접근하지 않고 다중적 관점, 모순, 불일치로 이루어진 딜레마로서 접근한다. 이러한 딜레마는 이상적으로, 하나의 원칙을 다른 원칙에 우선하여 선택하기보다 구체적인 맥락에 주의를 기울일 것을 요하는 "상상력을 가진 통합과 화해"(Rorty, 1988: 274)를 요청한다. 실용적 추론은 특정한 세부사항details을 정해진 규칙의 순조롭고 논리적인 적용을 방해하는 성가신 불일치나 관련성 없는 무엇으로 여기지 않는다. 또한 구체적인 사실을 법분석의 객체로, 즉 살아 있는 법을 단지 적용만 하면 되는 비활성 물질inert material로 여기지도 않는다. 대신 새로운 사실은 보다 향상된 이해와 '통합'을 위한 기회를 제공한다. 상황은 세부사항을 통해서 예측할 수 없고 미리 일반화할 수도 없는 유일무이한 것이다. 스스로 생성적인generative 새로운 상황들은 '실용적인' 인식을 불러일으키고 의사결정자에게 법의 바람직한 목적에 대하여 알려 준다.[26]

낙태에 대한 미성년자들의 접근성 문제는 구체적 사실이 지닌 생성적·교육적 잠재력을 보여 주는 예가 된다. 가족의 자율성family autonomy이라는 추상적인 원칙은 미성년자들에게 낙태를 하기 전에 부모의 동의를 얻을 것을 요구하는 주법을 논리적으로 정당화하는 것으로 보인다. 미성년자들은 미성숙하며, 부모는 일반적으로 낙태를 할 것인지와 같은 어려운 결정을 내리는 데 도움을 줄 가장 좋은 위치에 있는 사람들이다. 그러나 미성년자가 부모에게 낙태하려는 결심을 알리기를 꺼리는 왜곡된 상황에 대한 현실적 고려는 이 문제의 실제적인 어려움을 보여 준다. 이러한 현실적 고려는 부모가 임신 사실을 알게 되면 많은 미성년자들이 그 결과로서 심한 신체적·정서적 학대에 직면한다는 것을 알려 준다. 책임 있게 아이를 양육할 수 없는 미성년자에게 아이를 낳을 것을 강요하는 부모들도 많이 있다. 따라서 가장 결단력 있는 미성년자만이 부모의 반대와 속임수에도 불구하고 아이를 입양 보낼 수 있을 것이다. 다시 말해, 현실적인 상황은 국가나 가족의 의사결정에 있어서 부모의 자율성parnetal autonomy이라는 추상적인 개념 하나만으로는 드러낼 수 없

26 Nussbaum(1986: 301-305) 참고. 누스바움은 윤리적 선택은 "상황을 전체적인 복합체로 볼 수 있는 능력을 통해 상황 자체와 직면하여 이루어져야 한다"고 기술하였다(Nussbaum, 1986: 300-301).

는 어려운 문제들을 통찰할 수 있게 해 준다.

법에서의 실용적 추론은 규칙$_{\text{rules}}$을 거부하지도 않고, 거부할 수도 없다. 규칙은 축적된 과거의 지혜를 표상하는데, 이는 새로운 사실이 제공한 가변성 및 실행 가능성과 조화되어야 한다. 규칙은 법을 통하여 도달할 적절한 목적과 목표를 위한 이정표를 제공한다(Nussbaum, 1986: 305). 규칙의 구체성부터 일반성까지의 연속선상에서 실용적 추론은 보다 덜 구체적인 규칙이나 '기준'을 선호하는 경향이 있는데, 이는 그러한 기준이 개별화된 분석에 있어서 보다 넓은 분석의 여지를 제공하게 하기 때문이다. 그러나 법의 맥락에서 실용적 추론은 필연적으로 규칙에서부터 작동하지 않을 수 없다. […] 규칙은 자의적으로 경도되는 것을 막아 주고 "편견과 감정이 판단을 왜곡할 수도 있는 상황에서 일관성과 안정성을 준다. … 규칙은 우리가 항상 좋은 법관이지만은 않기 때문에 필수불가결한 것이다."(Nussbaum, 1986: 304)

그러나 이상적으로는, 규칙은 새로운 맥락에 의해 생성된 새로운 통찰과 관점을 위한 여지를 남겨 준다. 앞에서 말했듯이 실용적 추론주의자는, 새로운 사안의 구체적인 상황들은 미리 결정되지도 않았을 뿐만 아니라 결정될 수 **없었거나** 결정되어서도 **안 될** 규칙의 참신한$_{\text{novel}}$ 해석과 적용을 지시할 수 있다고 믿는다. 이러한 점에서 실용적 추론은 규칙이 선택에 의해서가 아니라 필연에 의해서 무제한적일 수밖에 없다고 보았던 법의 특성에 대한 법현실주의자들의 견해와 차이가 있다. 법현실주의자들은 예측 가능성과 확정성을 높게 평가하지만, 입법자들이 확정적인 규칙을 세우기에는 사실$_{\text{facts}}$은 너무 다양하고 예측 불가능하다고 여긴다. 다른 한편 실용적 추론주의자들은 우연성$_{\text{contingency}}$을 규칙으로 환원하여 그에 의해 모든 분쟁이 미리 결정되도록 하는 것은 실현 가능하지도 않을뿐더러 바람직하지도 않다고 본다. […]

(2) 페미니즘 실용적 추론

페미니즘 실용적 추론은 전통적인 실용적 추론 방식 위에서 여성문제 질문하기 등 다른 페미니즘 방법론에 반영된 비판적인 관심과 가치들을 끌어온다. 고전적인 실용적 추론 방식은 그것이 다루는 규범을 가진 공동체를 정당한 것으로 전제하기 때문에 근본적으로 보수적인 경향을 띤다(Singer, 1988: 540). 페미니즘 실용적 추론은 법을 통해 공동체를 대변한다고 주장하는 이들이 가진 규범의 정당성에 도전한다. 법은 항상 실천과 가치의 맥락 안에 자리하기 때문에, 어떠한 형태의 법적 추론도 과거나 공동체의 규범으로부터 물론 자유로울 수 없다. 페미니즘 실용적 추론은 '이성reason'을 기대할 만한 집단이 하나가 아니라 여러 개의 중첩된 공동체임을 강조한다는 점에서, 다른 형태의 법적 추론과 다르다. 페미니스트들은 법은 현재의 권력구조를 반영하는 경향이 있음을 증명해 왔기 때문에, 그들은 공동체라는 개념이 문제가 있다고 본다. 관심을 '여성문제의 질문'이라는 방법론으로부터 포용주의inclusionism로 옮겨 오면서, 페미니스트들은 어떠한 공동체도 다른 모든 공동체를 대변할 정당한 특권을 갖고 있지 않다고 주장한다. 따라서 페미니즘 방법론들은 남성적인 실용적 추론에서 자주 가정하는 일원적인 공동체를 거부하고, 이성이 유래해야 하는 지배적인 문화에서 표상되지 않고 있는 관점들을 규명하고자 한다.

그러나 페미니즘 실용적 추론이 법적 추론의 '남성적'인 연역적 방식과 양극단에 서 있는 것은 아니다. 연역적 방식은 어떠한 사실관계에서든 고정되고 이미 존재하는 법규칙이 단 하나의 정답을 강요한다고 가정한다. 많은 논자들은 사실상 남성이든 여성이든 이제 누구라도 법적 추론에서 이렇게 엄격한 연역적 접근방식을 옹호하지는 않는다고 말해 왔다(Bennett, 1984: 445, 495; Stick, 1986: 363-365). [⋯]

마찬가지로, 페미니즘 방법론에서도 추상화의 과정, 즉 중요하지 않은 것으로부터 중요한 것을 분리해 내는 과정이 요구된다. 구체적인 사실관계는 그것이 사안에서 어느 정도로 일반화 가능한 측면을 표상하는 경우에만 중요성을 가진다. 일반화는 사안에서 무엇이 중요한지를 가려내고 다른 사안들과의 연관성을 찾아낸다. 나는 어떤 상황에 대한 모든 사실을 가려내는 데 실패할 때마다, 물론 내가 항상 하는 것을 추상화한다.[27] 페미니스트들에게 실용적 추론과 여성문제 질문하기는 페미니즘 이외의 법적 분석에 의할 때보다 더 많은 사실들을 법적 사건의 해결에 있어 보다 관련성 있거나 '본질적인' 것으로 파악할 수 있게 한다. 예를 들어 페미니즘 실용적 추론은 여성문제에서 관련되는 사실들, 즉 특정한 법규와 법적 해결책이 누구의 이해관계를 반영하고 있는지 그리고 누구의 이해관계에 보다 깊은 주의를 기울여야 하는지 등에 대해 고려한다. […] 따라서 부부강간 사건에서 아내가 사건 당일에 있었던 성관계를 원치 않았다는 사실은 사건과 관련성이 있지만, 피고인이 발렌타인데이에 그의 어머니에게 사탕 한 상자를 드렸다거나 그가 브릿지 게임을 잘한다는 사실은 관련성이 없다고 판단될 것이다. 사실관계의 구체성 수준이 아무리 상세하더라도 실용적 추론은 다른 모든 형태의 법분석과 마찬가지로 특정한 구체성을 채택하고 이에 의미를 부여하도록 한다. 페미니즘 실용적 추론은 어떠한 선험적 전제도 무의미해 보이는 사실이 유의미한 사실로 판단되는 것을 막지 않는다고 가정하지만, 모든 사실이 관련성 있을 것을 요구하는 것도 아니다. 마찬가지로, 세부사항들을 사건과 무관한 것으로 만드는 일반화는 검토가 요청되지만, 그것이 선험적으로 수용 불가능한 것은 아니다.

27 누스바움은 새로운 세부사항뿐 아니라 과거의 경험에 기초한 일반화의 필요성을 언급했다. 그녀는 만약 매 상황이 정말로 "새롭고 반복 불가능하다면" 실용적 지혜는 "자의적이고 공허했을 것"이라고 말한다(Nussbaum, 1986: 306). 누스바움은 보편적인 것과 특수한 것의 관계를 "양방향 조명(two-way illumination)"의 하나로 본다. "비록 […] 특수성이 우위를 점하지만, 둘은 파트너이고 좋은 법관의 유연성과

또한 페미니즘의 실용적 추론방식은 '남성적male'인 합리성rationality과 대척점에 서 있는 것도 아니다. 실용적 추론에서 공통점, 차이점, 연결성을 찾는 과정은 이성적인 과정이다. 정확하게 말하자면 페미니즘 실용적 추론은 합리성에 새로운 의미들을 부여한다. 페미니즘에서의 합리성은 인간의 경험에서 훨씬 많은 다양성을 발견하고,[28] 경쟁적이거나 불일치하는 주장들을 모두 고려하는 것의 가치를 인정한다.[29] 그것은 도덕적·정치적 선택의 기저에 있는 편파성partiality을 명시적으로 언급함으로써 입장의 편향성을 공개적으로 드러내고(Haraway, 1988: 590), 권력의 분배와 실행에 대하여 페미니즘의 합리성이 암시하는 바를 인식한다.[30] 또한 페미니즘의 합리성은 감정적 요소와 지적 요소의 통합을 지향하며[31] 새로운 상황의 가능성을 미리 정해진 분석 범주에 의해 제한하기보다는 열어 놓고자 애쓴다. 페미니즘 방법론은 그러나 이렇게 새로이 부여된 의미 내에서 이해될 수 있고 이해될 수 있어야만 한다. 페

기민성이 가지는 가치(honors)를 공유한다."(Nussbaum, 1986: 306) 구체적 상황들의 유사성과 차이를 이해하고 일반화할 것이 요구되는 '구체적 보편성(concrete universality)' 개념을 발전시킨 굴드의 연구(Gould, 1976: 25-31) 또한 참고.

28 "서구의 합리주의가 전통적으로 그러했듯 인간의 경험을 배제하면서 추상적이고 선험적인 진실에 얽매이지 않는 새로운 종류의 합리성"을 선호하는 "새로운 인식론자들"에 대해 설명한 Minow(1987: 60-61)와 Williams(1989: 805) 참고.

29 실용적 추론은 경합하는 주장들을 설명해야 한다고 논한 Minow(1987: 61-62)와 Wiggins(1978: 144-145) 참고.

30 지식과 권력 간의 상호연관성에 대한 감수성을 가질 필요가 있음을 설명한 Haraway(1988: 590), Minow(1987: 65-66), Flax(1987: 621, 633), "권력을 행사하는 사람들과 권력에 의해 지배받는 사람들 사이에서의 직접적인 인간의 응시"를 요청한 Minow & Spelman(1988: 57-60), 권력분배라는 쟁점에 대해 고려하는 '대항헤게모니적(counter-hegemonic)' 법실무에 관심을 가질 것을 제안한 Gabel & Harris(1982-1983: 375) 참고.

31 합리적인 사법적 의사결정에는 열정이 필요하다고 언급한 Belenky et al.(1986: 134, 176-182), Brennan(1988) 그리고 Nussbaum(1986: 307-309) 참고.

미니즘 방법론은 인간의 경험을 보다 잘 이해하기 위해 분투하며, 그러한 이해의 역량에 근거하여 평가되어야 한다.

2) 페미니즘 실용적 추론: 방법론 혹은 실체

[…] 페미니스트들은 그들이 실체적인 면에서 반대하는 […] 법규의 적용을 피하기 위하여 맥락적인 추론을 하는가? 아니면 페미니즘 실용적 추론의 실체적인 결과는 법규로부터 구체적 사안의 결과로 옮겨 가는 타당한 수단으로서 정당화되는가?

페미니즘 실용적 추론과 법적 실체의 관계가 '타당한' 것인지의 여부는 법적 의사결정 과정에 대한 몇 가지 중요한 가정들에 따라 달라질 수 있다. 만약 방법론이 법적인 판단 과정에서 정치적이고 도덕적인 요소들을 '걸러 낼' 수 있고 또 그래야 한다고 가정한다면, 실용적 추론은 법적 분석을 하는 데 적절한 방법이 아닐 것이다. 실용적 추론 특유의 개방성open-endedness은 실체와 독립적으로 작동하는 방법론에서는 제거되어야 할 정치적 또는 도덕적 이해관계를 도리어 사안 결정의 기초로 삼는 기회를 제공할 수 있을 것이다.

반면에 법적 의사결정에 있어서 정치적이거나 도덕적인 요소들을 제거할 수도 없고 또한 제거해서도 안 된다고 생각한다면, 이러한 요소들을 보다 가시적으로 만들고 싶을 것이다. 정치적·도덕적 요소가 필연적으로 어떠한 형태의 법적 추론과 묶여 있다면, 이러한 요소들을 공개적으로 드러내는 것은 의사결정자로 하여금 그 요소들에 대해 자기의식적으로 생각하며 구체적 사안에서 작용하고 있는 요소들에 비추어 그들의 결정을 정당화할 것을 요청할 것이다.

페미니스트들은 예상되는 바대로 전자보다는 후자의 입장을 지지한다. 이들은 법적 의사결정에 대한 실체적 분석을 통하여, 결정을 내리는 데 사용되는 소위 '중립적'인 방식들이 법적 의사결정에서 정치적이고 사회적인 고려들을 법적 의사결정에서 제거하는 것이 아니라 이를 단지 은폐시키는 경향이 있다는 것을 밝혀냈다.[32] 페미니스트들은 중립적인 법규와 절차라는 것은 의사결정자들의 이데올로기 아래에서 작동하는 경향이 있으며, 이러한 이데올로기는 여성들의 이해관계에 잘 봉사하지 않는다는 것을 알아냈다. 숨겨진 편향성에 의해 불이익을 받으면서, 페미니스트들은 그에 내재되어 있는 정치적·도덕적 고려들에 대한 논쟁을 겉으로 드러내는 법적 추론 방식의 가치를 깨닫는다. 그러한 고려들에 대한 명료한 설시說示와 이해를 강조함으로써 실용적 추론은 어떤 이해관계가 실제로 문제가 되는지에 기초하여 결론을 정당화할 것을 강력히 요청한다.

페미니즘 실용적 추론의 '실체'는 이러한 방법 없이는 인식되지 못하고 다루어지지 못하는 일정한 형태의 부정의에 대한 경계심alertness으로 이루어져 있다. 페미니스트들은 이러한 부정의를 보다 잘 인식하고 폭로하기 위하여 맥락화된 추론방식으로 향한다. 맥락으로부터의 추론은 세상에 대한 인식을 변화시킬 수 있고, 이는 그러한 추론방식이 타당하게 평가되는 맥락의 영역을 확장할 수 있으며, 이는 다시 더 큰 인식의 변화를 이끌어 낼 수 있다. 세상에 대해 변화된 인식에 기초하여 관련성의 현 경계를 확장하는 것은 법개혁의 과정에서 친숙한 일이다. 예를 들어 Plessy v. Ferguson 판결[33]에서 Brown v. Board of Education 판

32 예를 들어 차이에 대한 말해지지 않은 규범과 가정이 실체적인 법적 의사결정에 어떻게 영향을 미치는지 설명한 Minow(1987: 34-45), 법적 쟁점의 성격을 규정하고, 선례를 선택하고, 법을 해석하는 전통적 방법들이 정치적 선택을 은폐한다고 주장한 Mossman(1987: 156-163), 선례구속원칙이 그 기능적 역할보다는 주로 이데올로기적 역할을 한다고 주장한 Kairys(1982: 11-17), 법적 추론은 "현존하는 위계적 제도의 존재와 당위 모두를 전제로" 하고 있는 "사고의 이데올로기적 형태"라고 주장한 Gabel & Harris(1982-1983: 373), 법적 추론이 정치적·도덕적 입장을 애매하게 하고 상충하는 가치 선택을 초월하는 데 실패한다고 주장한 Singer(1984: 6, 30-39, 43-47) 참고.

33 163 U.S. 537(1896).

결(이하 '브라운 판결')[34]로의 변화는, 인종차별 문제에 있어서 '법적 관련성'의 범위를 흑인의 실제적 경험 및 분리정책에 암시된 열등성을 포함하는 것으로 확장하였기에 가능한 것이다. 그동안 여성에게 유리한 방향으로 이루어진 각종 사법개혁 역시 법적인 관련성의 렌즈를 확장하여 그동안 놓쳐 왔던 여성의 관점을 포섭하고 여성의 본질과 역할에 관한 인식을 조정함으로써 이루어진 것이다. 페미니즘 실용적 추론은 이러한 인식의 지속적인 확장을 강력히 요청한다.

3. 의식고양

인식을 확장하기 위한 페미니즘의 또 다른 방법은 의식고양이다.[35] 의식고양은 개인의 경험을 분명하게 표현하고, 자신의 경험을 표현하는 다른 이들과 함께 그러한 경험을 의미화하는 상호적이고 협력적인 과정이다. 레슬리 벤더Leslie Bender가 말했듯이 "여성주의적 의식고양은 삶의 사건들에 대한 공유된 이야기들에서 출현하는 공통된 경험들과 패턴들을 탐색함으로써 지식을 창조해 낸다. 개별적으로 겪는 개인적 고통으로 경험되었던 것들이 억압의 집단적인 경험이라는 스스로의 모습을 드러낸다."(Bender, 1988: 9)

34 347 U.S. 483(1954).

35 캐더린 맥키논(Catharine A. MacKinnon)은 의식고양을 가장 중요한 페미니즘 방법(the method of feminism)으로 본다. "의식고양은 분석의 주된 기술이고, 조직 구조이며, 실천 방법이고, 여성운동의 사회변화이론이다."(MacKinnon, 1982: 519) 많은 페미니스트 법사상가들이 페미니즘의 실천과 방법에 있어 의식고양의 중요성을 강조한다. 예를 들어 Law(1986: 1784), Matsuda(1986: 618-622), Scales(1986: 1401-1402), Schneider(1986: 602-604) 참고. 미국 여성운동에서 의식고양에 관한 역사적 조망에 관하여는 Horowitz & Weissman(1978: 351-355), Lerner(1979: 42-44) 참고.

의식고양은 시행과 착오의 방법론이다. 의식고양의 참여자는 다른 사람들에게 자신의 경험을 밝힐 때, 그들이 자신의 경험을 인정할 것인지를 알지 못한다. 이 과정은 신중함이나 초연함보다는 위험감수와 취약성을 가치 있게 여긴다. 일관성보다는 솔직함을 중시하고, 자족self-sufficiency보다는 협업을 중시하며, 추상적 분석보다는 사적인 이야기narrative를 중시한다. 그 목적은 개인적인 공격이나 정복이 아니라 개별적·집단적 역량강화이다.

엘리자베스 슈나이더Elizabeth Schneider는 이론과 실천의 변증적 관계에 있어 의식고양의 중심적 역할을 강조한다. "의식고양 참여집단은 개인적이고 구체적인 경험에서 시작하여 이 경험을 이론으로 통합시키고, 이어서 그 효과로서 경험에 근거한 이론과 이론에 근거한 경험을 재형성해낸다. 이론은 경험을 표현함과 동시에 경험에서 발전되지만, 이론의 개선, 검증, 수정을 위해서는 다시 그 경험과 연관을 맺게 된다."(Schneider, 1986: 602) 경험과 이론의 상호작용은 "개인적 경험의 사회적 차원과 사회적 경험의 개인적 차원을 드러내며"(Schneider, 1986: 603), 이를 통해 개인적 경험의 정치적 성격을 밝혀낸다(Schneider, 1986: 602-604).[36]

의식고양은 소규모의 개인성장그룹personal growth group에서 여성주의적 방법으로 사용될 뿐 아니라, "가부장과 끊임없이 이야기하고 그에 도전하며 대중매체, 예술, 정치, 로비활동, 심지어는 입법활동을 통하여 가부장제의 증거들에 대해 증언함으로써"(Bender, 1988: 9-10)[37] 더 공적

36 그러므로 페미니스트는 말한다. "개인적인 것이 정치적인 것이다." 이 문구에 대한 맥키논의 다음과 같은 설명이 아마도 최고일 것이다. "이 말은, 여성들이 여성으로서 겪는 경험들은 개인적이며 — 사적이고, 감정적이고, 내면적이고, 구체적이고, 개별적이고, 친밀하게 — 사회적으로 구성된 공간에서 이루어지기 때문에 여성의 상황의 정치학을 안다는 것은 여성의 개인적인 삶을 안다는 것을 의미한다."(MacKinnon, 1982: 535)

37 의식고양으로서의 소송의 최근 한 사례는, 세 여성이 『허슬러』 지(*Hustler Magazine*)

이고 제도적인 차원에서도 작용하고 있다. 여성들은 부부강간, 포르노그래피, 직장 내 성희롱, 길거리에서 치근덕거림street hassling, 그 외 여러 형태의 억압과 배제의 피해자로서의 경험을 공적으로 공유하면서 의식고양을 사용하며, 이를 통해 무해하고 칭찬이라고 널리 여겨지는 사건들이 여성들에게 어떠한 의미를 가지는가에 대한 사회적 인식의 변화를 가져오는 데 기여한다.

더 나아가서, 의식고양은 보다 일반적으로는 법률과 제도적 의사결정에 중요한 영향을 끼친다. 몇몇 페미니스트들은 의식고양의 통찰을 법적 절차와 법적 의사결정에 대한 규범적인 고려에 투영시켰다. 예를 들어 캐리 멘켈 메도Carrie Menkel-Meadow는 여성 법률가의 수가 증가함에 따라 의사결정에 대한 여성들의 보다 상호적인 접근이 법적 절차를 개선시킬 것이라고 내다보았다(Menkel-Meadow, 1985: 55-58). 또한 주디스 레스닉Judith Resnik은 여성주의적 재판은 법관들의 보다 협력적인collaborative

에 대하여 포르노그래피적 만화와 사진의 출판에 따르는 "명예훼손, 사생활 침해, 감정적 손상에 대한 고의적 가해, 모욕" 등 여러 시민권을 원인으로 하는 소를 제기한 것이다. 이 포르노그래피의 일부는 특히 원고 중의 한 명이며 반(反)포르노그래피 운동가인 안드레아 드워킨(Andrea Dworkin)을 언급한 것이었다. Dworkin v. Hustler Magazine, Inc., 867 F.2d 1188(9th Cir. 1989) 참고. 이 소송에서 그러한 포르노그래피의 소재가 된 여성이 입은 직접적인 피해(harm)와, "그런 잡지에서 추한 포르노그래피적 묘사를 당하는 것이 두려워서 [여성을 위한 정치적 자유의] 수행을 주저하게 되는" 다른 여성들이 입는 간접적 피해 모두에 대해 1억 5천만 달러를 청구하였으나, 약식결정(summary judgment)에서 기각당하였다[867 F.2d 1188(9th Cir. 1989), 1191]. 이 사건에서 원고들은 아마도 승소하거나 자신들이 추구한 만큼의 손해배상금을 받기를 기대하지는 않았을 것이다. 그러나 그러한 소송은 그것이 야기하는 쟁점들에 대한 토론과 공공 교육에 기여할 수 있다. 물론 당사자들은 '하찮은' 소송을 제기하는 데 따른 제재를 받을 수는 있다. 이 사건에서 제9순회법원은 연방항소심절차규칙 제38조와 28 U.S.C.§1912에 따라 소송 비용 및 변호사 비용 두 배 청구를 기각했다. 그러나 원고들이 유사한 주장을 후소에서 제기한다면 제재를 가할 수 있다고 밝혔다[867 F.2d 1188(9th Cir. 1989), 1200-1201].

의사결정을 수반하게 될 것이라고 주장하였다(Resnik, 1988: 1942-1943). 이러한 변화는 변호사의 송무lawyering와 법관의 재판judging이 판단력과 권력의 개별적인 행사라기보다 집합적인 작업의 문제가 될 가능성에 있어 중요한 함의를 가질 것이다.

그러나 의식고양의 가장 큰 의미는 그것이 메타방법론meta-method으로서 가지는 의미이다. 의식고양은 페미니스트로 하여금 그들 자신 및 다른 여성의 경험으로부터 통찰과 인식을 끌어내고 이러한 통찰을 통해 사회 현실의 지배적인 버전에 대한 도전을 가능하게 함으로써 '여성문제의 질문'이나 페미니즘 실용적 추론 등 다른 페미니즘 방법론에 하부구조를 제공한다.

[…] 의식고양이 방법론으로서 성숙해 감에 따라, 일정한 경험의 의미에 대한 페미니스트들 간의 의견의 불일치가 급격히 증가하였다. 예를 들어 페미니스트들은 여성이 자발적으로 이성애나 모성을 선택할 수 있는지, 포르노그래피나 대리모에 대한 제한조치로부터 페미니스트들이 얻는 것이 많은지 잃는 것이 많은지, 여성이 군대의 징집대상에 포함되어야 하는지 등에 대해 서로 의견을 달리하고 있다. […] 또한 페미니스트들 간에 의식고양의 방식method에 있어서도 불일치가 나타나고 있는데, 어떤 여성들은 의식고양이 종종 여성들로 하여금 자신들의 경험을 경험적으로가 아니라 정치적으로 타당한 입장에 따라 해석하도록 압박하는 방식으로 작동한다고 우려한다.

이러한 불일치는 페미니즘의 실천에 어떤 특정한 방법론이 적절한가 하는 문제 이상의 것을 제기한다. 의식고양은 여성문제나 페미니즘 실용적 추론 방법과 마찬가지로 지식knowledge이라는 개념에 도전하는데, 이는 내가 알았다고 생각했던 것이 사실은 '옳지right' 않을 수도 있다는 것을 전제한다. 그렇다면 우리가 '옳은' 지식에 도달했다는 것have got it right을 어떻게 알 수 있는가? 그에 앞서 옳다는 것be right은 무엇인가? 그리고 내가 안다고 주장하는 것에 대하여 나는 어떠한 태도를 취해야 하는가?

III. 여성주의적 법인식

법학 방법론의 핵심 중 하나, 혹은 핵심은 법적으로 방어 가능하고 어떤 의미에서는 '옳은' 결론에 도달하는 것이다. […]

이하에서는 법에서 '옳다'는 것의 의미가 무엇인지에 대한 페미니즘의 몇 가지 설명에 대해 살펴본다. 먼저 페미니즘 이론에서 발생한 일련의 입장을 살펴보자. 여기에는 여성주의적 인식론 논의에 관행적으로 포함되어 온 세 가지 입장인 합리적/경험적 위치the rational/empirical position, 관점인식론standpoint epistemology, 포스트모더니즘이 있다.[38] 다음으로 위치성positionality[39]이라고 불리는 네 번째 태도를 살펴볼 것인데, 이는 앞의 세 가지 입장이 가진 몇몇 측면들을 새롭고, 내가 생각하기에는 보다 만족스럽게 종합한 총체이다. 나는 각 입장이, 페미니즘의 방법을 사용하는 페미니스트들이 현재의 권력구조에 비판적으로 도전하여 그 자리에 새롭고 보다 나은 구조를 재구성하는 데 필요한 통찰력, 가치, 자기 인식self-knowledge을 생산하는 데 어떻게 기여할 수 있는지를, 앞에서 설명한 페미니즘 방법론들에 반영된 것과 같은 실용주의적 관점으로 평가할 것이다. 이러한 기준은 순환론적일 수밖에 없다. 즉 나는 지식에 대한 이론을 페미니스트들이 지식이라고 주장하는 것에 비추어, 그리고 지식

38 산드라 하딩(Sandra Harding), 메리 혹스워스(Mary Hawkesworth) 등이 이러한 범주를 사용한다(Harding, 1986: 24-28; Hawkesworth, 1989: 535-537). 나는 법을 다루는 페미니스트들이 포함되는 것으로 보이는 범주를 반영하기 위하여, 하딩이나 혹스워스와는 다소 다르게 이 범주들을 정의한다. 이러한 범주들을 사용함에 있어 나는 명칭(labels)과 범주화는 분열적인 것이며 생각이 "유동적이고 성장하는 대신 고정되도록"(Bender, 1988: 5 주 5) 만든다는 레슬리 벤더의 관찰을 늘 유념한다. 하지만 나는 생각하는 방식에서의 차이를 명령하고 묘사하고 명확히 하는 데 명칭이 필요하다고 본다. […]

39 이 용어는 '여성'이라는 개념에 관한 페미니스트의 적절한 시각에 대한 린다 알코프(Linda Alcoff)의 설명에서 차용해 왔다(Alcoff, 1988: 428-436).

을 얻기 위해 사용하는 방법론에 비추어 얼마나 이치에 맞는지를 평가할 것이다. 그러나 이러한 순환성은 내가 주창하는 페미니즘의 주된 특성 중 하나와 일관되는 것이다. 어떠한 가치나 진리도, 페미니스트의 것을 포함하여, 그것을 낳은 사회현실의 관점에서 이치에 맞는 것이어야 한다. 그 증명에 대한 설명 역시 증명이 이루어지는 곳, 즉 실천의 맥락에서 작동되어야만 한다.

1. 합리적/경험적 위치

여러 학문 분야의 페미니스트들은 도입된 방법론들을 어떻게 향상시킬 수 있는지를 각 분야의 고유한 기준에 따라 보여 주기 위하여 많은 노력을 기울여 왔다. 이러한 노력으로 인해 각 학문 분야에서 오랫동안 권위적이고 의심할 여지 없이 받아들여졌던, 여성을 도덕적으로 열등하고 심리적으로 불안정하며 역사적으로 미미한 존재로 보았던 묘사가 해체되었다.

마찬가지로, 법 분야의 페미니스트들은 법의 도구를 사용하여 스스로의 방식대로 법을 개선하는 것을 시도한다. […] 페미니스트들은 수많은 법에 내재된 여성에 대한 가정에 도전하고, 이러한 가정에 근거한 법들이 어떠한 방식에서 합리적이거나 중립적이지 않으며 이러한 법들이 오히려 불합리하고 차별적이라는 것을 증명한다. 이러한 도전적인 작업은 합리적/경험적 위치에서 수행되고 있는데, 이는 [현재의] 법은 객관적이지 않으나, 잘못된 가정들을 밝혀내고 수정함으로써 법을 보다 객관적으로 만들 수 있다고 보는 입장이다.

예를 들어 임신한 여성에게 장애disability 혜택을 인정하지 않는 고용 규칙에 도전하면서 페미니즘은 임신 아닌 다른 장애의 유사성에 대하여 경험적이고 합리적인 논증을 사용하였다. 작업장에서 임신한 여성이 경험하는 불이익을 다루는 주법에 맞닥뜨려 어떤 페미니스트들은 임신한 여성에 대한 그러한 '특별대우'가 여성에 대한 고정관념을 강화하기에 평등원칙하에서 거부되어야 한다고 주장한다. 다른 페미니스트들은 임신은 여성에만 영향을 끼치므로 그에 대한 조치 없이는 여성이 작업장에서 평등을 획득할 수 없다고 주장한다. 이 논쟁의 양쪽은 서로 다른 평등 개념을 옹호하는데, 사실 그 기저에 놓인 논쟁은 무엇이 가장 합리적이고, 경험적으로 올바르며, 법적으로 지지할 만한 평등에 대한 해석인가 하는 논쟁이다.

페미니스트들은 자녀양육권법child custody law의 특정 개정안이 자녀의 최선의 이익을 보호한다는 이 법의 명시적인 목적을 보다 합리적으로 만족시킬 수 있을지에 대하여 논쟁하고 있다. 어떤 페미니스트들은 미성숙연령원칙the tender-years doctrine이나 어머니우선규칙the maternal-preference rule을 선호하는데, 이는 여성이 실제 양육자인 경우가 많고 양육권 사건을 재판하는 백인 남성 판사의 여성에 대한 편견으로 인해 여성에게 양육권의 공정한 기회를 보장하기 위해서는 이러한 규칙들이 필요하다는 이유에서이다. 다른 페미니스트들은 사안에 따라서 자녀의 최선의 이익심사best-interest-of-the-child test를 적용하는 것이 가장 공정하고 중립적인 양육권 결정을 가져올 것이라고 주장한다. 반면 일차적 양육자 추정a primary caretaker presumption을 옹호하는 입장도 있는데, 이는 자녀의 일차적 양육자는 자녀의 이익을 가장 잘 보호할 수 있는 부모 일방이 될 가능성이 크며, 이 기준은 자녀의 보살핌에 헌신하였지만 위험을 무릅쓰기를 꺼리는 부모에 대한 잠재적인 위협을 최소화한다는 경험적인 근거를 바탕으로 한 것이다. 마지막으로 어떤 법규가 자녀와 여성의 이익에 가장 도움이 되는지에 관한 경험적인 주장을 바탕으로 공동양육권joint custody을 장려하는 법규를 선호하는 페미니스트들도 있다.

합리적/경험적 위치로부터 나오는 이러한 논쟁들은 모두 지식은 접근 가능하고, 그것을 획득함으로써 법을 보다 합리적으로 만들 수 있다는 전제를 공유한다. 관련성 있는 경험적 문제들은 자주 매우 어려운 문제가 된다. 만약 자녀부양 의무를 지연하는 부모, 일반적으로는 아버지가 징역형을 받게 된다는 것이 거의 확실하다면, 그들은 자녀부양비를 제때 보다 잘 지급할 것인가? 만약 주법이 임신을 고용보장이 요구되는 유일한 조건으로 선별한다면, 여성을 고용하는 데 얼마나 많은 추가적인 저항이 생겨날까? 그리고 여성에 대한 정형화에는 어떠한 영향을 가져올까? 합리적/경험적 입장은 그러나 이러한 질문에 대한 하나의 '옳은' 해답이 존재한다는 전제하에 이러한 질문에 대한 해답들은 보다 개선될 수 있고, 그러한 해답이 얻어지면 법을 개선할 수 있다고 가정한다.

어떤 페미니스트들은 법의 경험적 기초나 합리성을 향상시키는 것은 법의 성별화된 본질에 더 깊이 도달하지 못하는 '개량주의'에 지나지 않는다고 비난한다. 이러한 비난은 불행히도 그동안 모든 페미니스트들이 참여해 온 법에 대한 경험적 도전을 통해 이루어 낸, 여성에 대한 사고에 있어서의 엄청난 변화를 평가절하하는 것이다. 페미니즘의 합리/경험주의는 많은 학문 분야에 편재한 여성에 대한 매우 잘못된 사실적 가정들factual assumptions을 노출시키기 시작하였고, 사회 내 여성에 대한 인식을 의미 있는 방식으로 변화시켜 왔다. 그러나 전적으로 합리적/경험적 견지에서만 접근하는 페미니스트는 거의 없다. 이러한 방법은 규범적인 정확성보다는 사실적인 정확성 문제에 관심을 한정시키는 경향이 있고, 따라서 사실적 혹은 합리적 명제들이 규범적인 구조를 은폐하는 현실의 사회 구성은 고려하지 못하기 때문이다. 경험적이고 합리적인 논증은 현실에 관한 가정에 도전하고, 특히 여성의 정형화에 의해 부정확하게 전달된 현실에 도전한다. 그러나 현실이 재현적representational이거나 객관적이지 않고 또한 정치에 영향을 받는다면, 그러한 현실의 부정확성을 시정하는 방법으로는 궁극적으로 그 현실을 이해하거나 재구성하는 기초를 제공할 수 없다. 객관성이나 중립성과 같은 원칙들이 법에서의 경험적 가정에 대하여 의문을 제기할 수 있다는 합리적/경험적 가정은 '알 수 있음knowability' 자체가 논쟁적 쟁점임을 간과하고 있다. 이하에서는 '알 수 있음'을 전제하기보다는 그에 도전하는 입장들을 살펴본다.

2. 관점인식론

여성주의적 사고에서 '알 수 있음'의 문제는, 여성이 알고 있는 것이 남성적 문화에 의해 결정된다는, 아마도 중층결정된다는overdetermined 관찰로부터 제기된다. 이러한 중층결정의 문제를 가장 우려한 일부 페미니스트들은 페미니즘의 고유한 법학 방법론, 법적 추론, 실체적인 법개혁에 대한 제안들이 '옳다'는 근거를 제공하기 위하여 '관점인식론'[40]을 도입하였다.

페미니즘의 관점인식론은 여성의 지위를 피해자의 지위와 동일시하고 이는 다른 이들은 가질 수 없는 억압에 대한 이해를 가능하게 한다고 주장하면서 그러한 지위를 특권화한다. 이러한 특권privilege은 피억압자들에게 고통과 종속이 "무엇이 잘못된 것인지를 찾아내고 현실에 대한 기존의 해석을 비판하고 세계에 대한 새롭고 덜 왜곡된 이해를 발전시킬 동기를 제공한다"(Jaggar, 1983: 370)는 주장의 근거가 된다. 따라서 피해자가 되는 경험은 피해자가 아닌 자들이 보지 못하는 현실에 대한 진실을 밝혀낸다.

> 여성들은 세상이 저 바깥에 있다는 것을 안다. 여성들은 세상이 우리의 얼굴을 가격하기 때문에 세상이 저 바깥에 있다는 것을 안다. 문자 그대로. 우리는 강간

40 산드라 하딩은 관점 접근법의 뿌리를 헤겔의 주인과 노예의 관계에 대한 분석에서 찾는다. 이는 엥겔스(Engels), 마르크스(Marx), 루카치(Lukács)에 의해 고안되어 제인 플랙스(Jane Flax), 힐러리 로즈(Hilary Rose), 낸시 하트삭(Nancy Hartsock), 도로시 스미스(Dorothy Smith)에 의해 페미니즘 이론으로 확장되었다(Harding, 1986: 26).

> 당하고, 맞고, 포르노그래피에 쓰이고, 힘에 의해, 적어도 전적으로 우리의 외부에서 시작되는 세상에 의해 정의된다. 우리가 그에 대해 무엇이라 생각하든, 우리가 그것이 존재하지 않는다고 혹은 우리가 살아갈 수 있는 다른 모습으로 존재한다고 생각하고자 어떻게 노력하든, 세상은 여전히 현실로서 남아 있다. 한 번 시도해 보라. 그것은 우리의 의지로부터 독립하여 존재한다. 우리는 그것이 거기에 있다고 말할 수 있다. 왜냐하면 우리가 무엇을 하든 우리는 그것으로부터 벗어날 수 없기 때문이다.(MacKinnon, 1987: 57)

페미니스트들은 여성 경험의 서로 다른 측면들에서 여성의 종속성의 근원을 파악한다. 포스트 마르크스주의$_{\text{post-Marxist}}$ 페미니즘은 가정과 시장에서의 여성의 생산활동에서 종속성의 근원을 찾는 반면, 성적인 위계질서나 여성의 몸, 남성폭력의 고통과 두려움에 대한 여성의 반응 등에 있어서 여성의 위치를 강조하는 입장도 있다. 그러나 그 근원이 무엇이든 이러한 페미니스트들은 피억압자들에 대한 물질적$_{\text{material}}$ 박탈이 그들에게 억압자들은 가질 수 없는 하나의 관점, 즉 지식에 대한 접근을 제공한다고 주장한다.

관점인식론은 사회에서의 상대적인 지위가 각자의 '지식' 형성에서 차지하는 중요성에 대한 여성주의적 이해에 매우 많은 기여를 하였다. 페미니즘의 관점인식론은 "관찰자의 사회적 정체성은 연구 결과의 '우수성$_{\text{goodness}}$'과 무관하다"(Harding, 1986: 162)는 가정에 대해 의문을 제기하고, 경험과 참여를 통한 관점을 옹호하여 '객관적'이고 거리를 두는 관점의 우위를 역전시킨다.

그러나 페미니즘의 관점인식론이 제공한 귀중한 통찰에도 불구하고, 이러한 인식론이 여성주의적 인식에 대한 정확한 설명을 제공하는 것은 아니다. 첫째, 억압의 근원으로서 성별을 따로 떼어 냄으로써, 페미니즘 법사상가들은 억압받는 여성의 진정한 정체성 규명에 초점을 두어 그 여성의 특성을 본질화하는 경향이 있다. 예를 들어, 캐더린 맥키논은 남성 헤게모니의 총체적 체계를 밝혀내면서 "여성의 관점"(MacKinnon, 1987: 160), "여성의 목소리"(MacKinnon, 1987: 195), "우리 고유의 언어로"(MacKinnon, 1987: 22) 여성의 역량을 강화하기, 여성이 "진정으로 원하는"(MacKinnon, 1987: 83) 것, "우리의 것이 아닌"(MacKinnon, 1987: 76) 기준들 등을 반복적으로 이야기한다. 루스 콜커Ruth Colker는 여성의 "진정한 자아authentic self"(Colker, 1988: 218)의 발견을 여성에게 강제된 사회구조가 부여한 난해한 과제라고 보면서도, 맥키논과 마찬가지로 그것이 페미니즘의 주된 목적이라고 주장한다. 로빈 웨스트Robin West 역시 여성이 페미니즘 법학의 근간을 이룰 "진정한 본질true nature"(West, 1988: 4)을 가지고 있다고 가정한다.[41]

이러한 페미니스트들이 취하는 본질주의적인 입장은 종종 전략적 혹은 수사적 가치가 있기는 하지만,[42] 여성들 간 차이의 중요성이나 성별 이외의 요소들도 여성을 피해자로 만든다는 사실을 흐리게 하기도 한다. […]

[…] 관점인식론자들은 또한 특권에 대해 지나치게 좁은 시각을 전제하는 경향이 있다. 피해자가 되는 것이 특별히 진실에 접근할 수 있게 되는 유일한 경험인지는 의심스럽다. 피해자가 피해자화victimization에 대하여 피해자 아닌 자들이 알지 못하는 무언가를 안다고 할지라도, 피해

41 웨스트는 그의 초기 저작을 여성들의 주관적인 경험에 관한 '현상학적인 비판'의 필요성을 밝히는 데 바쳤다. 그녀는 그것이 "우리의 내면적 삶의 질에 대한 진실을 이야기함"으로써 여성에 의해 성취될 수 있다고 주장하였다(West, 1987: 144). [이 책의 두 번째 논문에서—역자 주] 웨스트는 모든 근대 법이론들이 전제하고 있는 분리의 경험과는 반대로 자신의 경험을 연결적인 것으로 보는 여성의 성향에 내재한 애매함의 문제를 어느 정도 해결한 것으로 보인다(West, 1988: 1-3). 비판사회이론의 반본질주의를 거부한 West(1989: 96) 또한 참고.

42 전략적 목적으로 본질주의를 '전개하는' 것과 실수로 본질주의에 '빠지는' 것을 구분한 Fuss(1989: 20) 참고.

자가 억압의 진실에 대한 독점적 접근권을 가진다고는 볼 수 없다. 공동 피해자co-victims, 수동적 방관자, 심지어 가해자 등 다른 이들의 입장 역시 억압을 종식하고자 하는 이들이 이해해야만 하는 특별한 지식의 관점들을 만들어 낸다.

여성들이 지식에 대한 특별한 접근방식을 가진다는 관점인식론의 주장은, 또한 왜 모든 여성이 유사한 상황에 있는 여성들을 포함하여 자신들의 상황에 대한 동일한 해석을 공유하지 않는지를 설명하지 못한다. 이에 대한 한 가지 설명은 가부장적 이데올로기의 지속이 "페미니스트적 의식feminist consciousness을 제한하는 데 성공적으로 개입하여"(Eisenstein, 1984: 153) '허위 의식false consciousness'을 초래한다는 것이다. 페미니스트 법이론가들이 이러한 설명을 명시적으로 하는 경우는 드물지만, 여성을 일정한 본질적 특성—그것에서 벗어나는 것은 여성이 정말 누구이고 여성이 진정으로 원하는 것이 무엇인지에 대한 왜곡이라고 암시하는—과 결부시키려고 하는 이론들에는 이와 같은 설명이 내포되어 있다.[43]

허위 의식은 확실히 자신의 경험에 대한 여성들의 인식이 서로 다른 이유를 만족스럽게 설명하지 못한다. 그러한 설명은 어떤 외부적 또는 객관적 기준이 아닌, 경험 그 자체가 지식의 근원이라는 관점론의 주장을 부정하는 것이다. 게다가 한 사람의 의식이 '허위적false'이라고, 따라서 다른 이의 인식이 '진실'이라고 말하는 것은, 남성적 가부장제가 자신의 목적에 맞게 여성의 인식을 전적으로 구성해 왔다는 맥키논을 비롯한 연구자들의 가정과 맞지 않는다.[44]

43 페미니스트들은 자신의 진정한 자아를 밝히기를 열망한다고 단언한 Colker(1988: 217-222, 217 주 2) 참고. 웨스트는 여성들의 현실에 대한 설명에서의 실수들을 "허위(false)"라고 명명한다(West, 1987: 114). 혹은 "거짓말(lies)"이라고 명명하기도 한다(West, 1987: 126, 127, 144).

44 남성의 지배가 "형이상학적으로 거의 완벽하다"고 서술한 MacKinnon(1983: 638)

맥키논 스스로도 허위 의식이 여성들의 서로 다른 인식을 제대로 설명하지 못함을 인식하고 있다.[45] 그녀의 저술 전반에서, 그녀가 협력자라고 인정하지 않는 여성들을 낙인찍고(Mackinnon, 1987: 198-205, 216-228) 페미니즘이 주관적이거나 편향적이라는 주장을 거부하는 데에는 이러한 설명이 암시되어 있다(MacKinnon, 1989: 116). 콜커는 여성들의 경험 중에서 정치적으로 올바른 것 하나를 고르는 문제에 민감하지만, 그녀 역시 여성들이 '진정한 자아'를 갖고 있다는 주장과 그들이 다른 이의 환상에 의한 피해자라는 주장 사이의 모순에 여전히 갇혀 있다(Colker, 1988: 255-260).

관점인식론의 마지막 난점은 우리 대 그들이라는 양자대립적인 구도를 초래한다는 것이다. 피해자의 관점과의 동일시는 적, 범죄자, 가해자의 존재를 필요로 하는 것으로 보인다.[46] 피해자로 확인된 사람('우리')은 다른 이들('그들')과 완전히 반대편에 서게 되는데, '그들'이 자신들의 지식이 우월하다고 주장하는 것은 잘못된 것이고 보다 심하게는 음모적이고 악의에 차 있으며 범죄적인 것이라는 의심을 받게 된다. 모

참고.

45 MacKinnon(1983: 637-638, 주 5) 참고. 맥키논은 여성들의 다양한 지각이 서로 다른 주관적 경험에 기초하고 있다는 설명 또한 거부한다. 그녀는 남성에 의한 구조로 인해 여성들은 주체가 될 수 없다고 주장한다(MacKinnon, 1983). 이 두 가지 설명들을 모두 거부하고, 맥키논은 여성의 다양한 지각은 여성이 처한 모순적 상황을 증명하는 것이라고 결론 내린다. "페미니즘은 여성들의 관점을, 그 불가능성을 밝히고 비판하고 설명함으로써 확인한다."(MacKinnon, 1983: 637) 나는 이러한 결론을 받아들이지만, 이것이 허위 의식의 관점을 반영하는 맥키논의 다른 저작과 일관된다고 생각하지는 않는다.

46 혹스워스는 이러한 연관성을 "억압의 수사(rhetoric)"와 관련짓는다(Hawkesworth, 1988: 445-448). 다른 글에서 혹스워스는 페미니스트들의 지식에 대한 태도가 "여성에 대한 잘못된 정보(misinformation)를 인식하는 것에서부터 여성에 대한 허위 정보(disinformation)의 유포에 관한 의심"으로 옮겨 가게 하는 것과 관련된 현상을 설명한다(Hawkesworth, 1989: 538-539).

든 사람들은 우리 편에 서든지 우리와 반대편에 서든지 해야 한다. 남자는 배우들인데, 순진한 배우가 아닌 사악하고 부패하고 구제불능인 존재들이다. 남자들은 남성적 이익을 보호하고 여성의 종속을 지속시키려는 음모를 꾸민다.[47] 여성들조차 자신이 어느 편에 설 것인지를 선택해야 하는데, 잘못 선택한 여성은 비난받는다.[48]

이러한 대립구도는 여성주의적 실천에 장애가 된다. 이는 페미니즘의 옹호자가 될 수도 있는 사람들의 이해를 가로막고 페미니즘에 공감할 가능성이 있는 이들을 무력하게 만든다. 훨씬 더 심각하게도, 이 대립구도는 여성이 직면하는 문제에 대하여 잘못된 설명을 하고 있다. 남성은 '자유롭게' 행동하고 여성은 그렇지 않은 것이 아니라, 남성과 여성 모두 상이하지만 상호연관된 방식으로 성별에 의해 제약받는 것이다. 성별구조에 대한 잘못된 이데올로기는, 남성이 그로부터 얼마나 많은 이익을 얻고 있는지와는 별개로, 남성도 통제한다. 제인 플랙스가 썼듯이, "우리가 성별을 사회적 관계로서 보지 않고 선천적으로 다른 존재들의 대립항an opposition으로 본다면 특정한 사회 안에서 서로 다른 여

47 따라서 맥키논은 "남성 작가들은 자신들만의 이익을 기술"하고 남성권력과 여성종속을 유지하는 "조건을 설정한다"고 쓰고 있다(MacKinnon, 1989: 316). 체계로서의 남성권력과 개개의 남성들이 가진 혹은 갖지 못한 권력을 구분하는 것에 때로는 신중해야 함에도 불구하고(Littleton, 1987: 1318), 크리스틴 리틀턴(Christine A. Littleton) 역시 종종 음모론에 빠져든다. Littleton(1987: 1302)("사회적 담론의 용어들은, 적극적이든 소극적이든 여성의 목소리를 무시해 온 남성들에 의해 설정되어 왔다. …"); Littleton(1987: 1333)[이 책의 여섯 번째 논문—역자 주](남성들은 "자신들이 최선의 것을 가지고 그 나머지를 여성에게 할당했다."); MacKinnon(1987: 198-205, 216-228) 참고.

48 이러한 틀에서 수행된 페미니스트들 사이의 교환이 얼마나 쓰라린 것이 될 수 있는지에 대한 예로는 DuBois et al.(1985) 참고. 맥키논은 MacKinnon(1987: 305, 주 6)에서 자신의 논의의 저변을 확대하고 있다. 이러한 교환에 대한 통찰력 깊은 페미니스트적 언급에 관해서는 Colker(1988: 249-250) 참고.

성들의(혹은 남성들의) 권력과 억압의 다양성과 한계를 인식할 수 없게 될 것이다."(Flax, 1987: 641)[49] 간단히 말해, 젠더 개혁gender reform은 현재 모든 권력을 장악하고 있는 적enemy인 남성을 정복하는 것이 아니라, 억압과 종속의 현재적 관계를 지속시키는 이데올로기를 변화시키는 방향으로 이루어져야 할 것이다.

3. 포스트모더니즘

정초주의foundationalism에 대한 포스트모던적 또는 포스트구조주의적 비판은 '알 수 있음knowability'의 문제를 사뭇 다른 방식으로 해결한다. 관점인식론이 지식의 근원을 억압자에서 피억압자로 재배치한 반면, 정초주의에 대한 포스트모던적 비판은 '여성'과 같은 사람의 범주에 대한 지식을 포함하여 지식의 가능성을 질문한다. 이러한 비판은 본질주의적 사고를 부정하고, 여성적 주체를 포함한 주체는 핵심적인 정체성을 갖는 것이 아니라 다양한 방식에서 서로 겹치거나 교차하고 모순되는 복합적인 구조와 담론을 통하여 형성된다고 주장한다. 이러한 구조와 담론이 여성을 "중층결정"하고 이에 따라 "차별화된 정체성과 … 자율성에 대한 주체의 경험"(Coombe, 1989: 85)을 만들어 내기는 하지만, 포스트모던적 관점은 개별주체가 경험하는 현실들이 결코 초월적이거나 재현적인 것이 아니라, 복잡한 사회적 맥락 속에서 구성되는 구체적이고 유동적인 것이라고 가정한다. 이러한 입장에서, 인간이 되는 것 혹은 여성이 되는 것은 철저히 사회적·역사적·문화적 구성의 문제가 된다.

포스트모던적 비판은 언어와 법, 기타 사회적으로 구성된 체계에

49 플랙스도 기술했듯이, 여성은 "인종, 계층, 혹은 호모포비아의 사회적 관계에 기원을 둔 지배관계에서 차지하고 있는 그들 고유의 위치에 서서 결정을 내리는 것에서 자유로울" 수 없다(Flax, 1987: 642).

있어서 남성, 합리성, 객관성 등 한쪽에만 특혜를 주고 여성, 비합리성, 주관성 등 그 반대쪽을 주변화하는 이원적 대립구도에 도전해 왔다. 포스트모더니즘은 이러한 대립구도의 근간, 정당성의 기초를 외부적 토대나 권위에서 찾는 그 외 모든 권력체계나 진리체계의 근간을 제거한다. 이를 통해 사회 개혁에 대한 어떠한 의제로부터도 그 외부적인 근간을 제거하게 된다. 낸시 프레이저Nancy Fraser와 린다 니콜슨Linda Nicholson의 표현에 따르면, 포스트모던적 사회비판은 "어떠한 보편주의적 이론의 기반에도 매이지 않은 채 떠다닌다. 더 이상 철학적으로 정박되어 있지 않은 채로, 사회비판의 형태나 성격은 보다 실용적·임시적·맥락적·지역적으로 변화한다."(Fraser & Nicholson, 1988: 85) 정당화에 대한 외부적·전제적overarching 체계는 존재하지 않으며 "조사가 실행되는 지점과 따로 떨어져 존재하는 특별한 심판대는 있을 수 없다". 대신 실천은 "복수의, 지역적이고, 내재적인" 스스로의 고유한 구성적인 규범들을 발전시킨다(Fraser & Nicholson, 1988: 87).

정초주의에 대한 포스트모던적 비판은 비판법학 운동의 흐름을 타고 법적 담론의 장으로 들어왔다. 이 운동과 결합한 페미니스트들은 법의 불확정성과, 법이 중립성과 객관성을 표방함에도 특정한 위계질서와 권력분배를 은폐하고 있음을 강조한다. 이러한 페미니스트들은 해체적인 작업을 통해 광범위한 법률과 법적 가정들에 숨겨져 있던 성편향성을 밝혀냈다. 이러한 작업의 기초에는 법 자체뿐 아니라 법적 타당성과 정당성의 기준 역시 보편적으로 주어진 것이 아닌 사회적 구성물이라는 비판적 통찰이 자리하고 있다.

정초주의에 대한 포스트모던적 비판이 페미니즘 법학이론에 커다란 영향을 끼쳐 온 것은 사실이지만, 어떤 페미니스트들은 이러한 비판이 기존의 권력구조뿐 아니라 페미니즘 정치에도 위협이 될 수 있다고 지적한다. 페미니즘 정치가 여성억압이라는 특정한 주제를 중심으로 하는 한, 독립적이고 결정적인 진실이 존재한다는 것을 부정하는 지식이론은 페미니즘 정치의 기반을 부정하는 것처럼 보일 수도 있다. 페미니스트들은 객관성 개념을 사용하지 않은 채, 남성 헤게모니로부터 그들이 벗어나는 일이 그들이 내던진 남성 헤게모니보다 덜 인위적이고 작위적이란 것, 혹은 자신들의 진실이 여성인 것being women에 대한 자신들의 설명에서 한참 벗어나 있는 이들이 말하는 진실보다 더 공고한 근거를 가진 것임을 주장하는 데 어려움을 가진다. 따라서 데보라 로드Deborah Rhode가 지적했듯이, 포스트모더니즘의 영향을 받은 페미니스트들은 "성별 억압의 존재를 주장하면서도 동시에 그것을 증명하는 [자신들의] 능력에 대해서도 의문을 제기하게 되는 어색한 위치에 놓여"(Rhode, 1990: 620) 있다.

페미니스트들은 의미 있는 개혁의 어젠다를 지속하기 위하여 진실 또는 객관성이라는 개념을 허용하면서도 지식의 가변성contingency을 고려하는 지식에 대한 자세를 지녀야 한다. 정초주의에 대한 포스트모던적 비판은 많은 페미니스트들에게 설득력을 가지는데, 이들은 보편적 진실이라고 주장되는 규칙이나 원칙들이 여성들의 종속을 강화하는 구체적·우연적 현실을 반영하고 있다는 것을 자신들의 경험을 통해 재확인한다. 그러나 페미니스트들은 이와 동시에, 수용될 수 없는 억압의 형태를 자신들이 규명했다는 것과 자신들이 이러한 억압으로부터 자유로운 세계에 대하여 보다 나은 설명을 한다는 것을 주장할 수 있어야 한다. 린다 알코프Linda Alcoff에 따르면 페미니스트들은 "여성혐오에 대한 그들의 문제제기accusation를 '증명 불가능한 것undecidable'이 아니라 근거 있는 것validiated으로 만들어야 한다."(Alcoff, 1988: 419) 나아가 페미니즘은 도나 해러웨이Donna Haraway가 썼듯이 "의미와 실체를 부정하는 것이 아니라 생명을 얻을 기회를 지닌 의미와 실체를 건설하기 위해"(Haraway, 1988: 580), '의미와 실체가 어떻게 구성되는지'에 관한 포스트모던적 비판을 바탕으로 [의미와 실체를] 구축해야 한다.

이러한 재건 프로젝트에 주의를 집중하기 위해서, 페미니스트들은 새로운 의미의 구성을 주장하고 지시하는 지식이론을 필요로 한다. 페미니스트들은 지식을 해체할 뿐 아니라 지식을 구성할 수 있어야 한다. [⋯]

4. 위치성

위치성positionality은 외관상 일관되지 않아 보이는 페미니즘의 수많은 '진실들'을 일리 있는 것으로 만드는 견지이다. 위치성의 견지는 경험적 진실, 가치, 지식의 존재 및 그것들의 우연성을 인식한다. 이는 페미니즘의 헌신commitment과 정치적 행동의 기초를 제공하지만, 이러한 노선은 잠정적이고 앞으로의 비판적 평가와 수정에 종속된 것이라고 본다.

관점인식론과 마찬가지로 위치성은 경험에 근거한 지식의 개념을 견지한다. 경험은 개인의 현재적 인식과의 상호작용을 통해 새로운 이해를 드러내고, 그 개인이 다른 이들과 함께 그러한 인식을 이해할 수 있도록 돕는다. 따라서 배제되는 여성의 위치로부터 여성들은 배제의 미묘함, '객관적인' 규칙과 구성 개념에 의한 배제의 은폐, 그 침투성, 고통, 그것을 변화시킬 필요성 등 배제라는 것의 면면을 '알게' 된다. 이러한 이해를 통하여 어려운 문제들이 결정 가능해지고 자의적이지 않은 해답을 얻어 낼 수 있게 된다.

그러나 포스트모던적 견지와 마찬가지로 위치성은 진실의 완전성, 외부성, 객관성을 부정한다. 대신 위치적인 인식주체positional knower는 진실을 상황적이고 부분적인 것으로 파악한다. 진실은 그것이 특정한 배경과 관계 속에서 발생한다는 점에서 상황적이다. 개인의 본질적이거나 태생적인 특성이 아닌 이러한 관계들이 개인의 관점을 규정짓고 의미, 정체성, 정치적 노선의 위치를 정한다. 따라서 예를 들어 임신의 의미는 단지 그것의 생물학적 특성뿐만 아니라 그것이 자리하고 있는 사회적 공간으로부터 나오는데, 즉 직장의 구조, 가정에서의 준비, 불법행위 체계, 고등학교, 감옥, 기타 사회 제도들이 그 의미를 구성하는 것이다.

진실은 그것을 도출하고 판단하는 개인의 관점이 필연적으로 불완전하다는 점에서 부분적이다. 각자의 제한된 관점에서 벗어난 이해를 할 수 있는 개인은 없다. 그러므로 예컨대 어떤 남성은 포르노그래피를, 특정한 성장 과정, 일련의 관계들, 인종, 사회적 계층, 성적 선호 등 그가 포르노그래피에 대하여 무엇이 '진실'이라고 인식하는지에 영향을 미치는 요소들을 가진 한 남성으로서 경험한다. 어떤 여성은 임신을 특정한 성장 과정과 인종, 사회적 계층, 일련의 관계들, 성적 선호 등 그녀가 임신에 대하여 무엇이 '진실'이라고 인식하는지에 영향을 미치는 요소들을 가진 한 여성으로서 경험한다. 결국 다른 사람에게는 없는 지식에 대한 접근통로를 가진 '인식주체들'은 항상 존재할 것이고, 따라서 어느 누구의 진실도 완전하고 궁극적이라고 할 수 없는 것이다.

지식은 사회적인 맥락 속에서 여러 가지 형태로 도출되므로, 지식을 향상시키는 열쇠는 개인의 제한된 관점을 확장시키기 위해 노력하는 데 있다. 자기훈련self-discipline은 결정적이다.[50] 나의 관점은 나에게 특별한 지식의 원천을 제공해 주지만, 이는 그것을 넘어서고, 다른 관점들을 이해하며, 나의 정체성의 원천을 확장하려는 노력을 통하여 개선할 수 있는 제한된 지식인 것이다. 분명히 나는 나의 관점을 초월할 수 없다.

50 다수의 법학 저자들이 다른 이론적 맥락에서 노력이라는 관념을 진실 탐구의 한 구성요소로 편입시키고자 해 왔다. 예를 들어 "자신의 고유한 주관성과 관련한 통합"을 강조한 Jackson(1988: 5), "끊임없이 자신으로부터 독립된 주관성을 벗겨 내고자 하는 자아"를 묘사한 Cornell(1988: 1625), "우리 자신의 편파성에 대한 신중한 고려"를 옹호한 Minow(1987: 95), "자의식의 실천"을 설명한 Schultz(1989: 137), 자기 고유의 관점으로 한계 지워진 조사는 "의심스러운 것"이라고 강조한 Sherwin(1988: 19), 자아를 넘어선 실재에 대한 감각을 증진시키는 아이리스 머독(Iris Murdoch)의 지향을 설명한 Donovan(1983: 56), Lewis(1988: 1792)("도덕적 상상을 펼치는 것은 의지력의 문제이다. …") 참고.

정의상 현재 내가 가진 관점이 무엇이든 그것은 나의 시야를 제한한다. 그러나 나는 다른 사람들의 관점을 확인하고 이해하는 상상력을 키움으로써 나의 관점을 개선할 수 있다.[51]

위치성은 다른 관점들을 찾아내고 조사할 것을 요구하는데, 이러한 요구는 자신의 관점을 세상에 각인시키고 싶어 하는, 페미니스트를 포함한 모든 사람들의 특징적인 성향을 저지한다. 또한 페미니스트의 어떠한 입장도 비판적 검토의 대상에서 면제되지 않는다.[52] 예를 들어 페미니스트들이 낙태제한법에 반대할 때, 위치성은 여성의 무제한적 낙태 선택권 주장에 의해 공격받는, 잠재적 인간 생명의 신성함을 주장하는 견해를 가진 사람들을 이해하는 노력을 기울이도록 강요한다. 페미니스트들이 이혼 시 공동양육이라는 법적 대안에 대하여 논쟁할 때, 위치성은 책임감 있고 동등한 부모가 되고자 하는 어떤 아버지들의 욕구 또한 이해할 것을 강력히 요청한다. 그리고 페미니스트들이 강간법의 과감한 개정을 촉구할 때, 위치성은 어떤 여성의 행동을 성관계를 거부하는 것이 아닌 '유혹하는 것$_{\text{inviting}}$'으로 해석하게끔 유도하는 사회적 상황 속에 있는 남성의 위치 역시 고려할 것을 요구한다.

51 바바라 헌스타인 스미스(Barbara Hernstein Smith)가 그랬듯이, 각자가 자신의 관점에 의존적이라는 전제하에서 관점에 대한 선택을 자신의 의지대로 할 수 있는지 아닌지에 대해 질문할 수 있다(Smith, 1988: 176). 그러나 나는 여기에서, 끝없는 변형 중의 어떠한 지점에서 자신이 하나의 제한된 관점으로써 형성될 수 있다 하더라도, 자신의 관점을 초월하고자 하는 의지는 그 관점을 확장하거나 변형하는 데 도움을 줄 수 있다고 주장한다.

52 리틀턴이 페미니스트 방법론을(맥키논의 글을 해석하면서) 남성에 의해 성적으로 이용·학대당하는 여성의 진술을 신뢰하는 것이라고 설명한 것에 대해, 내가 가진 주된 이의는 자기비판적 고찰이 없다는 것이다. Littleton(1989: 764-765) 참고. 리틀턴과 맥키논 모두 페미니스트들이 자기 스스로에 대해 혹은 다른 여성들에 대해 비판적이어야 할 필요성이 있다는 것을 그들의 페미니스트 방법론 논의에 끌어들이고 있지 않다(Littleton, 1989: 764-765; MacKinnon, 1982: 510). […]

위치성의 견지에서 다른 시각을 고려해야 하지만 그들의 진실을 나 자신의 것으로 받아들일 필요는 없다. 위치성은 경쟁적인 관계에 있는 모든 이해관계들을 화해시키려는 절차나 타협의 전술이 아니다. 오히려 위치성은 페미니즘의 방법들로부터 도출된 현재의 진실들과 가치들에 근거하여 노선을 만들면서, 그러한 노선을 바꾸게 할 수도 있는 아직 발견되지 않은 관점들에 대해서 열린 태도를 취하라는 이중적 의무를 부과한다. 물론 현실적으로 이 두 가지를 동시에, 똑같이, 지속적으로 행할 수는 없다.[53] 그러나 위치성은 그에 따라 자신의 행동을 정하는 자기비판적인 노선이라는 이상을 설정하지만, 앞으로의 개선, 수정, 시정을 조건으로 그 행동의 기반이 되는 진실들을 고려한다.

어떤 '진실들'은 점차적으로 고정되거나 최종적인 것으로 보이는 형식에 대해 비판적 재검토를 하는 진행 과정에서 도출될 수 있다. […] 페미니스트들에게 성별에 기반한 억압을 종식하고자 헌신하는 것은 이러한 '영원한 진실들' 중 하나가 되었다. 문제는 사람들이 이러한 '진실들'의 목록을 너무 길게 만들고, 그 내용에 대해 지나치게 무비판적이며, 그것을 너무 거칠고 독단적으로 방어하려는 경향이 있다는 것이다.

위치성은 정치가 그 기초로 삼아야 하는 진실 주장에 대한 확실하고 경험을 바탕으로 한 근거의 존재를, 그 근거에 대해 질문하고 이를 개선할 필요와 조화시킨다. 진실은 구체적 사회관계 속에 놓인 개인의 실제 경험에 의해 도출된다는 의미에서 진실을 '실재real'라고 이해한다면, 복수의 진실들을 인정할 수 있게 된다. 마찬가지로 진실이 부분적이

53 이러한 이상은 인간의 능력을 넘어서는 것으로 보이는데, 왜냐하면 사람들은 자신들의 판단이 옳다는 전제에서 그 판단에 따라 행동해야 하기 때문이고, 안정의 필요성 때문에 일정한 판단들을 최소한 당분간은 옳다고 여겨야 하는 것 같기 때문이다. 크리스 슈뢰더(Chris Schroeder)가 나에게 말했듯이, "지속적인 재평가는 그런 것이 필요 없는 신이 아니고서는, 불가능하다."

고 우연적임을 이해한다면, 각 개인이나 집단은 다른 진실들의 가치와 잠재적 관련성에 대하여 보다 정직하고 자기비판적인 태도로 자신의 진실에 접근할 수 있게 된다.

위치성의 견지에서 제시한 이상은 현재 사회 일반에서나 페미니스트들 간에 있는 의견의 불일치, 즉 낙태, 자녀양육권, 포르노그래피, 군대, 임신, 모성 등에 대한 불일치가 사회적 존재의 조건에 기본이 되는 가치의 충돌을 반영한다는 것을 분명히 보여 준다. 해결 가능하다고 하더라도, 이러한 충돌은 진실에 대한 외부적이거나 전前사회적인 기준에 의지해서는 결코 해결될 수 없다. 위치성의 견지에서는, 도출된 해결책 모두 어떠한 사회적 현실이 보다 나은 것인가에 대한 인간 분투의 결과물이다. 어떤 현실이 더 나은가는, 외부에서 '발견된' 도덕적 진실이나 '본질적인' 인간 특성과의 비교를 통해서가 아니라, 경험적이고 사회적인 존재에 가장 잘 부합하는 내재적 진실에 비추어 평가된다. 따라서 사회적 진실은 사회적 관계로부터 나올 것이고, 사람들이 비판적 검토를 거친 후에 사회적 존재들에게 그들 자신과 그들의 사회적 세계가 어떠하기를 바라는지에 대하여 무슨 말을 하는지로부터 도출될 것이다.[54] 찰스 테일러가 썼듯이, "인간문제에 대한 현실의 척도에 있어서 비판적인 성찰과 우리가 발견한 오류의 시정을 통하여 우리의 삶을 가장 의미 있게 만드는 조건들 말고 더 나은 척도가 있는가?"(Taylor, 1989: 57)

54 찰스 테일러(Charles Taylor)는 이 개념을 우리가 가진 '가장 최고의 가치'라고 설명한다(Taylor, 1989: 58). 넬 노딩스(Nel Noddings)는 그것을 "내가 가진 나를 그린 최고의 그림"이라고 부른다(Noddings, 1984: 5). 또한 이성에 의거한 윤리적 가치들은 "우리의 선한 질서에 대한 추구를 충족시키는" 것이라고 주장한 Johann(1988: 109), 구성적 해석의 원리라는 것은 "이 세상과 우리 본성의 정돈되지 않은 사실들을 우리의 목적에 가장 잘 봉사할 수 있는 형태로 형성하도록 노력해야 한다고 주장"한 Kay(1981: 207), 윤리를 이야기함으로써 우리는 법에 도전할 수 있고 우리 스스로를 향상시킬 수 있다고 주장한 Leff(1979: 1249) 참고.

이런 방식으로 여성주의적 위치성은 본질주의적 […] 또는 상대주의적 […] 분류 시도에 모두 저항한다. 해러웨이는 상대주의와 본질주의, 혹은 그가 총체화totalization라고 부르는 것이 서로 거울에 비친 상으로서, 어느 것이든 제대로 보는 것을 어렵게 한다고 한다. "상대주의와 총체화는 둘 다 '신의 속임수'로, 동등하게 그리고 완전히 모든 곳을 볼 수 있다거나 어떤 곳도 볼 수 없다는 환상을 약속한다. […]"(Haraway, 1988: 584) 위치성은 상대주의적이지도 자의적이지도 않다. 위치성은 이해의 우열을 구별하는 일정한 수단을 갖고 있다고 가정하는데, 진실이라는 주장은 그 타당성을 경험한 이들에게는 중대하고 '타당한' 것이다. 그러나 위치성은 고정적이고 발견 가능하다는 토대에 어떤 뿌리도 내리지 않는다. 궁극적이거나 객관적인 진실 같은 것이 존재한다 해도, 나는 결코 내가 살아 있는 동안에는 그것을 발견하였다고 절대적으로 확신할 수 없을 것이다. 나는 중요하고 자의적이지 않은 진실들을 알 수 있지만, 이들은 필연적으로 인간의 경험과 관계를 통해서 매개되는 것이다. 보편적이고 최종적이며 객관적인 진실이란 있을 수 없으며, 단지 "부분적이고 위치적locatable이며 비판적인 지식들"만이 있을 수 있다. 어떠한 무관점aperspectivity도 없고 단지 개선된 관점들만이 있을 뿐이다(Haraway, 1988: 584).

잠정적 진실은 부분적이고 잠정적이기 때문에, 위치적인 진실 탐구의 본질은 상대주의나 본질주의적 시각에 전제된 것과는 다르다. 위치적인 의미positional meanings란 모리아 게이튼스Moria Gatens가 "되어 있는 것being보다는 **되어 가는 것**becoming, 확실성보다는 **가능성**, 진리보다는 의미나 **중대성**"(Gatens, 1986: 26. 강조는 원문)에서의 '의미'라고 부르는 것이다. 위치적인 이해positional understanding의 태도는 도착arrival이라는 것이 가능하지 않다고 가정한다. 정말로 우리가 최종적으로 도착할 **수 있는** 곳은 존재하지 않는다. 진실 탐구는 '끊임없는 비판적 작업'을 요구하며, 게이튼스가 썼듯이 "우리가 가부장적 이론과 가부장적 경험들을 '넘어섰다'고 이야기할 수 있는 장소에 도착했음을 알려 줄, 순수한 페미니즘 이론은 있을 수 없다."(Gatens, 1986: 29) 진실은 고정되어 있지 않을 뿐 아니라, 진실에 도달할 인간의 능력 또한 제한되어 있다. 아이리스 머독의 『소크라테스』는 이 점을 다이내믹하게 포착하고 있다. "우리는 진실을 개념적인 사진conceptual picture에 집어넣는다. 다른 방법으로는 이것을 표현할 수 없다고 느끼기 때문이다. 그다음에는 진실 자체가 우리로 하여금 그 사진을 비판하도록 요구한다."(Murdoch, 1986: 85)[55]

위치성의 견지는 페미니즘 사상에서 사람들의 삶의 다양성을 인식할 필요성과 그 다양성을 초월하고자 노력하는 것의 가치 사이에 있는 외관상의 모순을 화해시킬 수 있다. 페미니스트들은 비판법학 운동과 연합한 사람들과 마찬가지로, 권력자들이 그들의 이해관계를 자연적이고 객관적이며 불가피한 것으로 가장할 때, 그들이 다른 다양한 관점들을 억압하고 무시한다는 것을 이해하고 있다. 이러한 이해는 페미니스트들로 하여금 그들 또한 무의식적으로 자신들의 경험을 다른 사람에게 얼마나 투사하는지 심사하기 위해 지속적으로 노력할 것을 강제한다. 그런데 인간의 다양성을 이해하는 것은 인간의 공통성을 이해하는 것이기도 하다. 위치성의 견지에서, 무엇이 다른지뿐 아니라 다른 관점을 지닌 이들과 무엇을 공유하는지 확인하려는 노력을 통해 나는 자기지식self-knowledge을 얻을 수 있다. 이러한 노력은 진정 더 깊은 지식을 위한 '토대'가 된다. 다른 이들을 이해하는 데 있어서의 나 자신을 이해하게 될 때, 나는 내 인생의 의미를 얻을 수 있다.[56] [···]

55 Murdoch(1986: 85); Smith(1988: 179)("'최선의 것'은 항상 혼성적이고 가변적인 것이다. ··· **일부 사람들에게만** 좋은 것으로 남는 사물의 상태 또는 **어떤 면에 있어서만** 많은 사람들에게 좋은 상태, 또는 **잠시 동안만** 전체에 좋은 상태가 가장 좋은 것이다.") 참고(강조는 원문).

56 우리는 다른 사람을 "우리 자신처럼 차별화되는 존재로 받아들이고 그들을 이해하

지식과 다른 관점을 탐구하는 것 사이의 연결고리가 있기에, 위치성은 페미니스트들이 다른 이들의 경험의 다양성 그리고 그들과의 상호연결성 및 공통된 인간성을 동시에 주장할 수 있게 하는 가장 좋은 발판을 제공해 준다. 이 두 가지 초점은 제각기 그리고 필연적으로 상호의존적으로 개인과 공동체의 지식을 탐구한다. […] 위치성은 공동체의 근원을 그것의 다양성에 위치시키고 인간의 공통점에 대한 프랭크 마이클먼Frank Michelman의 결론을 지지한다. "보편적 인간은 차이 그 자체가 된다. 차이는 우리가 가지고 있는 가장 근본적인 공통점이다."(Michelman, 1986: 32)

[앞서 기술한] 세 가지 방법들은 위치성의 견지를 지지하며 또한 그에 의해 강화된다. 여성문제를 질문하면서 페미니스트들은 중립적이고 객관적이라고 주장되는 법규과 이데올로기에 의해 다양한 방식과 다양한 정도로 영향받는 여성들의 관점에 자신들을 위치시킨다. 특정한 자기의식적 관점으로부터 의도적으로 이러한 법규와 이데올로기에 대해 도전하는 과정은, 억압의 다양한 형태를 밝히고 시정하는 과정이 끝이 없는 것이라고 가정한다. 페미니즘의 실용적 추론도 마찬가지로 보편화된 규칙과 가정assumptions이 초래할 수 있는 위험을 폭로하고 이를 억제하는 데 기여한다. 보편화는 항상 존재할 것이나, 맥락화된 추론은 현재 유용한 것을 밝혀내고 그 나머지는 제거하도록 도울 것이다. 의식고양은 이러한 추론 과정을 일련의 도덕적·정치적 통찰에서 또 다른 통찰로의 성장과 연관된 구체적 경험들과 연결시킨다. 위치적 이해는 의식고양에서 항상 나타나는 억압이라는 특수한 문제에 대하여 경계심을 강화한다. 협력적인 상호작용으로부터 발전된 통찰은 도전에 열려 있어

기 위해 그들의 입장에 서 보는 것"을 통해서만 우리 자신을 이해하고 바로잡을 수 있다고 주장한 Gabel(1987: 59-60) 참고.

야 하며, 어떤 통찰은 의문의 여지가 없을 정도로 정치적으로 너무나도 '옳다'고 가정하는 모든 사회구조에서 나타나는 잘못된 경향성에 인질로 잡혀서는 안 된다.

위치적 이해는 좋은 법을 만들려는 노력과 함께 그 법을 해체하고 개선하는 수단을 지속하고 일신하려는 노력을 필요로 한다. 현존하는 조건들에 초점을 맞추는 것과 더불어 페미니즘의 방법들은 새로운 형태의 억압과 편견에 대해서도 열려 있고 그것들을 가시화할 만큼 충분히 유연해야 한다. 맥락으로부터의 추론과 의식고양은 새로운 발견을 계속해 나갈 수 있게 하는 자기쇄신적$_{\text{self-renewing}}$ 방법이다. 비판적 실천을 통하여, 또한 새로운 방법들이 진화하여 새로운 질문, 향상된 부분적 통찰, 보다 나은 법, 더 나아간 비판적 방법들을 이끌어 내야 할 것이다.

IV. 결론: 목적으로서의 페미니즘 방법론

나는 페미니즘 방법론은 페미니즘의 목적을 위한 수단임을 주장하였다. 여성문제 질문하기, 페미니즘 실용적 추론, 의식고양은 여성주의적 실천으로부터 나오고 이를 지탱하는 방법들이다. 위치성이라는 페미니즘의 견지를 확립함으로써, 이제 나는 페미니즘 방법론이 그 자체로 목적이기도 하다는 데로 나의 주장을 확장하고자 한다. 위치성이라는 개념의 중심에는 부분적인 객관성이 가능하더라도 이는 과도기적인 것이므로 이를 재평가, 해체, 변형하는 노력을 계속해야 한다는 가정이 자리하고 있다. 이러한 노력과 그 근저를 이루어야 하는 희망은 내가 천착하는 낙관적인 페미니즘을 구성한다. 이러한 페미니즘 아래에서, 인간의 번영이란 내가 기술한 비판적이지만 건설적인 페미니즘 방법론들을 통해 세상에 참여하는 것을 의미한다. 이러한 방법론들은 페미니스트들에게 자신들이 누구이고 무엇이 되기를 원하는지를 표현하고 법을 실천하는

doing law 방식을 제시해 줄 수 있다.

내가 주장하는 페미니즘의 중심적인 목표는, 개인의 명백하게 제한된 환경으로부터 도출되는 보다 깊은 부분적인 지식들partial knowledges을 탐구하는 비판적·변형적 과정에 다른 이들과 함께 참여하는 것이다. 이러한 목표는 페미니즘의 토대grounding로서, 보다 깊은 이해의 탐색과 그러한 이해를 향한 지속적인 비판론을 결합시킬 토대이다. 이러한 의미에서 여성주의적 실천feminist doing은 곧 여성주의적 인식feminist knowing이고, 여성주의적 인식은 곧 여성주의적 실천이다.

| 참고문헌 |

Alcoff, Linda, 1988, "Cultural Feminism Versus Post-Structuralism: The Identity Crisis in Feminist Theory", *Signs* 13.

Bartlett, Katharine T., 1974, "Pregnancy and the Constitution: The Uniqueness Trap", *California Law Review* 62.

Belenky, Mary F., Blythe M. Clinchy, Nancy R. Goldberger & Jill M. Tarule, 1986, *Women's Ways of Knowing: The Development of Self, Voice, and Mind*, New York: Basic Books.

Bender, Leslie, 1988, "A Lawyer's Primer on Feminist Theory and Tort", *Journal of Legal Education* 38.

Bennett, Robert W., 1984. "Objectivity in Constitutional Law", *University of Pennsylvania Law Review* 132.

Brennan, William J., 1988, "Reason, Passion, and the Progress of the Law", *Cardozo Law Review* 10.

Cain, Patricia A., 1988, "Good and Bad Bias: A Comment on Feminist Theory and Judging", *Southern California Law Review* 61.

Colker, Ruth, 1988, "Feminism, Sexuality and Self: A Preliminary Inquiry into the Politics of Authenticity", *Boston University Law Review* 68.

Coombe, Rosemary J., 1989, "Room For Manoeuver: Toward a Theory of Practice in Critical Legal Studies", *14 Law and Social Inquiry* 69.

Cornell, Drucilla, 1986, "Toward a Modern/Postmodern Reconstruction of Ethics", *University of Pennsylvania Law Review* 133.

Cornell, Drucilla, 1988, "Post-Structuralism, the Ethical Relation, and the Law", *Cardozo Law Review* 9.

Cover, Robert M., 1975, "For James Wm. Moore: Some Reflections on a Reading of the Rules", *Yale Law Journal* 84.

De Beauvoir, Simone, 1957, *The Second Sex*, Alfred A. Knopf.

Donovan, Josephine, 1983, "Beyond the Net: Feminist Criticism as a Moral Criticism", *Denver Quarterly* 17.

Dowd, Nancy E., 1989, "Work and Family: The Gender Paradox and the Limitations of Discrimination Analysis in Restructuring the Workplace", *Harvard Civil Rights-Civil Liberties Law Review* 24.

DuBois, Ellen, 1985, Mary Dunlap, Carol Gilligan & Catharine A. MacKinnon, "The 1984 James McCormich Mitchell Lecture: Feminist Discourse, Moral Values, and the Law - A Conversation", *Buffalo Law Review* 34.

Eisenstein, Zillah R., 1984, *Feminism and Sexual Equality: Crisis in Liberal America*, Monthly Review Press.

Eisenstein, Zillah R., 1988, *The Female Body and the Law*, Berkeley: University of California Press.

Estrich, Susan, 1987, *Real Rape*, Cambridge: Harvard University Press.

Flax, Jane, 1987, "Postmodernism and Gender Relations in Feminist Theory", *Signs* 12.

Fraser, Nancy & Linda Nicholson, 1988, "Social Criticism without Philosophy: An Encounter between Feminism and Postmodernism", in Andrew Ross (ed.), *Universal Abandon: The Politics Of Postmodernism*, Minneapolis: University of Minnesora Press.

Fuss, Diana, 1989, *Essentially Speaking: Feminism Nature & Difference*, New York: Routledge.

Gabel, Peter, 1987, "Creationism and the Spirit of Nature", *Tikkun* 2-5.

Gabel, Peter & Paul Harris, 1982-1983, "Building Power and Breaking Images: Critical Theory and the Practice of Law", *New York University Review of Law and Social Change* 11.

Gatens, Moira, 1986, "Feminism, Philosophy and Riddles without Answers", in Carole Pateman & Elizabeth Gross (eds.), *Feminist Challenges*, New York: Routledge.

Gilligan, Carol, 1982, *In a Different Voice: Psychological Theory and Women's Development*, Cambridge: Harvard University Press.

Gould, Carol C., 1976, "The Women Question: Philosophy of Liberation and the Liberation of Philosophy", in Carol Gould & Marx Wartofsky (eds.), *Women and Philosophy: Toward a Theory of Liberation*, New York: Perigee Books.

Haraway, Donna, 1988, "Situated Knowledges: The Science Question in Feminism and the Privilege of Partial Perspective", *Feminist Studies* 14.

Harding, Sandra, 1986, *The Science Question in Feminism*, New York: Cornell University Press.

Harris, Angela P., 1990, "Race and Essentialism in Feminist Legal Theory", *Stanford Law Review* 42.

Hawkesworth, Mary E., 1988, "Feminist Rhetoric: Discourses on the Male Monopoly of Thought", *Political Theory* 16-3.

Hawkesworth, Mary E., 1989, "Knowers, Knowing, Known: Feminist Theory and Claims of Truth", *Signs* 14.

Holler, Linda, 1989, "Is There a Thou "Within" Nature? A Dialogue with H. Richard Niebuhr", *Journal of Religious Ethics* 17.

Horowitz, Carol & Michaele Weissman, 1978, *A History of Women in America*, New York: Bantam Books.

Jackson, Bernard S., 1988, *Law, Fact and Narrative Coherence*, Liverpool: Deborah Charles Publications.

Jaggar, Alison M., 1983, *Feminist Politics and Human Nature*, Totowa: Rowman & Littlefield.

Johann, Robert O., 1988, "An Ethics of Emergent Order", in Harlan Beckley & Charles Swezey (eds.), *James M. Gustafson's Theocentric Ethics*, Macon: University of Chicago Press.

Kairys, David, 1982, "Legal Reasoning", in David Kairys (ed.), *The Politics of Law: A Progressive Critique*, New York: Pantheon Books.

Kay, Richard S., 1981, "Preconstitutional Rules", *Ohio State Law Journal* 42.

Law, Sylvia A., 1986, "Equality: The Power and Limits of the Law", *Yale Law Journal* 95.

Leff, Arthur A., 1979, "Unspeakable Ethics, Unnatural Law", *Duke Law Journal*.

Lerner, Gerda, 1979, *The Majority Finds its Past: Placing Women in History*, New York: Oxford University Press.

Lewis, Claudia A., 1988, "From This Day Forward: A Feminine Moral Discourse of Homo-sexual Marriage", *Yale Law Journal* 97.

Littleton, Christine A., 1987, "Reconstructing Sexual Equality", *California Law Review* 75-4.

Littleton, Christine A., 1989, "Feminist Jurisprudence: The Difference Method Makes", *Stanford Law Review* 41.

MacKinnon, Catharine A., 1982, "Feminism, Marxism, Method, and the State: Agenda for Theory", *Signs* 7.

MacKinnon, Catharine A., 1983, "Feminism, Marxism, Method, and the State: Toward Feminist Jurisprudence", *Signs* 8.

MacKinnon, Catharine A., 1987, *Feminism Unmodified*, Cambridge: Harvard University Press.

MacKinnon, Catharine A., 1989, "Sexuality, Pornography and Method: "Pleasure Under Patriarchy"", *Ethics* 99.

Massaro, Toni M., 1989, "Empathy, Legal Storytelling, and the Rule of Law: New Words, Old Wounds?", *Michigan Law Review* 87.

Matsuda, Mari J., 1986, "Liberal Jurisprudence and Abstracted Visions of Human Nature: A Feminist Critique of Rawls' Theory of Justice", *New Mexico Law Review* 16.

Menkel-Meadow, Carrie, 1985, "Portia in a Different Voice: Speculations on a Women's Lawyering Process", *Berkeley Women's Law Journal* 1.

Michelman, Frank, 1986, "The Supreme Court, 1985 Term-Forward: Traces of Self-Government", *Harvard Law Review* 100.

Minow, Martha, 1985, "Learning to Live with the Dilemma of Difference: Bilingual and Special Education", *Law and Contemporary Problems* 48-2.

Minow, Martha, 1987, "The Supreme Court, 1986 Term-Foreword: Justice Engendered", *Harvard Law Review* 101.

Minow, Martha & Elizabeth Spelman, 1988, "Passion for Justice", *Cardozo Law Review* 10.

Mossman, Mary J., 1987, "Feminism and Legal Method: The Difference It Makes", *Wisconsin Women's Law Journal* 3.

Murdoch, Iris, 1986, "Above the Gods: A Dialogue About Religion", in *Acastos: Two Platonic Dialogues*, London: Chatto & Windus.

Noddings, Nel, 1984, *Caring: A Feminine Approach to Ethics and Moral Education*, Berkeley: University of California Press.

Nussbaum, Martha C., 1986, *The Fragility of Goodness: Luck and Ethics in Greek Tragedy and Philosophy*, Cambridge: Cambridge University Press.

Olsen, Frances, 1983, "The Family and the Market: A Study of Ideology and Legal Reform", *Harvard Law Review* 96.

Olsen, Frances, 1986, "From False Paternalism to False Equality: Judicial Assaults Feminists Community", *Michigan Law Review* 84.

Olsen, Frances, 1987, "Statutory Rape: A Feminist Critique of Rights", *Texas Law Review* 63.

Resnik, Judith, 1988, "On the Bias: Feminist Reconsiderations of the Aspirations for Our Judges", *Southern California Law Review* 61.

Rhode, Deborah L., 1990, "Feminist Critical Theories", *Stanford Law Review* 42.

Rorty, Amelie O., 1988, *Mind in Action*, Boston: Beacon Press.

Scales, Ann, 1986, "The Emergence of Feminist Jurisprudence: An Essay", *Yale Law Journal* 95.

Schneider, Elizabeth M., 1986, "The Dialectic of Rights and Politics: Perspectives from the Women's Movement", *New York University Law Review* 61.

Schultz, Vicki, 1989, "Room to Maneuver for a Room of One's Own? Practice Theory and Feminist Practice", *Law and Social Inquiry* 14.

Sherry, Suzanna, 1986, "Civic Virtue and the Feminine Voice in Constitutional Adjudication", *Virginia Law Review* 72.

Sherwin, Susan, 1988, "Philosophical Methodology and Feminist Methodology: Are They Compatible?", in Lorraine Code, Shelia Mullett & Christine Overal (eds.), *Feminist Perspectives: Philosophical Essays on Method and Morals*, Toronto: University of Toronto Press.

Singer, Joseph William, 1984, "The Player and the Cards: Nihilism and Legal Theory", *Yale Law Review* 94.

Singer, Joseph William, 1988, "Legal Realism Now", *California Law Review* 76.

Singer, Joseph William, 1989, "Book Review: Should Lawyers Care About Philosophy?" *Duke Law Journal*.

Smith, Barbara H., 1988, *Contingencies of Value: Alternative Perspectives for Critical Theory*, Cambridge: Harvard University Press.

Spelman, Elizabeth V., 1988, *Inessential Woman: Problems Exclusion in Feminist Thought*, Boston: Beacon Press.

Stick, John, 1986, "Can Nihilism Be Pragmatic?", *Harvard Law Review* 100.

Taub, Nadine, 1985, "From Parental Leaves to Nurturing Leaves", *New York University Review of Law and Social Change* 13.

Taylor, Charles, 1989, *Sources of the Self: The Making of the Modern Identity*, Cambridge: Harvard University Press.

West, Robin, 1987, "The Difference in Women's Hedonic Lives: A Phenomenological Critique of Feminist Legal Theory", *Wisconsin Women's Law Journal* 3.

West, Robin, 1988, "Jurisprudence and Gender", *The University of Chicago Law Review* 55.

West, Robin, 1989, "Feminism, Critical Social Theory and Law", *The University of Chicago Legal Forum*.

Wiggins, David, 1978, "Deliberation and Practical Reason", in Joseph Raz (ed.),

Practical Reasoning, Oxford: Oxford University Press.

Williams, Joan C., 1989, "Deconstructing Gender", *Michigan Law Review* 87.

Williams, Wendy W., 1982, "The Equality Crisis: Some Reflections on Culture, Courts, and Feminism", *Women's Rights Law Reporter* 7.

Williams, Wendy W., 1984-1985, "Equality's Riddle: Pregnancy and the Equal Treatment/Special Treatment Debate", *New York University Review of Law and Social Change* 13.

Zimmerman, Diane L., 1975, "Comment: Geduldig v. Aiello: Pregnancy Classifications and the Definition of Sex Discrimination", *Columbia Law Review* 75.

여성의 쾌락적 삶에 있어서의 차이

페미니즘 법이론에 대한 현상학적 비판

로빈 웨스트Robin West

I. 서론

여성의 주관적·쾌락적hedonic 삶은 남성의 그것과는 다르다. 우리가 느끼는 기쁨의 본성이 그러하듯이, 우리가 받는 고통의 질은 남성의 그것과 다르다. 나아가서, 페미니스트 법률가들이 좀 더 직접적인 관심을 가지고 있듯이, 두 성별이 향유하는 즐거움 또는 겪는 고통의 양 또한 다르다. 즉 여성이 남성보다 더 많이 고통받는다. 이 두 지점은 연결되어 있다. 여성이 남성보다 더 많이 고통받는 한 가지 이유는 남성이 즐겁게 여기는 동일한 객관적인 사건이나 상황을 여성은 자주 고통스럽게 느끼기 때문이다. 페미니즘의 승리가 가져왔다는 모순어법oxymorons의 도입은 여성과 남성의 쾌락적 삶에 있어서 이러한 차이를 증명한다. 예를 들면, '데이트 강간date rape' 그리고 '성적 괴롭힘sexual harassment'이라는 어구는 공유된 사회적 현실에 대한 상이한 주관적 경험들을 포착한다. 진급수단office pass으로서 남성에게 섹스는 유쾌한 것이었고, 여성에게 있어서 그것은 괴롭힘(그리고 고통스러운 것)이었다. 남성에게 그날 저녁은 아마도 즐겁지는 않더라도 공포스럽지는 않은 데이트였으나, 여성에게 그것은 강간이었으며 실로 매우 공포스러운 것이었다. 이와 유사하게, 여성들이 자신을 약화시키고 비인간화하며 심지어 생명을 위협한다고 느끼는 상황을, 남성들은 최악의 경우 공격적인 것으로, 기껏해야 자극적인 것으로 경험한다. […] 마지막으로, 많은 남성은 간단히 말해 무지하다—집에서의 가정폭력, 길거리에서의 성적 공격 그리고 직장과 학교에서의 성적 괴롭힘과 같이 여성에게 있어서 괴롭고, 무섭고, 위축되게 하며, 고문과 같이 매우 고통스럽고 널리 퍼져 있는 외적인 상황들을 그들은 **전혀** 경험하지 않는다.

페미니스트들은, 여성은 남성이 겪지 않는 방식으로 고통받으며 여성이 감내하는 성별 특유의 고통은 전체적인 (남성적) 법문화 안에서 일상적으로 무시되거나 사소한 것으로 취급받는다는 것에 두말할 필요도 없이 동의한다. 시장경제 문화에서 여성의 노동이 인정받거나 보상받지 못하는 것과 마찬가지로,[1] 여성의 피해들은 흔히 법문화에 의해 **피해**로 인식되거나 보상받지 못한다. 여성의 성별 특유의 고통에 대한 무시dismmissal는 다양한 형태로 나타나지만, 그 결과는 언제나 같다. 즉 여성의 고통은 어떤 이유에서든지 법적 구제 범위의 바깥에 있다. 이처럼 여성 특유의 피해들은 현재까지 다양한 이유로 무시되어 왔다. 사소해서(길거리에서의 성적 괴롭힘), 동의했기 때문에(직장 내 성적 괴롭힘), 우스워서(폭력적이지 않은 부부강간), 스스로 동참했거나 무의식적으로 원했거나 자신이 자초한 일이기 때문에(아버지의 딸에 대한 근친상간), 자연적이거나 생물학적이며 따라서 피할 수 없는 것이므로(출산), 우발적이며 딱히 여성만이 당하지는 않는다고 느껴져서(폭력 범죄의 관점에서 본 강간), 당할 만하거나 사적이어서(가정폭력), 실재하지 않으므로(포르노그래피), 이해할 수 없어서(불쾌하고 원하지 않은 동의에 의한 섹스) 또는 법적으로 미리

1 Benston(1971: 199-210), Gardiner(1975), Landes(1975) 참고.

예정되어 있기 때문에(혼인면책조항을 두고 있는 주들에서의 부부강간) 무시당한 것이다.

그렇지만 여성의 고통이 **왜** 이렇게 전반적으로 법문화에 의해 묵살되거나 사소한 것으로 취급되었는지, 그리고 좀 더 중요하게는 이것에 대하여 무엇을 해야 하는지는 그다지 명백하지 않다. 곧 논의하겠지만 페미니즘 법이론가들은 전형적으로 내가 제시해 온 방식으로 문제의 틀을 짜지 않는다. 그럼에도 불구하고, 이 현상에 대한 두 가지 특징적인 설명과 그것들이 내포하는 전략을 구성하는 것은 어렵지 않다. '자유주의 법여성주의자'는 법문화에 의한 여성의 고통에 대한 차별적인 취급을 그 문화에 의해 저질러진 '인식상의 오류'의 반영으로 단정할 것이다. 여성은—자유주의 법이론에 문제가 되는 오직 그 의미에서만—사실상 남성과 **동일하며** 그러므로 **평등하다**. 여성들은 남성들과 마찬가지로 그렇게 할 자유만 주어진다면 그들 자신의 '행복한 삶'을 만들어 가기 위하여 제공된 선택지 중에서 선택을 하고 그것을 통해 사회적 가치를 창조하는 자율적인 개인들이다. 그러나 법문화는 여성과 남성의 이러한 핵심적인 동일성—따라서 평등—을 인식하거나 인정하는 데 실패했다. 우리는 이러한 방식으로 남성과 동일한 존재로 **인식되지** 않기 때문에, 동일하게 취급받지 않는 것이다. 우리의 선택이 차별적으로 제한되어 있고, 그 결과로 우리는 불균형하게 고통받는다. 자유주의 페미니스트의 전략은 그녀의 진단에 직접적으로 함축되어 있다. 즉 우리가 해야만 하는 것은 우리가 우리라는 것, 즉 남성과 마찬가지로 개인주의자이며 이기주의자라는 것을 증명하고, 그리고 나서 동일성이 요구하는 평등한 권리와 존중을 얻기 위하여 싸우는 것이다. 동일한 존중은, 형식적 정의와 수정헌법 제14조의 평등보호조항의 논리를 통하여, 우리의 고통이—남성의 고통과 꼭 마찬가지로—우리의 선택기회의 확대를 통하여 경감되는 것을 법적으로 보장할 것이다.[2]

이 현상에 대한 급진적 법여성주의의 설명을 구성하는 것 역시 어렵지 않다. 남성적 법문화에 의한 여성 고통의 총체적인 무시는 잘못된 인식의 반영이 아니다. 사실 더 큰 문화the larger culture의 인식은 정확하다. 여성은 남성처럼 자율적이거나autonomous 개인주의적이지 않다. [···] 자유주의자들이 여성과 남성이 이런 방식으로 평등하다고 주장하는 것은 잘못이다. 법문화가 여성의 성별 특유의 고통을 무시하는 경향이 있는 이유는, 여성은 중요하지 않기 때문이다. 권력이 있는 자들은 권력이 없는 자들의 고통에 대해서는 관심이 없기 때문에 여성의 고통을 무시하는 것이다. 계급적 권력의 불균형이 사람들을 그렇게 만드는 것이다—그것이 권력이 없는 사람들을 인간 이하의 상태로 만들고 권력이 있는 자들을 무자비하게 만든다. 급진주의 페미니스트의 전략은 이러한 진단에서 직접적으로 도출된다. 우리가 해야만 하는 것은 지배체제를 해체시키는 것이다. 평등보호조항은—적어도 우리가 그것을 '평등촉진

2 최근의 동등대우/특별대우 논쟁에 대한 그녀의 관심 때문에 윌리엄스(Wendy W. Williams)는 전통적인 자유주의 법학 페미니즘의 대변인으로 나타났다(Williams, 1985; 1982). 그러나 자유주의 법학 페미니즘 그 자체가 일률적으로 임신/직장 논쟁의 '동등대우' 갈래와 제휴한다는 것을 암시하고자 하는 것은 아니다. 대조적으로 남성과 여성의 본질적인 유사성에 대한 그들의 주장과, 남성과 동등해지기 위해 여성의 선택 기회를 확장시키는 일의 중요성에 대한 강조 때문에, 나는 임신을 남성과 여성 사이의 유일한 차이점으로 간주하는 페미니스트들을 자유주의 법학자들로 본다. 이처럼 '특별대우' 옹호자들의 모두는 아니더라도 적어도 몇몇은 '자유주의적(liberal)'이며, 정치적·법학적 입장에서 자유주의 법학자들(liberal-legalists)이다(Law, 1984; Kay, 1981). 포르노그래피 논쟁 역시 자유주의 법학 페미니즘, 또는 적어도 개인주의, 자유, 자율성에 대한 전통적인 자유주의 법학의 헌신으로부터 자신을 구분하기보다는 그것에 끌리는 페미니즘의 재탄생을 촉발시켰다(Burstyn, 1985; Rubin, 1978; Snitow et al., 1983; Vance, 1985). 동등대우/특별대우 논쟁과 '포르노전쟁' 모두의 윤곽을 넘어서는 자유주의 법학 페미니즘의 보다 상세한 부분을 위해서는 Kirp et al.(1986), Wasserstrom(1977), Freedman(1983), Wildman(1984), 유사성과 선택의 기회에 대한 자유주의 법학의 주장에 대해 부분적인 비판과 부분적인 수용을 보인 Finley(1986) 참고.

조항'으로 해석하고 이용할 수 있는 한—도움이 될 수 있을 것이다.[3]

여성의 '차이[4]'에 의해 발생되는 다수의 문제들에 관한 페미니즘 저작들이 최근에 폭발적으로 쏟아져 나오는데, 이것들은 내가 여성의 고통에 대한 법문화의 총체적인 무시에 관한 제3의 설명과 제3의 전략을 제시하도록 고무한다. 여성 젠더 특유의 고통에 대한 법문화의 총체적인 무시는 (부분적으로는) 여성이 느끼는 고통이 **이해되지 못하고 있는** 정도의 반영이며, 그것이 이해되지 못하는 이유는 그것이 단지 우리의 차이의 산물이기 때문이 아니라 고통 그 자체가 다르기 때문이다. 그렇다면 여성은 다른 방식으로 고통받기 때문에 더 많이 고통받는지도 모른다. 우리가 느끼는 괴로움은 (우리의 즐거움과 마찬가지로) **그 자체로** 다르다.(출산의 고통과 상당히 유사한 것을 발견할 수 있는가?) 이것이 옳다면 법문화는 인식상의 오류를 범한 것이다. 그러나 그 오류는 자유주의 페미니스트가 믿는 것처럼 우리가 사실은 동일함에도 서로 다르다고 인식하는 점에 있지 않다. 인식상의 오류는 우리의 주관적이고 쾌락적인 삶의 **차이**—동일성이 아니라—를 이해하는 것에 실패한 데 있다. 여성이 느끼는 고통이 사실 남성에 의해 경험되는 것과 연관이 없이 다르다면, 우리가 견뎌내고 있는 피해들이 전반적인 남성 문화에서 하찮은 것으로 취급되고 방기되는 것은 전혀 놀라운 일이 아니다. 그 고통의 본질이 이해되지 않을 때, 다른 사람의 고통에 감정이입하는 것은 어렵다. […] 내가 끌어내는 전략적 추론은 이것이다. 우리가 전반적인 법문화의 조

3 예를 들어 Taub & Schneider(1982), MacKinnon(1982), MacKinnon(1983), Finley(1986), Scales(1986), Colker(1986) 참고. 급진주의 법학 분석에 있어서 지금은 기초적인 몇몇 원리들에 대한 초기의 기술을 보려면 Fiss(1976) 참고.

4 예를 들어 Eisenstein & Jardine(1984) 참고. 고전적인 저작으로는 Gilligan(1982), Chodorow(1979) 참고. 법적 문맥에서는 예를 들어 Scales(1981), Freedman(1983), Law(1984) 및 해당 저널의 나머지 부분 전체 참고.

력을 얻기 원한다면, 그것의 중대성을 전달하기를 희망하기 이전에 우리 성별에 특유한 고통의 느낌이 반드시 묘사되어야 한다는 것이다.

우리의 쾌락적 삶의 '차이'에 초점을 맞추는 것은 또한 '허위 의식false consciousness'에 관련된 문제를 제기하는 다른 방법을 제시한다. 페미니스트들이 너무나 잘 알고 있듯이, 여성의 고통을 사소한 것으로 치부하는 것은 법문화뿐만이 아니라 여성 자신이기도 하다. 우리가 다시금 우리 고통의 특유성에 초점을 맞춘다면 이것은 더욱 놀랄 일이 아니다. 권력이 없는 집단에 의해서만 고유하게 참고 견디어지는 피해들은 이름, 역사 그리고 일반적으로 언어적 현실성을 지니지 못할 것이다. 필연적으로 가해자뿐만 아니라 피해자도 그 고통을 **어떤 다른 것**—예를 들면 응징, 아첨, 초월 또는 무의식적인 즐거움 같은 것—으로 변형시키게 될 것이다. 피해자가 처벌받아 마땅한 것으로, 동의에 의한 것으로, 본성적인 것으로, 잠재의식 속에서 원한 것으로, 법적으로 피할 수 없거나 또는 사소한 것으로 인식하는 피해에 대한 피해자의 반응은 정말 **고통스러운** 것으로 인식되는 피해에 대한 반응과는 매우 다르다. 우리는 우리가 처벌이라고 인식하는 위협에 반응하여 우리의 행동을 바꾼다. 우리는 스스로 사소한 것이라고 여기는 피해들에 반응하여 우리 자신을 위축시킨다. 스스로 잠재의식 속에서 원한 것이라고 인식하는 피해들에 반응하여 우리의 과거를 재구성한다. 우리는 스스로 동의에 의한 것이라고 인식하는 피해들에 반응하여 우리의 내적인 자아들을 부정하며, 스스로 피할 수 없는 것이라고 여기는 피해들에 반응하여 우리의 가능성을 억누른다. 반면에 우리는 고통의 근원에 저항함으로써 그 고통에 반응한다. 이것의 전략적 함의는 이제 분명해졌을 것이다. 그것은 우리가 그 고통받는 자아에게 목소리를 주어야 한다는 것이다. 그 고통받는 자아가 어른보다는 아이처럼 말하는 때에도, 그 고통받는 자아가 '사소한' 불평들을 말할 때에도, 그 고통받는 자아가 상처에 대하여 양가적인 태도를 취할 때에도, 그리고 그 고통받는 자아가 공적 담론에서는 들리지 않는 언어로 말할 때에도, (이럴 때 특히) 우리는 그 자아에게 말할 기회를 주어야 한다. 그렇게 함으로써만 우리 자신은 우리 삶에서 고통의 의미 그리고 우리의 역사에서 그것의 우연성을 알게 될 것이다. 그 고통의 우연성을 이해할 때에만 우리는 그것을 자유롭게 언급하고 그것을 유발하는 조건들을 법적 도구들을 통하여 변화시켜 나갈 수 있을 것이다.

나의 주장이 옳다면, 페미니즘 법이론가들은 여성의 주관적이고 쾌락적인 삶, 특히 그 삶에서의 고통 그리고 더욱 특별히 우리의 삶에서 특유한 그 고통에 대한 풍부한 묘사들을 제공하는 데 힘써야 할 것이다. 그런데 아직까지 **우리**, 즉 **페미니즘 법이론가들은 이러한 일에 힘쓰지 않고 있다**. 대조적으로, 페미니스트들은 페미니즘 법률가들과 마찬가지로 그 고통에 대한 묘사를 제공하는 데 힘쓰고 **있다**. 그러나 내가 보기에 페미니즘 법이론가들은 위험스럽게도 여성의 삶의 현상학적이고 주관적이며 쾌락적인 특유성 그리고 나아가서 우리의 차이의 이런 측면이 비판법학legal criticism과 가지는 관련성을 무시하고 있다. 내가 생각하기에 이러한 무시의 네 가지 가능한 이유 중 세 가지는 우리의 차이의 모든 양상들에 대한 토론을 힘들게 하는 문제들이다. 네 번째 이유는 철학적인데, 그것이 바로 이 논문의 주제이다.

첫 번째 이유는 언어적이다. 우리의 괴로움과 즐거움에 대하여 이야기하는 것은 어려운데, 그 이유는 그것들이 각기 다르기 때문이다. 우리의 언어는 그런 일을 하기에 부적합하다. 여성의 세력이 강해짐에 따라 이 언어 장벽은 완화되었다. 예를 들면, 우리는 현재 적어도 우리의 경험 중 일부를 피해로서 규정할 수 있는 법적·사회적 표지들—'성적 괴롭힘' 그리고 '데이트 강간' 같은—을 가지고 있다. 그러나 여전히 우리에게는 이러한 경험을 겪으면서 우리가 견뎌내는 고통의 특성을 전달하는 데 필요한 묘사적 어휘들이 부족하다. 두 번째 이유는 심리학적이다. 우리가 감내하는 피해들의 심각성을 다른 사람들에게 확신시키기 전에, 먼저 우리 자신을 확신시켜야 한다. 그리고 다른 사람들이 확신하지 못하고 있는 한, 어느 정도까지는 우리들도 마찬가지로 확신하지 못할 것이다. […] 이런 이유들의 밑바탕에 있는 세 번째 문제는 정치적인 것이다. 언어의 부적합성 그리고 '허위 의식'의 문제는, 단지 각 성별에 특유한 고통의 성질에 대한 페미니즘 담론의 발전에 핵심 장애물—즉 마음 내켜 하지 않으며 저항하는 청중—의 반영일 뿐이다. 우리가 우리의 삶에서 고통(또는 즐거움)을 묘사할 수 있는 단어들을 찾기 위하여 분투하지만 그 노력이 무시되고 진부한 것으로 취급된다면, 이에 대한 인간적인 반응은 우리 자신을 침묵시키는 것이다.

그러나 적어도 페미니즘 법이론가들이 우리의 차이의 쾌락적 측면을 무시해 온 한 가지 이유, 아마도 가장 주요한 이유—이 논문의 주제이기도 한 이유—는 차이의 문제가 아니라 페미니즘 법이론 자체에서 출현하는 논리이다. 페미니즘 법이론가들이 받아들였던 비판법학의 모델들에 의해서, 우리는 문자 그대로 우리의 차이의 주관적·쾌락적 측면을 존재하지 않는 것으로 취급해 왔다. 페미니즘 정치이론가들과 달리, 페미니즘 법이론가들은 대부분 파생적인 규범적 전략을 따라 왔다.[5] 다시 말하자면 페미니즘 법이론가들은 **페미니즘과 무관한** 비판법학의 규범 모델들을 채택해 왔으며, 모델들을 여성의 문제에 적용해 왔다. 나는 이 전략에 아무런 이의가 없다. 페미니즘 법이론가들이 예외 없이 독창성을 추구해야 하는 어떤 이유도 없는 것이다. 그럼에도 나는 페미니즘

5 일반적으로 자유주의 페미니즘과 자유주의, 급진적 페미니즘과 급진주의, 사회주의 페미니즘과 페미니즘, 마르크시스트 페미니즘과 마르크시즘 사이의 관계에 관한 토론에 대해서는 Jagger(1983) 참고. '차이'의 관점에서 쓰고 여성 해방에 대한 '평등' 접근에 대하여 전반적으로 비판적인 법학 또는 그 이외 분야의 페미니스트들은 자유주의와 급진적 페미니즘 법이론 모두에 의해 채택된 평등 담론이 '빌려온 것'이라고 보는 경향이 있다(Littleton, 1981; Finley, 1986).

법이론가들이 채택해 온 **어떤** 모델들에 대해서는 반대한다. 페미니즘 법이론가들이 지금까지 받아들인 비판법학 이론 중 두 가지 주요한 규범 모델—자유주의 법학과 급진주의 법학—**그 자체는** 우리 삶에서 주관적인 즐거움과 괴로움이 가진 규범적인 중요성을 부정한다. 오늘날의 페미니즘 법학자들에 의해 채택된 규범 모델들 때문에 여성의 쾌락적 삶의 내적·현상학적 현실 그리고 그것의 남성과의 차이는 사실상 페미니즘 법이론과 관계없는 것이 되었다.

이처럼 나는 자유주의적 법여성주의 이론가들은—그들의 자유주의에 충실하게도—여성이 좀 더 많은 선택권을 가지기를 원하며, 급진적 법여성주의 이론가들은—그들의 급진주의에 충실하게도—여성이 좀 더 많은 권력을 가지기를 바란다고 주장할 것이다. 두 모델은 모두 우리의 비판적 관심을 **외부로** 향하게 한다—자유주의는 우리가 가지는 선택권의 수로, 급진주의는 권력의 양으로. 비판법학의 어떤 모델도, 그러므로 그로부터 파생되는 페미니즘 비판법학의 그 어떤 모델도, 주관적인 행복을 법개혁의 직접적인 목표로 설정하거나 주관적인 고통을 제거되어야 할 직접적인 악으로 규정하지 않는다. 어떤 모델도 우리의 비판적 관심을 **내부로** 향하게 하지 않는다. 필연적으로 그리고 놀랄 것도 없이, 자유주의든 급진주의든 페미니즘 비판법학자들은 여성의 행복 또는 고통을 측정하는 일에 애쓴 적이 없다.

자유주의 페미니즘 및 급진주의 페미니즘 법이론가들이 여성의 주관적 행복에 관심이 없다는 것을 말하고자 하는 것이 아니다. [···] 급진주의자들, 자유주의자들 그리고 페미니스트들은 모두 사람의 주관적인 행복에 대하여 깊은 관심을 가지고 있다. 그러나 급진주의 법학이나 자유주의 법학 그리고 그들에서 뻗어 나온 페미니즘 입장들, 그 어떤 것도 행복 또는 복지를 **직접** 목표로 하지 않는다. 대신에 그것들은 모두 객관적인 세계의 어떤 조건과 행복의 주관적인 상태 사이의 상관관계를 가정하는 인간에 대한 정의definition를 주장하고, 그 객관적이고 외적인 **조**

건을 극대화하는 데 목표를 둔다. 그래서 그 정의상 자유주의 법학은 만약 사람들이 자유롭게 선택할 수 있다면 사람들은 그들을 가장 행복하게 하는 것을 선택할 것이며, 그러므로 동의라는 객관적인 행위와 행복의 주관적인 획득 사이에는 상관관계가 존재한다고 가정한다. 이 가정에 기초하여 자유주의 법학자들은 우리의 주관적인 행복이 아니라 객관적인 선택의 기회들을 최대화하려고 애쓴다.[6] 급진주의 법학은 사람들의 객관적인 평등과 주관적인 행복 또는 복지 사이에 상관관계가 존재한다고 가정한다. 이 가정하에 급진주의자들은 주관적인 행복이 아니라 객관적인 평등을 최대화하고자 노력한다.[7] 각 경우에 있어서 객관적이고 외적인 조건과 주관적이고 내적인 쾌락적 상태의 상호관련성은 각 전통이 헌신하고 있는 '인간'에 대한 정의definition의 함수이다. 두 모델에는 공통점이 있는데, 그것은 객관적인 조건과 주관적인 행복 사이에 존재한다고 가정된 상호관련성이 우연적이고 육체를 가진 인간들에게 있어 진실인지 혹은 거짓인지에 대하여 물으려고 하지 않는다는 점이다. 그러므로 두 모델들은, 그들 자신의 용어로, 각 모델이 가정하는 인간에 대한 설명이 **여성에 대한** 설명으로서도 진실한지에 대한 여성주의적 의문을 방법론적으로 배제한다. 그리고 마지막으로, 이 모델들은 모두 그것을 받아들인 페미니스트들이 여성의 내적·쾌락적 삶의 차이에 대한 탐구를 외면하게 만든다.

6 개인적 선택에 대한 헌신은 자유주의 법학의 우산 아래 떨어지는 모든 정치적 스펙트럼에서 다른 형태로 나타난다. 자유주의 좌파에서의 예로는 Dworkin(1985: 181), 우파에서의 예로는 Posner(1982) 참고. 또한 West(1985a; 1985b; 1986) 참고.

7 그들이 무엇이든 간에, 어떠한 불일치성이 그들을 나누든 간에, 급진주의 법학자들은 어떠한 계급주의인지와 관계없이 계급주의에 반대한다. 내가 믿기로 이에 대한 최고의 진술은 로베르토 웅거(Roberto Unger)의 비판법학 운동에 대한, 많이 헐뜯겼으나 잘 논증된 해설인 Unger(1982)에서 발견된다.

페미니즘 법이론가들의 반反현상학적 방법론에 대한 지지와 그들이 지지하는 모델의 반쾌락주의 규범들이 **여성에게** 요구하는 대가는 매우 크다. 그것은 자유주의적·급진적 페미니즘 법이론가들로 하여금 인간에 대한 시각들 그리고 그들이 각각 수용한 비평론을 위한 모델들이 취하는 규범적 가정들에 대하여—**페미니스트로서**—이상하게도 무비판적이도록 만든다. 급진주의와 자유주의의 반현상학적 방법론은 그 모델 자체가 **여성에 대하여** 가지는 가치를 가늠해 볼 수 있는 단 하나의 물음을 배제하는데, 그것은 바로 각 모델이 채택한 인간에 대한 묘사가 여성에게도 진실한가 하는 것이다. 그래서 자유주의 페미니스트들은—**자유주의의 본질적인 신조에 의해**—선택의 현상학에 대한 자유주의적 개념이 **여성**의 경험에 있어서도 진실한지에 대하여 의문을 제기하는 데 실패한다. 결과적으로 자유주의 페미니스트 법이론가들은 페미니스트로서 반드시 우선 제기해야 할 질문, 즉 그들이 수용하는 자유주의가 여성에게 어떠한 가치가 있을 것인가 하는 질문조차 제기할 수 없다. 급진주의 페미니스트들은—급진주의 고유의 신조에 의해—평등의 이상에 대한 급진주의의 신조가 여성이 느끼는 욕망들과 공명共鳴할 수 있는지에 대하여 의문을 제기하는 데 실패한다. 결과적으로 급진적 페미니즘 법이론가들은 페미니스트로서 반드시 우선 해야 할 질문, 즉 평등에 대한 급진주의적 이상이 **여성에게 있어서** 바람직한지조차 물을 수 없다. 오직 두 모델들이 정의상 배제하고 있는 그것—우리의 현상학적·쾌락적 경험—에 직접적으로 초점을 맞춤으로써만 우리는 이와 같은 질문을 던질 수 있다. 그리고 오직 이러한 질문을 던짐으로써만 우리는 비판법학과 법개혁의 자유주의·급진주의 모델의 한계를 결정지을 수 있다. 그리고 오직 그러한 한계를 이해함으로써만 우리는 비판법학의 진정한 여성주의적 모델이 어디서 시작해야 하는지를 이해할 수 있다.

이 논문의 II는 자유주의 법학 페미니즘이 전제하고 있는 인간—따라서 여성—의 개념에 대한 현상학적·쾌락적 비판을 제공한다. III은 급진주의 법학 페미니즘이 전제하고 있는 인간—따라서 여성—의 개념에 대한 현상학적·쾌락적 비판을 제시한다. 나아가서 나는 두 경우 모두에 있어서 각 이론은 페미니즘에 충분한 주의를 기울이지 못했다고 주장할 것이다. 자유주의 페미니즘 법이론은 페미니즘보다 자유주의에 더 많은 빚을 지고 있고, 급진적 페미니즘 법이론도 페미니즘보다 급진주의에 더 많은 신세를 지고 있다. 두 모델 모두 여성에 있어서는 맞지 않는 인간 본성에 대한 묘사를 받아들인다. 이처럼 두 모델 모두 무비판적으로 객관적인 조건과 주관적인 현실 사이의 상관관계—내가 주장하는 바로는 여성에게 맞지 않는 관계—를 수용한다. 결과적으로 두 집단 모두 여성의 주관적·쾌락적 삶의 특유한 성질을 검토하는 데 실패한다. 그리고 그들이 생산한 이론들은 여성의 진정한 이익에 반하는 심각한 역효과를 일으킬 가능성을 가지고 있다.

결론 부분에서 나는 선택도 평등도 아닌, 직접적으로 여성의 행복을 지향하는 페미니즘 비판법학의 대안적 규범 모델, 그리고 여성이 주관적·쾌락적 삶에서 느낀 경험에 그 결정적인 초점을 두는 페미니즘 법이론을 제안할 것이다. 나의 본질적인 주장은 여성의 행복 또는 즐거움—여성의 자유 또는 평등에 대립하는 의미로서—이 여성주의적 비판법학과 법개혁이 끝까지 추구해 나가야 할 이상이며, 여성의 비참함, 고통과 아픔—여성의 억압 또는 종속에 대립하는 의미로서—이 우리가 저항해야 할 악이라는 것이다. 즉 나는 페미니즘 법이론가들이 평등과 자율의 이상에 지나치게 주목해 왔으며, 행복과 즐거움의 쾌락주의적 이상에는 충분한 관심을 기울이지 않았다고 주장한다. 그리고 이와 연결되어 우리는 종속과 억압의 해악에 너무 많이 주목해 왔으며, 고통과 아픔의 쾌락주의적 해악에는 충분히 주의를 기울이지 않았다고 주장한다. 나의 방법론적인 가정은 도덕적 의사결정의 열쇠는 추상화, 일반화 또는 논리를 전개하는 능력이 아니라, 다른 사람의 고통에 감정을 이입하고 그로 인해 그것의 근원에 저항할 수 있는 능력에 있다는 것이다.

나의 전략적 주장은 여기에서 파생된다. 여성이 고통받는 원인을 드러냄에 대한—법체계의 헌신을 포함한—도덕적 헌신에 있어 핵심이 되는 공감적 이해를 이루어 내는 데 가장 큰 장애가 되는 것은 여성과 남성의 내적인 삶의 놀라운 차이, 더 자세하게는 기쁨과 슬픔의 서로 다른 성질이다. 이 장애물은 오직 우리의 내적인 쾌락적 삶에 대한 풍부한 묘사를 통해서만 극복될 수 있다.

내 주장의 많은 부분은 서사narrative와 일화anecdote의 방식을 통해 진행될 것인데, 여기에는 두 가지 이유가 있다. 한 가지 이유는 나는 이것이 여성의 쾌락적 삶의 다른 성질을 표현할 유일한 방법이라고 믿기 때문이다. 그러나 두 번째 이유는, 이론과 실천 모두에 있어서, 서사가 도덕적 논쟁의 여성주의적 방법으로 출현하고 있기 때문이다. 불일치는 우리의 차이의 또 다른 측면에서 나타난다. 여성은 도덕적 논쟁을 하기 위하여 남성이 의존하는 것보다 더 많이 서사, 일화 또는 이야기에 의존한다는 것이다(Gilligan, 1982). […] 우리는 단순히 담론에 맞추어 자신을 변신시키는 대신에, 우리의 존재를 인식시키며 그 담론을 변화시키겠다는 전망을 일궈 내기 시작해야 한다.

II. 자유주의 페미니즘: 동의, 자율성 그리고 주는 자아giving self

아마도 가장 널리 수용되는 주류 자유주의 법이론가들의 규범적 신조는 개인은 스스로의 삶의 스타일을 자유롭게 결정할 수 있어야 하며, 가능한 많은 측면—경제적·정치적·사적 측면—에서 그 선택의 자유를 행사할 수 있어야 한다는 것이다.[8] 인간에 대한 개념과, 은연중에 이 서약에 동기를 부여하는 개인과 국가 간의 관계는 상대적으로 간단하다. 자유주의 시각에 의하면, 우리 사회에서 가치는 개인의 주관적인 욕망과 선호의 충족을 통해서 생산된다. 그런데 그 충족은 개인의 자발적인 선택을 통해서 증명되고 촉진된다. 한 개인의 선택은 스스로의 욕망을 만족시키는 데 최상의 것이 무엇인가에 대한 그 개인의 판단을 반영한다. 따라서 개인이 자유롭게 동의한 것은 그것이 무엇이든지 그 개인에게 좋은 것이며, 다른 사람들에게 불리한 효과를 가져오는 것이 아니라면 사회에도 좋은 것이다. 그러므로 사회적 세계에서 가치를 극대화하는 방법은 개인들 간의 자발적인 거래를 통해서 선택권을 행사하기 위한 기회를 극대화하는 것이다. […]

페미니스트 자유주의 법학의 공헌은 이러한 규범적 시각의 우산을 남성에게뿐만 아니라 여성에게도 확장시켜 온 것에 있다.[9] 자유주의적 법여성주의자들은 자유주의 법학이 내포하고 있는 인간에 대한 묘사—나는 이를 때때로 '자유주의적 자아libreal self'라고 지칭할 것이다—는 여성에게 있어서도 진실이며, 따라서 개인과 국가의 관계는 여성과 남성 모두에게 동일하다고 주장한다. 자유주의 페미니즘의 시각에서 여성이 남성과 동일한 존재라는 것의 의미는 기본적으로 자유주의 법학자들에게 중요한 그 의미에서만 남성과 여성이 동일하다는 것이다. 남성뿐만 아니라 여성도 동의에 의한 선택을 통하여 그들의 주관적인 욕망을 충족시킴으로써 가치를 창조한다. […]

8 예를 들어 Dworkin(1985), Posner(1982), Ackerman(1978) 참고.

9 자유주의 페미니즘에 대한 탁월한 논의로는 Jagger(1983) 참고. '페미니스트 자유주의 법학'이라고 할 때, 나는 특정한 개인에 대해서가 아니라 여성과 법이론의 관계에 대한 특징적인 사고방식을 마음에 두고 있다. 사실 내가 알기로는, 법이론에 정통한 어떤 자유주의적 법여성주의 사상가도 자유주의적 법여성주의의 신조가 무엇이 되어야 할지에 대해서 호의적으로 상세히 설명한 적이 없다. 이러한 간극에도 불구하고, 이 논문에서 내가 특성화한 페미니스트 자유주의 법학은 대부분의 법학자들—페미니스트들, 비(非)페미니스트들 그리고 심지어는 반(反)페미니스트들—이 여성과 법에 대하여 생각하는 방식을 지배한다.

여성의 고통을 다루는 자유주의 페미니즘의 법전략은 그 자유주의로부터 직접적으로 도출된다. 여성은 남성과 마찬가지로 스스로의 고통을 최소화하고 스스로가 느끼는 행복을 최대화하는 것에 동의한다. 그러므로 여성의 고통을 다루는 방법은 여성의 동의할 자유concensual freedom의 범위를 증대시키는 것이다. 그렇다면 법을 통해 우리가 해야만 하는 것은 여성이 동의하는 자유의 범위가 가능한 한 커지도록, 또는 적어도 남성의 범위만큼은 넓어지도록 보장하는 것이다. 이처럼 자유주의 페미니스트들의 법리학상의 핵심적인 신조는 자유주의자의 신조를 따른다. 만약 법이 동의에 의한 거래에 참가할 수 있는 여성의 자유를 증대시킨다면, 또는 그 자유를 남성에 의해 향유되는 자유와 평등하게 만든다면 그것은 좋은 법이다. 만약 법이 그 자유를 감소시킨다면 그것은 나쁜 법이다.[10]

자유주의 페미니즘 법이론은 현재 자유주의 법학을 괴롭히는 것과 같은—그러나 더욱 증대된—문제들을 가지고 있다. 현재의 자유주의적 법여성주의자들은 일반적으로 오늘날의 자유주의자들과 마찬가지로 그들의 규범 모델의 기초가 되는, 인간에 대한 본질적으로 묘사적인 주장들을 검토하는 데 실패했다. 인간은 자신의 복지를 극대화하기 위하여 거래에 동의한다고 하는 자유주의적 주장은 거짓일 수 있다. 그렇다면 선택의 촉진을 통하여 사회적 가치가 창조된다는 자유주의적 주장 역시 그릇된 것일 수 있다.[11] 그러나 나아가서, 동의의 윤리학에 대한 자유주의자의 신조가 기초하고 있는 인간의 동기부여에 관한 경험적 가정

10 그래서 여성의 자유라는 관점에서 주장을 던지는 자유주의 페미니즘의 경향이 나타난다. 자유주의적 낙태 캠페인의 '선택옹호(pro-choice)' 수사학은 가장 좋은 예이다.

11 이 점에 관한 주류 자유주의 법학에 대한 두 가지 비판으로 West(1985a; 1985b), Kelman(1979) 참고.

이 **남성에게 있어서보다 여성에게 있어서 더욱** 거짓인 것으로 드러나는 정확히 그러한 방식으로 여성은 '다를' 것이다. 따라서 여성의 동의는 일반적으로 우리 자신의 쾌락을 증가시키거나 우리의 욕망을 충족시키기 **위한 것이 아닐**지도 모른다. 여성은 **다른 사람들**의 욕망을 충족시키거나 그들의 즐거움을 증대시키기 위하여 변화에 동의하는 것일 수 있다. 동의의 도덕적 우위성에 대한 자유주의자들의 개념적인 변호가 기초하고 있는 선택의 현상학에 대한 묘사적인 설명은 여성이 현상학적으로 동의라는 행위를 경험하는 방식과 광범위하게 반목하고 있다. 그렇다면, 여성이 우리의 복지가 아니라 다른 사람들의 복지를 증대시키는데 '동의한다'면—여성이 이런 심리학적 측면에서 '다르다'면—본질적으로 이기적인 인간(남성) 행위자와 본질적으로 이기적인 동의라는 행위를 가정하면서 자유주의자들의 동의의 윤리가 두 성별 모두에게 공평하게 적용됐을 때, 여성에게 파괴적인 결과를 가져올 수 있다. 왜냐하면 만약 여성이 스스로의 행복을 증대시키기 위해서가 아니라 다른 사람의 행복을 증대시키기 위하여 변화에 동의한다면, 동의의 윤리는 공평하게 적용되었을 때 실제로 세상에서 행복의 총량을 증가시킬 수 있으나 여성은 그 수혜자가 아닐 것이기 때문이다.

그리고 자유주의의 동의의 윤리는 참으로 여성에게 행복하지 않은 결과를 가져오는 경우가 많다. 동의라는 객관적인 행위로부터 주관적인 행복의 증대를 추론하려는 삐걱거리면서도 유혹적인 자유주의의 예단에 저항할 수 있는 사람이라면, 누구라도 그 해악의 중대성을 명백하게 볼 수 있을 것이다. 오히려 피할 수 없는 사실은 여성이 참아 내는 비참함의 많은 부분이 순전히 '동의에 의한' 것이라는 사실이다. 다시 말하면, 여성이 겪는 고통의 많은 부분이 여성이 의문의 여지 없이 동의한 거래를 통해 야기된 존재 상태의 산물이라는 것이다. 예를 들면 결혼의 섹슈얼리티에 대한 여성의 경험은 지겨운 것에서부터 귀찮게 하는 것, 침해하는 것, 나아가서 극도로 고통스러운 것까지 있을 수 있다. 마찬가지로 여성 피고용인은 고용주의 성적 접근을 모멸적인 것으로 경험할 수 있다. 그러나 사실은 결혼한 여성도, 피고용인도 쇠고랑이 채워져 제단에 끌려왔거나 쇠사슬에 묶여 직장에 온 것은 아니다. 적극적으로 해석했을 때, 우리의 비참함을 야기하는 상황들—원하지 않은 임신, 폭력적이고 학대받는 결혼생활, 직장 내 성적 괴롭힘—은 자주 동의의 행위로 소급될 수 있다. 여성은—다소 독특한 방식으로—그들의 비참함에 동의한다. […]

자유주의적 법여성주의자는 그녀가 자유주의 법학자인 이상 위의 요구에 대해 귀를 닫는데, 이는 당연한 것이다. 자유주의 법여성주의자에게 있어서 법의 관심 영역이어야 하는 그 범위에서만 여성과 남성은 **동일하다**. 여성과 남성은 모두 그들의 개인적이고 이기적이라 추정되는 선택을 통하여 가치를 창조한다. 이것은 자유주의 법여성주의자의 평등한 자유와 평등한 존중에 대한 규범적 신조를 넘어서는, 일치 혹은 동일성을 의미하는 경험적인 평등이다. 일관성의 미덕에 대한 반드시 바람직하지만은 않은 존경의 표시로, 자유주의 페미니스트들은 여성이 그들의 비참함에 대한 묵인에 동의한다는 것을 부인해야만 하며 실제로 부인한다. 자유주의자와 자유주의 페미니스트에게, 그러한 동의는 애초에 있을 수가 없는 일인 것이다.

1. 자유주의 페미니스트에 대한 현상학적 비판

나는 여기에서 많은 여성들이 많은 경우에 스스로의 욕망을 만족시키거나 스스로의 즐거움을 최대화하기 위한 것—자유주의 법학과 자유주의적 법여성주의가 가정하는 것처럼—이 아니라 다른 사람들의 즐거움을 극대화하고 그들의 욕망을 충족시키기 위하여 이 세상에서의 거래, 변화 또는 상황에 동의하며, 그들이 그렇게 하는 것은 오직 여성만이 경험하는 조건들 때문이라는 것을 제시하고자 한다. 나는 때때로 이러한 여성의 행위들을 지배하는 '타인을 고려하는', '타인을 즐겁게 하는' 동기부여의 덩어리를 '주는 자아giving self'라고 부를 것인데, 이는 자유주의 법학에 의해 가정되는, 자신을 생각하는self-regarding '합리적인' 동기부여의 덩어리로서의 '자유주의적 자아'와 구별하기 위해서다. 내가 주장하는 바는 많은 여성들이 많은 순간들에 있어서 자유주의적 자아이기보다는 주는 자아라는 것이다. 만약 인간의 동기부여의 핵심에 대한 자유주의자의 묘사가 정확하고 중심적인 것이라고 생각한다면, 이 동기부여에 있어 대부분의 남성들과 많은 여성들 간에 보이는 차이는 스스로를 주는 자아로 정의 내리는 여성들은 인간이 아니라는 것을 함축하는 것이다.

[…] 여기서 나는 (내가 생각하기에) 굉장한 설명력이 있는 오직 하나의 인과적 가설에 초점을 맞추겠다. 그 인과적 가설은 이것이다. 여성의 삶은 위험하고, 위험의 원인이 되는 것은 남성 섹슈얼리티의 탐욕적이고 잠재적으로 폭력적인 성질이다. 탐욕적이고 폭력적인 남성 섹슈얼리티에 대한 충분히 정당한 공포는 결과적으로 많은 여성들의—아마도 모든 여성들의—성적·감정적 자기 정의self-definition에 스며든다. 여성들은 이러한 위험을 제어하고 공포를 억누르는 방식으로 자신을 **재구성**함으로써 이 공포에 대응한다. 이처럼 자신들이 자신을 생각하는self-regarding 자아가 되면 자신의 섹슈얼리티를 빼앗길 것이라는 위협, 위험, 고통 및 공포를 제거하기 위하여 여성들은 스스로를 '주는 자아'로 정의 내린다.

여성의 삶과 함께하는 위험과 이에 따른 공포는 두 가지 이유에서 다른 사람들(남성)이 인식하거나 이해하기 어렵다. 첫째로 객관적인 위험과 주관적인 공포는 '다르다.' 위험과 이에 따른 공포는 우리의 삶에서 우발적으로 나타나기보다는 널리 퍼져 있다. 우발적인 폭력(남성들에게 무척 친숙한 술집 싸움에서부터 전쟁까지)의 위협과 그에 따라 때때로 일어나는 공포 그리고 **만연해 있는** 폭력의 위협과 그에 따라 일어나는 **당연한**definitional 공포 사이에는 메울 수 없는 차이가 존재한다. 사람들은 우발적인 공포와 폭력의 위협에 직면하여 그들의 행동을 바꿈으로써 대응한다. 사람들은 더 안전한 동네로 이사를 가고, 대항하여 싸우거나 도망가기도 하며, 공포로 움츠리기도 하고, 그 무엇이 되었든지 어떤 행동을 한다. 그러나 사람들은 술집에서의 말다툼과 강도의 습격과 전쟁이 끝날 것이며, 그것이 끝나면 정상의 상태—안전한 상태—로 돌아올 것을 알고 있다. 이와 대조적으로, 사람들은 만연해 있는 공포와 위협에 직면해서는 그들의 행동을 바꿈으로써가 아니라 **스스로를 재정의**함으로써 대응한다. 여성은, 흑인이 더 안전한 인종으로 옮겨 감으로써 그들의 피부색이 내포하는 위험에 대응할 수 없는 것과 마찬가지로, 더 안전한 동네로 이사를 감으로써 우리의 성이 내포하는 위험을 제거할 수 없다. 그리고 그 위험은 전쟁이 종료된다고 끝나는 것도 아니다. 우리는 그것을 야기하는 조건들에 대항하는 대신에, 오히려 우리 자신을 변화시킴으로써 폭력적이고 탐욕스러운 남성 섹슈얼리티에 만연해 있는 위협에 대응한다.

여성의 삶과 함께하며 우리의 자기 정의에 내용을 주는 위험, 폭력 그리고 공포는 눈에 보이지 않는데, 이것이 그것들이 잘못 이해되고 있는 두 번째 이유이다. 그것들은 외적으로도 내적으로도 남성 세계의 일부분이 아니다. 그것들은 남성의 내적 세계의 일부분이 아님이 분명하다. 남성은 여성과 달리 폭력적인 섹슈얼리티에 대한 공포를 자기 정의의 일부분으로 경험하지 않는다. 그들은 여성이 공유하는 경험으로서 여성의 삶과 함께하는 결정적인 공포와 같은 것은 이해하지 않을 것이다. 왜냐하면 그들은 그것을 이해할 수 없기 때문이다. 더 나아가, 여성에게 당연한 공포는 그들의 외적인 세계의 일부분도 아니다. 그것을 야기하는 위험과 위협은 대체적으로—그들에게는—보이지 않는 것이다. 좌파 자유주의 남성은 여성이 공포로 몸을 떠는 것을 보지 않는다. 그들은 여성이 길거리에서 괴롭힘당하는 것을 보지 않는다. 여성이 남성과 함께 있을 때, 모든 여성들이 알고 있듯이 괴롭힘은 중단된다. 같은 이유에서, 그들은 여성이 직장에서 성적으로 괴롭힘당하는 것을 보지 않는다. 그들은 여성이 가정에서 폭행당하는 것을 보지 않는다. 그들은 여성이 낯선 사람이나 데이트 상대 또는 남편으로부터 강간당하는 것을 보지 않는다. 그들은 여성이 폭행당하고, 학대당하고, 공포에 떠는 것을 보지 않는다. 이들 남성에게 여성에 대한 폭력은, 그로 인해 여성이 느끼는 고통은, 또 그것이 되풀이되는 것에 대한 공포는 보이지 않는다. 여성의 삶이 공포에 의해 지배당한다는 주장을 이들 남성이 터무니없다며 받아들이기 어려워하는 것은 놀라운 일이 아니다. 그들은 그들의 삶에서 그 주장을 지지할 근거를 아무것도 보지 못한다. 이 단순한 사실이 그 무엇보다도 여성과 남성이 두 개의 분리된 현실에서 살 수밖에 없도록 한다고 나는 믿는다.

이러한 비가시성과 그것이 생산하는 무지는 공포 그 자체만큼이나 해롭다. 그것은 몇몇 징후들을 보이고 있는데, 그 각각은 지금 페미니즘의 발전에 심각한 장애물이 되고 있다. 예를 들면, 하나의 징후는 이 문제에 관한 **가시성**의 증가에 대한 남성의 반응이다. 『뉴스위크』*Newsweek* 지를 읽는 사람이면 누구나 알듯이, 여성의 삶에서 폭력의 양은 단지 많기만 한 것이 아니라, 최근까지도 일반적으로 인식되어 왔던 것보다 **훨씬** 많다. 삶의 어느 시점에 있어서 폭력적으로 (그리고 사적으로) 학대받은 여성의 비율이 대부분의 남성들이 생각해 왔던 것보다 높으며, 따라서 '우리'의 대부분이 믿어 왔던 것보다 높다고 하는 것은 당연하다. 어린 소녀들에 대한 성적 학대의 개연적인 발생률은—아주 최근까지 마음 편하게 생각되어 왔던 것처럼—0.02%가 아니라 그보다 훨씬 더 높다.[12] 아내 학대wife abuse 발생률도 0.1%가 아니라(정말로 그렇다고 생각하는

12 *The Secret Trauma: Incest In The Lives Of Girls And Women*에서 러셀(Diana Russell)은 근친상간의 발생 비율이 16%라고 하였다(Russell, 1986). "The Incidence and Prevalence of Intrafamilial and Extrafamilial Sexual Abuse of Female Children"에

사람이 있기는 했을까?) 그보다 훨씬 더 높다.[13] 여기에 내가 주목한 '성차'가 있다. 여성은 새롭게 보고된 이런 높은 비율을 보았을 때 그 폭력에 분노한다. 그리고 남성은 같은 수치를 보았을 때 그들이 '비윤리적'이라고 인식하는 것에, 그리고 통계의 터무니없는 부풀림에 분노한다. 나는 이 성차가 매우 불편하다.

["내가 스스로 그 조사를 한 건 아니지만, 이 수치들이 '옳을 리가 없다'"는 회의적인 주장에 의해 밝혀지는 논리는 무엇인가? 왜 그것들이 옳을 수 없는가? 이와 비교되는 시각을 제공한다면, 나도 역시 그 조사를 한 건 아니지만, 내가 그와 같은 높은 수치들을 보았을 때 (마찬가

서 그녀는 가정 내외에서 아동에 대한 성적 학대의 발생 비율을 38%라고 하였다 (Russell, 1983).

13 어떤 사회에서도 '사적 폭력'의 발생 정도는 **말 그대로** 알려지지 않았다. 『타임』 지는 이렇게 설명한다. "통계학자들이 사적 폭력에 눈을 돌릴 때, 그 수치는 모호하고 극단적으로는 어림잡는 것이 된다. 매년 65만 건의 아동 학대가 일어나는가, 100만 건이 일어나는가? 아니면 600만 건? 성의 있는 전문가들은 추론과 단순한 추측에 의존하여 이러저러한 수치들을 다양하게 읊어 댄다. 매년 200만 명의 여성들이 그들의 남편에 의해 폭행당한다고 한다. 그리고 거의 600만에 가깝다고도 한다. 이 중에서 마음에 드는 수치를 고르는 것이다. 법무부의 조사는 1981년 한 해 동안 17만 8천 건의 강간이 일어났다고 했으나, 경찰에 신고한 여성 1명당 9명 또는 25명의 신고를 하지 않은 여성들이 존재할 것이다. 그렇지만 엄청난 수치의 여성과 아동이 그들에게 가장 가까운 사람에 의해 짐승처럼 다루어지고 있다는 것은 논란의 여지가 없는 사실이다."(*Time*, Sept. 5, 1983) *Sisterhood Is Global*의 편집자는 다음과 같이 상세하게 설명한다. "대략 200만에서 600만 명의 여성들이 매년 동거하거나 결혼한 남자에 의해 폭행당한다. 아내 중 50-70%가 결혼생활 동안 구타를 경험한다. 매년 2천 명에서 4천 명에 이르는 아내들이 맞아 죽는다. 1979년에는 살해당한 여성의 40%가 그들의 파트너에 의해서였다. … 여성의 자살 시도의 25%는 구타로 인한 것이다. 아내 구타는 자동차 사고, 강간 또는 강도보다도 더 많은 미국 여성들에게 상해를 입힌다. 매 18초마다 여성이 남편에게 입원을 요할 정도로 심하게 폭행당하고 있다. 경찰은 3분의 1에서 2분의 1에 달하는 시간을 가정폭력 신고에 대응하는 데 사용한다. 배우자 학대 중 97%는 아내에 대한 것이다. 구타는 계급도 인종도 가로지르는 문제이다."(Morgan, 1984: 704)

지로 무지한) 나의 반응은 그것들이 부풀려져 있는 것이 아니라 축소되어 있다고 생각하는 것이다. '나의 추측'은, 말하자면 사실상의 아동·아내 학대 발생률은 내가 지금까지 보았던 것 중 가장 높은 수치보다도 더 높다는 것이다. 내 반응은 왜 이렇게 **다른가**? 나는 이런 이유 때문이라고 본다. 나의 현실—내적·외적 현실 모두—은 그 폭력, 그것이 야기하는 그 고통, 그것이 일으키는 그 공포를 포함하고 있다. 내가 그런 현실을 살았을 뿐만 아니라(그들은 그렇지 않았다.) 나는 여성들에게 이야기한다.(그들은 그렇지 않다.) 그리고 여성들은 나에게 이야기한다.(그들에게는 하지 않는다.) 내가 아는 모든 여성들처럼 나는—남성 치료 전문가의 예를 제외하고는—남성에게는 들리지 않는 폭력의 이야기를 듣는다. 나의 남성 동료들은 내가 사는 동네가 안전하다고 생각한다. 그들은 최근에 일어난 강간에 대한 상세한 설명은 듣지 않았다.(나는 들었다.) 나는 학생들의 데이트 강간(더 자주, 근래에는 의도된 데이트 강간들)에 대하여 **듣는다**. 나의 남성 동료들은 듣지 않는다. 이야기는 언제나 이렇게 시작된다. "아무한테도 말하면 안 돼." 나는 가정폭력에 대하여 **듣는다**.(그들은 듣지 않는다.) 이 이야기는 언제나 이렇게 시작된다. "아무한테도 말하지 마, 그가 나를 죽일 거야"(아마 사실일 것이다.) 또는 "아무한테도 말하면 안 돼, 그가 직장을 잃을지도 몰라"(한 번도 일어난 적이 없다.) 또는 "아무한테도 말하지 마, 얼굴을 못 들고 다닐 거야."(언제나 진실이다.) 나는 여성들로부터 어린 시절의 성적 학대에 대한 기억들을 **듣는다**. "아무한테도 말하면 안 돼." 나는 이 단순한 추론을 이끌어 낸다. 여성은 그러한 삶을 살지만 남성은 살지 않으며, 여성은 다른 여성에게는 그것을 **말하지만** 남성에게는 **말하지** 않기 때문에 여성과 남성은 여성의 삶에서의 위험, 폭력 그리고 공포에 대해 여성과 터무니없이 다른 '무지한' 직관을 가지고 있다. 전략적인 함의는 이것이다. 여성은 그들의 이야기를 밖으로 크게 말하기 시작해야 한다. 그 상황에 맞는 어떠한 목소리나 방언 또는 음역대로든지 간에.][14]

널리 퍼져 있고 대체로 보이지 않는 위험, 마찬가지로 만연해 있고 비가시적인 공포가 어떻게 여성의 삶에 영향을 미치는가? 노동자들이 물질적 빈곤의 지속적인 공포 상태에서 살 수 없는 것처럼, 여성은 남성의 성적 폭력에 의한 끊임없는 공포 상태에서 살 수 없으며 살지 않는다. […] 단순하게 말하자면, 여성은 성을 빼앗기는 존재가 되지 않기 위해서 스스로를 '주는' 존재로 정의한다. 깊이 들여다보면(너무 깊어서 그녀는 그것을 잊는 경향이 있다.) 이 변형은 동의에 의한 것이다. 그녀는 자신을 생각하는 자유주의적 이유에서 '주는 자아'—상대적으로 보호적인 관계에서 의존하는 당사자—가 되는 것에 '동의'한다. 그녀는 그 관계의 내부와 외부 모두에서의 위험을 제어하고 그 위험이 불러일으키는 공포를 억누르기 위해서 동의한다. […] 바꿔 말하면, 그녀는 자기 정의와 자유주의가 가정하는 본질적인 동기부여적 삶과 직접적으로 반대가 되는 행위의 동기를 받아들인다. 그녀의 동의 행위에 동기를 부여하는 것은 다른 사람의 욕망의 충족이다. 그녀는 필요를 위하여 봉사하고 다른 사람들의 욕망을 충족시키는 것에 동의하는 것이다.

나는 모든 여성이 항상 주는 자아라는 것을 주장하는 데 아무런 관심이 없다. 나는 이하에서 상당수의 여성들이 자유주의 페미니즘 법이론이 전제하는 동의의 윤리적 우위성에 대한 신념의 뿌리를 흔드는 방식으로 스스로를 정의해 왔다는 추론을 정당화하기에 충분할 정도로 여성들이 그들의 삶에서 상당한 공포 및 위험과 함께 살아왔다는 것을 제

14 역자 주: 이 장에서 '[ ]'로 묶여 있는 본문은 원문 그대로이다. 이러한 내용 구분의 목적에 대하여 웨스트가 명시적으로 설명한 바는 없으나, 그 내용으로 보건대 해당 부분은 본문의 내용에 대한 원저자 스스로의 질문, 의혹, 그에 대한 답변, 부가적 설명, 사례 등을(상대적으로) 여과 없이, 자유롭게 서술한 것이다. 역자는 이것이 본문의 다른 부분에서 나타나는 '학문적 글쓰기' 방식과는 달리 원저자의 사고를 더욱 자유롭게, 현상학적으로 드러내는 글쓰기 방식을 보여 주는 것으로 판단하였다.

시하고자 한다. 다음에서는 그러한 자기 정의를 그러할 만하게 만드는 몇몇 삶의 환경들을 묘사할 것이다. 나는 내가 직접 겪었던 상황들만을 논할 것이다. 따라서 다음에 나오는 묘사들은 내 삶의 어떤 순간에서 내 자기 정의를 결정지었던 공포 유형의 좋은 예이다. 마지막에는 가정폭력, 난잡하고 위협적인 이성애 그리고 강간의 공포와 길거리에서의 치근덕거림이 한 여성의 자기 정의에 미치는 영향을 검토할 것이다. 물론 이것들이 모든 것을 포함한다고 할 수 없다. 나 자신이 그것을 겪지 않아 왔고 충분히 이해하지 못하기 때문에, 낯선 사람에 의한 강간 그 자체[15](그것에 대한 공포가 아니라)와 근친상간이 한 여성의 자기 인식에 어떻게 영향을 미치는지는 제외하고 있다.[16]

1) 가족 내 학대적 관계: 공포와 동의

델 마틴Del Martin의 책 *Battered Wives*(Martin, 1981)는 다음과 같은 한 매 맞는 아내로부터의 편지Letter from a Battered Wife와 함께 시작하고 있다.

> 나는 30대입니다. 내 남편도 그렇고요. 나는 고등학교를 마쳤고 지금은 지방대학에 다니면서 필요한 추가 교육을 받기 위해 노력하고 있습니다. 내 남편은 대학을 졸업했고 그 분야에서 전문가가 되었습니다. 우리는 모두 매력적이고 … 존중받고 인기도 많습니다. 우리는 네 명의 아이들이 있으며 우리가 바랄 수 있는 모든 편의시설이 있는 중산층 주택에서 살고 있습니다.
>
> 나는 공포 없는 삶을 제외하고는 모든 것을 가지고 있습니다.
>
> 나는 결혼생활 대부분의 시간 동안 남편으로부터 주기적으로 구타당해 왔습니다. '구타당했다'는 나의 말은 무엇을 의미할까요? 이는 내 몸의 구석구석에

15 내가 알고 있는 한 최고의 묘사는 Henderson(1985)이다.

16 이에 대한 강력한 묘사로는 Bass & Thornton(1983) 참고.

폭력적이고 반복적으로 타격이 가해졌고, 그 결과 고통스러운 멍, 부풀어 오르고 피가 나는 상처, 의식상실[원문 그대로] 그리고 이러한 것들의 결합을 경험했다는 뜻입니다.

그는 나에게 유리잔을 던졌습니다. 임신해서 배가 불러 있었을 때 배를 찼습니다. 발로 차여서 침대 밑으로 떨어졌고, 바닥에 누워 있는 채로 폭행당했습니다. 이 역시 내가 임신해 있는 때였습니다. 나는 채찍질당했고, 발로 차였으며, 던져지고, 다시 일으켜 세워지고, 다시 바닥으로 던져졌습니다. 셀 수도 없을 만큼 자주 머리, 가슴, 얼굴, 복부를 주먹으로 맞고 발로 차였습니다.

이런 후에 나는 부끄러워서 언제나 집 안에 머물렀기 때문에, 검푸르게 멍든 얼굴이나 부풀어 오른 입술을 본 사람은 거의 없을 것입니다. 이런 폭행을 당한 후에는 전혀 운전을 할 수 없었습니다. 그래서 스스로 치료를 받기 위해 병원에 갈 수도 없었습니다. 운전을 할 수 있었더라도, 나는 어린 자식들을 혼자 남겨둘 수 없었을 겁니다.

구타당하는 것은 무서운 일입니다. 대항해 싸울 준비가 되어 있지 않다면 그것은 무엇보다도 무섭습니다. 나는 나 자신을 방어하기 위해 노력했고, 실제로 남편의 셔츠를 찢었던 때도 있었습니다. 그 후에 그는 내가 무언가 잘못했다는 증거로서 그 셔츠를 한 친척에게 보여 주었습니다. 그 당시 내 머리에 머리카락에 가려진 혹 몇 개가 있고, 입술은 피가 나고 부풀어 올랐으며, 뺨은 심각한 상처가 나서 영구적인 흉터를 남긴 핏덩어리가 붙어 있다는 사실은 그에게 아무런 문제가 되지 않았습니다. 문제가 되었던 것은 내가 그의 셔츠를 찢었다는 것입니다! 내가 나 자신을 방어하기 위해서 그것을 찢었다는 것은 그에게 아무런 의미가 없었습니다.

나의 상황은 너무나도 비참한 것이기에 이와 같은 상황을 경험해 보지 않은 사람은 누구라도 그것을 이해하기 힘들 것이라고 생각합니다. 나 자신조차도 믿을 수 없으니까요.(Martin, 1981: 2-3)

여성은 학대적인 가정의 특징인 일상적인 폭력이 수반하는 총체적인 공포에 어떻게 대응해야 하는가? 그러한 공포가 당신에게 무엇을 **가르치는가**? 여성은 **매일매일**을 공포 상태에서 살 수 없으며, 매 맞고 학대받는 아내가 결혼생활에서 배우는 것은 그녀가 필요할 때에 그 공포를 억누르는 방식으로 그녀 자신을 정의하는 방법이다. 이처럼 폭력적인 친밀한 관계가 나에게 가르친 것은 **다른 사람을 위해** 사는 법이었다. 나는—이런 것들을 겪는 동안—상대적으로 운이 좋았다. 내가 받은 학대는 앞에 인용된 여성이 겪은 것처럼 결코 그렇게 극단적이지 않았다는 것이다. 그러나 나는 주먹, 따귀 때리는 소리, 멍, 협박, 부릅뜬 눈 그리고 공포가 있는 상대적으로 운 좋은 환경에서 일상적 공포의 교훈을 배웠다. 일상적 공포는 나 자신을 대상으로 정의하는 법을 가르쳤는데, 그 목적은 다른 사람의 폭력을 완화하기—그리고 잠재우기—위한 것이었다. 나의 목적—내 행위의 **유일한** 이유 그리고 내 **유일한** 동기부여—은 다른 사람의 필요에 봉사하는 것이었다. […] 나는 다른 사람의 폭력을 위한 것이 되는 법을 배웠고, 그것을 나의 존재의 이유로 보는 법을 배웠으며, 그것에 대해 많이 생각하지 않는 법을 배웠다.

[내가 이것에 대해서 말해야 하나? 이게 부끄러운 일일까? 그가 여전히 나를 해칠 수 있을까? 사람들이 내가 틀림없이 미쳤다고 생각하지 않을까? 내 진실성을 깎아내리지 않을까? 그것에 대한 질문에 대답할 수 있을까? 내가 내 목소리를 신뢰할 수 있을까? 내가 접촉해서는 안 되는 사람an untouchable이 되는 것은 아닐까? 내 상황이 너무 예외적인 것은 아닐까?(아니다, 나의 상황은 예외적인 것이 아니었다. 그것은 끔찍했으며, 흔히 있는 것이었다.) 그것이 나의 인식을 이상하게 만드는 것은 아닐까?(내 인식은 이상하지 않다.) 그것**의** 경험이 그것에 **대한** 나의 주장을 무가치하게 만드는 것은 아닐까?(그것은 도박이다.)]

나는 내가 가정폭력으로부터 배운 교훈은 습득했어야만 하는 교훈이었다고 확신한다. 사실상 학대적인 친밀한 관계에 있었던 어떤 여성도 이런 교훈에 대해서 동일한 설명을 한다. 따라서 **매 맞는 여성이 살**

아가는 세상에 만연해 있는 공포에 대한 보편적이기까지 한 대응은 스스로를 자유주의적 자아보다는 주는 자아로 정의하는 것이다. 매 맞는 여성은 '주는 자아'이며 학대받는 결혼생활 속에서 너무 두렵고 위험해서 **스스로를 위한** 존재에 대해 생각조차도 해 보지 못할 정도로 **다른 사람을 위하여** 산다. 주는 자아로서 그녀는, 모든 것에 대해서, 절대적으로, 존재의 모든 단계에서 동의한다. 그녀는 상대방의 주체성과 그녀 자신의 생존을 위해서 그렇게 한다. 상대방은 반드시 살아야 한다, 그것이 **너의 존재의 이유**이다. **일단** 네가 존재할 것이라면, 너는 **그를 위한** 것이어야 한다. 그리고 네가 존재할 것이다. 따라서 너는 그를 위하여 존재할 것이다.

한 여성은 다음과 같이 설명한다.

> [공포](1) 나의 남편은 세 번에 걸쳐 육체적인 폭력을 자행했어요 … 그와 나는 모두가 잘 알고 있는 사람들로 붐비는 음식점에 앉아 있었는데, 나는 그가 나의 성격과 내 부모님, 친구들의 성격을 모조리 짓밟는 것을 듣고 있었죠. 그리고 내가 (그것에) 저항하면서 그만 가자고 했을 때, 그는 나를 죽이겠다고 위협했어요. 그리고 나는 그를 믿었고, 거기에 앉았죠. 나는 웃었어요. … 그리고 나는 공포에 휩싸였어요.
>
> (2) 나의 정신상태에 대한 공포 — 나 자신이 분열하는 것을 느꼈어요 — [그것은] 정신분열증에 대한 묘사와 매우 유사해요. 나의 조각들이 떨어져 나가고 이리저리 떠다니는 것 같았어요. 그리고 더 문제가 되는 것은 그것들을 잡아서 원래로 돌려놓는 것이었어요. 비누 거품을 잡는 것처럼.
>
> [혼란] 왜 그는 나와 결혼했을까? 그가 원한 것일까? … 누가 그를 결혼하도록 만든 걸까? 난 아니야. 나는 누구와 결혼했지? 그와 한 건가?
>
> [고립-정체성 상실-자신감의 상실-비참] 이 모두는 함께 옵니다. 그것들은 혼합되고 서로가 서로의 연료가 됩니다. … 나는 울었어요. 고래고래 소리를 쳤어요. 나는 나에 대해 그가 하는 말을 받아들였어요. 나는 이렇게 너무나도 분명하게

짜증 나는 성격을 어떻게 하면 고칠 수 있을까 하는 압박감 아래서 풀이 죽어 버렸어요. 그러나 그였어요. 틀린 것은 바로 그였어요. 아니에요, 결국엔 내가 이해력을 가지려고 노력했기 때문인 거예요.

오랜 시간이 걸릴 것이다 — 10년쯤 … 페미니즘을 이해하게 되면서 스스로를 좌절로부터, 괴상함으로부터, 부조화로부터 해방시킬 수 있는 길이 찾아왔다. 그러나 아직도, 나는 멍든 채로 남아 있다 — 나는 경계를 늦추지 않고 있다. 왜냐하면 … 나는 때때로 다음 주먹이 나를 영원히 부수어 버리지 않을까 두렵기 때문이다.(Rhodes & McNeill, 1985: 232-234)

학대받는 결혼생활에서 자아를 '주는' 것으로 재정의하는 것은 문자 그대로 여성의 자유주의적 주체성의 죽음을 의미한다. 그녀는 다른 사람의 욕망을 충족시키기 위해 동의하는 것을 배운다. 그것은 '동의'의 **의미**가 된다. 그것은 그녀를 이타적인 사람으로 만들지 않는다. 그것은 그녀를 부정적인 사람으로 만든다. 그녀는 심지어 스스로를 다음과 같은 것으로 기억할 것이다.

나는 나의 경험에 기반을 둔 어떤 이론적인 결론에 이르는 데 주저하지 않는다. 그러나 나는 여전히 그 경험의 외부에 유리된 채로 서 있는 것처럼 느낀다. 아무리 많이 이론화하고 분석하더라도 내가 결혼생활 동안 느꼈던 복잡한 감정들을 설명할 수는 없을 것이다. 내가 분석하거나 이론화할 때, 마치 내가 나 자신이 아니라 전혀 다른 사람에 대하여 생각하고 이야기하는 것같이 느껴진다. … 나는 6개월 동안의 부정적인 느낌들을 제외하고는 아무것도 기억할 수가 없다. 나는 내가 미쳐 버릴까 봐 두려웠다.(Rhodes & McNeill, 1985: 232)

그녀는 스스로에게 존재의 이런 부정적인 양태가 피할 수 없는 것이라고 가르친다.

> 내가 여덟 살이었을 때 아버지는 재혼을 하셨다. 나의 새어머니는 … 아버지가 짐승같이 감정을 폭발시킬 때마다 나를 보호해 주셨다. … [어느 날 내가 그녀에게 왜 아버지의 폭력을 참느냐고 물었다.] "클라우디아, 그게 남자가 존재하는 방식이란다. 너는 그저 그것을 받아들여야 해."(Martin, 1981: 79)

그리고 마침내, 그녀는 스스로에게 그녀가 보여 주는 명백하게 인간적인 얼굴은 사기라고 가르친다. 너는 진짜 인간이 아니야, 너는 타자the other야. 주는 자아, 다른 사람을 위한 존재는 진실에 대한 어떠한 권리도 없다. 너는 말과 경험 사이의 자기확인적인, 자기창조적인 그리고 자기증명적인 연결을 포기해 버렸다. 다시 말해 너는 스스로에게 그리고 다른 사람들에게 거짓말하는 것을 배운다. 너는 거짓말이 된다.

> 좋은 교육을 받고 유복한 사람들은 그런 것들을 논하지 않는다. 나는 정상급의 핑계 대기 예술가가 되었다. 다섯 아이에게 아버지가 어머니를 구타한다는 사실을 모르도록 숨기는 것은 친구들에게 정교하게 변명하는 것과 비교하면 쉬운 편이었다. [한 친구가 나에게 그녀 남편의 학대에 대해 말했을 때, 나는 소름이 끼쳤다. 그리고 연민과 혐오를 느꼈다.] 나는 나도 같은 처지의 피해자라는 사실을 털어놓을 수 없었다. 아마도 자존심 때문이었을 것이다. 친구의 비밀 이야기에 대한 나의 반응은 어떤 사람과도 나 자신의 상황을 의논하지 않겠다는 맹세를 강화시켰을 뿐이었다.(Martin, 1981: 79-80)

"이러한 종류의 공포를 이해하는 사람들은 거의 없습니다." 에린 피지Erin Pizzey가 *Scream Quietly or the Neighbors Will Hear*에서 이야기한다(Martin, 1981: 78). 이것은 옳지 않다. 많은 여성들이 이런 종류의 공포를 이해한다. [⋯]

2) 난잡한 이성애: 공포와 동의

많은 여성들이 난잡한 이성애에 내재하는 폭력의 위협과 공포를 알고 있다. 철저하게 — 공격적으로 — 상대방의 행복에는 전혀 관심이 없으면서, 동시에 **상대방을 가지겠다**는 자신의 기대와 강박에 매몰되어 있는 남자와의 '데이트'는 공포스러운 만남이다. 사춘기와 사춘기 직후 동안 나는 소년들과 남자들의 세계를 뚜렷하게 다른 두 집단으로 나누었다. '그런 태도'를 가진 남자들과 가지지 않은 남자들. 그 태도를 가진 남자들은 강하고, 멍청하며, 나한테는 관심이 없고, 성적으로 탐욕적이며, 잠재적으로 폭력적이다. 그들은 멍한 시선과 과도하게 발달된 이두박근을 가지고 있었다. 그들은 나의 섹슈얼리티에 대한 절대적인 권리를 기대하고 있음을, 그리고 나의 주체적인 자아에 대해 관심이 완전히 없음을 공개적이고 자랑스럽게 과시했다. 우리가 섹스를 하지 않는다면 그가 의문의 여지 없이 그렇게 느끼고 아마도 그에 따라 행동을 취했을 실패감 그리고 배신과 분노의 감정은 강력한 것이었다. 비록 '폭력적'이지는 않았지만 그들은 매우 공포스러웠고 우리는 항상 섹스를 했다.

[내가 이것에 대해 말해야만 하나? […] 사춘기와 사춘기 직후의 난잡한 이성애 — 우리의 순수하고 상호적인 즐거움에 대한 문화적 원형이었던 — 가 공포와 폭력의 위협으로 가득 차 있었다는 것을. 위험하지 않은 남자들이, 그들보다 성적으로 더 '성공한' 10대 또래들이 위협적으로 사용하고 휘두른 폭력의 수혜자였을 가능성을 인식하게 하는 것이 가능한 일일까?]

난잡한 이성애에 있어서 폭력에 대한 공포는, 그것이 있다면 항상 위장하고 있고 언제나 혼란스럽다. 한 여성은 이렇게 설명한다.

> 남자가 여자에게 성관계를 가지자고 설득하려 노력하는 것은 상당히 괜찮고 정상적인 것으로 여겨진다. 그는 그녀에게 춤을 청하고, 그녀는 승낙한다.(그녀는 원한다. 그녀는 원치 않지만 그의 기분을 상하게 하고 싶지 않다. 그녀는 그를 화나게 할까 봐

두렵다. 그녀는 함께 춤출 남자를 원한다.) 그가 그녀에게 데이트를 신청한다. 그녀는 받아들인다.(그녀는 원할 수도 원하지 않을 수도 있다. 그러나 그녀의 모든 친구들이 같이 나갈 남자들이 있다. 그녀는 그를 화나게 할까 봐 두렵다. 그가 상처받을지도 몰라. 혼자라면 그녀는 밖으로 놀러 나갈 수 없다.) 그는 그녀에게 키스한다. 그는 그의 손으로 그녀의 다리를, 가슴을, 성기를 만진다. 그는 그가 얼마나 진도를 나갈 수 있는지 보고 싶다. 그녀는 그가 하도록 내버려 둔다.(그녀도 원한 것이다. 혹은 그녀는 원하지 않았지만 어찌 되었든 그가 그녀를 밖으로 데리고 나왔고 그녀에게 돈을 썼다, 그녀는 집에 (누군가가) 데려다주는 것이 필요하고, 그녀는 고상한 척하는 여자로 보이기 싫다. 그가 화낼지도 모른다.) 그는 그녀에게 함께 자자고 요구한다. 그녀는 승낙한다.(그녀도 원한 것이다. 혹은 그녀 자신은 원하지 않았지만 따르는 편이 낫겠다고 생각한다. 그녀는 지금 그만둘 수 없다. 아마 괜찮을 거야. 그녀는 그가 그녀를 원한다는 말에 으쓱한다. 어쩌면 그가 화낼지도 모른다.)

혹은 그녀는 거절한다. 그는 그녀를 설득하려고 애쓴다. 그는 그녀에게 사랑한다고 말한다. 그는 그녀에게 자신을 사랑하지 않는다고 말한다. 그는 그녀에 대해 내숭, 미성숙, 불감증이라고 한다. 그는 섹스가 필요하다고 말한다. … 그녀가 결국 그에게 그만하라고 하고, 밀쳤을 때마다, 화를 낸다. 그는 분노한다. 골을 낸다. 그는 그녀에게 남자가 '흥분한 상태로' 남겨지게 하는 것이 얼마나 잔혹한 일(남자의 성기를 괴롭히는 것!)인지를 말한다. 그는 그녀에게 어떻게 빠는지를 suck him off 가르친다. 그는 그의 목표 — 그녀의 성기 — 를 향해 부단히 나아간다. 그는 이 여자를 가지는 것, 즉 소유를 하고자 한다. 이것은 강간이 아니다. 이것은 전형적인 일상이다. 잡지에서는 이것을 젊은 애들의 사랑이라고 부른다. … (Rhodes & McNeill, 1985: 27-28)

그리고 다른 한 여성은 그녀 자신의 기억을 다음과 같이 묘사한다.

나는 특히 남성으로부터 경험했던 폭력에 대하여 이야기하고 싶습니다. … 10대 초반이었을 때, 나는 순진하게 스스로가 섹스에 대해 계몽되고 해방된 태도의 계승자라고 믿었습니다. 우리는 피임약을 먹었죠, 내가 보기에는 이중 잣대

> 는 사라지고 있었고, 이것이 여성으로 하여금 좀 더 쉽게 성적으로 활기 있고 적극적이도록 하는 것 같았습니다. 절대 '좋아'라고 말해서는 안 된다고 교육받았던 나의 어머니와는 달리, 내가 알던 여자애들 사이에서는 '싫어'라고 말하는 것이 유행하지 않았습니다. 우리는 남자들의 요구에 의해 지배당하고 있었습니다. … 10대 시절 나는 차 뒤에서, 장터에서, 방파제 아래에서 그리고 몇 번인가는 화장실에서, 다양하게 남자와 섹스를 했습니다. 폭력은 이런 많은 성적 조우에 내재되어 있었습니다. 나는 팔들이 머리 위로 묶인 채 움직일 수 없었던 적도 있었습니다. 멍들고, 구타당하고, 할퀴어졌던 적도 있습니다. 그 남자가 실제로 나에게 심한 상처를 입힐 것이라고 생각했을 때 치솟던 공포의 순간을 기억합니다.(Rhodes & McNeill, 1985: 228)

[…] 이 여성은 또한 동의로써 다양하고 폭력적인 성적 조우에 참여했던 것에 관하여 설명한다.

> 나는 종종 불편하거나 실제로 고통스러웠지만 어떻게 항의하거나 거절해야 하는지 몰랐어요. 특히 내가 술에 취했고 남자는 내가 애초에 그것을 원했는지 원하지 않았는지에 대해 개의치 않을 때, 비자발적인 섹스를 몇 차례 했어요. 나는 상당히 자주 구내염과 방광염으로 고통받았어요. 그러나 나는 남자들에게 아프니까 그만두라고 결코 이야기하려 하지 않았죠. 그러는 동안에 자주 죄책감과 혼란으로 힘겨웠지만, 나는 여전히 나의 성적 이용 가능성을 해방 그리고 선택의 자유와 혼동하고 있었어요. 두서너 번인가 나는 항문성교anal sex를 허용한 적이 있었는데, 언젠가는 피를 너무 많이 흘려서 내가 하혈한 것으로 생각했었어요.(Rhodes & McNeill, 1985: 228)

힘에 의한 은연중의 위협에 협박당한 느낌과 완전히 불가피한 섹스의 느낌 사이는 무척 가깝다. […] 이러한 데이트의 절정인 섹스는 동의에 의한 것일 터이지만, 그것은 또한 거북하고 불쾌하며 고통스럽고 혹은 위험한 것일 터이다. 그것은 성병(생식기성교), 출혈과 하혈(항문성교), 구역질과 멀미(깊은 구강성교), 멍, 찢어진 상처와 매질한 자국(가학적인 성교) 그리고 원치 않은 임신을 불러올 것이다. 주는 자아는 이 고통을 동의를 철회해야 할 이유로 경험하지 않을 것이다. 그녀는 자기 정의에 의해 스스로의 즐거움을 위하여 성적 조우에 동의하거나 고통을 예상하기에 동의를 철회하는 존재가 아니기 때문이다. 그녀는 의심할 여지 없이 동의한다. 그러나 스스로의 욕망을 충족시키기 위해서가 아니다. 그녀는 상대방의 욕망을 충족시키고 즐거움을 채우기 위해서 동의한다.

3) 강간의 위협: 공포와 동의

거의 모든 여성은 — 원치 않는 섹스 또는 구타를 전혀 경험해 보지 않은 여성들을 포함하여 — 강간의 공포를 경험해 왔다. WAVAW(Rape Crisis Center) 회의의 강간에 대한 실무 보고서에서는 다음과 같이 상세하게 설명되어 있다.

> 강간에 대한 공포는 항상 존재한다. 그것은 셀 수 없이 무수히 많은 부분에서 우리의 삶에 영향을 미친다. 우리가 밤늦게 길거리를 걷는 것을 두려워하게 할 뿐 아니라, 남성과의 모든 교제에 있어서, 그것들이 아무리 피상적인 것이라 하더라도….
>
> 그것은 우리가 우리의 몸, 우리가 앉고 서고 걷는 방식에 대하여 스스로 의식하게 만든다. 여성이 버스 좌석을 가로질러 다리를 쭉 뻗고 앉아 있는 것 — 남성이 항상 그러는 것처럼 — 을 마지막으로 언제 보았는가? 우리는 무릎을 함께 모으고, 다리는 꼬고, 얼굴은 무표정하게 유지한다. 우리 마음속 어디엔가는 항상 어떤 남성이라도 — 모든 남성이 — 그가 원한다면, 우리에게 강간이라는 무기를 사용할 수 있다는 생각이 자리잡고 있다.
>
> 그리고 남성들 또한 그것을 알고 있다. 거리에서 우리에게 음란한 말들을 지껄이는 남자는, 우리를 자기love라고 부르기를 고집하는 동네 채소장수는 …

그것을 알고 있다. 불량스런 휘파람을 부는 건설 노동자들은 그것을 알고 있다. 지하철에서 신문 3면을 읽으면서 우리에게 히죽 웃는 남자는 그것을 알고 있다. **〈소호에서의 밤 되찾기Reclaiming the Night in Soho〉 운동을 진행하던 중, 한번은 남자들 한 무리가 "우리는 강간범 편이다. 우리는 강간범과 함께 있다"고 소리쳐 댔다. 그들은 사실 우리에게 말해 줄 필요가 없었다. 우리는 이미 알고 있었으니까.**(Rhodes & McNeill, 1985: 22)

여성이 그들의 삶에 만연해 있고 고요하며 언급되지 않고 보이지 않는 강간에 대한 공포에 대응하는 한 가지 방법은 그들의 (성적) 자아를 동의에 의한, 보호적인 그리고 일부일처제의 관계에 내맡기는 것이다. 많은 이들이 이 점을 부정한다. 그러나 아마도 그렇게 부정하는 것은 많은 이들이 그렇게 믿고 있기 때문일 것이다. 결국에는 그것이 우리가 여성으로서 해야 할 일인 것이다. 한 여성은 그녀가 이 선택을 한 것에 대해 다음과 같이 묘사한다.

(난잡한 이성애의) 경험들이 가지는 잔혹성과 냉기는 내가 남성과 안정적이고 안전한 관계를 가지도록 하는 데 핵심적인 역할을 했습니다. 나는 많은 남성들이 안전하게 느껴지지 않았습니다. 남성이 가하는 폭력의 위협은 나를 커플 관계로 밀어 넣었습니다. 남자들에 대해 내가 가지는 감정은 양가적인 것입니다. 그들은 완전히 개자식들은 아니었으며, 한편으로는 나에게 보호를 제공해 주었습니다. 내 어머니는 종종 이 세상은 여성에게는 안전한 곳이 아님을 불길하게 중얼거리시곤 했는데, 나의 경험은 그것을 확인시켜 줄 수 있을 뿐이었습니다. 혼자 있을 때, 나는 때때로 포위되거나 잡아채이는 것처럼 느껴졌습니다. 한 남자와 같이 있을 때는 길거리나 파티 등에서 남자들의 반갑지 않은 시선과 주목으로부터 보호받는 것처럼 느껴졌습니다.(Rhodes & McNeill, 1985: 228-229)

다른 사람으로부터의 강간의 위험을 피하기 위하여 스스로를 일부

일처제의 관계에 내맡겼던 여성들은 종종 그들의 파트너에 의한 강간을 피하기 위해서 일부일처제의 관계 **속에** 자신을 내맡겨 버린다. 이런 여성들—얼마나 많을지는 추측할 수 있을 뿐이다—은 그러한 '위탁'이 수반했던 정체성의 상실을 격심하게 느낀다. 'L'은 그녀의 이야기를 다음과 같이 시작한다.

> 나는 1970년에 결혼했어요. 당시 19세였고 그도 그랬죠. 처음에는 스스로를 그의 인성, 성격, 필요, 요구들에 맞도록 조정하는데, 결혼생활이 굉장한 스트레스였어요. 어쩌면 나는 이것을 내가 해야만 하는 것으로 여겼던 것 같아요. … 대체로 나는 나의 이름을 잃어 가고 그의 이름을 '얻어' 갔죠. 그때는 내가 선택권이 있다는 것을 깨닫지 못했어요.(Rhodes & McNeill, 1985: 234)

이런 여성들은 지속적인 구속 상태에 있다. 그러나 그들은 오직 때때로만—그리고 단지 희미하게만—그렇게 경험할 것이다. 부부강간의 위험과 공포를 제거하기 위하여 일부일처제에 스스로를 위탁하는 것을 배운 여성은 섹스 **그 자체**를 공포스러운 것으로 경험하지 않을 것이다. 섹스는 그녀가 강간의 위험을 피하기 위해서 주는 무엇이다. 그러한 여성은 위험과 공포를 제어하지만, 그 대가로 스스로의 의지를 통하여 자신의 주체적인 쾌락을 구할 수 있는 능력을 주어 버린다(혹은 소외시킨다). 성적 자아의 강요된 선물은 쾌락과 의지 사이의 연결을 끊어 버린다. 위험으로부터 안전을 보장받기 위하여 여성 자신과 그녀의 섹슈얼리티를 양도함으로써, 그녀는 스스로의 즐거움을 불러낼 수 있는 능력을 잃는다. […]

4) 길거리에서의 치근덕거림: 공포와 동의

[…] 길거리에서의 성적 폭행 및 구타assaults and batteries는 위협적이고("이리 와서 내 얼굴에 앉아, 쌍년아! 어이 이 쌍년아, 내가 내 얼굴에 앉으라고 말하잖아!

야 쌍년야, 너 말이야. …") 지속적이며(대부분의 백인 남성은 낯선 사람에 의한 폭력을 경험하는 경우가 극히 드물다. 많은 여성들—아마도 도시에 사는 대부분의 여성들—은 수백 번도 경험한다.) 범죄적이고(그것들은 폭행이다. 그리고 신체적 접촉이 일어난다면, 그것들은 구타이다.) 무서우며("아래만 봐, 어서 길을 건너, 외투 속으로 움츠려, 아무 생각도 하지 마, 얼굴 들지 마") 인지되지 않고("아래를 봐, 끝나기만 기다려, 아무도 듣지 않기를 원해, 아무도 보지 않기를") 혼란스럽게 하고 자기소외적이며("그가 그만하도록 웃어 … 웃는 법을 배워—네가 겁에 질렸을 때—즐거움을 표현할 수 있도록") 보상되지 않으며(당연하겠지만) 처벌되지도 않는다(역시 당연하겠지만). 또한 길거리에서의 치근덕거림street hassling은 소녀로부터 권력을 박탈하는 근원이 무엇인지에 대한 첫 번째—그러므로 가장 결정적인—수업이다. 그들이 다른 곳에서 배우지 않았다면, 소녀들은 길거리에서의 치근덕거림을 통해서 그들의 섹슈얼리티는 취약성을 내포하고 있다는 것을 알게 된다. 자신의 섹슈얼리티로 인해 손가락질당하고 조롱당하며 비웃음당하는 것은 상처가 된다. 그리고 그것을 참아야 한다는 것을 아는 것은 유아화하는 것infantalize이다. 아이들이 학대하는 부모의 지배 아래 있는 것과 꼭 같은 방식으로 길거리에서 여성은 학대하는 남성의 지배 아래 있다. 그녀는 그의 즐거움, 경멸 그리고 처분의 대상이다. 주관적인 경험은 그러한 취급방식을 반영한다. […] '공공의' 길거리에서 그리고 '공공의' 교통수단에서, 나는 나를 만지고, 조롱하고, 성적으로 웃음거리로 삼고, 노출시키고, 나에게 고함치는 것을 예상할 수 있다. 만져지고, 조롱당하고, 성적으로 웃음거리가 되고, 노출되고, 고함을 듣는 것은 예상할 수 있다. 이것은 나에게 (일차적으로는) '화나고', '모욕적이고', 또는 나아가 '폭행당한 것'으로 느껴지지는 않는다. 나로 하여금 성적으로 웃음거리가 되게 하고, 노출당하게 하고, 지저분하게 하고, 상스럽게 하고, 상처받기 쉽게 하며, 걱정스럽게 느끼게 할 뿐이다.

[…] 그녀는 주체성의 안전을 지키는 대가로서, 시각적인 소비를

위하여 성적 외관을 포기하는 것이다. **사고**가 멈춘다. **감정**이 멈춘다. 그녀는 거리에 있을 때 생각과 감정을 멈추어야 하며, 실제로 그렇게 한다. 왜냐하면 괴롭힘에 의해 가장 부정되고 그러므로 가장 위협당하는 것은 사고, 감정, 주체적인 인간이기 때문이다. 주체적인 사고와 감정의 존재는 숨어야 한다. 그녀는 길거리에서 시각적으로 소비되고 포기되어 넘겨진 성sex이다. 두려움에 조금 덜 떨기 위하여(그럼으로써 움직임에서 상대적으로 더 자유롭기 위하여) 그녀는 자신의 성적 외관을 주체적 자아로부터 분리시킨 다음, 후자의 것은 숨기고 전자의 것은 포기하고 넘겨 버린다. 그녀는 그의 쾌락과 그녀 자신의 안전을 위해 성적 외관을 주어 버리는 것이다.

이 유사-동의quasi-consensual에 의한 거래는 끔찍하게 느껴진다. 대상화되고 주체적인 자아로부터 분리된 당신의 몸은 견딜 수 없는 무게로 다가온다. 당신은 당신이 가치를 두는 주체적인 정체성을 숨기고, 당신이 숨길 수 없고 주어야만 하는 것—당신의 대상화된 섹슈얼리티—을 평가절하한다. 당신은 그렇게 하면서 자기기만과 자기경시를 배운다. 고통받으면서도 웃는 법을 배운다. 그리고 결국에는, 당신은 주체적인 자아와 객체적인 섹슈얼리티를 이렇게 폭력적으로 단절시키는 것을 증오하게 된다. 그것은 바로 당신의 섹슈얼리티이다.

[내가 이것에 대해 말해야만 하나? 가정폭력은 너무 예외적이고, 길거리에서의 치근덕거림은 너무 일상적이다? 너무 자주 일어난다? 너무 사소하다고? 내가 과도하게 민감한 것인가?(아니다. 길거리에서 일어나는 성적 위협이 매우 효과적이고 기초적인 이유는 그것의 빈번함, 지속성, 일상성이다. 그것은 우리로 하여금 분노하게 하기보다는 움츠러들게 한다.) 그리고 더 어려운 질문. 그럴 만한 가치가 있나? 이것에 관해 함께 토론했던 남자들 중 대부분은 대체로 다음과 같이 말했다. "그래, 그것이 끔찍하다는 것은 인정해. 하지만 남자들도 마찬가지로 그런 것을 경험한다고. 나도 어렸을 때 학교 운동장에서 괴롭힘당한 적이 있어. 그때 바로 그렇게 느꼈

었다고." 명확하게 지적하자면, **당신의** 어린 시절의 결정적인 조건—몸집과 힘의 차이 때문에 가지게 되는 취약성—은 **나의** 성인기의 결정적인 조건이다. 당신은 성인 남성이 되면서 그 취약성으로부터 빠져나왔지만, 나는 성인 여성이 되면서 그 취약성으로 빠져 들어갔다. 여성에게 성인 섹슈얼리티의 획득은 네가 너의 어린 시절과 동일시하는 그 온몸을 마비시키는 공포로 우리를—벗어나게 하는 것이 아니라—안내한다. 당신이 학교 운동장에서 괴롭힘당했던 그 경험 때문에 진정 이 느낌을 이해한다면, 왜 그렇게 많은 여성들이 어린아이처럼 구는지 그 이유를 알 수 있겠군.]

[…] 여성은, 그리고 여성만이 제3의 위험과 함께 살아간다. 여성은, 그리고 오직 여성만이 어떻게 해서든지 탐욕적이고 폭력적인 남성 섹슈얼리티의 위협을 피해야 한다. 여성이 이 추가적인 위협에 대처하기 위해서 보호전략을 개발한다는 것은 전혀 이해하기 어려운 일이 아니다(왜 그렇게도 이해하지 못하는 거지?). 우리가 채택한 수단들—우선적으로 우리 자신을 '주는' 것으로 정의하고, 우리를 동의에 의한 보호적인 관계에 두는 법을 배움으로써—은 허위 의식이나 세뇌의 산물이 아니다. 그러나 그렇다고 그 수단들이 가치를 창조하는 자발적이고 상호적인 것이라서 축하할 만하다는 뜻은 아니다. 그것들은 우리의 피해자화의 산물 그 이상도 이하도 아니다. 즉 그것들은 매우 실제적인 위험에 대한 일관성 있고 이해할 수 있는 대응이다. 우리가 더 나은 세상을 만들기까지는, 그것들이 우리가 가진 전부이기도 하다.

2. 주는 자아 그리고 자유주의 페미니즘

자유주의 페미니즘 법이론은, 동의를 하는 것은 자기를 고려하는 동기에 의한 것이라는 가정 아래, 여성의 자기 정의를 형성하는 공포에 대한 고려 없이 추정적으로 동의에 의한 거래에 가치를 두는데, 이것은 여성이 경험하는 비참함의 실제 원인들을 통째로 놓칠 위험이 있다. 하나의 예를 제시해 보겠다.

남자 교수가 여자 학생을 성적으로 괴롭히는 것은 이제 차별적인 권리침해이자 소송을 당할 만한 해악으로 인정되고 있다. 그리고 그것이 급진주의—자유주의가 아니라—페미니즘의 승리 요소가 됨에도 불구하고, 강압적인 학내 성적 괴롭힘의 금지는 자유주의 및 자유주의 페미니즘의 논리적 전제와 완전히 일치한다. 교수에 의한 성적 괴롭힘에 뒤따르는 학점을 위한 섹스는, 그것이 학점을 위한 것이라는 이유에서 자유주의와 자유주의 페미니스트에 의해 '강압적인' 것으로 규정된다. 이처럼 학점을 위한 섹스의 거래를 금지하는 그 어떤 다른 이유들이 존재하더라도(그리고 실제로 존재하는데), 이러한 성적 양도의 금지는 자유주의의 논리적 전제와 완전히 일치하는 것이다. 그러한 섹스는 그것이 동의에 의한 것이 아니기 때문에, 보상이 따라야 하는 폭행이다.

원래는 급진주의 시각에 가까웠던 것에 대한 이러한 자유주의 페미니즘의 재구성은 오히려 심각하게 과녁을 벗어난 것이라고 나는 생각한다. 대학 캠퍼스에서 남성에 의해 여성에게 성적으로 가해지는 더 큰 피해는 학내 성적 괴롭힘에 대한 자유주의적 개념이 결정적으로 배제하는 바로 그것이다. 교수와 자고 A학점을 받느냐 아니면 대신에 그냥 C학점을 받느냐 하는 선택의 기로에 놓인 여성들은 의심의 여지 없이 상처받아 왔다. 그러나 그 학생들이 받는 폐해를 충분히 고려하더라도, 캠퍼스의 침실에서 매일매일 일어나는 지독한 비극, 더 깊은 손실, 더 큰 해악이 있는데, '그들이 무엇을 얻었어야 했는지 아는' 이 상대적으로 기민한 여성들은 단연코 피해자라고 할 수는 없다. 내가 생각하기에 더 지독한 비극은 전적으로 동의에 의한 것이며, 높이 평가되고 있는 여자 대학원생과 조교수, 또는 대학생과 연구보조원 사이에 생겨나는 낭만적인 애정이다. 자유주의 페미니스트들이 그런 경향을 가지고 있는 것처럼, 학점을 위한 강제적인 섹스가 잘못되었다고 해서 남자 교수와 여학생 사이의 동의에 의한 섹스는 **좋은**good 것이라는 결론을 바로 추론해 내는 것은 옳지 못하다. 우리는 그렇게 추론할 수 없고, 또 그래서는 안 된다.

재기 있는 남자 학생들은 자신이 뭐든 될 수 있다고 생각하는데, 그중에는 젊은 지식인도 포함된다. 훌륭한 남학생들은 종종 빛나는 교수와 자신을 동일시하고, 그와 **같아지기를** 열망한다. 자신을 '주는' 자아로 정의하는 재기 있는 여학생들도 이와 마찬가지로 빛나는 교수와 자신을 동일시하고 그와 같아지려고 열망**할 수도** 있다. 그러나 그럴 가능성이 많지는 않다. 남학생들과 달리 여학생들은 훌륭한 교수에게 매력을 느끼고 그와 **같아지려고** 열망하기보다는, 자신을 교수**에게** 바치려고 하기 쉽다. 그녀 자신의 고유한 방법으로 '주는' 여학생들은 모든 학생들이 갈망하는 인정과 칭찬을 그녀의 섹슈얼리티를 제공함으로써 구할 것이다. 그녀는 지적으로 재능이 있으며, 자신도 그렇게 인식하고 있을 수 있다. 그러나 '주는 자아'인 여학생이 자신을 지적인 존재로 정의하려고 노력할 때마다, 그녀는 내부의 전쟁을 치러야 한다. 왜냐하면 '자아'를 학문적으로 요구하는 자아보다는 성적으로 주는 자아로 정의하는 것이 언제나 존재하고, 언제나 경쟁하고 있으며, 항상 이용 가능하기 때문이다. 여학생들에게 있어 지적 자아는 외적/내적 현실에서도 주는 자아와 싸워야만 한다. 이 전투에서 진 여성은 원래 받을 수 있었던 A학점을 받지 못한 여성보다 훨씬 더 많은 것을 상실하게 되고, 이는 세상에도 큰 손실이다. […] 남자 교수는 권위를 가진 사람으로서, 여성의 상호충돌하는 자기 정의 중 어느 하나를 승인할 수 있는 지위에 있다. 만약 남자 교수가 여학생의 지적 자아를 강화시킨다면, 지성인으로의 여성의 자기 정의가 고취된다. 만약 그가 여성이 제공한 섹슈얼리티를 받아들임으로써 주는 자아를 강화시킨다면, 그 여성 내부의 전쟁은 끝난다. 그 여성은 권위적인 선언을 받아들이고, 그 효과로 그녀의 예술, 역사, 음악 또는 그 무엇에 대한 헌신은 그녀가 항상 의심해 왔고 희망해

오기조차 한 형태—근본적으로 성적인 형태—로 존재하게 된다. 그녀의 공헌은 아이디어—그것은 결국 천재적인 것은 못 될—의 전달에 있지 않고, 대신에 그녀의 아이디어와는 달리 천재적인 것일 수 있는 지적 공헌을 하는 사람에게 자신을 바침으로써 가능할 것이다. 그녀의 지적 재능은 그녀의 드문 자질을 더 완벽하게 만들기 위해 사용될 것이다. 지성을 사랑하는 그리고 그녀가 성적 존재라는 것을 인식하고 있는 여학생은 단지 이러한 낭만적인 덫에 동의하는 데 그치지 않는다. 그녀는 그것을 갈망할 것이다—강렬하게, 지속적으로, 몸과 마음을 다해서.

[…] 이것은 미묘한 논점도 아니고, 보이지 않는 손실도 아니다. 고등학교 선생님, 대학 교수 또는 연구보조원과 '사랑에 빠지는 것'은 정말로 많은 재능 있는 여성의 생산성과 커리어와 직업적 잠재력, 그리고 결국에는 자아존중감을 파괴한다. 재기 있는 여성들이 서비스하기 위해서 그들이 지적 거물이라고 인식하고 있는 남자들과 데이트하고, 결혼하고, 돕고, 고등학교·대학교·대학원에서 중퇴한다.(예쁜 여성들은 이런 위험이 크다.) 결국에 그들은 지루함과 비활동성이 초래하는 권태, 비생산성에 대한 자기경멸을 배우게 된다. 그러나 그것이 믿을 수 없을 정도로 자주 발생하는데도 학문을 하는 대부분의 남성들과 학문을 하는 많은 여성들은 이를 전혀 해악으로 보지 않으며, 해악으로 본다고 하더라도 토론할 가치가 있는 것으로 생각하지 않는다. 이러한 무시는 이데올로기적인 것이 분명하다. 나의 추측은 정확히 우리가 자유주의의 눈가리개를 채택하는 그 정도까지 이러한 동의에 의한 관계가 초래하는 해악을 보지 못한다는 것이다. 그것은 강제적이고 임시적인 행위에 의해 야기된 해악이 아니라, 우리가 엮여 들어가는 비강제적인 관계에 동의하는 자아를 정의하는 방식에 의해 초래되는 해악이다. 그것은 동의의 제공이 자신이 평가한 자기가치의 증가에 대한 틀림없는 동의어라고 굳건히 믿는 자유주의 법학 체제는 설명해 낼 수 없는 해악이다.

[…] 오늘날 여성이 가진 성장하기를 멈춘 자기 정의는 적어도 부

분적으로는 이러한 공포에 대한 반응이다. 그 공포란, 우리의 삶에서 일어나는 폭력으로부터 직접 학습한 공포 그리고 피하도록 가르침을 받은 공포이다. 페미니즘과 자유주의는 사람들의 삶을 지배하는 다수의 위험을 공격했을 때 최전성기에 있었다. 우리가 위험을 제거할 수 있다면, 우리는 공포를 제거할 수 있다. 공포가 없어지면 우리의 선택은 큰 의미를 지닐 것이라는 것을 나는 의심하지 않는다. 우리가 공포에서 자유로워질 때 '자발적인 거래'에 참여하는 것은 우리를 약하게 하는 것이 아니라 진정 강하게 만들 것이다. 우리가 공포로부터 자유로워진다면 우리는 진실로 자율적이 될 것이다. 그렇게 되면 우리의 '주는 자아'—우리가 그렇게 되도록 선택한다면—는 헐뜯기보다는 우러러보아야 할 무엇이 될 것이다. 오직 그렇게 될 때에만 우리의 관대함, 관용, 공동체적 본능이 다른 사람들의 필요를 돌볼 뿐 아니라 우리 자신에게도 진실된 것이 될 수 있다.

III. 급진주의 페미니즘과 권력 및 평등의 윤리적 우선성

급진주의 페미니즘 법이론은 자유주의 페미니스트들이 받아들이는 것과 정반대되는 여성에 대한 서술description로 시작한다. 자유주의 페미니스트들은 여성과 남성 사이의 합의된 선택의 경험에 있어서 정의상의 **평등**—'동일성'—을 가정하고 법체계가 그 근본적·경험적 평등을 존중해야 한다고 논한다. 그에 반해서 급진주의 페미니스트들은 여성들을 정의상으로 불평등한 집단, 즉 권력을 빼앗긴disempowered 집단이라고 가정하고 권력으로부터의 배제와 그것에 의해 여성들을 현재 그들이 아닌 다른 어떠한 것으로 만드는 법체계를 근절하는 것, 그것이 평등이라 주장한다. 따라서 급진주의 페미니즘은 자유주의 페미니스트들의 출발 가정에 대한 부정에서 출발한다. 여성들과 남성들은 평등하게 자율적인 개인들이 **아니다**. 남성들과 달리 여성들은 두 권력—국가와 남성—을 지닌 세계에서 살고, 이것은 단지 특정 시기만이 아니라 전 시기에 걸쳐[17] 참이다. 남성들과 달리 여성들은 정의상으로 두 번에 걸쳐 복종적submissive이다. 한 번은 국가에 마주하여 그리고 또 한 번은 남성의 우월한 권력에 마주하여. 이러한 중대한 현실을 무시하는 법체계는 기저에 놓인 근본적인 불평등을 그저 영속시킬 것이다.

여성들이 권력화로부터 배제되는 원인은 그 효과와 마찬가지로 섹슈얼리티의 몰수expropriation이다. 캐더린 맥키논의 말에 따르면 여성들은 정의상으로 노동자들이 노동을 몰수당한 집단이라는 것과 같은 의미에서 '섹슈얼리티를 몰수당한'[18] 집단이다. 여성은 성을 탈취당한 성별이다. 여성으로서의 여성들은 탐욕적이고 잠재적으로 폭력적인 남성 섹슈얼리티의 위협을 겪는다. 굶주림과 물질적 박탈의 위협 양자가 노동자를 정의하고 권력으로부터 그들을 배제하며 노동의 몰수를 야기하는 것과 마찬가지로, 남성적 폭력의 위협과 폭력적인 섹슈얼리티 양자가 **여성** 계급을 정의하고 그녀를 권력으로부터 배제하며 그 여성성의 몰수를 야기한다.

17 내가 알기로 캐더린 맥키논(Catharine A. MacKinnon)은 급진주의 페미니즘 이론에 대한 상세한 설명만을 해 왔다(MacKinnon, 1982; 1983). *Signs*에 게재된 그녀의 두 논문은 고전으로 대접받을 만하다. 그러나 [이 잡지에 대한 루스 콜커(Ruth Colker)의 투고가 주목할 만한 예외지만] 다른 이들의 논문은 거의 없다. 놀랍지 않게도 미국 로스쿨에서 가르치는 급진주의 페미니즘 법학자들이 두드러지게 적은 탓이리라. 이는 급진주의 페미니즘 변호사들이 적다는 것을 뜻하는 것이 아니다.

18 정확한 인용은 다음과 같다. "타자들의 이익을 위한 어떠한 이들의 노동에 대한 조직화된 몰수로서 한 계급—노동자들—을 정의할 때, 타자들의 사용을 위한 어떠한 이들의 섹슈얼리티의 조직화된 몰수는 성, 여성을 정의한다. 이성성은 그 몰수의 구조이고, 젠더와 가족은 그것의 고정된 형식이며, 성역할은 그것이 사회적 인격을 지닌 형태로 일반화된 것이고, 출산은 그 결과물이며, 통제는 그것의 논점이다."(MacKinnon, 1982: 2)

급진주의 페미니즘 법이론은 급진주의 페미니즘과 이러한 많은 부분을 공유하고 이러한 많은 부분에 대해 나는 완전히 동의한다. 나는 급진주의 페미니즘 법이론이 급진주의 페미니즘으로부터 분리되는 지점은 여성은 정의상 섹슈얼리티가 몰수된 집단이라는 통찰로부터 규범적 논의를 도출하는 순간이라고 믿는다. 나는 이 논의가 급진주의 법이론보다는 급진주의 페미니즘 이론에 더욱 빚지고 있다고 믿는다. 논의는 다음 세 단계를 거친다.

첫 번째로, 급진주의 법학처럼 급진주의 페미니즘 법이론은 크게 함축적임에도 불구하고 고도로 특정화된 인간 존재에 대한 서술과 더불어 시작한다. 즉 권력—성적인 권력을 포함하여—의 객관적이고 평등한 분배와 주관적으로 행복하고 좋은 삶 사이의 상호관계가 존재한다는 것을 가정한다. 지배는 우리를 사악하게 만들고 종속은 우리를 비참하게 만든다. 실질적 평등은 우리를 도덕적이고 행복하게 만들 것이다. 그리고 이 양자의 주장은 우리의 본질적 인간 본성 개념으로 인해 그리고 그에 준거하여 참이다(MacKinnon, 1982).[19] 급진주의 페미니즘 법이론가들을 포함하여 급진주의 법이론가들은, 자유주의 법이론가가 객관적 동의와 주관적 행복을 동일시했던 것처럼 객관적·실질적 평등과 주관적 안녕 그리고 그것이 근거하는 우리의 본성에 대한 견해를 동일시했다.

두 번째로, 급진주의 법학과 급진주의 페미니즘 법학은 인간 존재에 대한 이러한 묘사로부터, 몰수 그 자체가 나쁘다기보다는 그러한 몰수(급진주의 법학자의 입장에서는 노동에 대한, 급진주의 페미니즘 법학자의 입장에서는 성에 대한 몰수)를 용이하게 하는 권력의 불균형이 나쁜 것이라는 규범적 추론을 이끌어 낸다. 그리고 더 나아가서, 그것이 이끌어 낸 몰

19 여전히 명시적이라기보다는 함축적이지만, 이는 DuBois et al.(1985)에 게재된 맥키논과 캐롤 길리건(Carol Gilligan)의 서신교환에서 강하게 이끌려 나온다.

수가 고통스러운 것으로서 경험되든 아니든, 그것은 정의상으로 나쁘다는 추론을 이끌어 낸다(MacKinnon, 1982: 19-20). 전략적 귀결이 곧장 따라 나온다. 급진적 법개선은 위계를 뿌리 뽑는 것을 목적으로 해야 하고, 그럼으로써 실질적으로 평등한 사회 세계를 획득해야 한다. 따라서 우리는 우리를 비참하게 만드는 것—우리의 노동과 섹슈얼리티의 폭력적인 몰수—이 아니라, 그것을 용이하게 하는 권력의 위계에 대하여 반대해야 한다. 그렇게 함으로써 우리는 우리의 비참함의 진정한 원인을 더 잘 목표로 삼을 수 있기 때문이다(MacKinnon, 1982: 19). 우리는 행복하게 만드는 것을 지지하는 것이 아니라, 우리를 실질적으로 평등하게 만드는 것을 지지해야 한다. 그렇게 함으로써 쾌락을 느끼지는 못할지라도 우리 자신에 대한 진정한 이해로 더 나아갈 수 있기 때문이다. 권력으로부터 배제된 이가 겪는 몰수는 급진주의자들에게 나쁜 것으로 간주된다. 그러나 그것은 몰수가 고통스러운 것으로 보여 왔기 때문이 아니라, 대신 몰수가 우리의 본질적 본성에 대한 침해 그리고 따라서 우리의 내재적 이상에 대한 더 큰 침해의 징후이기 때문이다.

마지막으로, 급진주의 페미니즘 법이론가들은 급진주의 법이론가들과 객관적 평등과 주관적 안녕well-being 사이의 상호관계가 근본적이며 결정적이라는 방법론적 일관성을 공유한다. 그러므로 그것은 반례counter-example에 의해 불신될 수 없는 어떤 것이다. 따라서 양자의 이론가 집단은 실질적 평등에 대한 규범적 헌신의 기초가 되는 본질적으로 기술적인 주장들이 잘못일 수 있다는 **현상학적** 증거를 믿기를 거부한다. 따라서 급진주의 법이론가들의 경우에는 일반적으로 그리고 급진주의 페미니즘 법이론가들의 경우에는 부분적으로, 권력으로부터 배제된 이들이 그들 스스로의 권력화가 아닌 어떠한 것을 바라는 것 그리고 평등주의적 이상과 불화하는 어떠한 것을 바라는 정도는, 권력으로부터 배제된 이들이 허위 의식의 희생자가 된 정도를 나타낸다. 평등과 주관적 안녕 사이의 근본적 관계를 반박하는 쾌락과 욕망에 대한 권력을 빼앗긴 이들의 현상학적 보고는 그러므로 급진주의자의 결정적 가정에 의심을 던지기보다는 그것을 강화한다. 그러한 보고는 주관적 쾌락과 욕망이 규범적 이상에 부여한 한계를 반영하는 것이 아니라, 우리가 처한 객관적 조건의 광범위한 영향력을 반영하는 것이다.

급진주의 페미니즘 법이론의 현저한 정치적 공헌은 남성들과 마찬가지로 여성들을 포함하는 급진주의 법이론의 규범적 논의의 범위를 확장시켜 온 것이고, 따라서 계급과 인종에 의해 지시되어 온 위계 외에 젠더의 위계를 드러내는 것이었다. 만약 위계가 나쁘다면, 성과 젠더에 따르는 위계들과 성적인 위계 또한 나쁜 것이다. 만약 권력으로부터 배제되는 것이 비참함을 야기한다면, 여성들이 권력으로부터 배제된 것 역시 비참함을 야기하는 것이다. 그리고 만약 몰수가 나쁘다면 우리의 섹슈얼리티에 대한 몰수 역시 나쁜 것이다.[20] 급진주의 페미니즘 법이론가들의 젠더 평등에 대한 관심은 급진주의 법이론가들이 유일하게 고려하는 것, 남성과 여성이 **같은 존재**라는 그녀들의 경험적 일관성에서 기인한다. 여성은 남성과 같이 권력으로부터 배제되며 불평등으로부터 **고통받고** 그러므로 권력화와 평등으로부터 혜택을 얻을 것이다. 남성과 마찬가지로 여성 역시 객관적 불평등은 주체적 비참함을 일으킬 것이고, 객관적인 권력화—따라서 평등—는 우리를 구제하는 각본이 될 것이다. 법전략은 여기에서 바로 도출된다. 여성들은 불평등에 의해 비참하게 되고 평등에 의해 활기를 갖게 된다. 그렇다면 만약 우리가 여성이 겪는 고통의 문제를 제기하려 한다면, 우리가 법을 가지고 해야 하는 것은 그것을 일으키는 젠더의 객관적 위계를 불식시키는 것이다. 여성들의 권력의 범위와 깊이는 증가되어야 하고, 권력으로부터 배제된 영역은 반

20 따라서 노동과 성, 계급과 젠더, 마르크시즘과 페미니즘 사이에는 지속적인 평행론이 존재한다(MacKinnon, 1982: 2).

드시 줄어들어야 한다. 그러므로 법개선은 젠더화된 위계들의 제거로 직결된다.

급진주의 법학자의 규범적 보호 아래 여성들을 포함시키는 것은 커다란 승리이지만, 그것은 대가를 치른다. 페미니즘 법이론가들에 의한 급진주의 법학 방법론의 채택은 급진주의 페미니즘과 급진주의 페미니즘 법학 사이에 해로운 방법론적 분할을 야기해 왔다. 급진주의 페미니즘 법이론가들은 그들의 급진주의에 걸맞게, 객관적 평등과 주관적 안녕 사이에 가정된 정의상의 함축이 여성들의 욕망과 쾌락에 공명하는지의 여부에 대한 고려를 거부하고, 그에 따라 그 함축이 기반을 두고 있는 인간 개념이 **여성들**에게 진실한 것인지의 여부에 대한 고려를 거부한다. 급진주의 페미니즘 이론가는—그녀가 어느 정도로 급진적이든—아마도will 반드시must 어느 영역에서든지 실질적 평등이 조금이라도 이상적이지 않을 수 있다는 것, 그리고 여성의 권력화가 여성에게 불리하게 작용할 수 있다는 것을 부정할 것이다. 따라서 급진주의 페미니스트들에게는 여성들이 때때로 그들 스스로 종속되어 있음에서 쾌락을 느낀다는 것은 단순히 평등주의적 이상에 놓인 의미 있는 반례가 아니라, 권력으로부터 배제된 그들의 상태에 대한 하나의 표현일 뿐이다. 급진주의 법학자들이 일반적으로 그러는 것처럼, 진술된 정의적definitional 이상은 반드시 경험상의 반례에 우선해야 하는 것이다.

페미니스트들로서는 이러한 급진주의 법학 방법론을 심각하게 경계해야 한다. 첫째, 우리는 이상과 그것이 놓여 있는 '본질적 인간 본성'에 대한 기술은 그 자체로 남성으로부터 이끌려 나온 것이라는 점을, 그러므로 우리가 즉각적으로 여성에 대해서도 참이라고 가정해야 하는 이상이 아니라는 점을 기억해야 한다.[21] 다른 말로 하면, 우리가 우리 자신

21 나는 '여성들'의 개념이나 경험이 평등의 개념이나 경험보다 고정되어 있다거나 고

의 그리고 각 타자들의 의식이 '거짓'이라고 판단하는 기준이 되는 이상은 남성에게 진실이지 여성에게는 진실이 아닌 이상일지도 모른다. 그러나 둘째로, 보다 근본적으로 **우리의 경험**이 반드시 일차적이어야 한다는 것, 주장된 이상들 혹은 정의들보다 밀려나서는 안 된다는 것은 페미니즘의 가장 결정적인 통찰이다.[22] 페미니스트로서 우리는 남성주의적 이상에 이끌리는 것을 주의해야 하고, 그러한 이상이 우리가 우리의 의식으로부터 정성을 들여 발굴해 낸 실험적 통찰보다 우선하여 채택될 경우를 염려해야 한다.

1. 급진주의 페미니즘 법이론에 대한 쾌락주의적·현상학적 비판

급진주의 페미니즘 법이론가들이 평등주의적 이상과 여성들의 주체적·쾌락적 즐거움 사이의 갈등에 대한 현상학적 보고를 신뢰하지 못하는 것은 일반적으로 단 한 가지 간단한 이유 때문이다. 갈등의 영역이 크지 않다는 것이다. 여성들은 실질적 평등의 결실들을 원하고, 점차 그것들을 얻는 방법이 우리가 남성들과 같다는 측면에서의 평등한 대우를 함축하는지, 아니면 우리가 다르다는 측면에서의 '차등대우'를 함축하는지의 여부와는 상관없이 그 결실들을 원하게 된다. 따라서 여성들은 비

정되어야 한다고 말하려 하지 않는다. '인간'의 개념이 여성들의 경험을 포함할 때 그리고 오직 그때에만 텍스트 안에서 만들어진 논점은 다음과 같이 조정될 수 있을 것이다. 즉 급진주의 법학에 의해 제시된 이상은 인간에게 진실이 아니고, 다만 여성의 현실일 뿐이다.

22 급진주의 페미니즘과 급진적 법여성주의 사이의 텍스트에서 추적된 방법론적 차이는 이 실질적 차이 안에 반영되었다. 급진적 법여성주의자들은 여성들의 조건을 그녀의 권력의 결여에 두지만, 급진주의 페미니스트들은 그녀의 조건을 출산 및 양육의 역할과 같은 더 큰 구체성과 특정성의 용어들로 기술한다. 인간 본성에 대한 급진주의 페미니즘의 개념에 대한 논의로는 Jagger(1983: 83-123) 참고.

교 가능한 가치를 가진 노동에 대한 평등한 급여, 법의 평등한 보호, 통치에 있어서 평등한 목소리, 정치, 교육 그리고 직업 고용기회에 있어서의 평등한 접근을 원하고, 이러한 것들이 있다면 더욱 잘 살 수 있을 것이다. 여성들은 임신이 우리가 노동시장에 고용되지 못하도록 하였던 다양한 방식에 대한 특별대우special treatment, 모든 남성적 고용기회들로부터 배제된 수십 년간을 수정하기 위한 적극적 조치affirmative action, 이제껏 남성의 전유물이었던 영역의 통합과 여성 모임 및 여학교의 보호를 동시에 의무화하는 두 가지 목표를 한 번에 이룰 수 있는 비평행적non-parallel 입법을 원하며, 이러한 것들이 있다면 더욱 잘 살 수 있을 것이다. 여성들은 실질적 평등이 넘겨줄 재화를 원한다. 우리 삶의 광대한 영역에 걸쳐 우리의 욕망, 쾌락 그리고 급진주의 페미니즘의 이상 사이에는 갈등이 없다.

하지만 우리 삶의 한 영역—즉 우리의 성애적 삶—에서는 평등주의적 이상을 가진 급진주의 페미니즘 법이론가들의 개념과 여성의 주체적 욕망 사이에 하나의 갈등이 일어난다. 급진주의 페미니스트의 평등에 대한 헌신 그리고 권력으로부터의 상대적 배제의 귀결로서 나타나는 우리 성의 몰수에 대한 인식은, 성적 불평등 **그 자체**가 정치적으로 욕망해서는 안 되는 것undesirable이라는 규범적 결론을 수반한다. 그러나 여성들은—점점 더 자주 그리고 의식고양 모임에서도 꽤 자주—섹슈얼리티에서의 평등을 쾌락적이거나 욕망할 만한 것으로 경험하지 않는다고 한다.[23] 오히려 지배와 복종을 동반하는, 그러나 환상적인 우리 섹슈얼리티의 '몰수'에 대한 경험이 많은 이들에게는 환상 속에서, 몇몇 이들에게는 실재에서 정확히 성적으로 욕망할 만하고 흥분되며 쾌락적인 무

23 이성애 여성으로부터의 몇몇 기술에 대해서는 Snitow et al.(1983) 참고. 그리고 레즈비언 여성으로부터의 몇몇 기술에 대해서는 Califia(1980), Rubin(1979) 참고.

엇이다. 이는 진술된 이상과 느껴진 쾌락 사이의 갈등뿐만 아니라 이론과 방법 사이의 갈등도 만든다. 의식고양에서 고양된 의식이 정의상 실질적으로 욕망할 수 없는 것으로 간주된 어떠한 것—성적인 복종, 지배 그리고 성애적 불평등—에서 쾌락을 찾을 때 우리가 해야 하는 것은 무엇인가? 한 저명한 페미니스트는 "기본적으로 [당신이 되고자 욕망하는 것이] 노예일 때, 당신은 어떻게 당신이 자유와 평등을 욕망한다고 주장할 수 있는가?"(Marcus, 1981: 210)라고 말한다. 느껴진 쾌락과 진술된 이상 사이의 갈등은 급진주의 페미니즘에 딜레마가 되어 왔지만, 그것은 일천한 역사를 가지는 우리의 급진주의 페미니즘 법이론에서는 전례 없는 와해를 만들어 왔고, 그것은 치명적인 것이 될 위험이 있는 무엇이다.

나는 페미니즘의 이러한 딜레마는 실제적인 무엇이라 믿는다. 그러나 내가 주장하고자 하는 바는 이러한 딜레마가 급진주의 페미니즘의 법사고legal thought 안으로 끌고 들어온 위기감은 불필요하다는 것이다. 급진주의 페미니즘 법이론가들은—뚜렷하게 페미니즘 문학에서—문제제기 자체를 확고히 거부함으로써 정치적 이상과 주체적·성애적 쾌락 사이의 갈등에 답한다. 그리고 급진주의 페미니즘 법이론의 생존을 위협하는 것은 딜레마 자체라기보다는 바로 이 거부이다. 페미니즘 법문학에서는 회피의 두 가지 전략이 나타났다. 첫 번째 것—안드레아 드워킨Andrea Dworkin과 캐더린 맥키논에 의해 옹호되는 전략—은 많은 여성들이 통제된 복종의 성애화에서 찾은 쾌락의 부정할 수 없는 실재를, 억압된 이들의 잘못된 의식에 대한 하나의 사례—아마도 탁월한 사례—로서 간주한다.[24] 성애화된 지배의 환상에 반영된 욕구는 정의상 잘못된 것인데, 왜냐하면 욕망의 대상이 복종이고 복종은 그 정의상 욕

24 MacKinnon(1982), Morgan(1975), Rich(1980) 참고.

망해서는 안 되는 것이기 때문이다. 두 번째 전략—실비아 로Sylvia Law와 낸 헌터Nan Hunter에 의해 옹호된 전략—은 그 본질에서 자유주의적 원칙들로의 후퇴를 구성한다. 환상들은 사적인 것이며 정치적 분석을 넘어서 있다. 법의 역할은 자유로운 선택을 전제로 마조히즘적 욕망, 환상, 실천 그리고 쾌락의 선택지를 포함하여 여성들에게 가능한 선택지를 줄이는 것이 아니라 확장하는 것이어야 한다.[25]

나는 글의 다른 부분에서 이러한 두 여성주의적 응답들이 생성해 온 포르노그래피 토론을 검토할 것이다. 여기에서 나는 두 분파가 공유하는 어떠한 것에 초점을 맞추고자 한다. 비판적·이론적 접합에서 양자의 입장들은 페미니즘적 실천을 포기한다. 그 결과로 양자의 입장들이 정의상으로 페미니스트가 가장 크게 고려해야 할 논점을 배제하는데, 그것은 여성들에게 있어 성애화된 복종의 환상에서 취하는 쾌락의 의미와 가치이다. 성적 복종이 욕망할 만한 것이 아니기 때문에 성애적 복종에서의 쾌락은 '거짓'이라는 맥키논의 입장은, 경험적이고 특수화되고 맥락화된 탐구에 의해 결정되어야 할 것들을 선언적 명령에 의해 결정해 버린다. 성애화된 복종의 환상들이 무엇을 의미하는지, 그것들이 우리 삶에서 가지는 가치는 무엇인지 그리고 그것들이 성적 평등 및 권력의 본성에 대해서뿐 아니라 그것을 욕망할 수 있음에 대해 무엇을 말하는지를 살펴보아야 한다. 환상들은 다른 모든 선택들과 마찬가지로 존중되어야 하는—다시 한번 정의상으로—자유로운 선택이라는 로와 헌터의 입장은 마찬가지로 이러한 쟁점을 감춘다. 그러나 이번에는 그것이 급진적 평등주의라기보다는 자유주의적 관용의 이름으로 행해진다.

25 American Booksellers Association v. William Hudnut, No. 84-3147(1985) 사건에서의 Feminist Anti-Censorship Taskforce, in the United States Court of Appeals for the Seventh Circuit에 대한 지지에서 로와 헌터에 의해 정리된 법정 조언자에 의한 의견서(Amicus Brief) 참고.

페미니즘 법이론가들에 의한 이러한 쾌락과 욕망의 현상학적 영역에 대한 포기는 법학의 기능이지 진정한 페미니즘의 기능이 아니다. 그것은 현상학적 서사에 신중하게 주의를 기울이는 페미니즘의 방법론보다는 우리가 법학의 이상ideal을—우리가 그러한 이상들을 실질적인 평등이라고 간주하든, 자유주의적 용인으로 간주하든, 프라이버시 또는 개인적 자율성으로서 간주하든 간에—받아들이는 정도를 반영한다. [⋯] 무엇보다도, 우리가 복종의 성애화로부터 획득한 쾌락은 여성주의적 방법과—급진주의적이건 자유주의적이건 여성주의적이건—법학적 이상들 사이의 해소할 수 없는 갈등을 야기—혹은 폭로—한다. 이러한 갈등을 감추는 것—자유주의적 용인의 이름으로건 급진주의적 평등의 이름으로건—은 갈등 그 자체가 가할 수 있는 해보다 훨씬 더 많은 해를 끼친다.[26]

2. 급진주의 페미니즘의 법개혁: 포르노그래피 논쟁

앞서 서두에서 말했던 것처럼, 급진주의 페미니즘 법이론가들이 자신들이 가진 이상—실질적 평등—에 대한 현상학적 비판에 동참하기를 거부하는 것은 보통의 경우 심각한 문제는 아니다. 솔직히 말해 일반적으로 우리의 느껴진 쾌락—우리가 정확하게 식별했던—과 급진주의 페미니즘의 정치적 이상 및 실질적 평등 사이에는 갈등이 없기 때문이다. 그럼에도 불구하고 때때로 주관적인 쾌락에 반하는 이른바 객관적인 이상을 검토해 보려 하지 않는 급진주의 법률가의 거부는 잘못된 결과를 불러일으키기도 한다. 인디애나폴리스의 반포르노그래피법령은 그러한 실패의 대표적인 예이다.

26 원문 pp.187-203 부분의 번역을 생략하였다.

캐더린 맥키논은 계속해서 왜 페미니스트들이 포르노 산업의 주체들을 옹호하는지 의문을 가진다.[27] 아주 좋지는 않을지라도 양호한 질문이다. 법령이 포르노 산업 주체가 가진 수정헌법 제1조상의 권리를 침범했다면 그에 대한 논쟁은 미국시민자유연맹American Civil Liberties Union, ACLU에 맡기면 될 일이다. 나는 수정헌법 제1조의 문제는 페미니스트들이 진정 통감하는 문제라고 믿으며, 검열제도에 반대하는 여성의 모임 THE FACT은 포르노 산업이 여성에 미치는 악영향보다 검열이 (포르노 산업에 해를 끼치는 것에 비해) 여성에 더 많은 해악을 끼칠 것을 더 두려워한다고 믿는다. 맞는 진단일 수도 있다. 그렇지만 나는 페미니스트들이 법령에 반대하는 이유가 수정헌법 제1조에만 있지는 않다는 점도 믿고 있다. 나는 페미니스트들이 줄지어 이 법령에 반대하는 다른 이유를 제시할 것이며, 우리가 그 피해를 어떻게 복구할 것인지를 제안하고자 한다.

그 법령과 그 뒤에 있는 이론은 성적으로 노골적인 그림과 문자적 수단을 통한 여성의 종속으로서 포르노그래피를 정의하고 그 표적으로 삼는다.[28] (불행하게도) 종속은 정의되지 않았지만, 그럼에도 불구하고 그 법령은 종속은 나쁘다는 분명한 규범적 전제에 의거한다.[29] 더 나아가서, '복종'하는 것은 자신의 종속에 동의하는 것이다. 그렇다면 성적 복종은 종속과 마찬가지로 나쁜 것이다. 보다 직접적으로 종속 그 자

27 그녀는 1985년 '여성과 법 학회'에서 의문을 제기했고 다른 포럼에서도 질문을 했다. 내가 알기로 그녀는 그 문제를 글의 형태로 제기하지는 않았는데, 내가 잘못 알고 있을 수도 있다.

28 내가 사용하고 있는 법령의 모델은 MacKinnon(1985)에서 부록 A로 재출간되었다. 그 문서의 2절 참고.

29 우리는 급진주의 페미니즘의 '종속', '복종', '불평등', '권력', '무권력'과 같은 정의가 매우 필요하다. 만약 이 용어들이 남성 진보주의나 급진주의적 법률주의의 일반적인 의미의 사용에 묶여 있다면 우리는 페미니즘만의 사유법을 발견해야 한다. 뭔가 다른 의미가 있다면 그 다른 것을 주의 깊게 들어야 한다. 길리건은 버팔로 심포지엄에서 같은 주장을 한다.

체가 나쁘기 때문이며, 복종은 나쁜데 평등은 좋은 것이기 때문이고, 평등이 좋은 것은 인민은 정의상으로 간단히 그러한 평등한 존재이기 때문이다. 하지만 많은 여성들 — 몇몇 페미니스트들과 레즈비언들을 포함하여 — 은 성적 복종을 나쁜 것으로 **느끼지** 않는다. 사실 많은 여성들은 성적 복종을 쾌락적인 것으로, 쾌락적일수록 성애적인 것으로, 그리고 성애적일수록 오르가즘적인 것으로 느낀다. 그리고 많은 여성들은 의식 고양 과정을 통해 스스로에 대해 그리고 그들의 쾌락에 대해 이해한다. 반포르노그래피 법령은, 많은 여성들이 포르노그래피에 표현된 것과 그 표현 자체를 주체적으로 쾌락적인 것으로 받아들임에도 불구하고, 성적인 복종의 묘사와 표현을 객관적으로 나쁜 것으로 정의해 왔다. 그 법령은 객관적 이상과 주관적 쾌락 사이의 갈등을 불러일으켰고, 그 결과는 혼돈이었다.

첫째로, 역사적으로 볼 때 사태가 항상 이러했던 것은 아니다. 반포르노그래피 운동은 1970년대 후반과 1980년대 초반에 시작되었고, 이때에는 포르노그래피의 해악에 대해 널리 퍼진 페미니즘의 합의가 있었다. 그러한 합의는 이제 말할 필요도 없이 유명무실해졌다. 왜? 한 가지 이유는 이것이다. 운동의 초기에 페미니스트들은 포르노그래피의 해악을 여성에 반하는 폭력에서 (그리고 보다 특정적으로 성적인 폭력에서) 기인하는 것으로 이해했다. 이제 반포르노그래피의 옹호자들은 포르노그래피가 나쁜 것은 그것이 여성에 반하는 **폭력**이기 때문이 아니라, 그것이 여성을 종속시키기 때문이라고 주장한다. 의심의 여지 없이, 이론상 전자는 징후이고 후자는 근본이 되는 원인이다. 이러한 '폭력'으로부터 '종속'으로의 이동은 운동을 갈라지게 해 왔다. 왜냐하면 우선적으로 종속은 성적 복종에 반영되기도 하고, 성적 복종이 원인이 되기도 하기 때문이다. 그리고 합의적이고 통제된 성적인 복종은 많은 이들에게 쾌락적이기 때문이다.

이것이 내가 이끌어 낸 교훈이다. 우리는 우리가 금지하고 싶은 것들에 대한 분류나 기술보다는 우리가 근절하고 싶은 해악에 초점을 맞춤으로써 포르노그래피에 대한 교감을 재구축할 수 있을 것이다. 잠시 우리가 우리 고유의 쾌락과 고통에 대해 알고 있는 바로 돌아가 그것을 **신뢰하도록** 해 보자. […] 우리가 배운 대로 우리 스스로를 '내어 주며' **우리를 그렇게 가르친 것이 공포일 때**, 그러한 '내어 줌'은 **쾌락적이지 않다**. 그것은 고통스럽다. 그러한 상호작용은 성애적이지도 쾌락적이지도 않고 가치도 없다. 그것은 위험하고 우리를 마비시킨다. 공포에 기반한 성적 관계에서 표현된 고압적이고 **동의에 기한** 통제의 포기는 위험하고, 고통스러우며, 쾌락적이지 않고, 마비시키며, 전혀 성애적이지 않다. 공포에 의해 동기화된 자신의 신체에 대한 통제의 포기는 그러한 관계나 통제권의 양도에 **대한 외부적인 '동의'의 지표가 나타나는지의 여부와 상관없이** 해로운 것이다. 우리의 섹슈얼리티에 대한 폭력적 몰수를 정당화하거나 섹슈얼리티를 빼앗긴 존재가 되지 않기 위하여 공포에 의해 스스로를 내어 주는 것을 정당화함으로써 그것을 용이하게 하는 포르노그래피 문학은 우리를 다치게 한다. 그것은 우리를 위험하게 한다. 그것은 우리에게 상처를 준다. 만약 포르노그래피가 직접적으로 상처의 원인이 되고 그러한 직접성이 증명 가능하다면 민사소송을 제기할 수 있을 것이다.

반면 마조히즘적 성적 환상에서 표현된 권위와 책임의 포기 그리고 통제된 마조히즘적 실천은 적어도 때때로 공포가 아닌 **신뢰**trust에 의해 동기화되는 성적 복종을 구성한다. 신뢰에 의해 동기화될 때 그러한 복종은 쾌락적이고 성애적인 것일 수 있고, 그러므로 가치 있는 것일 수 있다. 신뢰의 경험을 표현하고 불러일으키는 성적인 환상이나 동의에 기반한 실습행위(혹은 그러한 환상에 대한 이해)를 촉진하는 성애적 문학erotic literature은 환상이나 실습의 내용과 상관없이 즐겁고, 성애적이며, 가치 있는 것이다.

이러한 입장들을 동시에 취하는 것에는 아무런 모순도 없다. 그들이 제기하는 것은 인과관계에 관한 어려운 질문이지만, 그것은 이론과 방법 혹은 이상과 쾌락 사이에서 발생하는 사람을 무력하게 만드는 **모순**을 마주하는 것과는 거리가 먼 것이다. 우리는 어떠한 포르노그래피가 우리를 상처 주고 위험하게 하는지 그리고 어떠한 포르노그래피가 우리를 자유롭게 하고 생기 있게 하는지 알 필요가 있다. 그 둘 사이에 겹침이 없는지(이상적인 경우), 상당한 양의 겹침이 있거나(최악의 경우) 다소의 겹침이 있는지(대부분의 경우) 우리는 알 필요가 있다. 이는 아마도 매우 어려운 사실적 질문일 수 있다. 그것은 매우 어려울 것이지만 '모순'을 일으키지는 않을 것이다. 불도 때로는 우리를 따뜻하게 하고 때로는 태워 없애기도 한다. 그리고 궁극적으로 따뜻한 불과 태워 없애는 화염을 구별하는 것이 어려운 것만은 아니다. 우리는 우리 성에 대한 두려움을 통해 폭력적인 징발을 장려하거나 가능하게, 혹은 합법화함으로써 여성에 상처를 입히는 포르노의 하위 범주를 구별하고 묘사할 수 있다. 폭력적이고 노골적인 포르노에 이러한 경향이 있다는 증거는 늘어나고 있고 우리는 그것이 없는 세상을 추구해야 한다. 그러나 '우리가 그것 없이도 살 수 있는 더러운 것'은 폭력적으로 우리의 성을 착취하는, 포르노가 초래하는 **피해**이다. 포르노가 야기하는 피해는 폭력과 힘, 강제와 공포, 두려움을 통해 이루어지는 우리 여성성의 강탈이다. 포르노가 우리에게 이러한 식으로 상처를 준다면 우리는 이를 제거해야 하겠지만, 그것이 우리가 원하지 않는 쾌락을 구현하거나 표현했기 때문은 아니다. 우리는 그것이 상처를 준다는 것을 발견하는 한 그것을 제거해야 한다.

나는 많은 포르노가 이러한 식으로 우리에게 피해를 준다는 것을 확신하며, 실제로 나에게 일어난 일이기 때문에 포르노가 성적 폭력을 불러일으킨다고 믿는다. 나는 포르노가 성적 강제와 잔인함을 정당화한다는 것을 안다. 또한 여성이 강제적으로 참여한 포르노에 묘사된 폭력은 우리가 생각하는 것보다 자주 연기가 아닌 실제 폭력의 기록이라는 것을 안다. 비록 반포르노그래피에 의해 정의된 몇몇 포르노는 여성에게 즐거움을 선사하고 때로는 지극한 쾌락을 선사하는 것도 알지만 말이다. 성적인 정복과 복종을 묘사하는 것은 많은 여성들에게 흥분을 불러일으키고 어떠한 여성들에게는 성적인 해방감을 준다. 여성은 때로는 그림에 의해서, 상당수의 경우는 글에 의한 묘사에 의해서 표현되는 성적 복종에서 쾌락을 발견한다. 여성의 고난을 이해하고 근절하는 것은 페미니스트에게 중요한 목표다. 그러나 여성의 쾌락을 얻을 수 있는 근원을 찾아나서는 것은 모든 페미니스트들에게 중요한, 중요해야 하는 안건이다. 여성은 쾌락—때로는 강렬한 쾌락—을 성애화된 복종의 형태에서 찾는다. 여성에게서 고통이 수반되지 않는 쾌락을 불러일으키는 것은 검열이 아니라 장려의 대상이 되어야 한다.

경험적으로, 우리는 이제 포르노로 명명된 것의 하위 범주가 우리 성에 대한 폭력적인 착취에 일조하고 있음을 알 필요가 있다. 고발해야 할 포르노는 우리 성의 착취를 불러일으키는 포르노—상처를 주는 포르노이다. WAVAW가 주장하듯이, **어떠한 여성도 그러한 것을 원하지 않는다**. 성적인 폭력과 그것이 가하는 해는 포르노에 의해서 유발되고 때로는 직접적으로 발생한다. 우리가 폭력에 반응할 때 우리는 두려움에 자신을 노출시킨다. 그것은 결코 즐거운 것이 아니며 그렇게 느껴져서도 안 된다. 그러나 내용이 어떻든, 우리가 그것을 사도마조히즘적 포르노, 레즈비언 포르노, 소프트코어 포르노, 로맨스, 에로물 등 무엇으로 부르든, 지배관계를 분명히 한 성을 묘사함에도 불구하고 폭력적이고 강제적이며 억압적인 성의 착취를 정당화하거나 장려하지 않는 성적인 주종관계를 묘사한 포르노는 상대적으로 해가 없는 것일 수 있으며, 많은 사람에게 즐거움을 주고 누군가에게는 해방적인 도구가 될 수 있을 것이다. 만약 그것이 해가 없을 경우, 우리는 원한다면 그것을 즐기고, 할 수 있다면 그것으로부터 배우고, 그렇지 않으면 가만히 내버려 두면 된다. 그것이 묘사하는 성애적인 지배가 아니라 포르노가 야기하는 성적 폭력은 소송의 대상이 될 수 있는데, 왜냐하면 우리에게 상처를 주는 것은 성애적인 지배가 아니라 우리 삶에 존재하는 성적 폭력이기 때문이다.

나는 이러한 이유에서 포르노그래피 논쟁이 만들어 왔다는 급진주의 페미니즘 법이론에서의 위기란 잘못된 것이라고 믿는다. 첫째로, 최소한 이 논점에 대하여 우리는 두 마리 토끼를 다 잡을 수 있다. 우리들 중 다수는 포르노그래피 논점을 자세히 살피지 않고 논의한다. 우리는 하나의 '범주'를 마음에 가지고 있는데, 이 범주는 합리적이지 않은 것일지도 모른다. 만약 우리가 현재 너무 넓게 포르노그래피라고 정의된 것들을 **관찰한다면**, 우리는 우리를 상처 입히는 포르노그래피—우리 섹슈얼리티의 폭력적 몰수에 기여하는 포르노그래피—를, 우리를 상처 입히지 않고 기쁘게 할 포르노그래피—통제된 복종의 묘사—로부터 구별해 내는 일이 어렵지 않다는 것을 발견하게 될 것이다. 예를 들어 미즈Meese 보고서가 주장하는 대로[30] **말**보다는 영상이 폭력을 불러일으키는 경향이 크고, 그러한 폭력적인 영상은 비폭력적인 영상보다 더욱 폭력을 불러일으키는 경향이 크다는 것은 참일지도 모른다. 여성들에 대한 포르노 판매가 암시하는 것처럼 말은 위에 언급한 방식으로 성애적이고, 반면에 지배와 복종을 그린 영상들은 그렇지 않다는 것 역시 참일 수도 있다. […]

마지막으로 우리는 수정헌법 제1조의 원칙에 위배되지 않으면서 실재하는 폐해를 정확하게 짚어 내는 법령을 발의해야 한다. 그 첫 번째 이유는 우리가 그 법령을 사용하려 한다면 그렇게 해야 하기 때문이고, 두 번째 이유는 수정헌법 제1조가 페미니즘의 목표를 방해하기보다는 촉진시킬 것이기 때문이다. 우리에게 적어도 이러한 조항들이 필요

30 현재까지 나는 미즈 위원회의 보고 내용에 대한 언론 보도에 의지하고 있다.

한 것은 자유주의적 이유에서뿐만 아니라 여성주의적 이유에서도 그러하다. 첫째, 우리는 우리의 이상에 대해 현재보다 더 잘 이해할 필요가 있다. 통제된 대상화, 지배 및 복종에서 여성이 다다르는 성적인 쾌락은 그 불평등한 관계에 수반되는 신뢰에서 유래하는 것일 수 있다. 다시 생각해 보면 아닐 수도 있다. 그러나 어찌 되었든 그것을 **안다는 것**은 중요하다. 그 쾌락에는 개인적인 자율성과 평등에 대한 우리의 지배적인 이상에 대한 비판이 숨겨져 있을 수 있다. 우리가 개인적인 것은 정치적인 것이라고 정말로 믿는다면, 그 말이 터무니없는 것으로 들리지는 않을 것이다. 물론 그것은 터무니없지 않은 동시에 잘못된 것일 수도 있다. 우리의 쾌락에 담긴 것이라고는 우리가 가진 천박함의 모습뿐일 수도 있다. 그러나 우리가 이에 대하여 생각해 보기 전에는 어느 쪽이 맞는지 알 수 없을 것이고, 우리가 이러한 주제를 금기 사항으로 여기는 한 그것에 대해 생각해 볼 여지는 없을 것이다. 그것에 대해 생각해 볼 수 있는 방법은 우리를 즐겁게 만드는, 통제된 성적 복종과 지배관계를 문자로 표현한 성애물을 접하는 것이다. […]

IV. 결론: 여성들의 차이 그리고 법에 대한 여성주의적 비판을 위한 대안적 표준

내가 이 논문의 대부분에서 대비시켰던 것처럼 자유주의 법학 그리고 급진주의 법학이 전형적으로 대비됨에도 불구하고, 나는 이 결론에서 자유주의와 급진주의가 **공유하는** 가정으로 인해 그들이 각자 자신의 안녕을 위하여 선택한 대체물—선택과 권력—들이 여성의 주체성 및 쾌락적인 삶과 대립한다는 점을 주장하고자 한다. 자유주의적이고 급진주의적인 법이론 양자는 인간 존재를—그리고 그에 따라 우리의 주체적인 안녕을—'자율적인 것'으로 보는 하나의 비전을 **공유한다**. 자유주의

자들은 '진정한' 자율성의 행사를 위해서는 선택이 필수적이라고—그렇기 때문에 선택은 주체적 안녕에 대한 적합한 대체물이라고—주장하는 반면, 급진주의자들은 같은 것을 권력에 대해 주장한다.[31] 그러나 이러한 전략적 차이는 그들의 공통성을 감추지 못한다. 자유주의·급진주의 법 이론가들은 인간이 된다는 것은 어떠한 의미에서는 자율적인 존재가 되는 것이라는, 즉 최소한 사회적 삶의 나머지 부분으로부터 구분되고 개체화되는 것이라는 칸트적 가정을 받아들인다.

자유주의자와 급진주의자들이 주장하는 주관적 안녕의 대체물—선택과 권력—과 여성의 주관적이고 쾌락적인 삶 사이의 부정교합 근저에 있으면서 이를 강조해 주는 것은 다음과 같은 단순한 사실이다. 즉 여성의 삶은—우리의 생물학적 재생산 역할 때문에—인간의 삶에 대한 이러한 근본적인 비전과 화합하지 못한다는 점이다. 여성들의 삶은 자율적이지 **않고**, 그들은 지극히 관계적이다. 이것은 우리가 가진 '차이'의 모든 측면, 즉 그 쾌락적인 면을 포함한 모든 측면에 대한 생물학적 원인까지는 아니더라도 최소한 그 측면들에 대한 생물학적 반영이다. 여성들, 그리고 오직 여성들**만이**, 그리고 **대부분의** 여성들이 칸트적 전통에서 규범으로 내세워진 다른 인간들 및 생물학적 자아와의 구분 내지 개인화라는 것을 **신체적으로** 넘어서 버린다. 여성이 임신했을 때 그녀의 생물학적 삶은 다른 존재의 배아 생명을 받아들인다. 그 후에 그녀가 아이들을 양육할 때, 그녀의 필요는 그들의 필요를 포함할 것이다.

31 자유주의 페미니즘이 재생산의 자유에 대한 주장을 개진하는 언어로 '선택옹호(pro-choice)'라는 수사를 받아들이는 것은 이러한 신념에 대한 명백한 반영이다. '여성은 자신의 몸을 통제할 권리가 있다'는 주장 또한 여성의 자기결정권에 대한 법적 주장에서뿐만 아니라 신체적 주장에서도 선택이 그 중심에 있다는 유사한 자유주의적 믿음을 반영한다. 여성의 합리성이 우리의 본질이 아니라 우리의 피해자화를 반영한다는 맥키논의 믿음은 버팔로 심포지엄에서 그녀가 길리건과 나눈 대화에서 분명하게 전달된다. DuBois et al.(1985) 참고.

여성들에게 인간 존재로서의 경험은 남성들과는 달리 어머니와 유아 사이의 감정적이고 심리적인 결합의 반反자율적 경험 외에도 여성과 태아 사이에 공유된 신체적 동일성에 대한 반反자율적 경험을 포함한다.[32]

우리의 재생산 역할은 금세, 덜 분명하지만 궁극적으로 광범위한 의미에서 우리를 비자율적으로 만든다. 감정적으로 그리고 도덕적으로 여성들은 태아와 유아가 우리에게 의존하는 것에서 혜택을 얻을 수도 있다. 그러나 **물질적으로** 우리는 그러한 의존성에 의해 풍요로워지기보다는 부담을 지게 되곤 한다.(우리를 비자율적으로 만든다.) 그리고 그런 부담 때문에, 우리는 우리 자신의 생존 그리고 우리의 일부인 유아의 생존 모두를 위해 더욱 타자에 의존하게 된다. 남성보다 여성이 타자의 관계에 의존적인데, 그것은 인간 존재 중 가장 약한 존재—유아—가 우리에게 의존하기 때문이다.

따라서 어머니로서의 역할은 우리를 취약하게 만든다. 출산하는 여성은 공격에 대항하여 자기 자신을 지킬 수 없다. 유아에게 젖을 먹이는 여성은 신체적으로 노출되어 있다. 어린아이를 키우고 먹이는 여성은 자기 자신을 부양하기 어렵다. 모성은 우리를 불평등하게 만든다. 그녀의 고유한 양육 역할 때문에 그녀와 가장 가까운 그 누구보다도 어머니는 더 강해지거나 더 약해진다. 그녀는 유아보다 더 강하고, 그 사실에 대한 그녀의 모성적 반응으로 인해 그녀의 자율적 남자 형제보다 더 약하다. 그렇다면 분명히 어머니는 **자율적이지** 않다. 그녀는 의존적이고

32 나는 여성들이 되어야 하거나 해야 하는 방식이 아니라 그들의 삶의 방식에 대해서 서술했다. 그러므로 나는 우리의 반자율적인 삶의 생물학적 원인과 사회적 원인을 구별해야 할 어떠한 이유도 알지 못한다. 만약 남성들이 아이들을 더 돌보게 된다면 그들 역시 덜 '자율적'이 될 것이다. 내 일반적 논점은 성인의 하위 집단이 무엇이건 아이들을 양육하는 인간 존재들은 그렇지 않은 하위 집단보다 비교적 덜 자율적이 될 것이라는 점이다.

다른 사람들에 의존한다. 그녀는 그녀보다 약한 이들이 그녀에게 의존하듯이 그녀보다 더 강한 다른 사람들에게 의존한다. 우리의 모성에 대한 잠재성이 우리들을 규정하는 막대한 정도만큼, 여성들의 삶은 자율적이지 않고 관계적이다. 우리는 어머니로서 약자를 양육하고 강자에 의존하는 것이다. 남성들보다 더 많이, 우리는 상이한 힘의 정도를 가진 다른 사람들과 상호의존적이고 위계적인 자연적 그물망 안에서 살아간다.

자유주의자와 급진주의자들이 추구하는 목표들—각각 증진된 자유와 증진된 평등—은 물론 인간의 주관적인 안녕에 이로움을 가져다주기 위한 것이다. 즉 그것들은 자율적인 피조물들의 안녕에 이로움을 가져다주기 위한 것이다. 만약 여성들이 '자율적이지' 않다면, 이 목표들은 여성들에게 전혀 해당되지 않을 것이다. 만약 여성들의 '차이'가 삶이 자율적이기보다는 관계적이라는 점에 있다면, 만약 자율성이 인간 존재에 필수적인 속성이라면, 여성들의 차이는 갑자기 여성들이 인간 존재가 아니라는 사실을 함축하게 된다. 인간 존재에게 이익을 주기 위해 고안된 정치학—자유주의적이고 급진주의적인 법이론을 포함하여—은 여성들을 냉혹한 세계에 남겨 둘 것이다.

이는 새로운 통찰이 아니다. 여성들이 지금 생각되는 인간으로서의 인간이 아니라는 통찰은 페미니즘에 있어 항상 주요한 문제였다. 그러나 근대 페미니즘 법이론가들이 이 딜레마에 응답해 온 두 가지 특정한 방식은 내가 생각하기에 문제가 있다. 자유주의 페미니즘의 해결책은 그것을 부정하는 것이다. 여성들이 임신하고, 출산하며 그리고 아이를 돌보게 된다는 사실은 **중요하지 않은** 하나의 차이이다. 그것은 우리를 남성들보다 덜 '자율적으로' 만들지 않는다.[33] 이제는 명백해졌을 이

33 실비아 로(Sylvia A. Law)가 말하는 것처럼, "남성과 여성의 차이를 무시하는 동화주의자의 전망은 차이의 실재성과 평등의 이상이 화해하도록 우리를 돕지 않는다."(Law, 1984) 그럼에도 불구하고 오직 생물학만이 남성과 여성을 구별 짓는다는

유들로 인해 이러한 대응은 효력이 없다. 지난 세기가 우리에게 가르쳐 준 것이 있다면, 그것은 자유주의의 이러한 거부 전략이 손해라는 점이다(Law, 1984). 만약 우리가 우리 본성에 대한 허위적 개념을 받아들인다면, 우리는 단 한 가지에 대해 확신할 수 있다. 그것은 그러한 개념에 바탕을 둔 법적 개선은 단지 때때로—그리고 우연히—관념으로만 존재하는 여성보다는 실재하는 여성에게 이익이 될 것이다.

급진주의 페미니스트들의 제안은 우리가 자율적인 존재가 **되고자** 한다는 것이다. 우리는 결국 '자율적'이지 않지만, 그것이 반영하는 것은 우리의 본질적 본성이 아니라 권력의 부족함—우리의 사회적·정치적·법적 희생—이다. 권력을 얻음으로써 우리가 자율적이 되는 정도에 따라, 우리는 바로 그러한 사람들의 안녕을 증진시키도록 고안된 법 체계의 수혜자가 될 것이다.[34] 이러한 급진적인 전망은 그 뿌리부터 동화주의적인데(권력을 획득함으로써 우리는 평등해지고 우리가 평등해지면 우리는 덜 '의존적'이 된다.) 우리가 덜 관계적이면 우리는 좀 더 자율적이 되고 우리가 좀 더 자율적이 되면 우리는 더욱 '인간같이'—남성같이—되기 때문이다. 그러나 급진주의적 동화는 자유주의적 거부만큼 무거운(그리고 이슥한) 대가를 지르게 된다. 여성들이 자율적인 '인간 존재들'이 될 수 있다는 보장은 없고, 여성들이 그것을 원한다는 보장도 없으며, 여성들이 그래야만 한다는 설득력 있는 주장도 없다.

전혀 새로운 세 번째 응답은 전술한 자유주의와 급진주의 모델 안

로의 입장은 급진주의 페미니즘보다는 그녀가 공격하는 동화주의자의 견해와 더 많은 공통점을 갖는다. Scales(1981) 또한 참고.

34 '여성의 짐을 덜기'를 원하는 맥키논과 자녀 돌봄의 짐을 나누기를 원하는 도로시 디너스타인(Dorothy Dinnerstein)을 비교해 보자. 양자는 모두 여성의 자율성 결여를 사회 참여의 장애물로 보고, 따라서 그것을 여성의 비참함의 원인으로 간주한다. DuBois et al.(1985), Dinnerstein(1976) 참고.

에 쉽게(혹은 전혀) 들어맞지 않는 것이다. 그것은 페미니스트들이 여성들의 인간성—그리고 따라서 우리의 권리 자격—을 주장하고 '인간'이 되는 것은 무엇인지에 대한 지배적인 개념이 잘못됨을 주장해야 한다는 것이다. 우리는 크리스틴 리틀턴Christine A. Littleton이 논의했던 것처럼 '우리 차이에 대한 평등한 수용acceptance'을 주장해야 한다.[35] 이 세 번째 길은 확실히 보다 희망적이지만—그것은 진실되고 나름대로 공평하다—쾌락적 비판이 없이는 불충분하다. **어떠한** 차이들이 받아들여져야 하는가? 우리가 지닌 차이의 뿌리는 우리의 필요에 반영되어 있고 우리의 재생산적 역할에 그 뿌리를 두고 있는 사실, 즉 우리의 삶이 단독적이라기보다는 관계적이라는 사실에 있을지도 모른다. 그러나 그렇게 정의된다 하더라도, 우리의 '차이'는 여러 층위들을 가지고 있다. 만약 '차이'라는 것이 우리의 (남성과는) 다른 고통, 성적 공격에 대한 우리의 (남성과는) 다른 취약성, 고통에 대한 우리의 (남성과는) 다른 인내, 또는 우리의 (남성과는) 다른 부정적인 자존감을 포함한다면, 그러한 차이들의 '수용'은 역효과를 가져온다. 우리는 단지 우리의 차이를 수용하는 것 이상이 필요하다. 우리는 차이를 표현하고 평가하기 위한 어휘가 필요하고, 그들을 부정하거나 긍정하기 위한 권력이 필요하다.

내 제안은, 남성과 다른 우리의 차이에 의해 나타난 수많은 문제점들을 표명할 때, 여성의 삶을 거의 배제해 버린 채 인간 삶의 본성에 대한 전제들로 이루어진 거름망을 통하여 간접적으로 표명할 것이 아니라, 여성의 주관적인 안녕을 직접적으로 겨냥하는 비판적 법학 방법을 채택함으로써 표명하자는 것이다. 간단히 말해, 우리는 여성의 행복, 기쁨, 쾌락을 증진시키고 여성의 아픔, 비참, 고통을 줄이는 것을 목표로 해야 한다. 페미니즘 법학자로서 우리는 다음과 같은 표준을 채택할 수

35 [이 책에 수록된 리틀턴의 논문 외에—역자 주] Littleton(1981) 참고.

있다. 법이 우리의 삶을 보다 행복하게 하고 보다 덜 고통스럽게 만든다면 그것은 좋은 법이고, 우리를 비참하게 만든다면, 즉 우리에게 고통을 불러일으키는 조건을 고정시킨다면 그것은 나쁜 법이다. 나는 이와 같이 직접적 쾌락주의로의 이동이 우리가 페미니즘 법이론을 발전시키는 데 다음 네 가지 측면에서 기여할 것이라고 믿는다.

첫째, 쾌락주의적 비평으로의 이동은 우리의 본성에 대한 거짓 개념들로부터 우리를 자유롭게 할 것이다. 현재 우리의 '평등' 담론은 (평등한 자유이건 평등한 권력이건 간에) 우리에게 평등을 찾는 '인간 존재'라는 지배적인 비전을 받아들이도록 강제해 왔다. 이런 전망에서 표출된 주관적 안녕의 대체물들을 포기함으로써, 그리고 대신 쾌락과 고통, 행복과 비참, 기쁨과 슬픔을 우리의 주된 규범적 범주로 주장함으로써, 우리는 자신이 누구라고 하는 다양한 규정적 생각에 대해서는 불가지론자로 남을 수 있다.

둘째, 쾌락주의적 비평으로의 이동은 여성의 쾌락적 삶의 평등성에 대한 분명한 표현을 용이하게 할 것이다. 우리가 우리 삶에 대해 우리에게 주어진 몇몇 한정적 요소를 통해 묘사하고자 할 때, 그 결과는 종종 왜곡될 뿐만 아니라 심하게 변칙적인 것이 되기도 한다. 우리는 우리의 전문적이고 개인적인 삶에서와 마찬가지로 우리의 이론에서도 동화되고자 너무 애쓴다.

셋째, 나는 여성의 삶에서의 고통에 대한 주의에 초점을 두는 담론으로의 전환 그리고 우리가 겪는 억압과 종속으로부터의 멀어짐은 우리를 더욱 효과적으로 만든다고 믿는다. 만약 우리가 여성의 비참함을 제거—페미니즘 법학자들에게 중요한 목표인—하는 데 있어서 진보를 이루려 한다면, 우리는 우리의 쾌락적 삶의 규범적 중요성을 소리 높여 주장해야 한다. 유사한 사례를 인용하자면, 마틴 루터 킹Martin Luther King은 흑인의 삶의 본질—지배적인 사실—은 **고통**이라고, 그 사실은 백인 자유주의자가 그것을 **공유**할 때까지는 바뀌지 않을 것이라고, 백인 자유주의자가 그것을 **느낄 때**까지는 그것을 공유하지 못할 것이라고, 그가 그것을 이해할 때까지는 그것을 느끼지 못할 것이라고, **흑인이** 그 내용을 실질적으로 느끼게 고통을 표면으로 끌어올 때까지는 그것을 이해하지 못할 것이라고 반복해서 논했다(King, 1983). 그렇게 되었을 때에야만 고통은 누그러질 것이다. 나는 그와 같은 사실이 여성들에게도 참이라고 믿는다. 여성들의 삶의 본질적인 사실은 고통이고, 그 사실은 남성들이 그것을 공유할 때까지 바뀌지 않을 것이며, 그 의미와 내용이 소통되기 전에는 그러한 공유가 일어나지 않을 것이다. 만약 우리가 여성의 삶이라는 고통—폭력, 위험, 권태, 비생산성, 가난, 공포, 무감각, 불감, 고립, 낮은 자존감 그리고 동화되려는 애처로운 시도—에 관해 무엇인가를 하려 한다면, 우리는 먼저 그러한 고통의 느낌이 뚜렷이 느껴지도록 만들어야 하고, 그럼으로써 그것이 공유되도록 해야 한다. 그러나 우리는 법에 대한 비판적 평가와 주체적 고통과 기쁨, 행복과 고통, 기쁨과 슬픔 사이의 상관성을 부정하는 비판법학 모델을 받아들이는 한 그렇게 하려는 시도조차도 하지 않을 것이다. 페미니즘 법이론이 요즈음에 결합하고자 하는 자유주의 법학과 급진주의 법학은 정확히 그렇게 하고 있다. 그들은 주관적 안녕을 위한 객관적 대체물—선택 혹은 평등—이 그 자체로 충분하다고 가정한다. 그렇게 함으로써 그들은 느껴진 고통과 쾌락에 대한 풍부한 서술을 페미니즘 법비평과는 사실상 아무 상관이 없는 것으로 만들어 버린다.

마지막으로 여성들의 주체적·쾌락적 삶에 대한 묘사를 공적 담론에 집어넣음으로써 그 담론이 가정하는 '인간' 개념—'인간'이 상징하는 경험된 인간 삶에 대한 상당량의 묘사—은 여성을 포함하도록 바뀔 수도 있다. 이 이유 하나만으로도 여성들은 우리의 쾌락적 삶의 질에 대한 서술을 발전시킬 필요가 있다.

두 가지 문제가 있다. 먼저 여성들의 주체적·내적 고통은 매우 조용하고 보이지 않기 때문에—그리고 매우 다르기 때문에—문자 그대로 이해 불가능하다. 누구나 다 아는 것이지만, 남성들은 원치 않는 임신의 고통—마비시키는 공포—을 이해하지 못하고, 그 고통을 공유해 보지도, 들어 보지도, 느껴 보지도 않았다. 그들은 낯선 이로부터의 강간이라는 고통스러운 폭력 혹은 비폭력적인 부부강간의 병적이고 해체적이고 파괴적인 자기소외에 대하여 들어 보지도, 공유해 보지도, 느껴 보지도 않았다. 남성들은 여성들의 '불감증'—기쁘지 않은, 원하지 않는, 비상호적인, 그럼에도 불구하고 완전한 '동의에 의한' 섹스에 대한 우리의 인내—이 우스운 것도 아니고 '성적인 장애'도 아닌 동시에 고통스럽고 해롭다는 것을 모른다. 그와 관련하여, 남성들은 강간의 '비폭력적' 형식이 **무엇에 관한** 것인지에 대해서조차 전혀 알지 못한다. 왜냐하면 남성들은 폭력의 위협이 동반되지 않았을 때, 도대체 섹스의 어떠한 면이 고통스러운 것인지에 대하여 전혀 알지 못하기 때문이다. 이 소통의 문제는 미묘하거나 부수적이지 않고 총체적이다. 남성들의 고통—고통이 무엇인지—에 대한 개념은 여성들의 경험을 **배제한** 일련의 경험으로부터 파생된다. 여성들과 남성들이 고통에 관해 (그리고 더 적은 정도로 쾌락에 관해) 대화를 할 때, 우리는 광범위하게 다른 경험적 준거를 채택한다.

두 번째 문제는 이것이다. 여성들은 스스로와 타자 모두에게 무엇이 우리에게 고통을 주고 무엇이 우리에게 쾌락을 주는지에 관해 끊임없이 거짓말을 하는 능력을 가진 것처럼 보인다. 이는 전혀 놀라운 일이 아니다. 만약 우리가 물질적·정신적으로 생존하기 위해 필요한 것이 1주일에 세 번에서 다섯 번의 이성애적 삽입 성교를 갖는 것이라면 우리는 그것을 할 것이고, 만약 현재의 윤리상 우리가 그것을 해야 할 뿐만 아니라 즐기기도 해야 한다면 우리는 그것을 즐길 것이다. 우리는 고통으로 느끼는 것을 쾌락으로서 얘기할 것이다. 이러한 거짓말의 근원을 규명하는 것은 쉽지 않은 일인데, 왜냐하면 우리는 언어뿐만 아니라 몸으로도 거짓말을 하기 때문이다. 여성들이 여성으로서 해야 한다고 배운 것이 많이 있지만, 특히 여성들은 진실을 말하지 않는 법을 배워 왔다. 여성들이 남성적 언어를 '편안하게 느끼지' 않는다는 것은 이제 상식이다. 우리가 그 남성의 언어를 가지고 주로 배운 것이 거짓말을 하는 것임을 고려하면 놀랍지도 않은 사실이다.

두 문제는 모두 나에게는 극복할 수 있는 것으로 보인다. 여성들은 우리의 내적인 삶의 질에 관한 진실을 말하기 시작해야 한다. 여성이 느끼는 고통은 고유할 수도 있다. 그러나 (내가 믿기에) 여성과 남성은 공통점이 있다. 고통이 우리 자신의 것일 때에는 우리 모두 그에 저항하고, (대부분의) 여성과 (대부분의) 남성은 그 고통이 의미 있게 전달될 때에는 다른 이들의 고통에도 동정심을 가지고 저항한다. 이러한 설명이 과도하게 낙천적이라 할 수도 있지만, 적어도 분명한 것은 우리 고통의 내용과 의미에 대한 명확한 설명이 **없다면** 그것을 공유하지 않는 남성이 동정심을 가지고 저항해 주지는 않을 것이라는 점이다. 그러나 보다 근본적으로, 우리가 우리의 내적인 삶의 진실에 대하여 말하기 시작할 때에야 여성들은 그 진실을 깨달을 수 있을 것이다. 여성들의 내적인 현실은 자유주의적이고 급진주의적인 법이론가들이 지지하는 칸트적 인간 본성의 개념에 부합하지 않는다. 우리만의 경험에서 출발함으로써만, 우리는 우리가 살아온 현실을 무시하는 것이 아니라 그에 충실한 인간 본성에 대한 묘사를 만들어 낼 수 있다. 그러한 묘사로부터, 그리고 오직 그러한 묘사로부터 우리는 자율성, 평등, 자유, 자매의식, 아니면 이름이 붙여지지 않은 완전히 다른 것 등, 우리만의 정치적 이상을 구축하고 재구축할 수 있다.

| 참고문헌 |

Ackerman, Bruce A., 1978, *Social Justice in the Liberal State*, New Haven: Yale University Press.

Bass, Ellen & Louise Thornton, 1983, *I Never Told Anyone, Writings by Women Survivors of Child Sexual Abuse*, New York: HarperCollins.

Benston, Margaret, 1971, "The Political Economy of Women's Liberation", reprinted in Edith Altbach (ed.), *From Feminism to Liberation*, Cambridge: Schenkman.

Burstyn, Varda (ed.), 1985, *Women Against Censorship*, New York: HarperCollins.

Califia, Pat, 1980, *Sapphistry: The Book of Lesbian Sexuality*, Florida: Naiad Press.

Chodorow, Nancy, 1978, *The Reproduction of Mothering*, Berkeley: University of California Press.

Colker, Ruth, 1986, "Anti-Subordination Above All Else: Sex, Race and Equal Protection", *New York University Law Review* 61.

Dinnerstein, Dorothy, 1976, *The Mermaid and The Minotaur*, New York: HarperCollins.

DuBois, Ellen C., Mary C. Dunlap, Carol J. Gilligan, Catharine A. MacKinnon & Carrie Menkel-Meadow, 1985, "Feminist Discourse, Moral Values, and Law - A Conversation", *Buffalo Law Review* 34.

Dworkin, Ronald, 1985, *A Matter of Principle*, Cambridge: Harvard University Press.

Eisenstein, Hester & Alice Jardine (eds.), 1984, *The Future of Difference*, New Brunswick: Rutgers University Press.

English, Deirdre, Amber Hollibaugh & Gayle Rubin, 1981, "Talking Sex", *Socialist Review* 58.

Finley, Lucinda M., 1986, "Transcending Equality Theory: A Way Out of the Maternity and the Workplace Debate", *Columbia Law Review* 86.

Fiss, Owen M., 1976, "Groups and the Equal Protection Clause", *Philosophy and Public Affairs* 5.

Freedman, Ann E., 1983, "Sex Equality, Sex Differences, and the Supreme Court", *Yale Law Journal* 92.

French, Marilyn, 1985, *Beyond Power*, New York: Ballantine Books.

Furgerson, Ann, 1986, "Pleasure, Power and the Porn Wars", *Womans Review of Books* II 3-8.

Gardiner, Jean, 1975, "Women's Domestic Labor", *New Left Review* 89.

Gilligan, Carol, 1982, *In a Different Voice: Psychological Theory and Women's Development*, Cambridge: Harvard University Press.

Henderson, Lynne N., 1985, "The Wrongs of Victims' Rights", *Stanford Law Review* 37.

Jagger, Alison M., 1983, *Feminist Politics and Human Nature*, Maryland: Rowman & Littlefield.

Jessica, Benjamin, 1985, "The Bonds of Love: Rational Violence and Erotic Domination", in Hester Eisenstein & Alice Jardine (eds.), *The Future of Difference*, New Brunswick: Rutgers University Press.

Kay, Herma Hill, 1981, "Equality and Difference: The Case of Pregnancy", *Berkeley Jurisprudence* 1.

Kelman, Mark, 1979, "Choice and Utility", *Wisconsin Law Review*.

King, Martin III, Coretta Scott King (ed.), 1983, *The Words of Martin Luther King*, New York: William Morrow Paperbacks.

Kirp, David L., Mark G. Yudof & Marlene S. Franks, 1986, *Gender Justice*, Chicago: University of Chicago Press.

Lake, Randall A., 1985, "The Meta-ethical Framework of Anti-Abortion Rhetoric", *Signs* 11.

Landes, Joan, 1975, "Wages for Housework: Subsidizing Capitalism", *Quest: A Feminist Quarterly* 2-2.

Law, Sylvia A., 1984, "Rethinking Sex and the Constitution", *University of Pennsylvania Law Review* 132.

Littleton, Christine A., 1981, "Toward a Redefinition of Sexual Equality", *Harvard Law Review* 95.

Littleton, Christine A., 1987, "Reconstructing Sexual Equality", *California Law Review* 75-4.

MacKinnon, Catharine A., 1982, "Feminism, Marxism, Method and the State: An Agenda for Theory", *Signs* 7.

MacKinnon, Catharine A., 1983, "Feminism, Marxism, Method and the State: Toward Feminist Jurisprudence", *Signs* 8.

MacKinnon, Catharine A., 1985, "The MacKinnon/Dworkin Model Anti-Pornog-

raphy Law", *New England Law Review* 20.
Marcus, Maria, 1981, *A Taste For Pain: On Masochism and Female Sexuality*, New York: St. Martin's Press.
Martin, Del, 1981, *Battered Wives*, San Francisco: Volcano Press.
Morgan, Ellen, 1975, *The Eroticization of Male Dominance/Female Submission: The Sexist Turn-on that Castrates Self, Love, and Sex*, KNOW.
Morgan, Robin (ed.), 1984, *Sisterhood is Global: The International Women's Movement Anthology*, New York: The Feminist Press at CUNY.
Pizzey, Erin, 1978, *Scream Quietly or The Neighbors Will Hear*, Berkeley: Enslow Publishing.
Posner, Richard A., 1982, *The Economics of Justice*, Cambridge: Harvard University Press.
Posner, Richard A., 1985, "An Economic Theory of Criminal Law", *Columia Law Review* 85.
Posner, Richard A., 1986, "The Ethical Significance of Free Choice: A Reply to Professor West", *Harvard Law Review* 99.
Posner, Richard A. & Elisabeth M. Landes, 1978, "The Economics of the Baby Shortage", *Journal of Legal Studies* 7-2.
Réage, Pauline, 1954, *The Story of O*, Paris: Jean-Jacques Pauvert.
Rhodes, Michael D. & Lynne S. McNeill (eds.), 1985, *Women Against Violence Against Women*, London: Onlywomen Press Ltd.
Rich, Adrienne, 1980, "Compulsory Heterosexuality and Lesbian Existence", *Signs* 5.
Rubin, Gayle, 1978, "Sexual Politics, the New Right and the Sexual Fringe", *Leaping Lesbian* 2.
Rubin, Gayle, 1979, "Sexual Politics, the New Right and the Sexual Fringe", in *What Color is Your Handkerchief: A Lesbian S/M Sexuality Reader*, Berkeley: Samois.
Russell, Diana, 1982, *Rape in Marriage*, Bloomington: Indiana University Press.
Russell, Diana, 1983, "The Incidence and Prevalence of Intrafamilial and Extrafamilial Sexual Abuse of Female Children", *Child Abuse & Neglect* 7.
Russell, Diana, 1986, *The Secret Trauma: Incest in the Lives of Girls And Women*, New York: Basic Books.
Scales, Ann, 1981, "Towards A Feminist Jurisprudence", *Indiana Law Journal* 56.
Scales, Ann, 1986, "The Emergence of Feminist Jurisprudence: An Essay", *Yale Law Journal* 95.

Snitow, Ann, Christine Stansell & Sharon Thompson (eds.), 1983, *Powers of Desire: The Politics of Sexuality*, New York: Monthly Review Press.

Taub, Nadine & Elizabeth M. Schneider, 1982, "Perspectives on Women's Subordination and the Role of Law", in David Kairys (ed.), *Politics of Law: A Progressive Critique*, New York: Pantheon Books.

Unger, Roberto M., 1982, "The Critical Legal Studies Movement", *Harvard Law Review* 96.

Vance, Carole S. (ed.), 1985, *Pleasure and Danger: Exploring Female Sexuality*, Boston: Routledge & Kegan Paul.

Wasserstrom, Richard A., 1977, "Racism, Sexism, and Preferential Treatment: An Approach to the Topics", *U.C.L.A. Law Review* 24-3.

West, Robin L., 1985a, "Authority, Autonomy and Choice: The Role of Consent in the Moral and Political Visions of Franz Kafka and Richard Posner", *Harvard Law Review* 99.

West, Robin L., 1985b, "Liberalism Rediscovered: A Pragmatic Definition of the Liberal Vision", *Pittsburgh Law Review* 46.

West, Robin L., 1986, "Submission Choice and Ethics: A Rejoinder to Judge Posner", *Harvard Law Review* 99.

Wildman, Stephanie M., 1984, "The Legitimation of Sex Discrimination: A Critical Response to Supreme Court Jurisprudence", *Oregon Law Review* 63.

Williams, Wendy W., 1982, "The Equality Crisis: Some Reflections on Culture, Courts, and Feminism", *Women's Rights Law Reporter* 7.

Williams, Wendy W., 1984-1985, "Equality's Riddle: Pregnancy and the Equal Treatment/Special Treatment Debate", *New York University Review of Law & Social Change* 13.

II
동등대우와 특별대우 논쟁

평등의 수수께끼

임신과 동등대우/특별대우 논쟁

웬디 윌리엄스Wendy W. Williams

I. 서론

1970년대 초반, 젠더 평등을 위한 법적 투쟁은 하나의 수수께끼를 낳았다. 여성의 재생산 기능에 대한 고용주들의 대응이 노동 영역에서 여성의 지위와 기회에 미치는 뿌리 깊고도 만연한 영향을 보면서, 여성주의 법률가들은 여성에게 고유한 능력—임신·출산 능력—을 전제로 한 법이나 규칙에 대해 미국 법원이 인정하는 평등 이론을 활용하여 이의를 제기할 수 있는 방법이 있는지 질문하게 되었다. 이에 젠더 평등론자들은 평등보호조항과 민권법 제7편을 근거로 제기한 임신에 대한 일련의 소송 과정에서 어느 정도 성과를 거두었다. 이 소송들은 거의 고용 관련 사안에서 제기된 것이었는데, 이 사안들에서 법원은 작업장에서 비슷한 결과를 낳는 다른 신체적 상태에 대한 대우와 임신에 대한 대우를 비교해야 했다. 이러한 접근법은, 1978년 제정된 임신차별금지법Pregnancy Discrimination Act, PDA의 표현을 빌리자면 "임신·출산 또는 이와 관련된 의학적 상태의 영향을 받는 여성들은 … 그러한 영향을 받지 않지만 노동 능력 내지 무능력의 측면에서는 유사한 다른 사람들과 동등한 대우를

받아야 한다"고 요구해 왔다.[1]

최근 들어 임신 관련 법과 규칙에 이 '동등대우' 접근법을 적용하는 것이 적절하고 지혜로운 것인지 의문이 제기되었다. 앤 스케일스Ann Scales는 다음과 같이 자신의 기본 가정을 주장한다.

> 부인할 수 없는 남녀sexes 간의 유일한 차이점은 자궁, 임신 그리고 자녀양육 과정에서 여성만이 수행할 수 있는 하나의 기능인 모유수유이다. 여성을 남성으로부터 실제로 구별짓는 능력이 이와 같다는 점을 생각하면 이런 능력을 '고유하다unique'고 설명하는 것에 대한 혐오를 극복해야 한다. 고유성은 Geduldig v. Aiello 판결에서처럼 남성성이 기준이라고 전제하고 분석할 때에만 '덫'이 된다. '고유하다'는 것이 고유하게 불리한 상태임을 의미하는 것은 아니다.(Scales, 1981)

린다 크리거Linda Krieger와 패트리샤 쿠니Patricia Cooney는 스케일스 논의의 연장선상에서 다음과 같이 덧붙인다.

> 미연방대법원과 미국 대중들에게 있어 여성의 몸속에서 잠재적 아이를 길러 내는 임신이라는 상태와 남성이 겪는 의학적인 상태가 다르다는 것은 비슷하다는 주장보다 더 강력하고도 적극적으로 인정받을 것이다. 그러나 자유주의적인 [동등대우] 모델은 둘의 유사성에 전적으로 의존한다. 자유주의 모델은 임신이라는 매우 현실적인 성차가 사회 안에서 남성과 여성의 상대적 지위에 미치는 영향 그리고 이질적이지만 '대등한 존재의 사회society of equals' 에서 기회 및 효과의 평등을 보장해야 한다는 목적에 초점을 맞추지 못한다.(Krieger & Cooney, 1983: 541-542)

얼핏 보면 이 논쟁에서의 핵심은 임신을 다른 신체상태와 비교 가

1 42 U.S.C.§2000e(k)(1983).

능한 것으로 봐야 하는가 여성에게 고유하거나 특별한 것으로 봐야 하는가 하는 것이다. 좀 더 깊이 들어가 보면 이 논쟁은 임신은 '본질적 특성상' 여성을 남성과 불평등하게 만들기 때문에 양성평등을 위해 특별한 입법적 조치accommodation가 필요한 것인가, 아니면 임신은 임신이 아닌 다른 이유에서 비롯된 경험과 비슷한 필요와 문제를 낳는 인간 경험 중 하나로 볼 수 있으므로 노동자가 처하는 다른 신체적 상태와 마찬가지로 대우하면 되는 문제인가에 대한 것이다. 가장 심층적으로 보자면, 특별대우special treatment 지지자는 여성 스스로가 특별하고 중요하다고 여기는 독자적인 정체성을 법이 인정하고 존중해야 한다는 반면에, 동등대우equal treatment 지지자는 차이보다는 공통성을 드러내는 데 집중한다는 것을 이 논쟁은 보여 준다.

'동등대우 모델'은 임신의 고유성을 부인하므로 여성에게는 프로크루스테스의 침대와 같다는 비판이 있다. 즉 임신을 남성의 신체적 상태와 비교 가능하기라도 한 것처럼 다룸으로써 남성 위주로 설계된 작업장 구조 속에 임신한 여성을 억지로 집어넣는 결과를 낳을 것이라는 지적이다. 이 견해에 따르면, 그러한 결과는 여성의 특별한 경험을 부정하는 것이며 여성의 실제 삶에 적절히 대응하지 못한다.

동등대우 모델의 지지자들도 작업장에서의 임신 관련 규칙이 여성 노동력의 완전한 참여에 구조적 장애물을 만들지 않도록 하는 것에 관심이 있기는 하다.[2] 그러나 비판자들과 달리 동등대우론자는 임신을 남성과 여성의 작업장 참여에 영향을 미치는 신체적 상태들 가운데 하나에 불과하다고 본다. 그들의 입장에서는 노동자가 작업장에서 부딪힐 수 있는 전 범위의 장애를 공정하게 책임질 수 있도록 질병과 장애를

2 실제로도, 애초에 임신 관련 이슈가 평등 관련 이슈로 발전하는 계기를 제공한 것이 바로 이러한 관심이었다.

다루는 일반적인 규칙을 재조정하는 것이 목표이다. 임신이 '특별한' 필요를 만들어 내는 것이 아니라, 오히려 그것이 전형적인 기본적 필요의 일례일 뿐이다. 만약 이러한 특정한 전형적 필요 사항이 충족되지 않는다면, 임신한 노동자는 기초적인 복리후생fringe benefit 체계에 해당하지 않는 더 커다란 남녀 노동자 집단의 일부가 될 따름이다. 이런 입장을 따르면 해결책은 임신한 노동자를 위해 특별히 고안된 방법을 만드는 게 아니라 부적절한 복리후생 체계에 내재한 문제를 해결하는 것이다.

고용주가 임신을 이유로 여성의 고용을 종료하거나 합리적인 기간의 휴가를 주지 않는 것을 위법하다고 규정한 몬타나 주법[3]의 위법성이 다투어진 Miller-Wohl Company, Inc. v. Commissioner of Labor and Industry 판결(이하 '밀러-홀 판결')[4]에서 두 입장은 첨예하게 부딪친다. 밀러-홀 사社의 병가정책은 1년 이상 근무자에게 무급병가를 주고 1년 이상 근무한 연도에 비례하여 제한적인 유급병가를 인정하는 것이었다.[5] 임신상태였던 타마라 불리는 1979년 8월 1일 채용되었다. 그녀는 처음부터 심한 입덧에 시달렸기 때문에 8월 한 달 동안 4, 5회 작업배치에서 제외되었고 직무를 수행할 수 없게 되었다. 8월 27일 그녀는 해고되었다. 몬타나주 노동산업위원회는 밀러-홀이 몬타나주의 임신 관련 법률[6]을 위반했다고 판단하였다. 밀러-홀은 몬타나주 법률이 민권법 제7편뿐 아니라 특히 임신차별금지법으로 알려진 민권법 수정조항과 상충한다고 주장하며 제소하였다. 고용주 측은 자신의 병가 제도가 임신 관련

3 Mont. Maternity Leave Act, Mont. Code Ann.§§49-2-310,(1)-(2)(1983).

4 515 F.Supp. 1264(D. Mont, 1981). 파기: 685 F.2d 1088(9th Cir. 1982).

5 1년 미만 근무자인 경우에도 고용주의 재량에 따라 무급휴가를 받을 수 있었다. Miller-Wohl Company Employees Guide§16 Exhibit A 참고. 이에 따라 타마라 불리(Tamara Buley)는 며칠간의 휴가를 쓸 수 있었으나 입덧으로 인한 고통이 계속되면서 해고당하게 되었다.

6 Mont. Code Ann.§49-2-310(1983).

장애를 포함한 모든 장애를 동등하게 취급했으므로 임신차별금지법에 부합된다고 주장하였다. 고용주 또는 몬타나주의 모성휴가법은 연방법률에 어긋나고 결과적으로 연방법률에서 요구하는 대우의 평등을 어기며 임신한 노동자에 대한 특혜적인 대우를 요구하는 것이기 때문에 연방헌법 우선조항에 근거하여 무효라고 하였다. […]

임신한 여성에게 '합리적인 수준'의 휴가를 보장하는 몬타나주 법률을 지지해야 하는가, 만일 그렇다면 어떤 근거에서 그러한가를 둘러싸고 여성주의 법학계의 입장이 갈라졌다. […] 몬타나주 법원은 주법이 민권법 제7편에 반한다는 이유로 무효라고 판결하였다. 몬타나주 대법원은 이를 파기하였고[7] 이 사안은 연방대법원에서 다투어졌다. […]

나는 임신(그리고 한 성에만 고유한 다른 특성)에 대한 동등대우 접근을 지지하는 사람들이 제시하는 논리를 통해 논쟁을 진전시키고자 한다. 현재 비판받고 있는 동등대우 모델의 발전 과정에 거의 처음부터 참여했던 사람으로서 논쟁하려 한다. […]

II. 일반적 이론 틀 소개 및 임신 관련 사안에의 적용

임신 관련 법이론은 언제나 1970년대 초반 이래로 여성주의 소송 제기자들feminist litigators이 전개했던 더 큰 이론적 틀의 한 부분이 되었다. […] 전반적으로 보자면 이 틀은 평등의 의미를 민권법 제7편과 같이 성차별을 금지하는 법률에 근거한 것으로 보든지, 아니면 헌법상의 평등보호

7 Miller-Wohl Company, Inc. v. Commissioner of Labor and Industry, No. 84-172 (Mont, 1984). 몬타나주 대법원은 몬타나주 지방법원의 판결을 파기하면서 입법부가 몬타나주 모성휴가법(MMLA)이 모든 노동자에게 적용되도록 확대할 것을 '진심으로 권고'하였다.

조항이나 평등권 수정안Equal Rights Amendment, ERA에서의 금지에 근거한 것으로 보든지 마찬가지이다. […] 뒤에서 분명해지겠지만 이 틀은 평등보호조항보다는 민권법 제7편에 더 많이 수용되었다. 그리고 평등권 수정안은 물론 아직 우리 헌법에 받아들여지지 않았다. 다음 1에서는 임신 문제가 다루어진 더 큰 틀에 대해 설명하고, 2에서는 임신이 그 틀에 어떻게 들어맞는지 설명할 것이다.

1. 일반적 이론 틀

체격이나 힘 같은 신체적 차이에서 도출된 것이든, 생계부양자나 가사담당자 같은 문화적인 역할분담에 기인한 것이든, 남성에 비해 더 긴 여성의 평균수명처럼 타고난 특성의 조합으로 인한 것이든 간에 성별[8]sex에 근거한 일반화는 일반적으로 용납될 수 없다는 것이 이 분석에서의 첫 번째 핵심 전제이다. 입법자와 사용자는 성별에 근거한 분류 대신 특성, 기능, 행동을 근거로 해서 구별해야 한다. 남성임이 아니라 힘이 특정 직무에 대한 판단기준이 되며, 여성임이 아니라 경제적 의존성이 이혼수당에 대한 판단기준이 된다.[9] 이 명제는 이중적인 권리체계가 필연적으로 성별 위계를 초래할 뿐만 아니라, 더 근본적으로는 여성과 남성을 각각의 능력과 경향, 소망을 갖고 있는 개인이 아니라 통계상의 추상적 관념으로 대우함으로써 여성에게 엄청난 희생을, 남성에게도 적지 않은 희생을 요구한다는 인식에 근거한다(Brown et al., 1971: 889-893).

8 일반적으로 sex는 성으로, gender는 성별로 번역되어 왔으나, 이 논문에서 필자가 sex로 의미하는 바가 오늘날 gender를 의미하고 있어 이하에서는 sex를 주로 성별로 번역한다

9 과거의 차별로 인한 영향을 극복하기 위해 한시적이고도 집중적인 조치를 취하는 성별특정적인 적극적 조치는 성별에 따른 분류를 금지하는 규정에서 예외가 된다. […]

두 번째 핵심 전제는, 명시적으로 성별에 근거한 분류를 하고 있지는 않지만 한쪽 성에 불균형하게 부정적인 영향을 미치는 법률이나 규칙의 정당성이 다투어진다면, 일정한 상황하에서 입증책임burden of justification은 해당 법률이나 규칙을 옹호하는 자가 부담해야 한다는 것이다. 동등대우론의 입장에서 두 번째 전제는 첫 번째 전제에 본질적으로 연결되는 것이고 성평등의 궁극적 실현에 필수적인 것이다. 사회는 명백한 성별 분류를 통해서만 성역할을 미리 정의하는 것이 아니라, 외관상 중립적으로 보이나 성별에 근거한 분류와 같은 가정, 고정관념stereotype, 이데올로기의 영향을 받은 법률과 규칙을 통해서도 성역할을 재단해 왔다.[10]

1970년대 초에 시작된 여성주의 법률운동은 여성에게 분리되지만

10 앤 프리드먼(Ann Freedman)은 의회에서 다음과 같이 증언하였다. "외관상 중립적이나 성차별적인 규칙에 영향을 미치는 잘못된 생각과 고정관념의 상당수는 평등보호조항에 근거한 연방대법원의 최근 판결들을 통해 외관상 명백한 성별 분류로 위법무효하다고 인정되었다. […] 외관상 중립적이지만 성차별적인 많은 규칙들은 여성의 활동과 관련된 규칙을 만들 때 관습적인 사고방식을 취하거나 남성에게는 일반적이지만 여성에게는 그렇지 않은 경험과 기술, 속성민에 사실상 의존함으로써 나타나는 부산물이다. 예컨대 여성이 육체적으로 약하다는 관념은 전통적으로 남성적 직무라 여겨진 분야에서 여성의 고용을 배제하는 규정으로 나타날 수 있다. 특정 직무를 남성만의 것이라고 보는 관습적인 관점은 직무수행과 관련이 없음에도 해당 직무에 대한 채용 자격으로 여성이라면 충족하기 어려운 키, 몸무게 기준을 요구하거나 남성에 비해 더 많은 비율의 여성이 충족하기 어려운 근력 테스트를 요구하게 된다. 비슷하게 결혼을 여성 가정주부-남성 생계부양자 모델로만 인식하는 것은 명백한 성차별(배심원에서 여성을 제외하는 것, 여성에게만 이혼수당을 인정하는 것 등등)과 함께 불평등효과를 낳는 외관상 중립적인 규칙('주 생계부양자'에게만 일자리 또는 직업훈련 기회를 제공하는 것, 부부사원 우선해고 같은 연고주의를 채택하여 직위가 더 낮은 아내가 해고의 우선 대상이 되게 하는 것 등)을 발생시킨다. […] 헌법상의 평등원칙을 위반하는 성차별의 본질에 대한 이와 같은 이해 그리고 불평등의 근절—평등보호조항이 규정하듯—뿐 아니라 입법적·행정적 과정을 존중하고자 하는 것은, 특정 성에 대해 불평등한 효과를 낳는 중립적인 행위에 대해 문제제기 하고자 ERA에서 채택된 원칙을 낳게 되었다."(Segal, 1984: 130-146에서 재인용)

더 좋은 세계를 만들고자 했던 것이 아니었듯이 남성의 세계로 여성을 통합시키고자 한 것이 아니며 그러했던 적도 없다. 오히려 여성주의 법률운동은 남성과 여성을 미리 정해진 역할에 가두고 성별에 근거한 위계질서를 형성하는 법적 장애물들을 제거하고자 했다(Kay, 1985). 공공연히 또는 암암리에 젠더를 구별하는 법률에 이의를 제기하는 능력은 남성중심적인 구조와 제도에 도전하고 인간의 관심을 전면적으로 반영하도록 재구성하기 위해 필수적이다.[11] (성별에 따른 분류가 일반적으로 허용될 수 없다는) 첫 번째 전제는 명백히 성별에 따라 분류하는 입법의 근절을 촉진한다. (불평등한 효과를 낳는 규칙을 만든 사람이 그 정당성을 입증해야 한다는) 두 번째 전제는 중립적으로 보이던 법적 구조에서 남성편향성을 제거하기 시작하게 할 수 있고, 형식에 불과한 젠더중립성을 진정한 젠더중립성으로 바꾸게 해 주는 이론적 도구를 제공한다.

2. 임신에의 적용

임신은 이러한 일반적 틀 안에 어떻게 적용되는가? 간단한 대답은 일반적 틀은 약간의 변형만으로도 한쪽 성에 고유한 신체적 특성에 근거한 법이나 규칙에 적용된다는 것이다. 이 이론 틀의 지지자들은 그와 같은 신체적 특성에 근거한 분류의 대표적 예가 임신인데[12] 그것은 성별sex에 근거한 것이라고 주장한다. 그와 같은 주장에 따르면 평등보호조항을 적

11 "새로운 성평등 법리에는 현존하는 남성중심적 사회구조에 여성이 흡수되는 것은 성평등에 대한 적절한 정의가 아니며, 오히려 평등을 향한 변화과정에서의 잠재성을 빼앗아간다는 또 다른 인식이 포함되어야 한다."(Freedman, 1984: 967)

12 또 다른 예로는 강간 관련 법이 있는데, 이 법에서는 강간의 개념을 여성의 동의 없이 남성의 성기를 여성의 질에 삽입하는 것으로 정의한다. 몇몇 주에서는 성범죄 법을 젠더중립적으로 바꾸기 위해 개정안을 만들었다. 평등권수정안(ERA)는 이와 같은 것을 요구해야 한다.

용했을 때 성별에 근거한 분류에 적용할 수 있는 중간심사기준intermediate standard of review을 임신에 따른 분류에 적용할 수 있다는 결론이 나온다.[13] 연방대법원은 1974년 Geduldig v. Aiello 판결(이하 '게둘딕 판결')[14]에서 이 주장을 배척하였다. 민권법 제7편에서 임신에 따른 분류가 성별에 근거한 것으로 이해된다면, 임신 관련 사내규칙들이 법문法文상 "특정한 경영이나 기업의 정상적인 운영에 합리적으로 필요한 진정직업자격Bona Fide Occupational Qualification, BFOQ임"[15]을 고용주가 입증하지 못할 경우 위법한 성차별이 된다는 결론에 이른다. 민권법 제7편에 대한 이러한 해석은 연방 하급심법원에서 채택되었다가 연방대법원의 1976년 General Electric Co. v. Gilbert 판결(이하 '길버트 판결')[16]에서 배척되었으나, 연방의회가 1978년 민권법 제7편 수정안인 임신차별금지법을 통과시키면서 확립되었다. […]

이 모든 세 가지 법적 맥락에서의 접근은 어떠한 목적에 있어서 특정 성에 고유한 신체적 특성 및 능력이 다른 특성 및 능력과 비교 가능하다고 가정한다. 입법목적에 비추어 비교 가능한 경우라면 해당 특성만을 골라내어 불리하게 대우하는 분류는 무효가 될 것이다. 비교 불가능한 경우라면 그러한 분류는 유지될 것이다. 이러한 접근법을 취하면 모든 분류는 법원의 심사를 받게 되며 입증책임은 […] 그러한 분류가 정당하다고 주장하는 당사자에게 돌아간다.

또 하나의 원칙—한 성에 대해서만 불균형적으로 불리한 영향을

13 중간심사기준을 적용하면, 그러한 분류가 정부의 중대한 목적을 실현하는 것과 실질적으로 관계 있는 성별에 따른 차이에 근거했음을 입증할 책임이 정부에게 돌아간다. Mississippi University for Women v. Hogan, 458 U.S. 718, 724(1982); Craig v. Boren, 429 U.S. 190, 199-200(1976), 429 U.S. 1124(1977).

14 417 U.S. 484, 494, 496, 주 20(1974)(브레넌 대법관 반대의견).

15 Title VII of the Civil Rights Act of 1964§703(e), 42 U.S.C.§2000e-2(e)(1982).

16 429 U.S. 125(1976).

미치는 중립적 법률이나 규칙의 경우 해당 법률이나 규칙을 옹호하는 당사자에게 입증책임을 전환한다—은 임신 때문에 특정 성에 대해서만 불균형적인 결과를 낳는 '중립적' 규칙에 대해 적용할 수 있을 것이다. [···] 연방대법원이 평등보호 관련 사건에서는 좁게 정의된[17] 차별 의도가 존재해야 한다고 고집해 왔기 때문에, 이 이론은 수정헌법 제14조에 근거해 제기된 성차별 사건에는 적용될 수 없다. 그러나 지지자들의 해석이 법원에서 채택된다면 평등권수정안ERA하에서는 당연히 적용 가능할 수 있다.

III. 임신차별 소송의 역사

[···] 임신과 모성 문제에 대한 법의 태도는 다음과 같은 단계로 발전하였다.

1. 1단계: 1870–1970년

미합중국의 시작부터 20세기에 이르기까지 남성과 여성의 법적 권리 및 의무는 광범위하고 심각하게 서로 달랐다. 이와 같은 법적 구별은 여성의 재생산 기능을 위시한 타고난 차이 때문에 남성과 여성은 분리된 사회적 역할을 할 운명이라는 핵심 전제에서 비롯되었다. 18세기 후반과 19세기 초반까지 아내의 법인격을 남편에게로 통합시킨 것(이에 아내는 시민적·정치적 권리를 상실하게 된다.)이나 20세기까지 여성 노동에 대

17 Personnel Administrator of Massachusetts v. Feeney, 442 U.S. 256, 278-280(1979); Arlington Heights v. Metropolitan Housing Dev., 429 U.S. 252, 264-268(1977); Washington v. Davis, 426 U.S. 229(1976).

한 보호입법을 한 것(노동시간을 제한하고 시급에 하한을 설정하며 야간노동을 금지하고 특정한 '유해' 업무에서 제외한다.)에서 드러나듯이 여성의 '모성 기능'이 이러한 이중적 법체계의 근거가 되었다. 그러한 법체계는 여성의 특별한 필요를 충족시키고 수용해야 한다는 주장에 따라 여성을 남성과 다르게 대우하였다. […]

민권법 제7편의 도입을 목전에 둔 1960년대 초입까지만 하더라도, 많은 고용주들은 임신한 여성을 주저하지 않고 해고하였다. 그 외의 고용주들은 무급모성휴가를 제공하였는데, 이는 자주 선임권先任權과 축적된 혜택의 손실을 수반하였다. 복직을 보장했던 경우는 거의 없었고, 모성휴가를 위해 유급병가나 정기휴가 기간을 이용하도록 허가하는 경우는 더욱 적었다. 출산에 대한 장애보험급여는 기껏해야 제한적이었고, 직장의료보험제도는 임신 관련 의료와 입원에 대해 잘해야 제한적인 범위에서 적용되었다.[18]

임신이 업무수행에 영향을 미치는 다른 신체적 상태보다 불리하게 대우받는 것은 광범위한 현상이었다. 관련 규칙들은 하나의 가정을 전제하고 있었다. 여성의 임신은 작업장으로부터의 이탈을 의미한다는 것이다. 그 안에는 소득활동을 하는 여성이 임신하면 가정으로 돌아간다는 사실적인 판단뿐만 아니라 마땅히 그러해야 한다는 규범적인 판단 또한 내포되어 있었다.

2. 2단계: 1970–1976년

1970년까지 여성의 노동시장 참여 규모가 유례없이 커졌다. 게다가 출

18 Koontz(1971: 490-493)와 U.S. Department of Labor, Women's Bureau(1952)를 비교해 볼 것.

산 이후에도 직장생활을 계속하는 여성 노동자 수 또한 증가하였다.[19] 따라서 여성을 실직자로 만들고 무소득 상태로 만들었던 임신 관련 규칙의 영향을 받는 여성의 수도 급증하였다. […]

1968년 존슨 대통령의 여성지위시민자문위원회Citizen's Advisory Council on the Status of Women 특별조사팀은 장애로 인해 일시적으로 임금손실을 겪는 임금소득 생활자에 대해 적용되는 보호책이 '일반적인 제도'가 될 것을 권고하고, 임신 관련 장애도 이 제도에 포함되어야 한다고 주장했다. 1970년까지 위원회는 노동능력에 영향을 미치는 다른 신체적 상태보다 임신이 더 불리한 대우를 받거나 더 나은 대우를 받아서는 안 되고 평등 모델에 따라 다루어져야 한다는 정책입장을 발표하였다.[20] […] 임신 관련 장애를 다른 장애와 다르게 더 불리하게 대우하는 것은 성별에 근거한 차별이라는 이론에 근거하여 민권법 제7편과 평등보호조항하의 소송들이 제기되었다. […] 법원은 임신이 고유한—'독자적인sui generis'—것이라는 고용주와 정부 측 주장을 배척하기 시작하였고, 여성원고들이 일시적인 노동능력 장애상태인 다른 사람과 마찬가지로 고용상의 혜택을 받을 수 있도록 하였다.

그러나 1974년 연방대법원은 특별대우를 위해 임신을 다른 경우와 구별하는 법률에 대해 '동등대우' 공격을 하는 데 평등보호조항이 이용될 수 없다고 하였다. 게둘딕 사건[21]에서 문제가 된 주 법률은 육체적으로 노동이 불가능한 사기업 노동자에게 임시로 부분적 대체임금을 제

19 1950년과 1970년 사이에 6세 이하 자녀가 있는 여성의 노동시장 참여율이 12%에서 30%로 증가하였다(U.S. Depatment of Labor Women's Bureau, 1971). 1979년에는 이 비율이 56.1%였다(U.S. Depatment of Labor, 1980: 표 34-34).

20 Statement of Principles(Oct. 29, 1970), reprinted in Citizens Advisory Council on the Status of Women, Job Related Maternity Benefits(Nov. 1970). Citizens Advisory Council on the Status of Women, Women in 1970, App. D: 20 또한 참고.

21 417 U.S. 484.

공하는 주의 장애보험기금과 관련된 것이다. 이 법률은 상상할 수 있는 노동능력 장애상태의 모든 경우를 포함할 정도로 자유롭게 해석됐었고, 이 사건 기록에 따르면 성형수술, 모발이식, 스키 사고, 전립선 절제로 인한 장애를 포함했다고 한다.[22] 이 법률은 단 한 가지 노동장애만 보장에서 제외했는데, 그것은 바로 임신으로부터 '비롯되거나 그와 관련된 경우'였다.[23]

게둘딕 사건에서 원고의 주장은 첫째로 임신에 근거한 차별은 성차별이고 따라서 성차별 사건에 적용되는 좀 더 적극적인 심사기준이 적용되어야 한다는 것이었다. 원고 측은 이 결론에 대한 몇 가지 근거를 제시하였다. 임신과 관련된 생식기관은 성별을 구별하는 명확한 특성이라고 하였다. […] 즉 임신한 여성에 대한 정형화$_{\text{stereotype}}$와 일반화가 각각의 능력과 상관없이 그들을 더 열등한 법적 지위로 격하시키고 혜택과 기회를 박탈하는 법률과 규칙을 초래한다는 것이다. 결국 캘리포니아주의 장애보험제도가 남성에게는 완전하지만 여성에게는 부분적인 보장만을 제공하기 때문에 성별에 근거한 차별을 한 것이라고 주장하였다.

둘째로 원고 측은 성차별 사건에 적용할 수 있는 심사기준에 따르면 캘리포니아주의 임신 관련 장애배제규정은 위헌심사를 통과할 수 없다고 하였다. 그러한 장애에 대해 부분적인 임금보전을 받고자 하는 여성들은 이 제도가 그들의 특정 장애를 배제함으로써 동등보호를 거부

22 417 U.S. 484.

23 이 법은 다음과 같이 규정한다. "'장애' 또는 '장애상태'에는 정신적·신체적 질병과 정신적·신체적 상해가 포함된다. 신체적이거나 정신적인 상태 때문에 일상적·통상적으로 수행하던 업무를 할 수 없는 경우라면 언제든지 장애상태에 있다고 보아야 한다. 임신 기간 동안과 출산 28일 후의 기간 동안 임신에서 비롯되거나 그와 관련된 상해나 질병이 '장애' 또는 '장애상태'라는 개념에 포함돼서는 안 된다." 1972년 서부 캘리포니아 실업보험 규정(California Unemployment Insurance Code) §2626.

당한 것인데, 이는 제도의 목적에 대한 그 여성들의 관계가 다른 장애로 수혜를 받는 이들의 관계와 유사하기 때문이다.

다수의견을 집필한 스튜어트Stewart 대법관은 이 사건은 성별에 근거한 차별이 아니라고 하면서 첫 번째 주장에 대해 "캘리포니아 보험제도는 그 누구의 수혜 가능성도 성별에 근거하여 배제하고 있지 않다. 단지 임신이라는 한 가지 신체적 상태를 보상 가능한 장애의 목록에서 제외하는 것뿐이다"라고 배척하였다.[24] 번역하면, 해당 법률은 성별 그 자체가 아니라 임신에 대한 배제에 기초하였다는 말이다.(법원은 이 제도가 보장하는 사람—장애상태인 임신하지 않은 사람—에 여성이 포함된다는 사실이 이를 명백하게 한다고 보았다.) [⋯] 다수의견은 임신 분류를 성별에 근거한 분류에 포함시켜야 한다는 원고 측의 정책적 주장에 대해서는 언급하지 않았다.

임신에 근거한 차별이 성차별이 아니라는 결론 덕분에 대법원은 성차별 사건에 적용하는 좀 더 적극적인 심사를 할 필요가 없었다. 합리성 기준 심사rational basis review에 부합하면 합헌성이 있다는 강력한 가정을 적극 활용하여, 대법원은 입법부가 의도한 수준으로 기여율과 급부율을 유지하기 위해 비용이 많이 드는 장애를 합법적으로 제외할 수 있다는 결론을 내렸다.[25] [⋯] 캘리포니아주는 임신 관련 장애가 가장 많은 비용이 드는 장애 범주라고 주장하지 않았으며 아마 그럴 수도 없었을 것이다. 대법원 또한 비용이 많이 드는 다른 종류의 장애가 아닌 임신 관련 장애만 골라내어 제외하는 것이 왜 합리적인지 설명하지 않았다.

24 417 U.S. 484, 496 주 20.

25 417 U.S. 484, 496. 대법원은 원고 측이 임신에 근거한 분류가 성별에 근거한 것이 아닐지라도 성차별을 숨기려는 '핑계(pretext)'에 불과하다고 주장하는 것도 가능하다고 보았다. 그러나 대법원은 캘리포니아주가 임신 관련 장애를 배제한 것이 그러한 핑계에 해당하지 않는다고 하였다.

아마도 그 답은 임신 관련 장애가 다른 장애와 본질적으로 다르다는 암시에 숨어 있을 것이다. 이 판결의 주석에서는 '정상적인 임신'이란 '고유한 특성을 통해' 객관적으로 '구별할 수 있는 신체상태'라고 하였다.[26] 임신 관련 장애를 캘리포니아 보험제도의 적용을 받는 다른 모든 장애와 구별 짓고 그 특별한 목적에 가둬 놓은 '고유한 특성'이 무엇인지 규정하지 못한 것은 애석한 일이다. 그러한 차이를 분명히 설명할 것을 요구받았다면, 대법원은 임신한 여성에 대해 갖고 있는 선입견과 고정관념을 극복하는 데 실패했음을 드러내거나 미래의 법원, 주석가들, 입법자들에게 논쟁과 평가의 대상이 될 만한 정책적 결론을 제시했을 것이다.[27] 스튜어트 대법관은 임신이 성별과 무관한 성중립적인 것이며 그 고유한 특성으로 인해 다른 장애와 쉽게 구별되므로 포괄적인 장애보험제도에서 제외하는 것이 적절할 수 있다고 단숨에 결론을 내렸지만, 그러한 결론에 이르게 된 구체적인 사실과 정책적 판단이 무엇인지에 대해서 분명히 하지 않았다.

마샬Marshall 대법관, 더글러스Douglas 대법관의 반대의견에 합류한 브레넌Brennan 대법관은 원고 측 주장을 전적으로 채택하였다. 임신과 관련된 이유로 노동능력 장애상태가 된 여성은 캘리포니아주 장애보험의 목적을 보건대 다른 이유로 장애상태가 된 경우와 비교 가능하다.

> 그러나 임신으로 인한 장애는 … 해당 법률로 보장을 받는 다른 신체적 장애상태와 마찬가지로 의학적 치료를 요하고, 때론 입원치료, 마취, 외과처치도 필요하며, 종종 진정으로 생명을 위험에 빠뜨릴 수도 있다. 게다가 임신 관련 장애로 인한 경제적 영향은 그 작용 면에 있어서 다른 장애로 인한 영향과 구별 불가능

26 417 U.S. 484, 496 주 10.

27 이에 관해서는 Zimmerman(1975: 458-461)에 자세히 정리되어 있다. Erickson(1974: 267-281) 참고.

하다. 신체적 노동 무능력으로 인해 임금이 손실되고 출산이나 산후치료를 위해 의료비가 필요하다는 점에서 그러하다.[28]

게다가 임신 관련 장애를 제외하는 것은 성차별이기도 하다.

불리한 대우를 하기 위해 여성에게 특유한 성별과 연계된 장애를 선별함으로써 캘리포니아주는 이중적 장애보상 기준을 만들어 낸 것으로 보인다. 전립선 절제, 포경수술, 혈우병, 통풍 등 남성에게 주로 또는 남성에게만 발생하는 모든 장애는 완전히 보장하면서 여성 노동자 관련 장애사유에는 제한이 붙는다. 결과적으로 여성과 남성에 각기 다른 규칙이 적용된다. 한쪽 성에만 관련된 벗어날 수 없는 신체적 특성에 근거하여 남성과 여성을 달리 대우하는 것은 성차별에 해당하지 않을 수 없다.[29]

[…] 게둘딕 판결 직전에 결정된 것이 Cleveland Board of Education v. LaFleur 판결(이하 '라플래어 판결')로,[30] 임신한 여성에게 불리한 규칙에 대해 여성들이 소송을 제기하여 연방대법원에서 승소했으나 게둘딕 사건에서 원고 측이 주장한 것과는 다른 법리에 근거했던 경우이다.

라플래어 사건 원고는 공립학교 교사들로서, 임신 4개월이나 5개월부터 임신한 교사들이 휴가를 시작할 것을 요구하며 출산 후 일정 기간 동안 복직할 수 없도록 하는 교육위원회school board 규정에 따라 강제적인 무급모성휴가를 받았다. 이러한 규정은 전국적으로 공립학교에서 전형적인 것이었다(Koontz, 1971: 492).

28 417 U.S 484, 500-501.

29 417 U.S 484, 500-501.

30 414 U.S. 632(1974).

연방대법원은 강제적 모성휴가 규정이 해당 교사들의 '혼인과 가정생활에 있어 개인의 선택의 자유'를 침해한다고 판결하였다.[31] 이 판결에서 대법원은 자식을 낳을 것인지의 여부에 대한 결정처럼 한 개인에게 근본적으로 영향을 미치는 문제들에 대해 부당하게 정부의 간섭을 받지 않을 권리가 있다는 입장을 지지하면서, 비혼자unmarried persons의 피임기구 구입을 금지한 법률을 무효화한 1972년의 Eisenstadt v. Baird 판결(이하 '아이젠슈타트 판결')을 인용하였다.[32] 따라서 라플래어 사건의 임신 정책을 위법하다 했을 때, 대법원은 평등보호조항이 적용되는 성

31 414 U.S. 632, 639-640. 이 판결에서는 Griswold v. Conneticut, Eisenstadt v. Baird, Roe v. Wade 판결(이하 '로 판결')을 인용하였다. Griswold v. Conneticut, 381 U.S. 479(1965) 판결(이하 '그리즈월드 판결')에서 연방대법원은 헌법상의 미묘한 경계선상에서 결혼생활에서의 프라이버시권이라는 권리를 찾아냈는데, 기혼자가 피임을 할 수 있는 권리에 주정부가 간섭함으로써 이것이 침해됐다고 하였다. Eisenstadt v. Baird, 405 U.S. 438(1972)은 비혼자도 기혼자와 마찬가지로 주정부의 형사적 제재 없이 피임기구를 확보할 권리를 평등보호조항에 근거하여 보장받아야 한다고 결정하였다. Roe v. Wade, 410 U.S. 113(1973)에서 낙태를 할지 안 할지 선택할 권리를 여성에게 인정하면서, 연방대법원은 그리즈월드 판결에서 인정한 혼인생활에 대한 프라이버시권이라는 기본권에서 생식에 관한 개인의 선택권으로 그 권리를 전환하였다. 혼인생활에서의 프라이버시권이라는 안식처를 뛰쳐나온 이 새로운 권리는 그럼에도 불구하고 로 사건 원고가 인정받고자 했던 완전한 자율성을 보장하는 권리는 아니었다. 대법원은 의사와의 상담 후에 행사할 수 있는 권리가 되도록 여성의 낙태 선택권에 제약을 가하여 의사가 배우자를 대체하도록 하였다(410 U.S. 163). 게다가 임신 과정에서 여성건강과 태아의 생명에 대한 주의 이익이 여성의 선택권을 충분히 압도할 때가 언제인지 판단하는 근거를 의학기술이라고 하는 가변적인 것에서 찾았다. 여성주의적 관점에서 보자면 재생산 선택권 요구는 의사-환자 관계에서의 프라이버시권보다는 개인의 자율성 속에서 적절한 근거를 찾을 수 있다. 그럼에도 불구하고 로 판결은 그전의 판례들과 마찬가지로 비록 제한적이기는 하나 주정부의 간섭 없이 생식에 관해 선택할 권리, 여성의 지위에 엄청난 영향을 미칠 권리를 인정하였다. 라플래어 판결에서 대법원은 Loving v. Virginia, 388 U.S. 1(1967); Pierce v. Society of Sisters, 268 U.S. 510(1925); Meyer v. Nebraska, 262 U.S. 390(1923)도 인용하였다.

32 414 U.S. 640.

차별 판결이 아니라 아이젠슈타트 판결이나 Roe v. Wade 판결(이하 '로 판결') 같은 재생산 선택권 사건에 의거한 것이다.[33]

[…] 임산부에 대한 차별을 성차별로 간주하고 평등보호조항을 적용하여 성차별에 대한 새롭고 보다 엄격한 심사기준을 적용해야 하는가? 아니면 […] 임신은 독특한 것으로 성차별에 대한 분석을 따를 수 없다고 해야 하는가? 라플래어 사건에서 대법원의 다수의견은 둘 중 어느 입장도 취하지 않았다. […]

하지만 실제로 연방대법원은 이미 그 문제를 해결한 상태였다. 라플래어 사건 판결 당시, 이미 연방대법원은 적법절차 분석due process analysis을 쉽게 적용할 수 없었던 두 번째 임신 관련 사건을 위한 구두변론일을 정해 놓고 있었다. 연방대법원이 임신에 근거한 차별을 성차별로 볼 것인지의 여부에 대해 두 번째로 문제를 제기한 그 사건은 물론 게둘딕 사건[34]이었다. 따라서 연방대법원은 라플래어 판결을 내릴 때 이미 그 다음 임신 사건에서 주의 임신 관련 규칙의 합헌성 여부에 대해 다시 발언해야 할 것이며, 원한다면 위 논쟁 지점도 해결할 수 있을 것임을 알고 있었다. 라플래어 사건에서 임신에 적용 가능한 이론적 접근방법

33 414 U.S. 640. 다수의견과 별개의견은 교육위원회의 임신 관련 규정이 불합리하고 자의적이라고 판단하였다. 다수의견을 대표한 스튜어트 대법관은 그중에서도 해당 규정이 임신 4개월이나 5개월 이상인 교사는 적합하지 않다는 '확정적 추정(conclusive presumption)'에 근거한 것이라고 하였다(414 U.S. 644). 그 추정이 '필연적으로 또는 보편적으로 참인 것도 아니기' 때문에 해당 규정에 대한 헌법상 정당화 사유로 적절치 않다고 하였다(414 U.S. 646). 반대의견에서 렝퀴스트(Rehnquist) 대법관은 반증을 허용하지 않는 추정(irrebutable presumption)의 타당성에 대한 분석이 '입법이라는 개념 자체에 대한 공격이나 마찬가지'라고 비판하였다(414 U.S. 660). 렝퀴스트 대법관의 견해는 대법원 내에서 살아남았다. 대법원은 적법절차조항 관련 사건에서 분석방법으로서의 반증을 허용하지 않는 추정의 타당성에 대한 분석을 포기한 것으로 보인다.

34 417 U.S. 484.

을 제시받은 대법원은 평등보호 분석equal protection analysis보다는 적법절차 분석을 적용하기로 하였다. 게둘딕 판결이 나오자 대법원이 평등보호 분석을 거부했다는 사실이 명확해졌다. 라플래어 판결에서 다수의견을 작성한 스튜어트 대법관은 여섯 명을 대표하여 게둘딕 판결의 다수의견도 작성하였던 것이다.

라플래어·게둘딕 사건에서 드러났듯이 임신 문제에 적법절차 분석을 적용하는 것과 평등보호 분석을 적용하는 것의 이론적 차이점은 어떤 면에서 특별대우/동등대우 이분법의 반복과 같다. 극단적으로 단순화해 보자면, 적법절차 접근법은 특별대우 분석과 충돌하는 것이 아니고 실제로 그러한 형태를 불러낸다. 주정부의 부당한 간섭을 받지 않고 자녀를 낳을지 말지를 선택할 권리라고 정의된 자유라는 이익은 개인의 재생산 선택에 있어서 핵심적이고도 고유하게 중요한 것이기 때문에 '기본적인 것'으로 인정받는다. 이와 반대로 임신차별을 성차별로 파악하는 것은 평등보호 방식의 비교에 의한 분석을 요한다.[35] 그리고 이 분석은 여성의 재생산 과정에만 고유한 것에 초점을 맞추지 않는다.

라플래어 사건의 사실관계를 위의 두 가지 관점에서 살펴보면 대법원의 선택이 어떠한 실질적인 결과를 낳았는지 설명할 수 있다. 적법절차/기본권론을 적용하여 대법원은 고용주의 임신 관련 규정이 여성이 자녀를 낳을지 말지를 선택할 자유 수행에 부담을 주는 것인지, 만약 그러하다면 그 부담이 정당화될 수 있는지에 대해 물었다.[36] 라플래어 판

35 이에 반대하는 입장을 보려면 Law(1984: 1008-1010) 참고.

36 로 판결(410 U.S. 113, 155)에서 발표된 정당성 심사기준은 강력하게 필요불가결한 주의 이익심사기준(vigorous compelling state interest standard)이었다. 라플래어 판결(414 U.S. 640)에서는 "공립학교 출산휴가 규정이 인간의 기본적인 시민적 권리 중 하나에 직접적으로 영향을 미친다. … 이러한 규정이 교사의 헌법상 보장되는 자유라는 극히 중요한 영역을 쓸데없이, 자의적으로 또는 변덕스럽게 침해해선 안 된다는 것이 수정헌법 제14조 적법절차조항이 요구하는 바이다"라며 그 이유를 설명

결에서 연방대법원은 여성에게 임신 중반에 무급휴가를 부여하도록 요구하는 규정이 여성에게 '과도한 부담'을 주고 충분히 정당화될 수 없다고 말하는 데 아무 어려움이 없었다.

그러나 휴가정책이 덜 극단적이었을 경우를 가정해 보자. 예컨대 최근까지도 몇몇 주에서 시행하는 것처럼 출산예정일 6주 전에는 휴가를 써야 하고 출산 후 6주까지는 복귀할 수 없다는 규정이나 법률을 가정해 보자. 연방대법원은 이러한 산전 6주 산후 6주 규정은 임산부의 재생산 선택권에 부담이 되지 않는다고 하거나, 설령 부담이 된다고 해도 그렇게 불합리한 규제는 아니라고 결론지을 수도 있을 것이다. […] 이러한 결론을 내면서 대법관들은 라플래어 판결에서 그랬듯이 교육제도라는 맥락 속에서 임신 그 자체의 특성만을 본다.[37]

성평등 접근은 다른 분석방법을 요할 것이다. 산전 6주 산후 6주 규정의 유효성을 평가하면서 연방대법원은 비교에 의한 분석방법을 써야 할 것이다. […] 잠재적으로 노동능력에 장애를 가져올 수 있는 신체적 상태이거나 선택수술이 예정된 직원이 노동능력 없음을 증명하는 의학적 신호가 있을 때까지 근무할 수 있도록 허용한다면, 임산부도 의학적으로 보았을 때 근무를 중단하는 것이 적합할 때까지 일할 자격이 있을 것이다.

따라서 평등보호 분석은 노동능력 장애상태를 관장하는 피용자의 일반적 규칙을 참고하여 임신 관련 규칙의 타당성을 평가하는 실제적인

하지 않은 채 합리성 심사기준을 적용하였다.

37 다른 장애상태의 경우를 어떻게 처리하는지 참고해 보면 임신 관련 규정에 대한 주의 이익이 얼마나 강력한지 평가하는 데 도움이 될 것이지만, 이러한 비교는 평등보호조항의 적용을 받는 성차별 분석에서와 달리 적법절차 분석에서는 강제되지 않는다. […]

기준을 제공하며, 이로써 논의의 초점을 옮기게 된다.[38] 임신 관련 규칙의 내적 논리만을 보게 하는 적법절차 분석과 반대로, 평등보호 분석은 임신한 여성을 분리된 집단에 자동 격리하지 않는다. 오히려 그녀는 신체적 상태 때문에 일을 떠날 것이 강제될 수 있는 다른 사람과 다를 바 없는 사람이다. 게다가 성역할에 대한 전제, 정형화된 기대 그리고 임신에 대한 규범적 판단이 영향을 미쳤는지가 성차별 분석의 일부로서 명확하게 조사되어야 한다. 이러한 요소들이 입법에 영향을 주었다면, 그 입법은 헌법적인 의미에서 명을 다한 것이다.

[…] 실제로 재생산 선택 사건에서 발전해 온 이론은 여성의 지위에 중대한 관련성을 갖는다. 그러나 적법절차 관련 사건에서의 이론은 여성의 평등 문제에 명확히 민감하거나 그것에 초점을 맞추지 않는다. 그것은 개인의 지위가 아니라 주정부의 '부당한' 간섭 없이 특정한 선택을 할 자유에 관심이 있는 이론이다. 적법절차론과 평등보호론은 명백하게 다른 제약과 결과를 초래한다. 두 이론은 재생산이라는 현상의 서로 다른 측면에 주목하기 때문에—한쪽은 주정부의 간섭 없이 재생산 관련 선택을 할 수 있는 자유를 보호하는 데 주목하고, 다른 쪽은 주정부가 양성을 공정하게 대우하는지의 여부에 주목한다—연방대법원은 두 가지 모두 임신차별 사건에 적용 가능하다고 할 수도 있었다. 평등보호 접근법은, 라플래어·게둘딕 사건 같은 특정한 맥락에서는 임산부가 처한 위치를 더 관련성 있게 대변해 주며, 임신이 규율되는 모든 맥락에

38 물론 이러한 변화는 대법원이 임신차별을 성차별로 인정하고자 하는가의 여부에 따라 좌우된다. 파웰(Powell) 대법관은 평등보호 접근법을 채택했지만 성차별로 인정하지는 않았다. 결국 그는 임신 관련 규정이 임신 4개월 이전의 여성과 그 후의 임신한 여성을 구별한 것이라고 보았다(417 U.S. 632, 652-656). 임신차별을 성차별로 본다는 것은 임신한 여성과 노동능력 장애상태인 남성의 두 범주를 비교한다는 의미이다.

있어서는 해당 규율이 자유에 대해서 가지는 함의뿐 아니라 평등의 측면에 있어서 가지는 함의에 대해서도 관심을 기울이도록 보증해 준다.

[…] 라플래어 사건은 처음부터 특이한 사례였다. 연방대법원은 이유도 설명하지 않은 채, 그 사건의 사실관계들에 대하여 로 판결에서 발표했던 불가피한 주의 이익심사기준compelling state interest standard보다 실질적으로 덜 엄격한 기준을 적용하였다. 연방대법원이 더 높은 심사기준을 적용할 필요성을 느끼지 못할 정도로 명백하게 불합리한 규정이라고 보았을 수도 있고, 다른 이유에서 그랬을 수도 있다. 그 논리는 설명되지 않은 채로 남겨져 있다. 어찌 되었든 라플래어 사건 원고가 교육위원회 정책의 피해자가 된 직후에 민권법 제7편의 적용범위가 공공부문으로 확장되었고, 그 이후로는 비슷한 사건들이 수정헌법 제14조보다는 민권법 제7편에 따라 결정되었다.[39] […]

따라서 2단계 시기의 마지막인 1976년까지 임신 관련 법률에 대한 헌법적 차원의 분석이 확립되었다. 평등보호조항을 통해 동등대우 모델 속에서 임신 문제를 다루려는 투쟁은 실패로 돌아갔다. 반면에 연방하급심법원들은 민권법 제7편의 목적상 임신차별이 성차별이라는 의견에 만장일치로 동의하였다.[40] 임신 문제는 대개 고용차별이라는 맥락에서 나타났기 때문에 여성이 임신 관련 규칙에 이의를 제기할 능력에 게둘

39 414 U.S. 639 주 8.

40 Communications Workers v. A.T. & T., 513 F.2d 1024(2d Cir. 1975); Wetzel v. Liberty Mutual Ins. Co., 511 F.2d 199(3d Cir. 1975), vacated on jurisdictional grounds, sub.nom. Liberty Mutual Ins. Co. v. Wetzel, 424 U.S. 737(1976); Gilbert v. General Electric Co., 519 F.2d 661(4th Cir. 1975), rev'd 429 U.S. 125(1976); Tyler v. Vickery, 517 F.2d 1089(5th Cir. 1975); Satty v. Nashville Gas Co., 522 F.2d 850(6th Cir. 1975), aff'd, 434 U.S. 136(1977); Hutchinson v. Lake Oswego School Dis. No. 7, 519 F.2d 961(9th Cir. 1975).

딕 판결이 미친 영향은 제한적이었다.[41] 그러나 대법원은 아직 민권법 제7편을 적용하여 임신 문제를 판단한 적이 없었다.

3. 3단계: 1976–1978년

1976년 12월 내려진 길버트 판결[42]에서 연방대법원은 결말을 지었다. 게둘딕 판결에 많이 의존하면서 이전에 평등보호조항을 해석했듯이 민권법 제7편을 해석하여, 법원은 임신에 근거한 차별은 성차별이 아니라고 판단하였다.[43] 길버트 사건은 표면상 게둘딕 사건과 매우 유사했다. 이 사건은 일반적인 적용 범위 및 임신 관련 장애를 제외한다는 점에서 캘리포니아주 제도와 거의 동일한 기업 장애보험제도에 관한 것이었다.

41 [...] 민권법 제7편의 1972년 개정을 통해 성차별금지 적용대상이 공공부문 고용주에까지 확대되면서, 라플래어 사건과 같은 사실관계도 민권법 제7편의 적용대상이 되었다. 게다가 가장 해로웠던 임신 관련 법률의 일부가 바뀌었다. 대법원은 라플래어 판결을 인용하면서 임신여성을 고용보험 적용대상에서 제외하는 규정을 전원합의체 판결을 통해 제거하였다. 캘리포니아주 의회는 대법원이 하지 않으려 했던 일을 마침내 해결하여 장애보험 적용대상을 임신으로 인해 노동능력을 잃은 사람에게로 확대하였다[Cal. Unemp. Ins. Code §2626(West Supp. 1985)]. 나머지 4개 주의 장애보험기금은 현재 임신을 다른 노동장애의 경우와 마찬가지로 취급한다. 게둘딕 판결 이후 남은 큰 공백은 아마도 군대에서 임신을 처리하는 문제인데, 군대는 민권법 제7편의 적용대상인 '고용'에 해당하지 않기 때문이다.

42 429 U.S. 125.

43 민권법 제7편에 근거하여 판단하는 것은 평등보호조항에 근거한 경우와 그 결과가 다르다. 게둘딕 판결에서 성차별이 아니라는 판결은, 임신을 이유로 한 분류에 대해 평등보호조항에 근거하여 성차별 사건에 적용하던 더 엄격한 심사기준 대신 합리성 심사기준을 적용한다는 것을 의미했다. 길버트 판결은 '성별에 근거한' 규칙과 달리, 임신에 따른 회사규칙이 그 자체로 민권법 제7편을 위반한다고 일응추정(aprima facie)되지 않는다는 것을 의미한다. 따라서 어떤 청구인이 민권법 제7편에 근거하여 그러한 규칙이 성차별이라고 주장하기도 어렵다.(그러나 민권법 제7편에 근거하여 원고는 임신 관련 규칙이 성차별을 은폐하기 위한 핑계에 불과하거나 여성에 대해서 불평등하게 불이익한 효과를 낳는다고 주장할 수 있다.)

랭퀴스트 대법관은 다수의견을 대표하여 분석을 시작하면서, 고유한 신체적 특성인 임신에 근거한 차별은 성차별 '그 자체'가 되지 않는다는 게둘딕 판결의 결론을 가져온다. 따라서 임신 관련 규칙은 성별에 근거한 것이 아니라 '중립적'이다.[44] 스튜어트 대법관이 게둘딕 판결에서 그러했던 것처럼, 랭퀴스트 대법관은 게둘딕 사건에서와 같은 임신 관련 규칙은 성차별을 은폐하기 위한 '위장pretext'도 아니라고 주장하였다.[45] 그러나 게둘딕 판결에서 의존했던 평등보호조항과 달리 민권법 제7편에는 위반에 관한 제3의 이론이 있고, 랭퀴스트 대법관이 임신 관련 법률과 평등에 대해 독특한 기여를 한 것도 이 제3의 이론과 관련해서이다.

민권법 제7편하에서는 외관상 '중립적'이지만 성별에 따라 불균형적인 효과를 가져오는 규칙 역시 위법하다. 그러나 랭퀴스트 대법관은 임신장애와 관련된 제너럴 일렉트릭 사社의 특정한 '중립적' 규칙이 여성에 대해 차별적인 효과를 가져온다고 볼 수도 없다고 하였다. 그는 남성과 여성 둘 다 장애보험제도의 적용을 받는다고 말했다. 게다가 양성에 공통적인 장애도 보장된다. 따라서 임신으로 인한 장애는 '여성에게 고유한, **부가적인**extra 위험'[46]이다. 그것을 여성에게 보상하지 않았다고 해서 해당 제도의 기본적인 성평등이 무너진 것은 아니다. 그는 각주에서 핵심으로 들어간다. 민권법 제7편은 "'더 큰 경제적 혜택'이 … '인간 존재의 구성에서' 각기 역할이 다르다는 이유로 한 성이나 다른 성에게 부여될 것"[47]을 요구하지 않는다. 이러한 결론은 게둘딕·길버트 판결 다수의견에 깔려 있던 철학을 놀라울 만큼 명확하게 보여 준다. 랭퀴스트 대법관에게 임신은 '부가적인extra' 것, 인간에 대한 기본적인 남성적

44 429 U.S. 125, 134-135.
45 429 U.S. 125, 136.
46 429 U.S. 125, 139. 강조는 원문.
47 429 U.S. 125, 139 주 17.

모델의 추가품이다. 평등은 부가적인 것에 대해서 혜택을 주는 것을 고려하지 않는다. 실제로 그렇게 한다면 그것은 여성에게 특별한 혜택을 주는 것이며, 아마도 남성에 대한 차별이 될 것이다. 그 프로그램이 남성의 고유한 장애는 보상한다는 사실은 그의 분석에 전혀 영향을 미치지 않았다.

게둘딕 판결의 반대의견에서 브레넌 대법관이 "주정부는 장애보상에서 이중적인 기준을 만들었다. 여성 노동자에게 주로 발생하는 장애에는 제한이 붙는 반면, 남성들은 남성에게만 또는 남성에게 주로 발생하는 장애를 포함하여 모든 장애에 대해 완전한 보상을 받는다"[48]고 한 것은 문제의 핵심을 거의 파악한 것이었다. 브레넌 대법관조차 간과했던 점은 해당 법률이 '이중적인' 기준을 만들어 내지 않았다는 사실이다. 그 법은 오히려 남성을(남성이 겪는 어떤 장애이든 보장해 주는) 기준으로 만들고 그 기준과 비교하여 여성을 평가하였다.(그가 보장받는 장애를 그녀도 보장받는 한 그녀는 동등하게 대우받는 것이다.)[49]

48 417 U.S. 484, 501.

49 브레넌 대법관은 길버트 판결의 다수의견 논리에 따르면 여성에게 불평등한 효과를 미치지 않은 채 여성에게만 고유한 장애들이 보험제도에서 배제될 수 있다는 점에 주목했다(429 U.S. 125, 152 주 5). 남성적 시각에서 여성의 권리를 정의할 때 랭퀴스트 대법관은 훌륭한 동료를 둔 것이다. 여성의 신경증을 특정 성에 고유한 신체적 특성인 성기의 결핍 때문인 것으로 분석하면서 프로이트는 마찬가지의 남성 편향적인 논리를 전개한 바 있다. 여성이 자신의 신체적인 '결핍'을 인식하면 자신을 '훼손되고' 부적당한 남성으로 인식한다.(남성은 여성을 그렇게 인식한다.) 이제 우리는 남성에게 부족한 신체적 능력을 여성이 갖고 있음을 감지하자 그것을 '부가적인' 것이라 부르고 벌주는 랭퀴스트 대법관을 보고 있다. 랭퀴스트 대법관과 프로이트의 공통점은 남성이 평등을 판단하는 기준이라는 확신을 갖고 있다는 점이다. 여성이 남성에 무언가를 덧붙인 것이든 뺀 것이든 간에 여성은 혼자서 자신에게 불리한 집단에 있다. 몇몇 여성주의자는 스튜어트·랭퀴스트 대법관의 '남성에 무언가를 추가한 것'이라는 임신 개념을 공유하면서(Krieger & Cooney, 1983: 526 참고) 임신한 여성 노동자가 다른 노동자는 받지 못하는 특별한 혜택을 받아야 한다고 주

랭퀴스트 대법관으로서는, 여성이 남성과 다를 바 없는 영역에서 남성과 같은 대우를 받는다면—장애보험제도에서는 심장마비, 골절, 맹장염 같은 질병에 대한 적용을 의미할 것이다—그것이 곧 평등이다. 법원이 [젠더 간] 형평equities을 출산능력과 관련해서만 사고하는 한, 법원은 형평이 문제 된다고 생각하는 범주들, 즉 부가적이고 분리되어 있으며 다른 범주들 안에서만 고려할 것이다. 즉, 가족, 혼인 또는 재생산의 권리는 적합한 상황에서는 이에 해당하지만, 공적인 평등과 평등보호는 이에 해당하지 않게 된다.

그 후로 민권법 제7편이 적용된 Nashville Gas Company v. Satty 판결(이하 '새티 판결')[50]은 다수의견의 입장에 있어 중요한 주석을 남겼다. 이 사건은 모성휴가에서 복귀한 여성이 이제까지 쌓아 놓은 선임권을 박탈당하도록 한 기업 정책에 대해 이의를 제기한 경우이다. 노라 새티Nora Satty는 직장에 복귀했을 때 이 정책에 따라 자신의 선임권이 사라진 것을 알게 되었다. 신입사원과 같은 대우를 받게 되면서 그 회사에서의 근속기간이 아무 소용이 없게 되었다. 휴가에서 돌아와도 기존에 쌓아 둔 선임권이 유지되는 다른 노동자와 반대되는 상황이었다.

랭퀴스트 대법관은 다시 판결문을 썼다. 그러나 이번에는 원고가 승소하였다. 랭퀴스트 대법관은 길버트 사건에서 여성은 추가적인 혜택을 요구했고, 남성이 겪을 수 있는 장애 이외의 새로운 장애에 대해 보험혜택을 받기를 원했다고 설명했다. 이와 반대로 새티 사건은 선임권의 상실이라는, 남성에게는 가하지 않으면서 여성에게만 가하는 부담

장하는 근거로 쓴다. 그들이 보기에 여성은 남성이 지고 있는 모든 부담을 지면서 임신이라는 부가적인 부담을 지고 있다. 때문에 그들은 임신한 여성에게 그들의 불평등한 생물학적 위치를 보상하기 위한 특별규정이 필요하다고 주장한다.

50 434 U.S. 136(1977).

과 관련되었다.[51] 그는 이 정책이 민권법 제7편을 위반한다고 결론 내렸다.[52] 복귀 후 선임권을 박탈당하는 것이 부담이 되는 반면에, 왜 임신장애휴가 동안의 소득상실은 부담이 되지 않는지는 수수께끼로 남아 있다. […]

임신을 부가적인 것으로 보고 그 결과 보험혜택의 확장을 특권이라고 생각하는 랭퀴스트 대법관의 기본 개념에는 설명이 필요하다. 그가 보기에 새티 사건의 원고는 임신 그 자체에 근거한 혜택을 구하지 않았기 때문에 길버트 사건의 원인과 구별 가능했다.[53] 그녀는 임신휴가 전에 선임권을 쌓았으며, 더 이상 임신상태가 아님에 따라 복귀하면서 그 선임권을 박탈당했다. 그녀는 임신 전에 쌓아 둔 것을 임신 후에도 유지하길 원했을 뿐이다. 랭퀴스트 대법관에게, 여성이 '정상적인' 노동자로서 쌓았던 혜택을 '정상적인'(임신하지 않고, 남성과 비슷한) 상태로 다시 돌

51 연방대법원은 다음과 같이 선고하였다. "[길버트 사건과] 대조적으로 원고는 남성이 받을 수 없고 받지 않고 있는 혜택을 여성에게 확장할 것을 거부했을 뿐 아니라 남성이라면 겪지 않았을 실질적인 부담을 여성에게 주었다. 혜택과 부담 사이의 차이점은 의미론적인 것 이상이다. 우리는 길버트 판결에서 §703(a)(1)이 '인간 존재에 있어 각기 역할이 다르다는 이유로' 한 성이나 다른 성에게 더 큰 경제적 혜택을 줄 것을 요구하지 않는다고 주장하였다. … 그러나 위와 같은 입장이라 해서 여성의 다른 역할을 이유로 고용기회를 박탈하는 방식의 부담을 노동자에게 지우는 것을 §703(a)(2)가 허용한다고 해석해선 안 된다."(434 U.S. 142)

52 이는 민권법 제7편의 목적상 임신차별은 성차별이 아니라는 길버트 판결의 입장을 철회하는 것이 아니다. 바라던 것보다는 덜 명쾌한 입장이지만, 랭퀴스트 대법관은 임신 관련 규칙이 중립적이라고 보며, 이 규칙이 여성에 대해서만 불평등하게 불리한 영향을 미치는지를 판단하고 있는 것으로 보인다. 남성은 박탈당하지 않는 선임권을 여성은 상실하기 때문에 선임권 관련 규칙은 불평등한 효과를 낳는다. 랭퀴스트 대법관은, 고용주가 해당 규칙의 경영상 필요성에 대해 입증하지 않았기 때문에 민권법 제7편을 위반하였다고 선언하였다(434 U.S. 136, 140-143).

53 새티가 임신과 관련된 혜택의 확장을 주장하였다면(그녀는 회사의 질병휴가 정책에 따라 임신으로 인한 장애상태에도 그 혜택을 적용할 것을 구하였다.) 길버트 사건 원고와 같은 운명이 되었을 것이다(434 U.S. 136, 143-146).

아왔을 때 박탈하는 규칙은 평등의 문제와 관련되는 것이고, 반면에 임신이라는 남성이 경험하지 않는 영역으로 들어가면 그렇지 않게 된다.

4. 4단계: 1978-1985년

길버트·새티 판결에 대응하여 1978년 연방의회는 민권법 제7편에 대한 수정안으로서 임신차별금지법을 통과시켰는데, 이 법은 임신을 평등 모델에 따라 다룰 것을 명백하게 요구하였다. 민권법 제7편 개념정의조항을 개정한 임신차별금지법은, 임신·출산 및 기타 관련된 의학적 상태를 이유로 하는 고용차별이 이 법의 목적상 성차별이라고 규정한다.

임신차별금지법의 두 번째 문장에서는 "임신·출산 및 기타 관련된 의학적 상태의 영향을 받는 여성은 복리후생제도상의 혜택을 포함한 모든 고용 관련 사안에 있어서, 노동능력 또는 무능력 상태에 대하여 임신의 영향을 받지 않았으나 같거나 비슷한 영향을 받은 다른 사람과 마찬가지의 대우를 받아야 한다"[54] […] 라고 하여 이 법이 어떻게 해석되어야 하는지 설명한다.

임신은 노동자에게 생기는 다른 신체적인 사건과 비교 가능한 하나의 신체적 사건으로 이해되어야 한다. 신체상태가 좋은 노동자가 해고되지 않는다면 신체상태가 좋은 임신한 노동자도 해고될 수 없고(라플래어 판결의 결과), 신체적으로 장애상태인 임신한 노동자는 다른 이유로 장애상태가 된 노동자와 다르게 대우받아서는 안 된다(길버트 판결을 무효화함). 임신의 영향을 받은 여성이 모든 고용 관련 사안에 있어 노동능력이 비슷한 상태인 다른 사람들과 마찬가지의 대우를 받아야 한다는 요구는 임신 관련 규칙을 민권법 제7편의 일반적인 차별금지 속에서

54 42 U.S.C.§2000e(k) (1983).

다루고자 하는 임신차별금지법의 의도를 강조한다. 임신한 노동자가 다른 '비슷한' 상태의 노동자보다 더 불리하지 않게—더 유리하지도 않게—대우받아야 한다는 것이 의회의 입법 의도임은 법문의 표현에서도 명확히 드러난다.

임신차별금지법 해석을 둘러싼 최초의 사건에서 연방대법원은 의회가 길버트 판결과 그 판결이 근거한 원리를 제거하고자 했다고 이해하였다. Newport News Shipbuilding & Dry Dock Co. v. EEOC 판결(이하 '뉴포트 판결')[55]에서 대법원은 피부양자에 대한 다른 의료절차보다 배우자의 임신과 관련된 의료비용에 대한 적용 범위를 더 좁게 한 직장 의료보험제도를 7:2로 위법하다고 판결하였다. 스티븐스Stevens 대법관은 이러한 정책이 남성 노동자에 대한 차별이라고 말하였다. […]

뉴포트 판결이 나오면서 길버트 판결의 개념 틀은 결정적으로 묻히게 되었다. 임신에 근거한 규칙은 잠정적으로 민권법 제7편 위반이다. 그 규칙이 민권법 제7편상의 진정직업자격 예외에 해당하는지 입증할 책임은 고용주에게 있다.[56] […] 연방대법원에서의 위태로운 발전에도 불구하고 동등대우 접근법은 결국 고용주의 임신 정책을 바꾸게 되었다

55 462 U.S. 669(1983).

56 제5연방항소법원의 진정직업자격 판단기준을 따르는 법원들이 보기에 이는 고용, 승진, 해고와 관련하여 모든 여성 또는 실질적으로 보았을 때 모든 임신한 여성이 해당 업무를 안전하고도 효율적으로 수행할 수 없음을 고용주가 입증해야 한다는 것을 의미한다. Weeks v. Southern Bell Tel. & Tel. Co., 408 F.2d 228(5th Cir. 1969) 참고. 그리고 임신한 사람을 채용하면 경영활동의 핵심적인 부분이 위태로워짐을 입증해야 한다는 것을 의미한다[Diaz v. Pan Am. Airways, Inc., 442 F.2d 385, 388(5th Cir. 1971), 404 U.S. 950(1971)(이 같은 상황에서 복리후생과 관련하여 소송을 제기하려면 심사가 조정되어야 할 것이다.)] 제9연방항소법원에서는 한 성별에 고유한 신체적 특성이 해당 직무의 성공적인 수행을 하는 데 결정적으로 중대함을 고용주가 입증해야 한다는 의미로 해석되었다[Rosenfeld v. Southern Pac. Co., 444 F.2d 1219, 1225(9th Cir. 1971)].

(Kohl & Greenlaw, 1983; Kamerman et al., 1983: 50-52, 60-62, 74-76).

길버트 판결이 지배적이었던 임신차별금지법의 발효 전 2년 동안을 제외하고는 대체로 하급심은 평등접근법equality approach을 받아들였다. 고용관계의 종료와 강제휴가를 요구하는 고용주의 정책은 위법함이 명백해졌고 거의 근절되었다.[57] 노동능력에 장애가 오기 전까지 일할 자격이 여성에게도 주어졌고, 다른 사유로 인해 일시적으로 노동능력 장애상태가 된 사람과 같은 근거에서 복귀하게 되었다. 임신 때문에 일할 수 없게 된 여성에게도 다른 노동자와 같은 근거에서 유급병가, 개인휴가, 장애보장, 의료 및 입원 급부를 요구할 자격이 생겼다. […]

그러나 심각한 문제는 여전히 남아 있다. 민권법 제7편은 군대에는 적용되지 않고, 게둘딕 판결 때문에 여성을 많이 고용하는 고용주 중 하나인 군의 임신 관련 정책은 본질적으로 심사되지 않는다.[58] 게다가 임신에 대한 과거의 모성휴가 접근법을 장애 모델disability model로 대체한 것

57 해고가 여전히 발생하기는 하나 임신한 여성을 해고하는 것은 공공연한 정책에 의해서가 아니라 다른 형태의 위장 속에서 발생한다. 그런 경우에 원고는 은폐된 차별이 존재한다고 주장하는 민권법 제7편 사건의 원고처럼 Texas Department of Community Affairs v. Burdine, 450 U.S. 248(1981); Board of Trustees of Keene State College v. Sweeney, 439 U.S. 24(1978); McDonnell-Douglas Corp. v. Green, 411 U.S. 792(1973) 판결에서 제시한 원칙에 따라 고용주가 임신을 이유로 차별할 의도가 있었음을 입증해야 한다.

58 규칙의 면제를 허용하는 군의 지침을 바꾼 1971년이 될 때까지 임신한 여성 군인은 고용관계가 종료되었다. Struck v. Secretary of Defense, 460 F.2d 1372(9th Cir. 1971)(파기환송), 409 U.S. 1071(1972) 참고. 1975년 규칙면제 지침은 폐지되었고 임신한 여성도 군대에 계속 남게 되었다[Plaintiff's Memorandum in Opposition to Defendant's Renewed Motion for Summary Judgment, at A-9, Mack v. Rumsfeld, No. 76-22(W.D.N.Y. 1984)]. 그러나 임신한 여성은 여전히 학생군사훈련단이나 사관후보생학교에 등록하거나 입학할 수 없고 또한 육군사관학교에 입학할 수 없다(Hartnett, 1984: 13). 기초훈련이나 개별향상훈련 기간 동안에 임신한 군인이 훈련에 완전히 참가할 수 없게 되면 강제로 제외될 수 있다(Hartnett, 1984: 13-14).

은 일할 수 없는 상태가 된 임신한 피용자들에게 더 많은 금전적 혜택을 주게 되었지만, 고용주로 하여금 장애 기간으로 휴가를 제한하도록 하는 결과도 낳았다.[59] 강제적인 모성휴가에는 노동을 할 수 없는 신체상태인지의 여부와 상관없이 출산 후 어머니가 일을 쉬면서 신생아와 함께 시간을 보낼 수 있는 일정 기간도 종종 포함되어 있었다. 비록 무급이고 피용자에게 선택의 여지가 없었지만,[60] 이러한 기간은 아기의 삶의 첫 시기를 집에서 보내고 싶다는 피용자들의 중요한 욕구를 충족시켰는데, 오늘날 고용주는 이런 욕구를 인정하지 않는 경우가 매우 많다.

마지막으로 민권법 제7편은 고용주가 다른 노동자에게 이미 적용했던 혜택을 임신한 노동자에게 보장할 뿐이라는 현실이 남아 있다. [⋯] 그러는 동안에 몇 개 주[61]에서 이 공백을 부분적으로 줄이기 위한 입법을 하고 무급휴가와 복직할 권리를 보장한 점은 아마 놀라운 일이 아닐 것이다. 이 장의 서두에서 소개했던, 법률적으로 임신 문제를 어떻게 다루어야 할 것인가를 둘러싼 최근의 논쟁을 촉발시킨 것이 이 규정들이다.

59 Kamerman et al.(1983: 75-76), Catalyst(1984: 6)에 따르면, 유급휴가가 더 길어진 반면 어떤 회사에서는 무급육아휴직 기간을 줄였다. EEOC v. Southwestern Electric Power Co., 35 Fair Empl. Prac. Cas.(BNA) 801(W.D. Ark. 1984) 판결에서는 출산 4주 이후에 신체가 건강함에도 복직을 거부당한 여성이 다른 이유로 인해 노동능력 장애상태가 된 이전의 경우와 다르게 취급되었다는 증거가 없으면 민권법 제7편 위반이 아니라고 하였다.

60 예컨대 414 U.S. 632(클리브랜드주 규정에 따르면 교사는 자녀가 출생 후 3개월이 되는 학기까지 복직해선 안 된다.) 참고.

61 Cal. Gov't Code§12945(b)(2); Conn. Gen. Stat. Ann.§46 a-60(7); Mont. Code Ann.§49-2-310(1)-(2).

IV. 동등대우/특별대우 논쟁

우리는 이제 5단계인 교차로에 이르렀다. 스케일스, 크리거와 쿠니가 제기했던 문제들에 대해 답이 필요하다. 임신에 동등대우 접근법을 적용한 근 15년간의 실험은 실패했는가? 그 접근법은 치명적인 결함이 있거나 더 이상은 쓸모없는 임시 전술에 불과했던가? 만약 그렇다면 '동등대우'와 게둘딕·길버트 판결 사이에서 진퇴양난에 빠지지 않을 효과적인 대안이 있는가?

나는 1970년대 초 여성주의적 법률가들이 임신에 대해 적용했던 '동등대우' 접근법이라는 방향이 여성의 전면적인 노동시장 참여를 가로막는 구조적 장애들을 줄이고, 개인에게 정당한 결과를 보장하며, 좀 더 평등주의적인 사회구조를 떠받칠 수 있도록 하는 데 있어 최선이라고 믿는다. 몇 가지 문제점이 없는 것은 아니지만(Olsen, 1983: 1555-1560), 이 접근법은 이론에 근거한 것이고 다른 방식보다 더 우수한 결과를 낳는다.

이하에서는 법원이 채택하는 다른 접근법과 비교해서 동등대우 접근법이 가지고 있는 장점과 그 이론적 근거가 제시될 것이다. 다음으로는 논쟁 거리가 된 몬타나·캘리포니아주의 '특별대우' 임신 관련 법률에 이 접근법을 적용해 볼 것이다. 마지막으로 고용주와 정부의 관행에 문제를 제기하는 데 있어 사법부에서의 도전과 함께 입법부의 주도가 핵심적인 역할을 한다는 것을 주장하고, 동등대우 접근법이 임신한 임금생활자 문제에 대한 최선의 입법적 해결책을 어떻게 제시하는지 보여줄 것이다.

1. '동등대우'를 위한 변호

동등대우 접근법 지지자가 보기에 이 접근법은 법이 전통적인 성별에 근거한 가족 내 역할을 강화하지 않도록 하고, 여성의 노동시장 참여도가 증가하는 것에 발맞춰 작업장이 변하도록 하기 위한 더 큰 전략의 일환이다.[62]

1970년대 초 분명히 나타났던 임신 관련 사내규정들은 소득활동을 하는 여성에 대한 악의적이고도 불합리한 방해를 단순하게 임의적으로 집약해 놓은 것이 아니다. 무지나 부주의의 부산물도 아니다. 오히려 이 규정들은 여성에게 눈에 띄게 나타나는 작업장 행동의 유형을 반영하고 여성, 일, 가족에 대한 일련의 특정한 가치관과 목표를 구체화한 일관된 구조를 형성하였다.

그 핵심에는 남성의 '타고난' 기능은 가족 생계부양이고 여성의 '타고난' 기능은 출산·양육이라는 이데올로기가 있다. 여성 노동자의 임신은 (그 전에 그녀가 결혼했기 때문에) 그녀의 일차적인 역할이 임박했음을 알리는 하나의 신호였다. 때문에 사내규정들은 임신한 여성을 해고하는 방식으로 다루었다. 만약 그녀가 이러한 추정을 무시하고 근무를 계속하고자 하면 많은 장애물에 부딪히게 되었다. 노골적으로 해고당하는 사태를 피한다 해도 자신의 바람이나 노동능력 여부와 상관없이 강제적으로 휴가를 써야 했다. 복직할 권리를 보장받지 못하고 병가나 장애휴가 사용을 거부당하며 선임권을 상실하고 고용보험 적용도 받지 못했다. 게다가 임신 관련 의료 비용에 대한 건강보험 적용 범위가 줄어들거

62 여성의 노동시장 참가율은 1890년의 19.6%에서 1980년의 59.9%로 늘어났고, 전체 노동력 중 여성의 비율은 17%에서 43%로 늘어났다(Goldin, 1985). 지난 20년간 단연 빠른 성장세를 보인 것은 기혼여성, 그중에서도 어린 자녀가 있는 기혼여성의 참가율이었다. 1960년 기혼여성의 약 27%가 노동시장에 참여하였다. 1970년 이 수치는 40%가 됐고, 1980년에는 54%가 됐다(Kamerman et al., 1983: 7). 1982년에는 미취학 연령 자녀를 둔 어머니의 절반(3세 이하 자녀를 둔 어머니의 46%)이 노동시장에 참여하였다. 예측 결과가 정확한 것이라면 1990년에는 미국 노동력의 온전한 절반이 여성이 될 것이다(Catalyst, 1984).

나 아예 사라질 수 있었다. 이 모든 것들은 여성 노동자에게 임신이 작업장의 문제가 아니라 가족의 문제라는 뼈저린 교훈을 준다. 고용주와 주정부는 임신했거나 유년기 자녀가 있는 한 여성을 노동자로 인정하지 않으려 했다.

오늘날 여성주의자들은 처음부터 남성은 작업장으로, 여성은 가정으로 배치하는 분리영역 이데올로기separate spheres ideology를 거부해 왔다. 전통적인 가족 내 역할구성—재정적 지원, 가사, 자녀양육—중에서 중요한 기능이 성별에 근거해선 안 된다고 주장해 왔다. 법률과 규칙이 전통적인 역할배분을 강요하고 선택을 가로막는다면, 그것은 가족 내 자녀양육 담당자와 생계부양자의 성별이 어떠해야 할지 전제하지 않는 법률과 규칙으로 대체되어야 한다. 게다가 자녀가 있는 가정의 성인은 거의 모두 직장에 다니기 마련이고 그에 따라 맞벌이 부모는 양육자 역할을 함께해야 할 필요가 있다는 현실을 반영하여 작업장도 재구조화해야 한다. 오늘날 가족 중 상당수가 소득활동과 양육활동을 둘 다 맡아야 하는 한부모 가정이라는 사실도 마찬가지로 중요하다.

부모로서의 필요와 의무를 수용하는 것은 주변적인 '여성만의 문제'로 남는 것이 아니라 작업장 문제의 핵심으로 파고들어야 한다. 부모로서의 문제를 하찮게 여기는 것은 노동시장 참가자로서의 여성을 구조적으로 주변화한다(Frug, 1979: 94-103). 여성들의 노동에 대한 애착workforce attachment이 광범위하게 증가한다는 사실은, 배제라는 낡은 방법으로 가장 잘 통제됐던 주변부 노동자의 사적인 문제로 임신을 다루어서는 안 된다는 것을 뜻한다. 렝퀴스트 대법관의 입장에도 불구하고 임신하기 전까지만 여성을 완전히 혜택을 적용받을 수 있는 '진정한' 노동자로 보는 것은 더 이상 유효하지 않을 것이다.

현재 작업장은 여전히 성별에 근거하여 자녀양육 의무를 배분하는 과거의 관행에 맞추어져 있다. 기본적인 구조에서 여전히 '진정한' 노동자는 남자들이고, 그들은 '개인적인 생활' 때문에 일생에 걸쳐 장기간

단절되지 않는 근무 기간 동안 장애물이 생기지 않고 그래서도 안 된다고 가정된다. 여성의 대다수는 아직도 부차적이고 분리된 주변부 노동력에 속하고, 이직이 예정되고 최소한의 단절 기간을 겪어야 하는 직업인 노동자와 어머니로서의 이중 부담을 지고 있다(U.S. Commission on Civil Rights, 1983).

'동등대우' 모델은 고용주와 주정부가 전통적인 성별에 근거한 방침에 따라 가족관계를 구조화하도록 강요하는 규칙을 만들거나 유지하지 않도록, 일시적으로 노동자에게 영향을 미치는 일반적인 사건의 범위 속에서 임신 문제를 다루는 것을 거부하지 않게 하기 위해 고안되었다.[63]

출산휴가는 전통적으로 임신을 시작한 여성을 위한 무급휴가였다가 출산 후 몇 달까지로 확장되었다. 임신한 여성은 주된 양육자가 될 수밖에 없다는 가정을 바탕으로 임신과 신생아 양육을 하나의 유형으로 묶어 버린 것이다. '동등대우' 모델은 임신과 자녀양육을 분리하고 각각 독립적으로 분석할 것을 주장한다.[64]

이러한 분리에는 중요한 의미가 있다. 양육 기능이 임신과 별개의

63 어떤 사람들은 임신이 자발적이며 따라서 그 결과는 해당 노동자에게만 적절한 영향을 미친다고 이의를 제기할 것이다. 각각의 여성은 의식적으로 임신하기로 선택한다는 점에서 개개인에게 임신이란 자발적인 것일 수 있고 자주 그러하다. 그러나 사회적 문제로 보자면, 먹고 자는 행위가 자발적이지 않은 것처럼 임신도 충분히 자발적이라고 보기 어렵다. 먹고 자는 행위와 임신은 모두 인간이란 동물이 생존하기 위해 필요한 기본 기능인 것이다. 남성과 여성으로 구성된 노동력인 경우 먹고 자기 위한 휴식시간을 노동자에게 제공할 거라고 기대하듯이 임신 관련 휴가를 제공하기를 기대하는 것이 적절하다. "임신이 자발적인 것이라면 그것은 여성이 자원할 정도로 좋은 일이라는 말일 것이다"라는 누군가의 말 속에는 상당한 지혜가 숨어 있다. 그러한 '지원자'가 없다면 노동력이라는 것이 존재하지 않을 것이다.

64 '동등대우' 모델에 관한 선구자적인 법학논문에서 연방노동부 여성국장인 쿤츠(Koontz, 1971: 48)는 '모성휴가(maternity leave)'라는 모호한 용어 대신에 '출산휴가(childbirth leave)'라는 용어를 쓰고 양성이 모두 사용 가능한 '육아'휴직(childrearing leave)이라는 별개의 개념이 발전되어야 한다고 주장하였다. […]

것으로 여겨지면 성별에 관계없이 부모 한 명이 그 책임을 져야 한다는 것이 분명해진다. 이런 분석을 따르면 육아휴직을 여성에게만 허용하는 것은 '부'에 대한 차별이 된다.[65] 따라서 자녀양육을 위한 휴직을 보장하는 고용주들은 '모성'휴가를 '부모'휴가로 바꿔야 한다. 이렇게 신생아 양육과 임신을 분리하면, 부모 역할을 평등주의적이거나 전통적이지 않은 방식으로 배분하는 선택을 가족이 할 수 없게 만들고[66] 자신의 경제적·개인적 필요에 가장 적합한 방식으로 생활을 꾸려 갈 수 없게 하는[67] 작업장 규칙들을 금지하는 데 도움이 된다. 더 나아가 어린아이의

65 예컨대 Ackerman v. Board of Educ., 372 F.Supp. 274(S.D.N.Y. 1974); 387 F. Supp. 76(S.D.N.Y. 1974) 참고. 육아휴직이 부부 중 어느 성에든 적용될 수 있어야 하는지에 대해서 여성주의 법학계는 만장일치로 동의하는 것으로 보인다. […]

66 전통적인 가족에는 몇 가지 중요한 특성이 있다. 어머니를 돌봄노동 담당자로 지정함으로써 남편과 자녀에게 최대한의 보살핌과 개인적 서비스를 제공한다. 어머니에게는 돌볼 기회가 더 많고 다른 가족 구성원에게는 보살핌 받을 기회가 더 많은 불균형한 상황이다. 한 사람의 자아와 잠재성을 발전시키기 위한 지원도 마찬가지로 불균형하게 배분된다. 작업장 구조가 어머니를 주변화하는 것은 기혼여성의 노동시장 참가율을 억누르고 전통적인 성역할 배분을 강화한다. 기업이 어머니의 부모로서의 책임만을 수용한다면 아버지들은 전통적인 역할에서 벗어나기 어려울 것이다. 전통적인 역할배분은 그 자체로 재생산된다.

낸시 초도로(Nancy Chodorow)는 그녀의 책 *The Reproduction of Mothering*(Chodorow, 1978)에서 전통적인 가족구조는 젠더 편향을 양산하는 요람이라고 한다. 자녀와 관계가 부족하고 가족 밖의 세계와 자신을 동일시하는 생계부양자인 아버지는 좀 더 강력하고 존경받는 것으로 보인다. 접근이 좀 더 쉽고 보살핌을 제공하는 어머니는 아마도 더 많은 사랑을 받겠지만 하녀와 비슷한 무언가로 간주되기도 한다. 어머니는 아버지에 비해 권력과 존경을 덜 받는다. 자녀들은 성역할에 대한 이러한 교훈을 내면화하고 그 자신의 가족과 바깥 세계에서 이를 재생산한다.

67 Kamerman et al.(1983: 256)에 따르면 부모휴가는 "부모역할과 자녀 성장에 있어 좋은 시작을 보장한다". 그리고 "여성과 남성을 동등하고도 공정하게 대우한다". […] 문제는 부모육아휴직이라는 관행이 필요성이 크기는 하나 어머니에게조차도 널리 보급된 것이 아니라는 점이다(Kamerman et al., 1983: 104). 따라서 해결책은 민권법 제7편을 제외한 다른 곳에서 나와야 한다. 게다가 육아휴직 관련 규정 그 자체가 보살핌에 대한 노동자의 욕구를 기업에서 수용해야 한다는 좀 더 폭넓은 필요

양육에 대해 어머니가 선천적이고도 불가피한 책임을 지고 있으며 아버지는 그 책임으로부터 면제된다는 시각을 흔들어 모성과 부성에 관한 정형화를 명백하게 거부한다.[68] 결국 고용주가 양육의무를 성별에 관계없이 어떤 부모든 경험할 수 있는 것이라고 생각하게 함으로써 일하는 편모가 처하게 되는 취약성을 줄일 수 있다.[69]

임신과 양육의 분리는 또한 임신 문제를 작업장의 맥락에서 다시 분석할 수 있게 해 준다. 임신한 여성에 대한 불이익한 처우의 상당수는 임신 그 자체가 아니라 출산 이후 그 여성이 보일 행동에 대한 예측 또는 그녀에게 기대하는 행동에 대한 입장에 근거한 것이다. 임신과 양육을 분리함으로써 미래에 어떻게 행동할지가 무의미해지면 임신은 순수한 신체적 사건으로 분석될 수 있다. 그럼으로써 임신이 임신한 여성에게 영향을 미치는 방식과 다른 신체상태가 다른 노동자에게 영향을 미치는 방식을 비교하는 기능적 분석을 하기 쉬워진다.[70] 기능적 분석을 적용하면, 노동능력에 장애를 일으키지 않을 경우에 다른 신체상태일 경우와 마찬가지로 임신이 해고나 강제휴가의 근거가 되어서는 안 된다

성에 대한 부분적인 해결책이다(Taub, 1985).

68 연방대법원의 비혼부 사건에 대한 뛰어난 분석(Law, 1984: 988-998)에서 로(Law)는 다음과 같이 말한다. "자식에 대한 책임을 질 때 여성은 독립적인 윤리적 행위자로서 행동한다. 생물학적으로 여성이 유아를 돌본다고 연방대법원이 가정할 때 여성의 행위에 도덕적 가치를 부여하거나 여성이 행하는 양육의 사회적 가치를 인정하기란 불가능하다. 아버지는 정체불명이고 부재중이며 책임이 없다는 가정에 근거하여 연방대법원이 성에 근거한 분류를 정당하다고 허용한다면, 이러한 일반화가 계속해서 참이 될 수 있을 것이다."(Law, 1984: 996)

69 이 점은 매우 중요하다. 편모가정은 1970년 10%에서 1981년 18%로, 절대수치로 따지면 93% 증가를 보였다(Kamerman et al., 1983: 7-8).

70 동등대우 접근법은 임신이 다른 신체상태와 '동일하다(same)'고 주장하지도 임신 그 자체가 장애라고 주장하지도 않는다는 사실에 주목하라. 오히려 임신이 노동자의 경제적 안정성과 직무수행 능력에 미치는 영향은 다른 신체상태로 인한 것과 유사하다. 크리거와 쿠니(Krieger & Cooney, 1983: 541)는 이 점을 놓쳐 버렸다.

고 주장할 수 있다. 그리고 임신으로 인해 노동능력 장애상태가 되면 다른 노동자에게 적합하게 제공되던 혜택이 임신한 노동자에게도 마찬가지로 확장되어야 한다고 주장할 수 있다.[71] [···]

문제는 **임신이 다른 현상인지**의 여부가 아니라(물론 임신은 다른 현상이다. 임신은 자신만의 특정한 신체적 징후, 발전 경로, 위험 그리고 대개 바람직하면서도 인생을 바꿀 수 있는 결과를 갖고 있다.) **어떻게** 다른가이다. 남성과 여성, 흑인과 백인은 다르다. 그렇지 않다면 하나의 범주로서 존재하지 못할 것이다. 남성과 여성, 흑인과 백인 문제에서처럼 임신 관련 논쟁의 초점은 그러한 차이가 특정한 고용 관련 규칙 속에서 적절해 보이는지의 여부에 맞춰야 한다. 완두콩을 먹는다는 목적에서 보자면 칼은 포크와 기능적으로 같지 않다. 그러나 둘 다 은으로 만들어졌다면 도둑에게 그 차이는 무의미하다. 마찬가지로 여성 노동자가 산통을 겪고 있을 때라면 심장질환을 앓는 사람에게 적합한 조치는 그녀에게 도움이 되지 않는다. 그러나 출산과 심장마비 때문에 일할 수 없게 되고 수입을 잃게 된다면, 일시적인 노동능력 장애상태로 인한 경제적 충격을 완화하기

71 게둘딕·길버트 사건에서의 장애보험제도는 일할 수 없는 상태가 된 노동자에게 소득의 일부를 보장하였다(429 U.S. 125, 128; 417 U.S. 500-501). 뇌졸중, 당뇨, 고혈압, 메스꺼움, 구토와 같은 임신 관련 합병증은 임신과 상관없는 장애상태와 동일하다. 다른 합병증은 임신 특유의 현상이기는 하나 질병의 전통적인 개념과 완전히 일치한다(태반 임신, 자궁 외 임신). 고유한 현상이기는 하나 출산 역시도 여성에게는 노동능력 장애상태이다. 진통, 출혈, 태반의 분리로 인한 개방성 상처 및 그에 따르는 감염 위험은 신체적·정신적 장애상태가 다른 노동자에게 미치는 것과 같은 영향을 낳는다—일시적으로 일할 수 없게 함으로써 소득을 상실하기 쉽게 만든다. 캘리포니아주 장애보험제도의 목적상 임신과 다른 신체상태 사이에 분명하고도 중요한 차이가 있지 않다는 것이 명백하다. 고용주가 보장하는 모든 포괄적인 장애보험, 질병휴가, 건강보험제도 역시 마찬가지이다. 채용, 해고 및 복리후생 등 고용상 결정을 하는 것과 관련이 깊은 임신과 다른 신체상태 사이의 중요한 차이점을 구체적인 예로 제시한 비판자가 없었다는 것은 의미심장하다.

위해 만든 장애보험제도가 그 둘 모두를 포함하는 것이 이치에 맞는다.

임신을 다루었던 작업장 규칙들은 여성에게 대단히 부담스럽고 불공평했다. 인류 재생산 그리고 여성의 전통적 지위에 있어 임신이 갖는 중요성은 여성에게 적합한 위치에 대한 낡은 이데올로기를 표현하고 강화하는 근거가 되어 왔다. 임신의 실체적이고도 신체적인 성격과 높은 가시성은 그러한 규칙들이 자연스럽고 적절한 것으로 보이게 해 왔지만, 자세히 검토해 보면 이 규칙들은 그 목적과의 관련성이 빈약하며, 연방대법원이 보기에 성별에 근거한 법률을 정당화하기 어려운 여성에 대한 매우 '낡은 관념'을 전제로 한다. 게둘딕 사건에서 원고가 다음과 같이 주장했듯이 말이다.

> 역사적 맥락에서 보았을 때 '고유한' 특성인 임신에 대한 차별은 이전의 성차별과 분리할 수 없고 오히려 차별의 연속선상에 있음이 명백하다. 실제로 여성이 신체적·정서적으로 남성과 다르다는 이유로 변호사가 되지 못하게 하는 것과 임신 가능성이 있다는 좀 더 협소한 이유로 특정 직무를 못하게 하는 것, 또는 임신했다는 이유로 해고하는 것 사이에는 차이가 없다. 법원이 판단해야 할 쟁점은 임신이 독특한 것인가 하는 추상적 문제가 아니라, 임신에 대한 법적 대우가 다양한 맥락 속에서 정당하거나 부당하다고 판단될 수 있는지의 여부이다.[72]

[…] 임신 관련 특별규칙이 지나치게 포괄적이지도 지나치게 협소하지도 않고 성역할에 대한 정형화와 무관한 경우가 실제로 있다. 이론적으로는 양성 간의 일반적인 차이 때문이 아니라 임신의 기능적인 의미 때문에 임신을 따로 구별하는 규칙은 정당화될 수 있다고 어찌하든 간에 가정할 수 있다. 고용관계에서 이러한 사례는, 드물기는 하지만 민

72 Geduldig, 417 U.S. 484(1974): 37-38.

권법 제7편의 진정직업자격에 해당하여 허용될 것이다.[73]

임신은 다른 것이고 다른 어떤 것과 비교할 수 없다는 가장 단순한 주장은 차치하고 본다면 '동등대우' 접근법에 대한 반대의 여지가 있을 것인가? 이 질문에 대한 답은 분명히 '그렇다'이다. 어떠한 비판의 여지가 남는지 알기 위해서는 비판자들의 입장에 대한 좀 더 자세한 설명이 필요하다.

스케일스는 임신 관련 사례를 해결하기 위해 이용하는 원칙을 찾기 위해 동등대우 접근법 지지자들이 진심으로 동의하는 주장에서부터 시작한다.

> 평등이란 단지 남성의 일과 제도운영에 여성이 들어가도록 하는 것이 아니라, 인간활동의 전 범위를 수용할 수 있을 정도로 폭넓은 제도로 대체하게 하는 것이다. 경쟁기회만을 요구하는 것은 억압적인 역할배분을 인정하는 경향이 있는 방식으로 현 상태를 유지하는 것에 불과하다(예컨대 자녀와 직장 사이에서 어느 하나를 선택해야 할 필요성). 게다가 경쟁기회의 평등만을 요구하는 것은 개별 여성에게 가해지는 현재의 제약이 집단적 특성이 작용한 결과라는 사실을 가려 버린다. 여성다움이라는 장애물을 극복한 예외적인 여성이 강조되고 집단적 조건에 대한 비판이 개인적 능력의 문제로 치부되면서 미래의 변화는 방해받는다.[74]

마찬가지로 자녀양육의 법적·경제적 측면을 고려하여 여성을 공적 세계로 통합한다는 스케일스의 목적은 정확하게 올바른 것으로 보인다.

73 이와 유사한 위헌심사기준을 적용해도, 임신한 여성에게 식량을 제공하는 여성·유아·아동을 위한 식량지원 프로그램은 Craig v. Boren [429 U.S. 190(1976)]의 기준 그리고 필요불가결한(compelling) 주의 이익심사기준으로도 승인받을 가능성이 명백하다(Law, 1984: 1031).

74 Scales, 1981: 427

동등대우 접근법 지지자의 "핵심적인 관심사는 양육과 노동 사이의 연속성을 촉진하는 제안들에 있다."(Scales, 1981: 440) "임신차별금지법은 최소한 고용관계가 있는 다른 노동자에게 적용되는 장애휴가, 질병휴가, 의료혜택이 임신한 노동자에게 자의적으로 보류되지 않도록 강력히 집행되어야 하며"(Scales, 1981: 440) '그 이상도 가능할 수 있다'는 그녀의 주장에 확실히 동의한다. 스케일스는 자신의 '결합주의적incorporationist' 입장에 맞춰서 임신한 노동자의 필요도 충족시키는 방식으로 노동자에게 광범위한 보호를 제공하는(Scales, 1981: 440)[75] 입법안이 '그 이상'에 포함된다고 생각한다.

스케일스가 방향을 잘 못 잡는 대목은 법원이 어디에서 잘못을 저질렀는지에 대하여 분석할 때이다. 그녀는 길버트·게둘딕 판결에서 연방대법원이 여성만의 고유한 능력을 복리후생제도 적용 범위에서 제외하는 입장을 취했다고 본다. 그에 따라 임신이 "사회적 연속체로 … 통합"(Scales, 1981: 436)되어 "여성의 삶의 현실을 반영하는"(Scales, 1981: 436) 것이 되기보다는 계속해서 배제된다. 따라서 이 사건들에서 발전해 온 이론은 남성과 다른 여성의 고유한 자질을 인정하거나 고려하지 않고 남성 중심의 작업장 모델을 유지한다.

흠잡을 데 없이 정확하게 법원의 입장을 설명한 후 스케일스는 해결책을 제시하는데, 여기에서 분석이 혼란에 빠진다. 게둘딕·길버트 판결의 결과를 보면서 그녀는 임신을 다른 신체상태나 과업enterprise에 비유하려는 시도가 문제라고 한다. 그렇게 함으로써 남성성을 표준으로 인정하게 된다고 생각한다. 그러나 연방대법원은 임신으로 인해 일할

75 그녀가 주장한 두 가지 아이디어는 출산비용을 포함하는 건강보험제도와 임신으로 인한 소득상실을 보전해 주는 장애보험제도이다. 둘 다 진정 '결합주의적'이다—임신한 노동자를 포함한 전체 노동자의 기본적인 필요를 충족시킬 수 있는 성중립적인 방법이다. […]

수 없는 여성과 다른 이유로 일할 수 없는 남성의 위치가 비슷하다는 것을 진지하게 고려하지 않았기 때문에[76] 남성중심적인 모델을 유지한 것이다. 복리후생제도에 있어 임신한 노동자가 겪는 위험이 다른 노동자의 경우와 비슷하다는 사실을 이해하지 못해서 여성이 노동자 보호를 위한 기초제도에 완전히 통합돼야 한다고 요구하지 못했고, 때문에 모성과 노동시장 참여 사이의 단절을 유지하게 되었다. 임신의 고유성이라는 스케일스의 주장은 '임신 사건에서 대법원이 도달한 결론과 상반된 결과를 가리키지' 않을 것이고 오히려 같은 결과를 낳을 것이다. 스케일스는 자신의 결합주의적 입장이—임신을 공적 영역에 포함시키고 적절하게 고려하는—동등대우 접근법에서 가장 효과적이라는 사실을 보지 못한다. 동등대우 모델을 탄생시킨 것이 바로 그러한 비전이다. 이 모델은 임신한 여성을 배제하는 작업장이라는 배경에서 제안되었고 임신의 '정상화normalization'를 촉진하기 위해 주장되었다. 소송에서 이 모델은 임신을 기존의 복리후생제도에 포함시키자는 주장의 근거가 되었다. 소송을 제기한 사람들은 임신이 다른 신체 현상과 '동일하다'는 주

76 기술적으로 보았을 때 게둘딕·길버트 판결의 문제는 임신에 근거한 분류를 성별에 근거한 분류로 보는 일을 거부한 것이다. 이는 게둘딕 판결에서 연방대법원이 합리성 심사기준을 적용했음을 의미한다. 이 심사기준 아래에서는 애매하게 그럴듯해 보이는 차이점만으로도 충분하다. 크리거와 쿠니도 비슷한 실수를 한다. "여기에 동등대우 모델의 첫 번째 결함이 있다. 이 모델은 잘 들어맞지 않거나 부자연스러운 유비들(analogies)을 법원이 수용할 마음이 있는지에 따라 좌우되는데, 이러한 유비들은 과거에 여러 번 거부당한 적이 있다. 게둘딕 사건에서의 패배는 비교분석 접근법에서의 이 결함 때문이었다. 게둘딕 판결에서 원고 측 이론은 남성이 겪는 다른 의학적 상태에 임신을 비교하는 것에 의지하였다. 한쪽 성별에만 해당하는 전립선 절제, 자발적인 수술인 성형수술, 비용이 많이 드는 심장마비 등과 마찬가지로 임신을 취급해야 한다고 주장하였다. 그러나 연방대법원은 임신과 다른 의학적 상태와의 차이점을 강조하기로 하였고 위와 같은 유비를 거부해서 자유주의적 모델의 분석적 효과를 없애 버렸다."(Krieger & Cooney, 1983: 539-540) […]

장이 아니라, 임신한 노동자의 지위가 다른 노동자의 경우와 유사하다는 주장을 통해 결합을 추구하였다. 이 접근법은 임신한 여성이 노동자로서 존경과 존중을 받을 자격이 있으며, 고용불안정과 경제적 생존에 있어 여성 노동자가 남성 노동자와 공유하는 위험이 임신을 했다고 해서 갑자기 사라지는 것은 아니라는 생각에 바탕하고 있다. 이 접근법은 남성이라는 전형적인 노동자 개념을 극복하고자 하며 통합적인—양성적인—전형을 장려하고자 한다.[77] 그럼에도 동등대우 접근법이 고용안정과 경제적 혜택을 위한 기존의 규정에 임신을 통합하는 것으로 제한된다면, 스케일스는 이 접근법 속에서 결합주의적 입장이 제대로 시행될 수 없다고 이의를 제기할 수 있을 것이다. 그녀는 현재의 보호와 혜택이 전형적인 남성 노동자의 필요과 특성에 반응하여 구조화되었다고 지적할 것이다. 그러한 보호와 혜택이 여성 노동자에게 확대된다 할지라도(임신한 여성에게 특히 그러하다.) 반드시 여성에게도 동등한 혜택을 주진 않을 것이다. 남성 모델에 맞추어진 체계는 여성의 입장에서 보면 잘못 배치된 것이기 쉽다. 모든 노동자가 출산기 여성으로 구성됐다면 작업장 규칙이 어찌 되었을지 상상해 보기만 해도 이를 이해할 수 있다. 따라서 현재의 체계는 남성 노동자의 필요와 특성을 설명하는 것과 같은 정도로 여성 노동자의 필요와 특성을 설명하지 못할 것이다.

77 1984년 여성은 전체 노동력의 44%를 차지한다. 현재의 경향이 계속된다면 1990년에는 50%를 차지할 것이다. 대략 85%의 여성이 직장생활 기간 동안 임신을 경험한다(Kamerman et al., 1983: 5). 이러한 통계는 일반적으로 또는 임신과 관련하여 남성을 전형적인 노동자로 간주하고 여성을 '비정상'으로 보는 것이 얼마나 부적절한지를 보여 준다. 아마도 특별대우 접근법 지지자는 특별한 임신 관련 규칙을 제정함으로써 여성적 전형을 창조한다고 생각할 것이다. 그러나 예외로 작동하는 규칙은 새로운 전형에 거의 근거하지 않는다. 진정한 '여성적' 전형—남녀 노동자를 여성적 기준에 따라 규율하는—이란 구조와 절차가 남성적 용어로 정의되는 정도를 드러내기 때문에 흥미롭고도 자유로운 것이다. 여성에게 맞춰진 세계를 상상하는 것은 바람직한 변화를 불러올 수 있다(Frug, 1979: 94-103; Powers, 1979: 102-122).

그러나 '동등대우' 접근법을 지지하는 여성주의자가 임신한 여성이 비슷한 상황에 있는 다른 노동자와 동일하게 대우받아야 한다고만 주장하는 것은 아니다. 임신 때문이든 다른 집단에 근거한 특성 때문이든 간에 여성에 대해서만 불이익한 효과를 낳는 외관상 중립적인 규칙은 민권법 제7편 위반이라는 주장도 있었다.[78]

불평등효과 이론은 근본적으로 스케일스가 말하는 의미에서 '결합주의적'이다. 이 이론은 실제로 남성적 전형에 근거한 '중립적' 규칙에 대해 문제제기 하는 것을 허용한다. 이 이론은 개인에 대한 차별을 평가하는 것을 넘어서 특정 규칙이 갖는 집단에 대한 효과를 규명한다. 그 결과가 실제적이라면 해당 규칙이나 정책을 정당화할 책임을 고용주에게 부여한다.[79] 해당 규칙이나 정책이 정당화 기준을 충족하지 못하면 무효화된다—불균형적으로 부담을 지는 집단에 대해서만이 아니라 영향받는 다른 노동자 모두에 대해서.[80] 고용주는 곤란한 결과를 피하는 방법으로 그 목적을 추구해야 한다. 즉 새로이 대체하는 규칙은 단지 형식적으로가 아니라 진정으로 중립적이어야 한다. 따라서 불평등효과 이론이라는 경향은 고용주의 정책이 양성의 필요와 특성을 고려하도록 요구한다.[81]

78 이 논문 III 전체; Williams(1982); Brief of American Civil Liberties Union et al., amici curiae, in Miller-Wohl Company, Inc. v. Commissioner of Labor and Industry, No. 84-172(Mont. S.Ct. Jul. 1984), 30-31; Brief of National Organization for Women et al., amici curiae, in California Federal Savings and Loan Association v. Guerra(9th Cir. 1984), 23 참고.

79 433 U.S. 321, 328-331 및 이 판결에서 인용하는 판례 참고.

80 예컨대 433 U.S. 321에서 연방대법원은 교도관 직무에 대한 신장·체중 제한을 무효화했는데, 이 제한규정이 여성만 불균형적으로 배제하는 효과를 낳았고 고용주 측에서 해당 제한규정이 문제 된 직무와 '명백한 관련성'이 있음을 입증하는 데 실패했기 때문이다. [···]

81 그러나 불평등효과 이론은 민권법 제7편의 기본적인 차별금지원칙과 마찬가지로

크리거와 쿠니는, 개별 여성이 비슷한 상태에 있는 남성과 같게 대우받아야 한다고만 요구하는 법원칙은 집단으로서의 일하는 여성에게 부정적인 효과를 낳는 '남성중심적으로 정의된' 구조와 관행을 허용하게 된다는 스케일스의 기본적인 관심사를 공유한다. 기본적인 차별금지원칙의 단점이라 생각되는 지점에 상당한 관심을 가졌음에도 불구하고 이 법률가들은 그 유용성을 인정한다. 그들이 제안하는 것은 차별금지원칙을 대체하는 것이 아니라 보완하는 것이다(Krieger & Cooney, 1983: 542). 그들의 보완 원칙은 […] 바로 민권법 제7편의 불평등효과 이론이다(Krieger & Cooney, 1983: 525). 사실 기본적인 차별금지원칙에 이 이론이 수반되어야 한다는 그들의 인식은 여성주의 법률가들에게 보편적으로 받아들여지는데, 그 인식이 법률과 규칙이 특정 성에 미치는 차별적인 효과에 맞춰져 있기 때문이다. 보편적으로 받아들여지지 않는 것은 크리거와 쿠니의 차별금지원칙에 대한 해석이다.

장애보험과 건강보험에 모든 것을 포괄하자는 스케일스의 통합적 입장(Scales, 1981)과 달리, 크리거와 쿠니는 스케일스의 논리와 불평등효과 이론을 임신에 대한 특별한 보호법률을 지지하는 데 활용한다. 그러한 입법이 작업장 내 여성평등을 위한 근본적인 전제라는 논리이다. 그들은 다른 노동자와 달리 임신한 여성에게만 '합리적인 수준의 휴가'를 요구하는 법률은 "여성을 남성과 동등한 지위에 놓고 남성과 여성이 노동시장에서 **대등하게** 경쟁할 수 있도록 한다"(Krieger & Cooney, 1983: 533)고 주장한다. 이것은 "남성에게는 거부된 추가적인 혜택을 여성에게 제공하는 것이 아니다. 단지 남성이라면 겪지 않을 추가적인 부담으로 여성이 고통받지 않도록 막는 것뿐이다."(Krieger & Cooney, 1983: 533)

임신 관련 문제를 그렇게 개념화하면서 크리거와 쿠니는 게둘딕·

제한적인 방법이다. 완전한 '통합'에는 실질적인 입법이 필요할 것이다. […]

길버트 판결의 다수의견과 자신들의 근친성을 드러내고야 만다. 게둘딕 판결에서 연방대법원은 임신 관련 장애가 다른 경우와 달리 보험제도에서 배제되었지만 여성이 "모든 다른 노동자와 동등한 보험혜택을 받았다"[82]고 결론지었다. 연방대법원은 은연중에 임신 관련 장애를 남성이 겪는 장애에 부가적인 것으로 보았다. 길버트 판결에서 대법원은 한 걸음 더 나아가 임신 관련 장애를 제외한 것이 여성에게 집단에 근거한 영향을 미친다는 사실을 부인하였다. 임신을 여성의 '부가적인' 상태라고 명백히 규정지어서 임신에 대한 보상을 남성 이상의 혜택을 주는 것으로 구성하였다.

크리거와 쿠니(Krieger & Cooney, 1983) 그리고 게둘딕·길버트 판결의 다수의견은 남성에 임신을 추가한 것으로 여성을 정의한다. 일단 남성편향적인 개념정의를 취하면, 문제는 그들이 본질적으로 동의하는 현실에 대해 적절한 반응을 했느냐에 대한 다툼이 된다. 크리거와 쿠니는 남성이 겪는 것에 더하여 여성에게 부담을 지우는 것으로 임신을 바라본다. 이 추가적인 부담 때문에 평등원칙은 차이를 보완하기 위한 특별한 법을 승인해야 한다고 주장한다. 대법원의 다수의견은 장애보험혜택을 임신한 여성에게 확대하는 것을 차별로 보는 정반대의 결론에 이른다. 게다가 평등은 '인간 존재에 있어 여성이 지는 더 많은 부담스러운 역할'에 대해 보상해 주는 것이라는 관념을 정면으로 거부한다.[83]

크리거와 쿠니의 관점은 민권법 제7편에서 종교 관행에 대한 고용주의 수용accommodation의무를 규정하듯이 또는 연방지침이 노동자의 장애를 수용하도록 강제하듯이 임신도 반드시 '수용되어야 할' 차이라는 주장으로 이어진다(Krieger & Cooney, 1983: 516 주 12). 그러나 연방대법원

82 417 U.S. 484, 497.

83 429 U.S. 125, 139 주 17(General Electric Co. v. Gilbert, 375 F.Supp. 383을 언급함).

은 수용해야 한다는 요구를 매우 협소하게 해석해 왔다.[84] 연방대법원은 고용주가 전형적이지 않은 노동자에 대해 새로운 대우를 하도록 요구하는 규정에 거의 동의하지 않는다. 이러한 결과는 예측 가능하다. 어떤 노동자에 대한 특별한 '호의'는 경영상 필요 및 이해와 관련 없는 부담으로 보인다. 이와 반대로 '전형적인' 노동자를 위한 규정은 필요한 것 또는 노동자의 충성도와 생산성을 높이기 위해 필요한 노동력의 성격에 대한 필수적이고 바람직한 반응이라고 더 쉽게 이해된다. 게다가 여성에 대한 특별대우 접근법은 자신들이 더 많은 것을 얻고 있는지 아니면 잃고 있는지에 대해 그 지지자들이 항상 혼란에 빠지게 할 것이다. 마지막으로 이러한 규정은, 고용주에게 임신한 노동자를 위한 특별한 비용과 의무를 부담 지우기 때문에 임신한 노동자를 덜 선호하게 하며 이들을 차별할 동기를 만든다는 점에서 그 수혜자들에게 양날의 검이 될 수 있다. 대조적으로 동등대우 접근법은 남성적 전형이 아니라 양성적 전형을 전제하고 수용주의적 입장보다는 결합주의적 입장을 목표하기 때문에, 임신한 여성 노동자가 작업장에서 이해되는 현재의 방식을 근본적으로 재주직화할 것을 요구함으로써 위와 같은 결과를 피하고자 한다.[85] 동등대우 접근법은 크리거와 쿠니와 달리 여성의 차이

84 예를 들어, 장애인교육법이 통과됐을 때 의회가 의도한 것은 비장애 아동에게 제공되는 것만큼의 기회를 보장하여 개별 장애아동의 잠재력을 최대화할 국가의 의무가 아니라 오히려 공립교육에 대한 자유로운 접근권이라고 주장한 Board of Eduaction v. Rowley, 458 U.S. 176(1982), 1973년의 재활법 제504조는 교육기관이 장애인을 수용하기 위하여 입학기준을 낮추거나 실질적으로 변경할 것을 요구하는 것이 아니라고 한 Southeastern Community College v. Davis, 442 U.S. 397(1979), 안식일 때문에 토요일 근무를 거부한 노동자를 해고하는 것을 합법적이라고 하면서, 민권법 제7편에서 요구하는 수용의무는 고용주에게 최소한의 비용 이상의 것을 부과하는 것이 되어선 안 된다고 한 Transworld Airlines, Inc. v. Hardison, 432 U.S. 63(1977) 참고.

85 특별대우 접근법의 부작용은 더 폭넓은 변화를 희생하여 모든 초점과 에너지를 임

를 특별하게 수용하는 남성적 노동자 개념에 근거한 작업장을 제시하는 것이 아니라, 오히려 양성을 포괄하여 전형적인 노동자가 무엇인지를 재정의하는 것이다.

임신 문제에 대한 크리거와 쿠니의 기본적인 개념은 동등대우 접근법을 지지하는 여성주의자와 다를 뿐 아니라, 이들이 수용주의적인 입장을 실현하는 데 이용하는 민권법 제7편에 대한 해석 역시 근거가 빈약하다. 이들은 작업장 구조가 여성에게 미치는 불평등한 효과를 극복하기 위해 임신과 관련된 특별한 법률이나 규칙이 제도화된 경우 이를 뒷받침해 주도록 불평등효과 이론을 해석함으로써 고용주의 '수용' 의무를 실현할 수 있다고 주장한다(Krieger & Cooney, 1983: 525-531). 그러나 불평등효과 이론은 전통적으로 그렇게 쓰인 적이 없으며 그래서도 안 된다. 불평등효과 이론의 목적은 불평등하게 불이익한 영향을 미친다고 보이는 중립적인 규칙을 평가하게 하는 것이다. 그런 영향이 보일 때 해결책은 한 집단에만 효력이 있고 다른 집단에는 그렇지 않은 이중체계를 구성하는 것도, 불이익하게 영향받는 집단을 위해 특별한 규칙을 공식화하는 것도 아니다. 모든 사람에 대해 적용되는 규칙을 재공식화하거나 제거하는 것이 해결책이다.

신으로만 좁혀 놓는다는 점이다. 임신만이 여성이 경험하는 신체상태인 것은 아니며, 현대의 출생률을 고려해 보면 임신은 그리 빈번한 경험도 아니다. 여성의 직장생활의 상당 부분은 다른 과제들이 많다. 여성과 소수자는 중소영세 사업장에서 일할 가능성이 더 많은데, 일반적으로 적절한 복리후생을 적용받기 어려운 곳이다(Kamerman et al., 1983: 99-100). 따라서 질병 및 장애와 관련하여 실업과 경제적 고통에 불균등하게 더 많이 직면하는 경향을 보인다. 게다가 임신한 여성이 겪는 더 끈질긴 문제는 현재 구조화된 작업장과 양육의무 사이에 동시성(synchrony)이 부족하다는 점이다. 이러한 문제들은 모두 근로생애 전체에 걸쳐 여성 임노동자에게 더 큰 영향을 미치고, 이를 바꾸기 위한 더 큰 노력을 요한다. 또한 이 문제들은 고용주에게 더 많은 비용부담을 요구하고, 일과 가족이 만나는 경계선에서 비용과 책임의 배분에 관하여, 그리고 궁극적·사회적 가치와 헌신에 관하여 문제를 제기한다.

[…] 임신을 이유로 여성에게 불평등하게 영향을 미치는 규칙이나 정책을 대체하는 것은 성별에 근거한(또는 임신에 근거한) 규칙이 아니라, 스케일스의 용어를 따르자면 노동자 보호를 위한 일반적인 체계 속으로 임신을 '결합'시키는 개정된 규칙이어야 한다. 이것이 임신차별금지법 통과 당시 의회의 의도였다는 점은 이 법 자체에 드러난 표현을 보면 명백하다. "임신·출산 및 관련된 의학적 상태의 영향을 받는 여성은 … 임신의 영향을 받지 않았으나 노동능력 또는 무능력 상태에 의해 같거나 비슷한 영향을 받은 다른 사람과 마찬가지의 대우를 받아야 한다."[86]

[…] 동등대우 접근법을 지지하는 여성주의자는 남성을 전형으로 봐야 한다는 근본적인 가정을 거부한다. 양성적인 전형은 임신 등 인간 특성의 정상적인 범위를 고려하는 성중립적인 체계를 요구한다. […] 남성적 기준에 맞추어져 있을 때 동일한 대우를 제공하는 것 이상이 필요해 보일 수 있다. 그러나 그러한 접근법에 내재해 있는 것은 여성을 계속적으로 '타자'로 정의하는 것이다. 이중적인 기준은 늘 성별에 대한 법의 반응 결과였다. 동등대우 접근법을 지지하는 여성주의자는 좀 더 근본적인 변화를 추구한다. […]

2. 법원을 넘어선 동등대우 접근법

[…] 밀러-홀 판결을 둘러싼 논쟁은 '동등대우' 이론의 결함이 아니라 근본적인 사회변화를 위해 법원에 의존하는 것의 한계를 보여 준다. […] 차별금지규정은 입법부와 행정부, 그 밖의 다른 지정된 곳들에 대해 그들이 해서는 안 될 일이 무엇인지 말해 주는 수단이며, 운영 과정에서 벗어나지 말아야 할 한계를 설정해 주는 수단이다. 차별금지규정

86 42 U.S.C.§2000e(k)(1983).

은 사회질서를 재조정한다는 근본적인 역할을 하지 않으며, 할 수도 없다. 근본적으로 법원은 그렇게 중대한 변화를 추진할 수 있는 곳이 아니다. 법원의 역할은 그 정의상 보조적이다.

민권법 제7편에 근거하여 임신에 대해 동등대우 접근법을 적용하는 것은 어떤 제도에서의 재조정을 이끌어 낼 수 있는 상당히 효과적인 보충수단이다.[87] 사실 평등보호조항 아래에서의 임신에 대한 대우와 민권법 제7편 아래에서의 대우를 대조해 보면 동등대우 접근법이 만들어 내는 차이점이 아주 극적으로 드러난다. 그러나 게둘딕 판결이 무효화되기는 했지만, 민권법 제7편 또는 평등보호조항은 근본적인 변화를 끌어낼 수 없다. 이에 대해 우리는 법정 밖에서 해결책을 찾아야 한다.[88]

흥미롭게도 크리거와 쿠니는 임신에 대한 적절한 대우가 무엇인가를 둘러싼 논쟁을 그것이 '동등대우'인지 '적극적 조치'인지를 둘러싼 논쟁으로 묘사한다. 이러한 표현은 두 가지의 상당히 다른 대조적 쌍을 합성하여 혼동하는 것이다. 우선 차별금지법률("고용주는 장애휴가 제공에 있어 차별해서는 안 된다.")과 특정한 실질적 자격을 부여하는 법률("고용주는 노동자에게 합리적인 수준의 장애휴가를 제공해야 한다.") 사이에는 차이가 있다. 둘째로 동등대우 모델에 근거한 법률("고용주는 노동자에게 합리적인 수준의 장애휴가를 제공하여야 한다.")과 특별대우 모델에 근거한 법률("임신한 노동자에게 합리적인 수준의 장애휴가를 제공하여야 한다.") 사이에는 차이가 있다. 크리거와 쿠니의 동등대우에 대한 비판은 주로 차별금지규정 아

87 예컨대 Abraham v. Graphic Arts Int'l Union, 660 F.2d 811, 817-818(D.C. Cir. 1981); Mitchell v. Board of Trustees of Pickens Country School District, 599 F.2d 582, 586-588(4th Cir. 1979); Fancher v. Veterans Bank, 507 F.Supp. 124, 127(E. D.Ark, 1981) 참고. […]

88 이 단락에서 임신 및 아동양육과 관련하여 말하고자 하는 바는, 일하는 부모의 자녀양육 문제에 대해 Frug(1979: 94-103)에서 제안한 좀 더 일반적이고도 입법적인 해결책이 필요하다는 것이다.

래에서 동등대우 접근법이 가지는 한계를 고려하면서 나온 것이고 또한 그렇기 때문에 왜곡되었다. 임신한 노동자와 다른 노동자가 고용주로부터 똑같이 부당한 대우를 받는다면 그리고 고용주의 규칙이 여성에 대해서만 불평등하게 영향을 미치는 것이 아니라면, 민권법 제7편과 같은 차별금지법률에 위배되지 않는다. 이러한 상황에서의 해결책은 '적극적 조치'일 것이나, 크리거와 쿠니는 '적극적인' 권리를 만들어 내는 법률이나 정책이 '동등대우' 모델 또는 '특별대우' 모델에 근거할 수 있다는 점을 간과한다. 이 때문에 그들은 특별대우 지지자와 동등대우 지지자 사이의 근본적인 동의 지점을 놓친다. 이 논쟁과 관련된 모든 당사자들은 '적극적 조치'가 필요하다는 것에 동의한다. 문제는 어떤 형태를 취할 것이냐이다. […]

이 논문에서 제시된 여러 이유들 때문에 나는 동등대우 접근법을 지지하는 여성주의자가 가장 훌륭한 주장을 한다고 믿는다. 분명히 스웨덴이 일하는 부모에게 제공하는 것과 같은 종합적인 사회체계가 미국에서 등장할 것 같지는 않다. 그럼에도 불구하고 우리가 현실적으로 소망하고 작동시켜야 할 휴가제도의 핵심적 특성들을 규명하는 것은 가능할 것이다. 미국에서 평등 모델에 근거한 적극적인 법률은 다음과 같은 특징을 가지고 있을 것이다. 우선 가장 기본적으로 어머니의 책임이 아니라 부모의 책임에 주목한다는 점이다. 이러한 법률은 여성이 임신 관련 장애로 인해 신체조건상 일할 수 없는 시기가 있다는 사실을 인정할 것이다. 이 기간 동안 여성은 장애상태에 처한 다른 노동자와 마찬가지로 복직을 보장받고 임금을 대체하는 급부를 받을 수 있을 것이다. 생후 초기에 부모가 아이를 돌보는 것이 부모와 아이 양쪽에 그래서 사회적으로 이롭다는 사실을 조금 더 인정해야만 한다. 따라서 합리적인 수준의 부모휴가가 신생아 자녀를 돌보기 시작한 부모에게 허용될 것을 이 법은 요구할 것이다. 이러한 법률은 병든 가족 구성원을 돌보기 위한 휴가를 쓸 자격도 인정해 줄 수 있을 것이다(Taub, 1985).

장애휴가disability leave와 부모휴가parenting leave라는 두 가지 목적은 다양한 방식으로 추구할 수 있다. 현재 5개 주가 다른 장애상태와 동일한 이유에서 임신 관련 질병 보장을 제공하는 장애보험제도를 갖고 있다. 다른 주들도 이런 제도를 고려해야 한다. […] 오늘날 어떤 주도 부모휴가를 제공할 것을 강제하지 않지만 그러한 법률은 적어도 1개 주에서 제안된 바 있다.[89] 어떤 고용주들은 그러한 휴가를 제도화하고 있고,[90] 어떤 노조는 단체교섭을 통해 도입하고자 한다.[91] 많은 집단에서 부모휴가에 대해 중점적으로 연구 및 지지 활동[92]을 펼치고 있다.

가장 중요한 것은, 최근 하원에 소개된 법안이 통과된다면 일시적으로 노동능력 장애상태가 된 사람 그리고 자녀가 출생한 부모 중 누구에게든 복직할 권리와 무급휴가를 제공하게 될 것이라는 점이다. 임시로 '부모휴가 및 장애휴가에 관한 법률안'이라 불리는 이 법안은 장애휴가와 부모휴가의 재원마련 방법에 대한 의회의 연구를 시작케 했다.

89 매사추세츠주 하원에 소개된 부모휴가 법안은 아버지와 어머니가 신생아를 돌보기 위해 휴가를 쓴 후 복직할 권리를 인정한다. 16주간의 휴가가 유급인지 무급인지의 여부는 고용주의 선택사항이다. '모성부성휴가 제공에 관한 법률(An Act Providing for Maternity and Paternity-Leave, R.3121)'로 불린 법안은 일반법(General Law) 149장 105D조의 개정을 요한다.

90 캐털리스트(Catalyst)는 여성뿐 아니라 남성도 무급부모휴가를 점점 더 많이 제공받고 있다고 보고한다(Catalyst, 1984: 4). 1980년 조사에서 응답한 회사 중 8.6%만이 '부성 혜택'을 제공했다. 1984년에는 응답 회사의 반 이상이 여성에게 무급휴가를 제공했고, 3분의 1 이상이 남성에게 휴가를 제공했다.

91 여성 조합원의 요구에 따라서 광산노동자연합은 1984년 협상에서 부모휴가 문제를 갖고 교섭하였다(Coal Employment Project Newsletter, Sept. 1984).

92 샌프란시스코 노동법센터는 부모휴가를 캘리포니아주에서 제도화할 방안을 연구하고 있다. 전국적인 여성주의 단체에서는 부모휴가 및 장애휴가에 관한 법률안(Parental and Disability Leave Act)을 발전시켜 왔다. […]

V. 결론

여성과 남성이 작업장에서 겪는 위험에 있어서 본질적으로 비슷한가 다른가를 둘러싼 여성주의자 사이의 논쟁은 여성주의 그 자체만큼이나 오래되었다. 유사점 그리고 차이점에 대한 가정이 다르기 때문에 무엇이 젠더 위계를 무너뜨리고 양성 간 평등을 촉진할 것인가에 대한 서로 다른 이론이 나왔다. 여성보호적인 노동법을 지지하거나 반대하는 여성주의자 사이에 있었던 20세기 초의 격렬한 논쟁은, 여성의 궁극적 평등을 촉진하기 위해 임신이라는 사실이 작업장 정책에서 '동등대우'를 받아야 하는가 '특별대우'를 받아야 하는가를 둘러싼 논쟁으로 대체되었다. 여기서 나는 임신한 임노동자에게 '동등대우'[93] 접근법이 소송과 입법상의 문제 양쪽 면에서 명백하게 더 낫다고 주장해 왔다.

'특별대우' 접근이 내게 매력적으로 보이는 한 가지 면이 있기는 하다. 평등이라는 비전을 가지는 것과 특정한 역사적 순간 및 장소에서 특정한 비전을 실현하는 능력은 별개의 것이다. 정치제도라는 위험한 장소에서 모성의 이름으로 여성을 위한 특별규정을 따내는 것은 가족 내 성역할의 재배치와 작업장의 재구조화를 목표로 일반적인 규정을 실현하는 것보다 항상 쉬웠다. 긴박한 문제일수록 즉각적인 해결책을 외치기 마련이다. 반이라도 (몬타나·캘리포니아주와 같은 법률이) 없는 것보다는 나아 보일 수 있다.

지금이 다른 시대와 장소라면 편의상 몬타나주와 같은 특별대우 규칙의 이익이 비용보다 더 크다고 제안했을 것이다. […] 공적·사적 집단

93 '동등대우'에 인용부호를 붙이는 것은 이러한 명칭이 크리거와 쿠니의 논문(Krieger & Cooney, 1983)에서 의미가 있기 때문이고, 또한 이 논문에서 설명하듯이 몬타나·캘리포니아주 유형의 특별한 임신 관련 법률을 반대하는 사람에게 의미가 있기 때문이다. 모든 것이 말해지고 실행된 뒤에는 아마도 새로운 명칭이 필요할 것이다.

들에서 행한 실천들과 함께 노동력의 인구학적 구성의 변화에 따른 거대한 압력은 진정 엄청난 변화가 일어날 수 있다는 것을 알려 준다. 지금 특별대우를 받아들이는 것은 평등을 헐값에 넘기는 것이다.

| 참고문헌 |

Bartlett, Katharine T., 1974, "Pregnancy and the Constitution: The Uniqueness Trap", *California Law Review* 62.

Brown, Barbara, Thomas Emerson, Gail Falk & Ann Freedman, 1971, "The Equal Rights Amendment: A Constitutional Basis of Equal Rights for Women", *Yale Law Journal* 80.

Catalyst, Inc., 1984, *Preliminary Report on a Nationwide Survey of Maternity / Parental Leaves* 1, NewYork: Career and Family Center.

Chodorow, Nancy, 1978, *The Reproduction of Mothering*, Berkeley: University of California Press.

Erickson, Nancy, 1974, "Women and the Supreme Court: Anatomy is Destiny", *Brooklyn Law Review* 41.

Freedman, Ann, 1984, "Sexual Equality, Sex Differences, and the Supreme Court", *Yale Law Journal* 92.

Frug, Mary, 1979, "Securing Job Equality for Women: Labor Market Hostility to Working Women", *Boston University Law Review* 59.

Goldin, Claudia, 1985, "The Female Labor Force and Americans Economic Growth, 1890 to 1980", in Stanley Engerman and Robert Gallman(eds.), *Long Term Trends in the American Economy*, Chicago: University of Chicago Press.

Hartnett, 1984, *Parenthood and the Military: Implications for Equality* (unpublished).

Kamerman, Shelia, Alfred Kahn & Paul Kingston, 1983, *Maternity Policies and Working Women*, New York: Columbia University Press.

Kay, Herma Hill, 1985, "Models of Equality", *Illinois Law Review* 1985-1.

Kohl, John & Paul Greenlaw, 1983, "The Pregnancy Discrimination Act: Compliance Problems", *Personnel* 60.

Koontz, Elizabeth, 1971, "Childbirth and Child Rearing Leave: Job-Related Benefits", *New York Law Forum* 17.

Krieger, Linda & Patricia Cooney, 1983, "The Miller-Wohl Controversy: Equal Treatment, Positive Action and the Meaning of Women's Equality", *Golden Gate*

University Law Review 13.

Law, Sylvia A., 1984, "Rethinking Sex and the Constitution", *University of Pennsylvania Law Review* 132.

Meyer, Mitchell & Harland Fox, 1974, "Profile of Employees Benefits", in *National Industrial Conference Board Report No. 645*, New York: The Conference Board.

Olsen, Frances, 1983, "The Family and the Market: A Study of Ideology and Legal Reform", *Harvard Law Review* 96.

Powers, Kathryn, 1979, "Sex Segregation and the Ambivalent Directions of Sex Discrimination Law", *Wisconsin Law Review* 1979-1.

Quinn, Robert, Thomas Mangione & Martha De Mandilovitch, 1973, "Evaluating Working Conditions in America", *Monthly Labor Review* 96.

Scales, Ann, 1981, "Towards a Feminist Jurisprudence", *Indiana Law Journal* 56.

Segal, Phyllis N., 1984, "Sexual Equality, The Equal Protection Clause and the ERA", *Buffalo Law Review* 33-85.

Taub, Nadine, 1985, "From Parental Leaves to Nurturing Leaves", *New York University Review of Law & Social Change* 13.

U.S. Commission on Civil Rights, 1983, *A Growing Crisis: Disadvantaged Women and Their Children*, New York: Clearinghouse Publication.

U.S. Department of Labor, 1980, *Perspectives on Working Women: A Databook*, Washington, D.C.: U.S. Government Printing Office.

U.S. Department of Labor, Women's Bureau, 1952, *Maternity Protection of Employed Women* 7.

U.S. Department of Labor, Women's Bureau, 1971, *Economic Report of the President*, Washington, D.C.: U.S. Government Printing Office.

U.S. Department of Labor and Department of Health, Education and Welfare, 1975, *Manpower Report to the President*, Washington, D.C.: U.S. Government Printing Office.

Williams, Wendy W., 1982, "The Equality Crisis: Some Reflections on Culture, Courts and Feminism", *Women's Rights Law Reporters* 7.

Zimmerman, Diane L., 1975, "Comment: Geduldig v. Aiello: Pregnancy Classifications and the Definition of Sex Discrimination", *Columbia Law Review* 75.

평등과 차이

임신의 경우에 있어서

허마 힐 케이Herma Hill Kay

I. 서론

미국에서 여성과 남성은 평등한 법의 보호를 받을 권리[1]와 직장에서 성[2]에 기인한 차별로부터 자유로울 권리[3]를 부여받았다. 연방대법원은 1970년대부터[4] 이러한 권리를 보장하는 법을 적용하기 시작하였고, 그것은 여성과 남성 모두 예전에는 다른 쪽 성이 점령하고 있었던 지위와 특권에

1 미국 수정헌법 제14조 참고.

2 오늘날의 관점에서 보면 '성별'(gender)이라고 표기해야 하지만, 이 논문의 저자와 인용되는 판결문에서는 많은 경우 '성'(sex)이라고 표기하고 있다. 이에 따라 번역문에서는 성과 성별을 혼용하면서도 성별의 의미 자리에 원문에 따라 '성'으로 옮겼음을 밝혀둔다.

3 민권법 제7편(Title VII of the Civil Rights Act), 42 U.S.C.§2000e et seq.(1964), 동등임금법(Equal Pay Act), 29 U.S.C.§206(d)(1963) 참고.

4 연방대법원은 Phillips v. Martin-Marietta Corp., 400 U.S. 542(1971) 사건의 성차별에 있어서 처음으로 민권법 제7편의 규정을 해석하였다. 연방대법원은 Reed v. Reed, 404 U.S. 71(1971) 사건에서 처음으로 성별에 근거한 분류(classification)를 헌법적 근거에 기초하여 무효화했다.

접근할 수 있게 하기 위함이었다. 연방대법원의 소송에 반영된 남성과 여성 사이에서의 권력의 교환exchange of power은 평등하지 못하였고, 그 교환의 과정이 완벽한 것도 아니었다. 미국 사회에서 역사적으로 대부분의 힘을 가져 왔고 현재도 이를 가지고 있는 남성은 경제적으로 우위를 점하고 있는 공적인 영역에서 그들의 독점적인 권위를 내어놓도록 요구받은 반면, 여성은 그 가치가 훨씬 낮게 평가되는 사적인 영역에서 그들의 우선권을 포기할 것을 요구받았다. 그러나 나는 다른 글(Kay, 1985)에서, 연방대법원의 성차별 사건에서 나타나는 이중 접근dual access이라는 특징적 패턴으로 보건대 여성과 남성 모두 전통적인 성별 경계를 추월하려는 상호적 욕구를 가진다는 점을 밝힌 바 있다.

이러한 권력의 교환이 가지는 법적인 측면에 대해 판결을 하면서 연방대법원은 인종차별에 도전하였던 예전 사건들에서 도출된 평등의 동화 모델assimilationist model을 사용하고자 하였다(Kay, 1985: 48-77). 나는 특정 조치의 목적에 비추어 여성과 남성이 비교 대상이 되는 특성들을 공통적으로 가지고 있는 많은 상황들에서는 성별 간의 동화 모델이 유용하다고 주장해 왔다(Kay, 1985: 77-78). 그러나 나는 성별을 정의하는 재생산에 있어서의 생물학적 차이가 직접적으로 관련되어 있는 몇몇 상황들에서는 동화 모델이 여성과 남성 사이의 법적 평등을 달성하는 데 있어 유용하지 않으며, 다른 모델이 개발되어야 한다고 결론지었다. 이 논문에서는 여성에게 부여된 분리된 영역의 존재를 정당화하는 데 이용되어 왔던 재생산에 있어서의 차이인 '임신'을 생각하는 대안적인 모델 개발을 위한 노력의 시작을 보여 줄 것이다. 이 논문의 II에서는 여성만이 경험하게 되는 하나의 조건인 임신이 직장에서 모든 노동자들이 경험할 수 있는 여타의 신체적인 조건들과 다르게 취급되어야 하는지의 여부의 문제를 제기한 최근의 두 사건을 분석할 것이다. III에서는 생물학적 재생산 행위의 법적인 중요성을 개념화하기 위한 새로운 분석적 접근을 제시할 것이다. 나는 이 분석을 '에피소드식 분석episodic analysis'이라 부르기로 한다. 나의 테제는 다음과 같다. 에피소드식 분석은 여성의 재생산 행위로 인해 여성이 불리한 입장에 몰리는 것을 피하도록 해 줄 것이고, 그리하여 우리가 여성과 남성 간 평등 보장의 법적·철학적 틀 안에서 임신을 수용할 수 있도록 해 줄 것이다.

II. 직장에서의 임신: 장애 사건

1. 배경: 라플래어, 게둘딕 그리고 길버트 판결

직장에서의 임신에 대한 조치와 관련된 소송으로서, Cleveland Board of Education v. LaFleur 판결[5]이라는 이름으로 병합된 첫 번째 사례는 임신한 교사들이 계속하여 일을 할 수 있고 또 하고 싶어 함에도 불구하고 그들을 교실 밖으로 몰아낸 강제적인 출산휴가 정책과 관련된 것이었다.[6] 원고들은 이러한 정책은 적법절차원칙과 평등보호원칙에 모두 위배되는 것이라고 주장하며 도전하였다.

항소법원은 평등보호 주장에 대하여 엇갈린 답변을 하였다. 라플래어 사건에서 제6순회법원의 다수의견은 임신에 근거한 강제적인 출산휴가 규칙은 성별에 근거한 분류classification라고 한 원고의 주장을 받아들였다. 에드워즈Edwards 판사는 임신한 교사들에 대한 처우를 다른 질병이

5 414 U.S. 632(1974). […]

6 라플래어 사건에서 임신한 교사들은 출산예정일 5개월 전부터 무급의 출산휴가를 하도록 강제되었다. 출산휴가를 낸 교사에게 출산 이후의 복직은 보장되지 않았고, 단지 재계약에 있어서의 우선권만이 주어졌다. 어떠한 경우에도, 그녀의 자녀가 3개월이 되는 날짜보다 정규 학교 학기의 시작일이 더 이르다면 그녀가 가르치는 일을 재개하도록 허락되지 않았다. […]

나 장애를 겪고 있는 남성 교사들에 대한 처우와 비교하였고, 임신한 교사들에게 동등보호가 거부되어 왔다고 판결하였다. […]

라플래어 사건에서 연방대법원 판결의 다수의견을 집필한 스튜어트Stewart 대법관은 […] 학교 위원회의 정책이 직장에서의 신체적인 무능력에 대한 반박 불가능한 추정을 구성함으로써 교사들에게 헌법적으로 보장되는 아이를 낳을 결정권을 과도하게 위협하는 것인지의 여부에 초점을 맞춘 분석을 사용하여, 그 정책을 적법절차조항에 따라 무효화했다. […]

5개월 후 Geduldig v. Aiello 판결(이하 '게둘딕 판결')[7]에서 스튜어트 대법관은 정상적인 임신과 출산에 수반되는 장애들에 대해 보험 적용을 배제하는 주의 장애보험 프로그램과 관련하여 임신에 근거한 분류와 평등보호 분석 간의 정합성fit에 관한 질문에 직면하게 된다. 그는 다수의견에서 임신에 근거한 분류가 성별에 근거한 차별을 구성하는지의 여부에 관하여 논의하지 않았다. 대신 그는 임신상태를 다른 배제되는 장애들, 주로 8일 미만의 단기 장애들과 비교하였다. 그는 주가 프로그램의 자족성과 노동자들에 대한 적은 비용부담, 충분한 보장을 보전하기 위하여 배제되는 장애들과 보장되는 장애들이라는 두 가지 유형을 합리적으로 구별할 수 있다고 결론지었다. […] 그는 임신을 보장 대상에 속하는 장애에서 배제한 것이 노동자들을 성별에 근거하여 분류한 것이라는 점을 부인하였다. 오히려 그는 '해당 프로그램은 잠재적인 수혜자를 두 집단—임신한 여성과 임신하지 않은 사람으로 나눈 것'이라고 단언하였다. 비교대상 집단을 이렇게 특징지은 것에 근거하여 스튜어트는 윈터Winter와 에드워즈Edwards가 표현하지 않았던 다음과 같은 결론을 이끌어 낸다. "첫 번째 집단이 완전히 여성으로 구성되어 있는 반면 두 번째

7 417 U.S. 484(1974).

집단은 양성을 모두 포함하고 있다."[8] 그리하여 그 분류는 '엄밀한 의미에서의 젠더에 기반한 차별'을 포함하고 있지 않다는 결론이 마치 당연한 귀결인 것처럼 뒤따랐다.

브레넌Brennan 대법관은 반대의견에서 다수의견의 논리를 정면으로 반박하지는 않았다. 대신 그는 임신을 배제하는 것이 남성과 여성에게 서로 다른 규칙을 만들어 낸다며 "여성 노동자들은 회복 가능한 장애들에 대한 보상에 제한을 받는 반면, 남성들은 전립선 절제수술, 포경수술, 혈우병, 통풍 등 남성에게만 또는 주로 남성들에게 영향을 끼치는 장애들을 포함하여 그들이 겪는 모든 장애에 대하여 완전한 보상을 받는다"[9]라고 논박하였다. 이 비판에 대하여 스튜어트 대법관의 의견 속에 깔려 있는 답변은 더욱 형식적인 논리를 내세우는 것이었다. 그는 "남성은 보호받고 여성은 보호받지 못하는 위험이 없다"고 말한다. 맞는 말이다. 남성은 임신이라는 위험을 부담하지 않으니까. 그는 "마찬가지로 여성은 보호받고 남성은 보호받지 못하는 위험도 없다"고 덧붙인다.[10] 역시 맞는 말이다. 여성은 임신으로 인한 실직에 대하여 보호를 받지 못하니 말이다. 스튜어트 대법관이 숲을 무시하고 나무만 본 것이라는 혐의는 '임신을 근거로 한 분류가 성을 근거로 한 것이 아니라는 결론은 지나치게 형식적인 견해'라고 주장한 한 논평가의 비판에 함축적으로 드러나 있다(The Supreme Court, 1977: 244).

임신에 근거한 분류가 성별에 근거한 차별이 아니라는 스튜어트 대법관의 견해는 동등보호 분석의 맥락으로부터 시작하여 General Electric Co. v. Gilbert 판결(이하 '길버트 판결')[11]에서 민권법 제7편의 고

8 417 U.S. 484(1974).

9 417 U.S. 501(1974)(브레넌, 더글러스, 마샬 대법관의 반대의견).

10 417 U.S. 484, 496-497(1974).

11 General Electric Co. v. Gilbert, 429 U.S. 125(1976).

용상 성차별 금지조항 해석에까지 확장되었다. 제너럴 일렉트릭General Electric 사社의 장애제도는 직업 관련성이 없는 질병이나 사고에 대해서는 혜택을 부여하면서도 임신에 수반되는 장애는 배제하였다. 랭퀴스트Rehnquist 대법관은 다수의견에서 "이와 같은 사건에서 법률에 위배되는 고용관행이라는 점의 인정은 성에 근거한 차별이라는 점의 인정에서 비롯되는 것이기 때문에, 일반적인 혜택을 제공하는 장애보험제도에서의 임신의 배제가 젠더를 기반으로 한 차별을 전혀 구성하지 않는다고 한 게둘딕 판결의 견해는 핵심을 짚고 있다"고 설명하였다.[12] 그는 관련성 있는 비교집단을 '임신한 여성과 임신하지 않은 사람'으로 본 스튜어트 대법관의 분류를 이번에는 민권법 제7편에 대한 법원 해석의 핵심으로 제시하였다.

브레넌 대법관은 다시 한번 반대의견에서 법원의 추론에 간접적으로 응수하였다. 그는 임신을 누락시키는 것이 필연적으로 성에 기인한 여성에 대한 차별을 구성한다는 점을 부인한 법원의 견해에 직접 대항하지는 않았다. 오히려 그는 제너럴 일렉트릭의 보험정책이 어떤 위험을 포함시킬 것인지의 문제에 대하여 성별과 무관한gender-free 보험통계 결정을 한 것이라는 법원의 가정에 도전하면서, 제너럴 일렉트릭의 보험정책은 임신한 여성 노동자들에게 불이익을 주기 위하여 설계되었고 실제로 그러한 효과를 낳은 축적되어 온 과거의 관행을 가지고 있다고 주장하였다.[13]

스티븐스Stevens 대법관이 법원의 두 비교집단의 분류를 논박하는 일을 맡았다. 그는 각주에서 다음과 같은 점을 지적하면서 도전에 응수하였다.

12 429 U.S. 125(1976).

13 429 U.S. 149-150(1976)(브레넌, 마샬 대법관의 반대의견).

> 보험 프로그램이 '잠재적인 수혜자를 두 집단 — 임신한 여성과 임신하지 않은 사람'으로 나누고 있다고 설명하는 것은 정확하지 않다. 보험 프로그램, 기업의 정책 그리고 고용계약은 모두 과거의 사실이 아닌 장래의 **위험**을 다루고 있다. 그러므로 분류는 임신이라는 위험을 부담하는 사람과 그렇지 않은 사람으로 이루어져야 한다.[14]

스티븐스는 그의 분류를 통하여 관련성 있는 비교집단은 분명 여성과 남성이라고 결론지었다. 그는 "이러한 규칙이 성에 따라 차별을 행하고 있는 것은 자명하다. 왜냐하면 임신을 할 수 있는 능력이야말로 여성을 남성과 구분 짓는 주요한 능력이기 때문"[15]이라고 지적하였다.

스티븐스 대법관의 비교집단 설정은 임신한 여성 집단에 상응하는 남성 집단의 부재로 인한 전통적인 동등보호 분석의 논리적 딜레마에 대하여 하나의 가능한 해답을 제공하고 있다. 그러나 그의 분류는 각 집단이 오직 성에 의해 나뉜다는 것을 입증하지는 못한다. 임신의 위험을 부담하는 모든 사람이 여성이기는 하지만, 이 집단은 불임이거나 수술을 통하여 불임이 된 여성들을 남성과 마찬가지로 포함하지 못한다. 게다가 이 집단은 너무 광범위하게 규정되어서 모든 상황에 유용하게 쓰이기가 어렵다. 그리하여 라플래어 사건에서 출산 전의 강제적인 모성휴가의 요구는 오직 임신한 교사들에게만 영향을 주었을 뿐, 임신의 위험을 부담하고 있는 모든 교사들에게 영향을 준 것은 아니었다. 장래의 위험을 강조하는 스티븐스의 분류는 보험 사건의 맥락에서는 유용하지만, 일하는 여성들이 직면하는 재생산과 관련된 광범위한 현실 문제들을 모두 해결하지는 못한다.

14 429 U.S. 161(1976)(스티븐스 대법관의 반대의견).

15 429 U.S. 161-162(1976)(스티븐스 대법관의 반대의견).

[…] 직장 장애보험 프로그램에서 임신이 배제되는 것에 반대하여 법원을 통한 사법적 보호를 얻어 내고자 했던 시도가 좌절된 후, 임신한 여성들과 그 협력자들은 구제수단을 도모하기 위해 의회로 향했다.

2. 길버트 판결에 대한 의회의 대응: 1978년 임신차별금지법

노동조합, 페미니즘 단체 그리고 몇몇의 기독교 단체를 포함한 300여 개 단체들이 연합하여 길버트 판결 법리에 대한 의회에서의 철회 운동을 벌였다. 그에 대한 대답으로 연방의회는 민권법 제7편 규정상의 '성 sex'이라는 단어에 '임신'이 포함되는 것으로 규정하는 임신차별금지법 Pregnancy Discrimination Act, PDA[16]을 제정함으로써 민권법 제7편에 수정을 가하였다. 주석자들은 임신차별금지법이 길버트 사건에서의 연방대법원의 결정을 뒤엎기 위한 의도를 가지고 있다고 지적하였다. 대법원은 Newport News Shipbuilding & Dry Dock Co. v. EEOC 판결[17]에서 임신차별금지법이 길버트 사건에서의 결론 및 추론 양자를 모두 배척한 것이라는 사실을 인정하였다. 법의 의도에 따라 1978년 이후 연방대법원은 "여성의 임신에 기초한 차별은 정면으로 그녀의 성별에 기인한 차별"[18]이라는 점을 인정하였다.

길버트 판결의 폐지 노력에 적극적이었던 많은 페미니스트 법률가들은 임신차별금지법이 임신한 여성을 다른 노동자들과 같게 대우해야 한다고 명하고 있는 것으로 해석하였다(Williams, 1982: 193). 그러나 다른 견해를 가진 사람들은 임신차별금지법이 고용주가 다른 노동자들에게 제공하는 장애보장을 임신한 여성 노동자들에게도 평등하게 부여해

16 42 U.S.C.§2000e(k)(1983).
17 462 U.S. 669(1983).
18 462 U.S. 684(1983).

야 한다는 점을 확인하기는 했지만, "현재 아무런 장애보장 프로그램도 제공하고 있지 않은 고용주나, 임신을 다른 장애들과 다르게 대우하게 될 것을 우려하며 임신에 대한 보험혜택 보장을 하지 않는 고용주에 대하여 임신차별금지법이 무엇을 요구하고 있는가 하는 점은 분명하지 않다"고 지적하였다(Weissman, 1983: 693). 특히 임신차별금지법에 의해 수정된 민권법 제7편이 임신한 여성에게 차별적 효과disparate impact를 미치는 중립적 고용행위를 금지하는지의 여부, 그리고 주정부가 고용주들이 임신한 여성의 노동을 유지하기 위한 직무 관련 인센티브를 주도록 의무화하는 것이 여타 노동자들에게는 비슷한 혜택이 주어지지 않는 경우에도 임신차별금지법상 허용되는지의 여부 등은 아직 해결되지 않은 채 남아 있다. 이러한 인센티브에는 예컨대 임신 기간 중의 합리적이고 임의적인 휴가 사용, 휴식 시간에 누워서 쉴 수 있는 시설 등과 같은 근무장소의 편의시설 그리고 출산 이후 직장으로 복귀할 수 있는 권리 등이 포함될 수 있다. 다음에서 논의하게 될 두 사건은, 주법이 고용주에게 다른 이유로 장애를 가지고 있는 노동자들이 휴가를 사용할 수 있는지의 여부와 관계없이 임신한 노동자들에게 합리적인 휴가를 제공할 의무와 출산 후 복직시켜야 할 의무를 부과할 경우, 주법과 연방법 사이에 모순이 생길 가능성이 있다는 것을 보여 준다. 이러한 법들이 민권법 제7편에 구속되지 않는다 해도 그들이 관련 주헌법 또는 연방헌법 규정을 위반한 것인지의 문제가 남아 있다.

3. 밀러–홀 판결과 칼페드 판결: 차이의 인정

1) 밀러–홀 판결

1972년 몬타나주는 주헌법에 평등권 수정조항을 채택하였다.[19] […] 1975년 몬타나 모성휴가법Montana Maternity Leave Act[20]은 […] 임신한 여성으로 하여금 임신 기간 동안 계속하여 일을 할 것인지 선택할 수 있도록 하고, 합리적인 임신휴가를 사용할 수 있도록 하며, 적절하고 유효한 장애수당을 받도록 하고, 출산 후 직장으로 돌아올 수 있도록 하며, 동법을 위반한 고용주에 대해 이의를 제기했을 때 보복을 당하지 않도록 하였다. 몬타나 주법은 임신차별금지법의 제정보다 시기적으로 앞서 있었다. […] 1978년 10월 31일 임신차별금지법이 발효되면서부터 이 두 법률 사이의 잠재화된 갈등 상황이 도래하였다.

임신차별금지법에 근거하여 몬타나 주법에 도전하기 위한 법적인 기초를 제공한 사건은 연방규정의 발효 후 1년도 채 되지 않아 발생하였다. 1979년 8월 1일, 밀러-홀Miller-Wohl 사社는 타마라 불리Tamara Buley를 몬타나주 그레이트 폴스Great Falls의 의류매장 판매원으로 고용하였다. 그녀는 일을 하게 된 첫 주에 2일 반나절을 빠지게 되었다. 그녀는 자신이 독감에 걸렸다고 생각했다. 하지만 2주 후 자신이 임신을 했음을 알게 되었다. Miller-Wohl Co. v. Commissioner of Labor and Industry 판결(이하 '밀러-홀 사건')에서 몬타나주 대법원은 그녀의 상태를 이렇게 묘사했다.

> 다음 2주 동안 그녀는 '입덧'에 시달렸다. 그녀는 메스꺼움과 어지러움을 느꼈고, 그 결과 그녀는 일을 빠지고 휴식을 위하여 판매대를 떠나야 했으며, 매장 화장실에서 구토를 하며 상당한 시간을 보냈고, 그래서 집으로 일찍 보내졌던 것이다.[21]

19 몬타나주 헌법 제2장 제4조는 "주나 어떠한 사람, 회사, 기업 또는 기관도 자신의 시민적·정치적 권리의 행사 과정에서 인종, 피부색, 성, 문화, 사회적 출신 또는 조건이나 정치적·종교적 입장에 의하여 사람을 차별해서는 안 된다"고 규정하고 있다.

20 MONT. CODE ANN.§§49___310_49___311(1983).

21 692 P.2d 1243(Mont. 1984); 53 U.S.L.W. 3718(U.S. Apr. 9, 1985)(no. 84-1545), 1245.

밀러-홀은 1979년 8월 27일 불리를 해고하였다. 몬타나주 대법원은 고용주가 이러한 조치를 취한 것은 "의심할 여지 없이 그녀의 임신이 상품판매원으로서의 효율성을 떨어뜨렸기 때문"이라고 보았다.[22]

불리는 1980년 8월 6일 몬타나주 노동산업위원회Montana Commissioner of Labor and Industry에 이의를 제기하였다. 위원회는 밀러-홀이 몬타나주의 모성휴가법을 위반했다고 판단하였다. 위원회는 밀러-홀에 불리를 복직시키고 그녀에게 체불임금과 벌금 6,537달러 60센트를 지급하라고 명하였다. 밀러-홀은 이미 연방지방법원에 민권법 제7편이 몬타나 주법에 우선한다는 확인판결을 구하는 소를 제기한 상태였다. 연방지방법원은 민권법 제7편이 우선한다는 주장을 배척하는 결정을 하였으나, 그 결정은 사물관할의 흠결을 이유로 제9순회법원에서 파기되었다.

밀러-홀은 다음으로 몬타나주 법원으로 향하여 위원회의 결정에 대한 재심사를 구하였다. 주 하급심법원은 위원회의 명령을 뒤엎었다. 불리와 위원회는 몬타나주 대법원에 상소하였고, 몬타나주 대법원은 하급심법원의 판결을 파기하고 위원회의 명령을 지지했다.

2) 칼페드 판결

캘리포니아주 의회는 1978년에 캘리포니아 공정고용행위법California Fair Employment Practice Act을 개정하여 고용주가 여성 노동자에게 4개월을 초과하지 않는 합리적인 기간의 임신휴가를 거부하는 것은 불공정 노동행위라고 규정하였다. 몬타나주 헌법의 평등권 수정조항을 이행하기 위한 책임에 부응하여 제안된 몬타나 모성휴가법과는 달리, 캘리포니아 주법은 연방대법원의 길버트 판결에 대한 대응으로 제정된 것이었다. […]

22 692 P.2d 1243(Mont. 1984); 53 U.S.L.W. 3718(U.S. Apr. 9, 1985)(no. 84-1545), 1245.

몬타나 주법의 경우에서와 같이, 주법을 위반한 혐의를 받고 있는 고용주는 캘리포니아 주법이 민권법 제7편과 갈등을 빚고 있다고 주장하였다. 로스앤젤레스에 있는 칼페드California Federal Savings and Loan Association, CalFed 사社의 접수계원이자 구내전화 교환수PBX operator로 일하던 릴리안 가란드Lillian B. Garland는 1982년 1월 18일경부터 임신·출산 장애휴가를 사용하였다. 그녀의 아이는 1982년 2월 12일에 태어났다. 그녀는 1982년 4월 20일경 그녀가 업무에 복귀할 수 있다는 사실을 회사에 통지하였다. 인사부에서는 그녀에게 접수계원직이나 그와 비슷한 일을 하는 자리가 이제는 없다고 통보해 왔다. 7개월을 기다린 후인 1982년 11월 22일 가란드는 접수계원으로서 칼페드에 복직하였다.

가란드는 조언을 구하기 위하여 캘리포니아주 공정고용주택국California Department of Fair Employment and Housing에 접촉하였다. 당국은 1983년 5월 2일 칼페드가 캘리포니아 주법을 위반하였다는 이유로 동 회사를 고발하였다. […]

3) 밀러-홀과 칼페드에서 당사자들의 주장

밀러-홀 사건과 칼페드 사건에서 고용주들은 전반적으로 비슷한 법논리를 사용하였다. 그들은 모두 각 주법이 임신한 여성을 다른 장애를 가진 노동자들보다 유리하게 대우할 것을 요구함으로써 민권법 제7편을 위반하였다고 주장했다. […]

두 사건에서 피고 측인 각 주는 본질적으로 비슷한 입장을 취했다. 몬타나주 노동산업위원회는 모성휴가법은 민권법 제7편과 배치되는 것이 아니라 오히려 그를 보완하는 것이라고 주장했다. 더불어 노동산업위원회는 헌법적인 공격에 맞서 주법을 정당화하기 위해서, 주법은 여성으로 하여금 그들의 잠재력을 최대한 발휘하여 사회에 기여할 수 있도록 하기 위해서 설계된 적극적 조치라고 주장하였다. 캘리포니아주의 피고들은 주법이 민권법 제7편의 목적 및 목표에 완벽하게 부합하는 것이라고 주장했다. 그들이 보기에 해당 주법은 충분한 장애휴가를 제공하지 않는 고용정책, 또는 임신으로 인해 발생하는 장애휴가를 사용한 여성이 합리적인 기간 안에 동일하거나 유사한 일자리로 돌아올 권리를 보장하지 않는 고용정책으로 인한 불평등 효과adverse impact로부터 임신·출산 및 그와 관련된 의학적 상태의 영향을 받는 여성 노동자들을 보호함으로써 여성에게 평등한 고용기회를 보장하기 위하여 설계된 것이었다. […] 캘리포니아주의 피고들은 이 부분에 대한 그들의 주장을 대체로 다음과 같이 요약하였다.

> 임신차별금지법의 입법은 임신·출산 또는 이와 관련된 의학적 상태의 영향을 받는 여성들이 유사한 상황에 있는 동료 노동자들과 비교하여 불리한 대우를 받지 않도록 하기 위한 연방의회의 의도를 반영한다. 반면에 원고들은 임신차별금지법을 규정하는 연방의회의 의도가 고용기회의 평등을 보장하기 위하여 임신한 노동자들에게 추가적인 보호를 제공하는 주의 입법을 차단하려는 것이었다는 그들의 주장을 뒷받침할 근거를 입법사의 어디에서도 찾아내지 못하였다.[23]

4) 밀러-홀과 칼페드에서 법정조언자들의 주장

페미니스트 및 민권운동 집단들은 밀러-홀 사건과 칼페드 사건에서 제기된 법률해석 문제를 둘러싸고 의견이 갈렸다. 밀러-홀 사건에서 미국시민자유연맹American Civil Liberties Union, ACLU이 주도한 집단들의 연합체가 제출한 서면과 칼페드 사건에서 전미여성기구National Organization for Women, NOW가 주도한 집단 및 개인들의 연합체가 제출한 서면에서 이 두 연합체는 임신한 노동자에게 특별한 혜택을 제공하려는 주의 입법적 노력

23 원고들의 약식결정 신청에 대한 피고들의 답변서 12면; Cal Fed 34 Fair Empl. Prac. Cas.(BNA) 562(C.D.Cal. 1984); rev'd 758 F.2d 390(9th Cir. 1985).

은 '보호'입법에 해당하는 것이고, 이는 남성과의 평등한 대우에 있어서 여성의 장기적인 이익에 반하는 것이라고 주장하였다. 그래서 주법들은 평등대우를 명하고 있는 임신차별금지법 규정과 잠정적으로 갈등관계에 있었지만, 법원들은 그 혜택들을 다른 모든 장애를 가진 노동자들에게 확대하도록 함으로써 주법들을 민권법 제7편에 합치하는 것으로 만드는 해석을 할 수도 있었다.

칼페드 사건의 피고인 캘리포니아주 공정고용주택국은 다른 두 집단과 연대하여 밀러-홀 사건의 제9순회법원에 법정조언자 소견서를 제출했다. 그 집단 중 하나인 평등권변호사회Equal Rights Advocates, Inc.는 칼페드 사건에서도 법정조언자로 등장했다. 두 서면 모두에서 그들은 두 사건에서 고용주들이 주장한 제한적 휴가정책은 임신한 여성들에게 불평등한 효과adverse impact를 미치기 때문에 민권법 제7편을 위반한 것이라고 주장했다. 나아가 주법과 연방법 모두 임신한 여성에게 평등한 고용기회를 제공하기 위하여 만들어진 것이라는 점에서 주법들은 임신차별금지법에 합치한다고 주장했다.

그들의 이론상 불일치에도 불구하고 두 그룹의 법정조언자는 두 사건의 결론에 대한 제안에 있어서는 작은 차이를 보였을 뿐이다. 그들은 모두 '연방규정 우선'이라는 주장에 맞서 주법을 유지시키기 위해 노력하였다. 그러나 미국시민자유연맹과 전미여성기구의 보고서에서는 주법에 의해 제공된 혜택들은 임신한 여성들뿐 아니라 모든 노동자들에게까지 확대되도록 사법적으로 해석되어야 한다고 주장하였다. 그들은 임신한 노동자들에게만 제공되는 것으로 제한된 혜택들은 민권법 제7편에 의해 배제될 수도 있다고 주장하였다. 평등권변호사회와 그 지지자들은 임신차별금지법은 주가 임신한 노동자들을 다른 모든 노동자들과 동등한 기반에 놓기 위하여 추가적인 조치를 제정할 수 있도록 하고 있다고 믿었다.

5) 법원의 판결

몬타나주 대법원은 밀러-홀이 임신을 이유로 타마라 불리를 해고한 행위는 몬타나 주법과 민권법 제7편을 모두 위반한 것이라고 판단했다.[24] 그러나 몬타나주 대법원은 임신차별금지법이 주법에 우선한다는 주장은 배척했다. 대신 밀러-홀 사건의 항소심에서 연방지방법원의 결정을 파기하면서 평등보호 주장을 반박하기 위하여 하트필드Hatfield 판사가 제시하였던 추론을 받아들였다. 하트필드는 몬타나 주법이 임신에 한해서만 혜택을 제공함으로써 남성과 여성을 불평등하게 대우하는 것이 아니라고 주장하였다. 그는 계속해서 다음과 같이 말했다.

> 오히려 해고의 법적 근거로서의 임신 관련 장애들을 제거함으로써 몬타나 모성휴가법은 남성과 여성을 보다 동등한 조건에 두게 되었다. 모든 노동자들은 남성이든 여성이든 임신을 제외한 어떤 다른 이유에 의한 장애를 겪는 경우에도 여전히 모두 동일하게 대우받는다. 장애나 질병이 어떤 성이나 겪게 되는 것 — 다리골절이나 간염 등과 같은 것들 — 이든 아니면 한쪽 성만 겪게 되는 것 — 난소종양이나 전립선염 — 이든 관계없이 몬타나 모성휴가법은 여전히 원고에게 모든 노동자들을 그의 휴가정책하에서 동등한 엄격함으로 대우하도록 하고 있다. 몬타나 모성휴가법은 오직 원고(밀러-홀)와 같은 고용주들이 '역할의 상이성을 이유로 여성 노동자들로부터 고용기회를 박탈하는 등의 방법으로 그들에게 부담을 지우는 것'을 불법으로 규정하고 있을 뿐이다.[25]

24 692 P.2d 1251-1252. 밀러-홀이 민권법 제7편을 위반했다는 판결에서 몬타나주 대법원은 민권법 제7편 위반행위에 관하여 불평등대우 이론[McDonnell Douglas Corp. v. Green, 411 U.S. 792, 801(1972) 참고]과 불평등효과 이론[Griggs v. Duke Power Co., 401 U.S. 424, 430(1971) 참고] 양자 모두를 근거로 삼고 있는 것으로 보인다.

25 National Gas Company v. Satty, 434 U.S. 136, 142(1977); 692 P.2d 1243, 1245 (Mont. 1984)(515 F.Supp. 1266에서 재인용).

이렇듯 몬타나주 대법원은 임신이라는 차이는 여성을 남성과 같게 대우하는 것만으로는 직장에서 충분히 수용될 수 없다는 점을 인식하게 되었다. 그러한 판결은 이 논문에서 취하는 입장이자 아래에서 더욱 완전하게 개진되는 견해와 일치한다. 그것은 남성과 여성 간의 평등은 재생산에 있어서의 생물학적 성차에 대한 보상을 요구한다는 것이다. 그렇지 않으면 그 성차는 여성에게 불리하게 작용할 것이며 여성들이 평등한 고용기회를 누리는 것을 방해하게 될 것이기 때문이다. […]

제9순회법원 역시 칼페드 사건에서 연방법 우선 주장을 배척했다. 법원은 캘리포니아 주법이 임신에 기반하여 남성을 차별했다는 리얼Real 판사의 주장을 "상식에 반하고, 판례법을 잘못 해석한 것이며, 민권법 제7편과 임신차별금지법을 조롱한 것"이라고 일축했다.[26] 퍼거슨Ferguson 판사는 법원은 오직 캘리포니아 주법이 제공한 임신휴가가 민권법 제7편에서 '허용 가능한' 것인지의 여부만을 결정해야 한다면서 우선성에 관한 문제를 축소시켰다. 임신의 특수성에 대한 사법적司法的 인식이 자칫 다른 차이들에 대한 무비판적 수용과 궁극적으로 여성에 대한 불이익으로 이어질 것을 두려워하는 사람들에 대한 효과적인 반박으로, 퍼거슨 판사는 판결의 한계를 명확히 하였다.

> [California Fair Employment and Housing Act] §12945(b)(2)는 여성에게만 특유한 상태—양육parenting이 아니라 임신장애—를 다루고 있기 때문에, 본 판결은 일견 성과 관련되어 있는 듯이 보이지만 사실은 생물학적인 것보다는 고정관념에 근거한 요소들에 입각한 주법 또는 고용행위의 적법성과는 아무런 관련이 없다.[27]

26 758 F.2d 393(9th Cir. 1985).

27 758 F.2d 395.

임신차별금지법에 대한 제9순회법원의 해석은 해당 두 조항들이 독립적으로 읽힌다는 사실을 인식하였다. 법원은 첫 번째 조항은 '임신'이라는 단어를 민권법 제7편의 차별금지명령에서 '성'이라는 단어의 대체어로 만들었고, 따라서 연방의회로 하여금 "성에 있어서는 이미 확보하고 있었던, 표면적으로는 중립적이지만 차별적 효과를 가져오는 정책을 포함한 모든 종류의 차별에 대한 금지를 임신에 있어서도" 확보하는 것을 가능하게 했다고 추론하였다.[28] 그러나 칼페드의 주장과는 달리 법원은 임신차별금지법의 두 번째 조항을 '항상 임신중립적인 정책'을 요구하는 것으로 해석하는 것은 거부하였다. 대신 법원은, 연방의회는 임신한 여성을 최소한 다른 노동자들과 마찬가지로 대우하도록 요구하는 것을 의도했을 뿐, 주들이 더 완전한 최대한의 보장을 요구하는 것을 금지할 의도를 가진 것은 아니었다고 추론했다.

남성과 여성 간의 평등에 기초한 분석의 틀에 있어서 임신이 어떻게 적합성을 갖는지에 관한 제9순회법원의 견해는 이 논문에서 취하고 있는 접근과 일치한다. 퍼거슨 판사는 다음과 같이 간명하고 훌륭하게 논증한다.

> 임신차별금지법은 각 주로 하여금 임신을 무시하라고 요구하지 않는다. 그 법은 다만 여성이 평등하게 대우받을 것을 요구한다. 앞선 논의에서 본 바와 같이 임신차별금지법은 또한 어떤 정책 또는 법이 임신한 여성에게 평등한 대우를 제공하는지에 관한 상식적인 심사기준을 제공한다. 그 척도는 그 정책이 '고용기회의 평등'을 달성하고자 하는 민권법 제7편의 예방적인 목적을 심화시키는지의 여부이다. […] 그래서 임신차별금지법하에서의 평등 여부는 고용기회의 관점에서 평가되어야 하며, 반드시 사용된 돈의 액수 — 또는 사용된 장애휴가의 일

28 Cal Fed, 758 F.2d 396.

수—에 따라 평가되어야 하는 것은 아니다. 장애의 맥락에서 평등이란 실제적인 필요에 대한 보장을 비교하는 것이지, 동일한 필요를 가정하고 그에 대한 보장을 비교하는 것이 아니다. […][29]

III. 평등과 차이

1. 생물학적 재생산에서의 성차에 대한 에피소드식 분석

모든 남성—또는 모든 여성—이 평등하다는 철학적인 주장은 항상 그들의 지능, 능력, 재능, 건강상태, 부, 지위, 힘과 같은 것들에 존재하는 불평등에 의해 도전받아 왔다. 어떤 철학자들은 이러한 종류의 도전에 대응하는 방법으로 모든 인간에 대한 존중의 평등(Williams, 1973: 234-239), 기회의 평등(Frankel, 1971: 230), 또는 이익의 고려에 있어서의 평등(Benn, 1967: 61)과 같이 인간이 처해 있는 특정한 상태가 다름으로 인해 생기는 불평등을 초월하는 일반화된 평등의 이상에 호소하는 방법을 택해 왔다. 또 다른 철학자들은 정의론의 범위 안에서 사회적·경제적 불평등의 형태들을 정당화하기 위해 노력해 왔다(Rawls, 1971: 60). 거의 예외 없이(Mill, 1970: 123), 평등에 대한 이런 철학적인 논의들은 여성woman을 포함하는 일반적 용어로 사용되는 사람man들 사이의 평등과 관련하여 이루어져 왔다. 여성과 남성 간의 평등이 무엇을 의미하는지에 관하여 특정한 문제가 제기될 때(Gould, 1976: 5) 이러한 논쟁은 특정한 일련의 차이들에 초점을 맞추는데, 그것은 바로 남성과 여성이라는 두 집단을 정의하는 생물학적 차이이다. 그렇다면 질문은 다음과 같이 이어진

29 Cal Fed, 758 F.2d 396.

다. 생물학적인 재생산적 성차가 존재하고 또한 지속될 것으로 기대된다면, 어떻게 남성과 여성이 동등하다고 주장할 수 있는 것일까?

이 질문에 대해서는 지금까지 적어도 두 가지 접근방법이 제기되었다. 생물학적인 재생산적 성차의 중요성은 최소화될 수도 있고 부각될 수도 있다. 첫 번째 접근방법은, 전술한 차이를 인정할지라도 공적인 결과는 한 개인이 남성인지 여성인지의 여부에 따라 달라지지 않아야 한다고 주장한다(Wasserstrom, 1977: 605-615; Jaggar, 1974: 275). 남성과 여성 간의 평등은 그 결과를 고려하는 데 있어 성별을 제거함으로써, 즉 육체적으로는 아니더라도 도덕적으로는 성별을 구별 불가능한 것으로 만듦으로써 달성될 수 있다. 두 번째 접근방법에서는 생물학적인 재생산적 성차를 성정체성의 근거로 보고, 그 정체성을 여성과 남성의 구별된 성역할을 확립하는 사회적 차이의 기초로 사용한다(Wolgast, 1980: 25-30, 103-137). 이러한 접근은 여성과 남성의 이익을 이가적 개념bivalent concept으로 파악함으로써 평등주의egalitarian 모델을 포기하고, 양성에 대한 '분리되었으나 평등한separate but equal' 사회적 모델과 같은 것을 만들어 낼 수 있다. 첫 번째 입장을 지지하는 사람들은 일반적으로 양성 간의 동화assimilation가 일반적인 규범이 되고 차이는 가능한 한 좁은 영역으로 제한되는 좋은 사회good society의 비전을 지지한다(Wasserstrom, 1977: 612-614). 두 번째 입장을 지지하는 사람들은 여성과 남성이 분리된 영역에 종사하던 전통적인 사회 형태(De Marco, 1981; Browne, 1984)에서부터, 두 영역이 서로 수렴됨으로써 양성의 가장 좋은 특성만을 보존하게 되는 양성적 사회라는 좀 더 현대적인 견해(Rossi, 1984)에 이르기까지 다양한 사회 형태를 지지할 수 있다.

나는 제3의 대안적인 접근방법을 제안하고 싶다. 그것은 생물학적인 재생산적 성차들이 오직 재생산의 목적을 위하여 활용되는 경우에만 그 차이들을 참작하여 법적으로 의미 있는 것으로 다루는 방법이다. 나는 생물학적인 재생산적 성차들은 성정체성의 고유한 특징이 아니라 발휘될 수도 있고 그렇지 않을 수도 있는 기능적인 특성으로 인식되어야 함을 제안하고자 한다. 여성은 그녀의 임신·출산 그리고 수유 능력으로 인해 남성과 구별될 수 있다. 그러나 그녀는 그러한 능력들을 전혀 사용하지 않기로 선택할 수도 있다. 이러한 여성은 조금이라도 덜 여성적인 것인가? 남성은 정자를 생산하고 사정을 할 수 있는 고유한 능력을 가지고 있다. 그러나 그가 누구의 아버지도 되지 않더라도 그는 여전히 남성이다. 불임인 여성과 남성 사이에는 구별되는 성적 능력이 없음에도 불구하고 그들의 성정체성은 유지된다. 우리 사회에서 현저한 구별은 재생산 행위보다는 성성sexuality에 근거한 것이다(MacKinnon, 1982: 516). 여성과 남성이 사회적인 규준에 따라 적절한 상호작용을 할 때 이들은 자신들의 서로 다른 생물학적인 재생산 능력을 행사하지 않으며, 그들이 성교를 하는 때에도 반드시 그러한 능력을 사용하는 것이 아니다. 그러한 재생산에 있어서의 차이들은 오직 양쪽 성의 재생산 행위에서 유발되는 임신을 통해 재생산 기능이 발현되는 경우에만 등장한다.

재생산 행위를 바라보는 이러한 방식은 우리로 하여금 생물학적인 재생산적 성차를 새로운 시각에서 바라볼 수 있게 해 준다. 재생산 행위가 에피소드적episodic이고 일시적temporary이라는 점은 더욱더 분명해진다. 남성의 재생산 행위는 기간에 있어서 상당히 짧으며, 여성의 재생산 행위는 대략 9개월의 시간을 요하지만 그 주기는 출산으로써 완성된다. 부모가 된 남성과 여성은 영양분을 공급하기 위해 수유를 선택하는 경우를 제외하고는 태어난 아이를 보살피는 능력에 있어 성에 의해 기능적으로 구별되지 않는다. 몇몇 사람들은 아이의 양육을 주로 담당하는 부모의 역할에 있어 남성보다 여성을 선호하는 문화는 아이에게 성별에 근거한 심리적인 차이를 양산하고 그것은 다시 현존하는 남성 지배의 사회 패턴을 강화한다고 주장하면서, 아이들을 돌보는 일에 남성들이 여성들과 함께하도록 함으로써 되풀이되는 순환을 깨야 한다고 주장해 왔다(Chodorow, 1978; Dinnerstein, 1976). 이러한 주장은 남성이 유아와의 주요한 유대감을 형성하는 것을 방해하는 선천적인 생물학적 특징은 없다는 가정에 의거하고 있다.

생물학적인 재생산적 성차에 대한 이러한 에피소드식 분석이 여성과 남성 간의 평등에 관한 이론적인 모델로서 적절한 이유는, 이러한 분석은 차이가 존재한다는 것을 인식하기는 하지만 그러한 차이가 발현되는 특정한 상황 이외에는 그것들을 중요하지 않은 것으로 간주하기 때문이다. 그와 같은 특정한 상황들에서, 정자와 난자의 결합의 결과로 임신을 하게 된 여성은 남성이나 임신하지 않은 여성의 필요와는 구별되는 일련의 복합적인 필요들을 경험하게 된다. 임신한 여성들은 건강한 아이를 출산할 가능성을 최대화하기 위해 특정한 식단에 따라야 하고, 특정한 약을 복용하는 일을 삼가야 하며, 독성이 있는 환경을 피해야 하고, 특정한 행위들을 시작하거나 끊어야 한다는 충고를 받는다. 그리고 그들의 신체적인 상태의 변화의 결과로, 임신한 여성들은 일시적으로 일을 못하게 되기도 한다.

여성의 재생산 행위의 필연적인 결과는, 비록 제한된 시간 동안만이고 임신한 여성들 간에도 매우 다양하게 나타나기는 하지만, 그녀의 상태가 양성 모두의 임신하지 않은 다른 사람들의 상태와는 달라진다는 것이다. 그렇다면 그녀는 임신하지 않은 다른 사람들과 동등하지 않은 것인가? 특히 그녀는 재생산 행위를 하는 남성과 동등하지 않은 것인가?

만일 임신하지 않은 여성이 존중의 평등이나 이익의 고려에서의 평등과 같은 영역의 조치들에 있어 남성과 동등하다고 추정된다면, 그녀의 재생산 행위가 그러한 종류의 평등에 대한 그녀의 권리를 전혀 제거하거나 손상시키지 않음이 명백하다는 것이 나의 생각이다. 그러나 여성은 재생산 행위를 하는 남성과 달리 기회의 평등 측면에서 일시적인 불이익 상태에 놓일 수 있다. 아이를 낳기 위하여 그녀는 일시적으로 그녀 자신의 이익을 추구할 수 없게 된다. 만일 그녀가 한 번 이상 임신을 한다면, 그녀는 반복적인 불이익에 직면하게 될 것이다. 재생산 행위로 인한 필연적 불이익을 오직 여성에게만 부담케 하는 것은 불공평한 것으로 보인다. 그러나 이러한 불공평한 결과는 계속될 필요가 없다. 임신으로 인한 일시적 불이익을 완화하기 위한 철학적 기초가 평등이라는 틀 안에 존재하고 있기 때문이다.

철학자들은 평등의 개념이 같은 것은 같게 대우할 것을 요구하는 것만큼이나 다른 것을 다르게 대우하는 것 역시 요구한다는 점을 인식하고 있다.[30] 다른 사람을 같게 대우하는 것은 그들을 불평등하게 대우하는 것이다. 그러나 형식적 평등의 개념은 불평등을 평등으로(다른 것을 같게) 만들기 위한 독립적인 정당화 기제를 포함하고 있지 않다. 기회의 평등이라는 또 다른 개념은 좁은 의미로는 개인이 그 능력에 따라 일을 수행하는 것을 방해하는 장애를 제거한다는 제한적인 의미에서 불평등한 것을 평등하게 만들기 위한 이론적 기초를 제공한다. […] 그러나 여성의 임신이라는 일시적인 사건 동안에, 여성은 재생산 행위 이전에 그녀가 해 왔던 것과 같은 방식으로 그녀의 능력을 활용할 수 없게 된다. 남성의 능력은 그의 재생산 행위의 결과로 인해 그와 유사하게 감소되지 않기 때문에, 기회의 평등은 여성이 그 성특정적sex-specific 변화의 결과로 불리해져서는 안 된다는 것을 함축하고 있다.

고용의 맥락에 적용해 보면 기회의 평등 개념은 다음과 같은 형태를 취하게 된다. 두 명의 노동자가 있다고 가정하자. 한 명은 여성이고 다른 한 명은 남성이다. 그들은 각각 재생산 행위를 한다. 이 행위 이전에 둘은 비슷한 직무를 수행하는 능력에 있어 대체로 동등했다고 가정하자. 재생산 행위를 하고 난 결과는 둘에게 전혀 다르게 나타날 것이다. 남성의 직업수행 능력은 크게 영향을 받지 않을 것이다. 여성의 업

30 이러한 논점은 본래 아리스토텔레스(Aristotle, 1925: 1113a-1113b)에 의해 형성되었다.

무능력은 이전의 직무수행과 비교해 보았을 때 그녀가 임신 기간 동안에 경험하게 되는 육체적·감정적 변화에 따라 다양해질 수 있다. 어떤 때에는 그녀의 업무능력이 임신으로 영향을 받지 않을 수도 있지만, 다른 경우 그녀는 임신 때문에 일시적으로 일을 할 수 없게 될 수도 있다. 궁극적으로, 그녀는 유산 이후의 회복을 위해, 출산으로써 임신을 마치기 위해, 또는 인공유산으로 조기에 임신을 끝내기 위해 의학적인 치료를 받아야 할 수도 있다. 임신 기간 동안에도 여성에게 기회의 평등을 보장하기 위하여, 우리는 그녀가 수행하는 업무의 제 측면 중에서 임신이 불리한 영향을 미치는 측면에 대하여 합리적으로 가능한 범위에서 수정을 가해야 한다. 그렇지 않으면 그녀는 재생산 행위로 인해 그녀의 남성 동료가 맞닥뜨리지 않아도 되는 고용상의 불이익을 경험하게 될 것이다.

나는 다음에서 이러한 이론적 입장이 갖는 몇 가지 법적 함의를 살펴볼 것이다. 여기에서 나는 나의 주장에 대해 제기될 수 있는 반대의견인 이행 비용cost of compliance의 문제에 주목한다. 그러나 비용은 사회적 가치와 함수관계에 있다. 민권법 제7편의 입법이 보여 주는 바와 같이, 우리 사회는 직장 내에서의 여성과 남성 간의 평등에 높은 우선권을 부여했다. 동시에 우리 사회는 생식에 관련된 개인의 결정에 대해 헌법적으로 보호되는 기본권으로서의 지위를 부여했다. 남성은 그들의 재생산 행위를 할 권리와 직장에서 성에 근거한 차별을 받지 않을 권리 사이의 갈등을 경험하지 않는다. 그러나 여성은 이와 같은 갈등을 경험해 왔고, 이러한 갈등은 임신한 노동자들이 임신 기간 동안의 고용기회 상실로부터 보호되지 않는 한 계속될 것이다. 재생산과 고용기회를 수용함으로써 여성이 남성과 동등한 기반에서 두 행위 모두를 자유롭게 누릴 수 있게 하는 것의 사회적인 가치는, 일하는 여성이 임신에 수반되는 특유한 육체적·감정적 변화에 대처할 수 있도록 하는 데 들어가는 추가 비용을 정당화한다.

2. 민권법 제7편에 대한 에피소드식 분석의 적용

이 글에서 제안하고 있는 생물학적인 재생산적 성차, 특히 임신에 관한 에피소드식 분석은 칼페드 사건에서 제9순회법원의 퍼거슨 판사가 제시한 민권법 제7편의 해석과 일치한다. 그 해석에서 '성'과 '임신'은 모두 민권법 제7편의 차별금지 보호 범위 안에 있었고, 임신차별 여부에 관한 심사는 심사대상이 된 정책 또는 규정이 임신한 여성에게 평등한 고용기회를 제공하였는지의 여부에 관하여 이루어졌다. 그러나 여기에서 제공되는 분석은 임신은 불변의 특성이라기보다는 하나의 에피소드적 사건episodic occurrence이라는 점에서 성과 구별된다는 것을 보여 준다. 임신한 사람이라는 범주는 여성이라는 보다 큰 범주의 하위 범주에 해당한다. 법적인 금지는 양 집단에 어느 정도 동일하게 적용된다. 여성이든 임신한 사람이든 성별이나 임신으로 인해 채용 거부나 해고를 당하지 않아야 한다. 그러나 성별이나 임신에 근거한 차별은 진정직업자격항변Bona Fide Occupational Qualification defense[31]에 의해 그 자체로 정당화될 수 있다. 만일 그 항변으로 정당화된다면, 작업환경이 위험하거나 임신으로 인해 고객의 안전확보가 어려워지는 경우 업무를 수행할 수 없는 임신한 노동자는 일시적으로 배제될 수 있다. 고용주들은 임신한 노동자들에 대한 차별을 피하기 위하여 그들이 출산 시까지 일을 계속하는 데 합리적으로 필요한 조치들을 취해야 한다. 출산휴가에서 돌아온 여성은 노동자로서 그들이 예전에 가졌던 지위를 유지할 수 있어야 한다. 임신에 대한 에피소드적 관점은 임신한 노동자들에게 주어지는 어떠한 혜택이나 제한도 임신한 여성은 그러해야 한다거나 그러면 안 된다는 등의 정형화stereotype된 관념에 의해 이루어져서는 안 되며, 임신으로부터 발생

31 42 U.S.C.A.§2000e-2(e).

하는 실제의 의학적인 필요들에 맞게 부과될 것을 요구한다. […]

3. 에피소드식 분석의 헌법에의 적용

임신차별금지법이 발효된 이후, 임신한 사람에 대한 차별은 고용의 맥락에서 불법적인 것이 되었지만 위헌은 아니었다. 게둘딕 판결은 여전히 평등보호조항에 대한 지배적인 해석이며, 그것은 임신에 근거한 분류는 성$_{sex}$에 근거한 차별이 아니라는 입장에 서 있다.

임신에 대한 에피소드식 분석은 게둘딕 판결에서의 임신한 여성과 임신하지 않은 사람의 범주화가 궤변이라는 점을 입증한다. 게둘딕 판결에서의 법적 이슈는 재생산 행위에 따른 하나의 결과인 임신이 고용주의 장애보험정책과 관련하여 직장에서 어떻게 다루어져야 하는가였다. 연방대법원은 고용주를 위해 일하는 모든 사람으로 이루어진 집단을 그 심사의 기준점으로 선택하였다. 그러나 그것은 관련성을 가지는 기준집단이 되지 못한다. 기준집단은 일을 계속하는 동안에 재생산 행위를 수행한 사람들로 제한되어야 한다. 그러한 집단은 두 개의 하위집단으로 구분되는데, 그중 하나는 그들의 재생산 행위의 결과로 인해 의학적인 치료를 필요로 하거나 때로는 일시적으로 장애를 경험하게 될 사람들의 집단이고, 다른 하나는 그렇지 않은 사람들의 집단이다. 첫 번째 집단의 사람들은 전부 여성이고, 두 번째 집단의 사람들은 전부 남성이다. 재생산 행위를 하지 않는 남성 및 여성은 재생산 행위의 업무 관련 결과의 측면에서 볼 때, 재생산 행위를 하고 그로 인해 동등한 보호를 받지 못하게 될 수도 있는 사람들과 비슷한 상황에 있지는 않다. 게둘딕 판결에서의 '임신하지 않은 사람'이라는 범주는 재생산 행위를 하는 것을 선택한 남성뿐만 아니라 재생산이라는 에피소드에 관여하지 않기로 한 여성과 남성까지도 모두 포함하고 있었기 때문에 그 범주화는 과도하게 광범위한 것이었다.

게다가 게둘딕 판결은 재생산 주기에서 잘못된 지점에 주목하였다. 연방대법원은 재생산 행위의 결과인 임신에만 초점을 맞춤으로써 재생산에 서의 남성의 역할을 무시하였다. 생물학적인 재생산적 성차에 관한 에피소드식 분석의 관점에서 적절히 재설정해 보자면, 게둘딕 판결의 법적 쟁점은 재생산 행위를 하면서 일을 계속하고자 하는 서로 다른 성별의 사람들이 장애보상이라는 목적에 있어 다르게 대우받는지의 여부라고 할 수 있다. 남성은 재생산 행위의 결과로 인해 직장에서 장애를 가지게 될 우려가 없기 때문에, 여성을 위한 평등보호는 그녀가 장애를 가지게 되었을 때 그녀가 궁지에 몰리지 않게 해 줄 것을 요구한다. 나아가 평등보호는 노동자들에게 일반적으로 적용되는 현행 장애제도의 혜택이 임신한 여성에게도 부여되어야 한다는 것뿐 아니라, 일반 장애제도에는 빠져 있다 하더라도 임신한 여성은 임신으로 인해 발생하는 장애에 대해 보호되어야 한다는 것으로 이어진다. 게둘딕 판결은 각각 재생산 행위를 한다는 점에서 비슷한 상황에 처해 있는 여성과 남성을 불평등하게 대우하는 결과를 낳는다. 그것은 파기되어야 마땅하다.

이러한 분석으로부터, 민권법 제7편하의 법적 보호뿐 아니라 헌법적인 목적에서도 임신에 근거한 여성에 대한 차별은 그녀의 성에 근거한 명시적 차별facial discrimination이라는 점이 도출된다. 성차별 사건에서의 평등권에 관하여 발전된 사법적 중간심사기준이 임신차별 사건에 있어서도 동일하게 활용될 수 있다. 그러나 그 분석은 다를 것이다. 왜냐하면 임신차별 사건에서는 비교대상으로 활용할 만한 임신한 남성이라는 집단이 존재하지 않기 때문이다. 대신 위헌심사는 재생산 행위를 하는 남성에게 허용되는 정도의 기회의 평등을 임신한 여성에게도 보장하는 방식으로 적용되어야 한다. 그렇게 된다면 임신한 여성은 그러한 남성과 다르게 취급될 수 있다. 그 다른 취급이 그들이 임신상태로 인해 받게 될 불이익을 예방하는 결과가 된다면 말이다. 예를 들어, 어떤 주의 고용주가 임신한 노동자에게 제공하는 합리적인 휴가는 헌법에 합치하

는 것일 뿐만 아니라 임신한 여성에 대한 주의 차별을 피하기 위해 헌법적으로 강제되는 것이다. […]

4. 에피소드식 분석과 동등대우/특별대우 논쟁

임신에 적용된 에피소드식 분석은 이른바 '동등대우/특별대우' 논쟁에서 서로 다른 입장을 취한 당사자들의 견해를 조화시키기 위한 기초로 활용될 수 있다. 예를 들어 에피소드식 분석은 그 분쟁이 얼마나 협소하게 제한되어 있는지를 부각시킨다. '동등대우' 모델을 훌륭하게 변호하였던 웬디 윌리엄스Wendy W. Williams는 그 모델이 발전한 이론적 틀에는 두 가지 전제가 필수적이라고 밝혔다(Williams, 1984-1985: 329-331). 그 첫째는, "체격이나 힘 같은 신체적 차이에서 도출된 것이든, 생계부양자나 가사담당자 같은 문화적인 역할분담에 기인한 것이든, 남성에 비해 더 긴 여성의 평균수명처럼 타고난 특성의 조합으로 인한 것이든 간에 성sex에 근거한 일반화는 일반적으로 용납될 수 없다"는 것(Williams, 1984-1985: 329)이고, 두 번째는 "명시적으로 성별에 근거한 분류를 하고 있지는 않지만 한쪽 성에게 불균형하게 부정적인 영향을 미치는 법률이나 규칙의 정당성이 다투어진다면, 일정한 상황하에서 입증책임burden of justification은 해당 법률이나 규칙을 옹호하는 자가 부담해야 한다"는 것(Williams, 1984-1985: 330)이다. 이 두 명제는 모두 이 글에서 제시하고 있는 생물학적인 재생산적 성차에 관한 에피소드식 분석과 모순되지 않는다. 나는 이 두 명제가 "남성과 여성을 미리 정해진 역할에 가두고 성별에 근거한 위계질서를 형성하는 법적 장애물"을 부수는 데 있어 양성 모두에게 공헌해 온 여남평등이라는 법원칙의 기초를 형성한다는 윌리엄스의 견해(Williams, 1984-1985: 331)에 찬성한다. 다른 글에서 살폈던 것과 같이, 평등에 대한 이러한 동화주의적assimilationist 관점은 비교되는 두 집단에 관련성 있는 차이가 없는 경우 인종차별 및 성차별에 대항하는 도구로서의 역할을 훌륭히 해 왔다(Kay, 1985: 77-78).

그러나 윌리엄스가 그녀의 "일반적 틀은 약간의 변형만으로도 한쪽 성에 특유한 신체적 특성에 근거한 법이나 규칙에 적용된다"(Williams, 1984-1985: 331)고 주장하는 점에 있어서 에피소드식 분석은 '동등대우' 모델과 차이가 있다. 내 입장에서, 생물학적인 재생산적 성차는 양성이 공유하는 다른 특징들이나 특성들과 비교하는 것이 불가능하고, 두 비교집단의 차별대우를 분석하는 틀 안에서는 적절하게 분석될 수 없다(Kay, 1985: 77-78). 반면 에피소드식 분석은 생물학적인 재생산적 성차가 존재하는 것을 인식하기는 하지만, 그것들의 법적 중요성을 그 차이가 실제로 발휘되는 짧은 기간 동안만으로 한정한다. 나는 윌리엄스와 내가 여성과 남성이 각기 재생산 행위를 하기 이전에는 마찬가지로 여겨져야 한다는 점에 대해서는 동의하고 있다고 본다. 수태의 순간에 정자와 난자는 똑같이 중요한 역할을 한다. 출산 이후 우리는 아이를 돌보는 데 있어 부모가 된 남성과 여성에게 동등한 책임을 부여한다. 그러나 윌리엄스와 달리, 나는 임신이라는 사건이 진행되는 동안 여성의 신체는 특유한 방식으로 기능한다는 점을 강조한다. 우리는 그 특유한 기능을 수행하는 여성이 불리해지지 않도록 하기 위하여 그 점을 인식해야 한다. 이런 방식으로 제한된다면, 임신을 '특유한' 것으로 인식하는 것은 제한된 기간 동안 여성의 필요가 남성의 필요보다 큰 경우에 법이 여성을 남성과 다르게 대우하는 것을 전반적인 고용기회와 관련한 여남평등을 보장하는 하나의 방법으로 인정할 수 있게 된다.

나의 접근법과 윌리엄스가 채택한 접근법의 근소한 차이는 또한 다른 고려에 의해 강조된다. 동등대우 모델에 찬성하는 사람들의 주된 주장 가운데 하나는 이론적이라기보다는 전략적인 것이었다. 그것은, 만약 여성들이 여성에게 특유한 임신이라는 상태를 위한 특별대우를 요구하지 않고 모든 노동자들에게 공통적으로 추진될 수 있는 혜택만을 요구한다면, 결국에는 정형화된 전통적인 성역할로부터 더욱 성공적으로 벗어나게 될 것이라는 주장이다. 그래서 윌리엄스는, 평등대우 모델은 직장이 육아를 일하는 아버지와 어머니의 공동 책임으로 수용하도록 재구조화하기 위해서 "임신과 자녀양육을 분리하고 각각 독립적으로 분석할 것을 요청한다"는 점을 지적하였다(Williams, 1984-1985: 354).

이처럼 나의 분석은 윌리엄스의 분석과 같이 여성의 재생산 주기는 출산과 함께 끝난다는 점을 명확히 하고 있다. 부모가 모두 아이를 돌볼 수 있는 경우에, 에피소드식 분석은 그들이 계속되는 양육의 단계마다 어떻게 일을 분담할 것인지에 대해 어떠한 함의도 가지고 있지 않다. 나의 분석은 임신과 양육 간에 명백한 선을 긋고 있으며, 부모 양자에게 육아휴직을 부여하는 규정을 요구한다.[32] 보다 근본적으로 에피소드식 분석은 남성과 여성 모두의 재생산 행위를 인식하면서도 여성의 임신을 있는 그대로 인식하고 뒷받침하는 평등 모델과 일치한다. 그래서 그것은, 여성이 평등한 기반에서 남성과 경쟁할 수 있도록 하기 위한 가장 좋은 방법은 임신이 그들의 성취에 걸림돌이 되지 않을 거라는 확신을 주는 것이라는 '특별대우' 접근법에 찬성하는 견해와 일치한다(Williams, 1984-1985: 376-378; Johnston, 1984-1985; Krieger & Cooney, 1983: 515-517; Scales, 1981: 435-442; Carey, 1973).

윌리엄스는 밀러-홀 사건을 사례로 들면서 임신에 대한 차등 접근의 공정성에 대해 "예를 들어, 만일 임신이 아닌 다른 이유로 아픈 다른 노동자는 그의 직장을 유지할 수 없다면, 우리는 밀러-홀에서 해고된 임산부가 일자리를 유지해야 마땅하다는 것을 무슨 근거로 공정하다고 주장할 수 있는가?"(Williams, 1982: 196)라고 의문을 제기했다. 이 질문에 대한 간단한 대답은 어떠한 남성 노동자도 그가 재생산 능력을 발휘

32 그래서 나는 윌리엄스(Williams, 1984-1985: 376-378)와 마찬가지로 출산 이후의 양육 혜택을 모(母)에게 제한하고 있는 ILO 모델보다는 부모의 양육 모델인 스웨덴 모델을 선호한다.

한 사실의 결과로 그의 직장을 잃는 일은 없다는 것이다. 에피소드식 분석은 이러한 간결한 대답을 지지하며 또한 보다 완전한 정당화를 제공해 준다. 그러나 보다 긴 정당화가 시작되는 지점은 밀러-홀이 타마라 불리를 해고하려던 때가 아니라 그녀가 일을 하러 가려고 했을 때이다. 다른 의학적인 질환들과는 달리 계획된 임신은 아이의 출산으로 완결될 것이 예상되어 있는 사건이다. 일을 하는 것과 아이를 가질 것을 모두 계획하고 있는 여성은 그녀가 업무에서 임신을 어떻게 다룰 것인지를 고려해야만 한다. 만일 고용주가 임신 관련 필요needs를 수용하는 프로그램을 가지고 있다는 사실을 그녀가 안다면, 그녀는 아이를 낳기로 하는 결정에 대한 장애물에 부딪힐 걱정 없이 일을 시작할 수 있을 것이다. 그러한 고용주의 프로그램들은 임신으로 인한 여성들의 불이익을 완화함으로써 여성들로 하여금 노동시장에 진입하거나 머무를 수 있도록 장려할 것이다. 물론 해고되지 않는 것이 이러한 보장 프로그램에 있어서 중요한 부분이다. 병가 일수를 아주 짧은 기간으로 제한하거나 유예 기간을 길게 설정하는 고용주의 장애정책은 여성들에게 그들이 임신하는 경우 직장에서 불이익을 받지 않을 것이라는 확신을 제공할 수 없다. 따라서 다른 노동자들이 겪는 우연한 질병이나 부상에 적용되는 경우에는 그러한 규정들이—바람직한 것은 아닐 수 있지만—정당화될 수 있다고 하더라도, 그런 규정들은 임신한 노동자들에게는 불충분하다. 고용주들이나 그들의 보험사들이 얼마나 많은 노동자들이 일하는 동안 부상을 당하거나 장애를 입게 될 것인지를 통계적으로 예상할 수 있다고 하더라도, 개개인의 노동자는 일반적으로 그러한 장애를 초래하는 사건을 계획하지는 않는다. 따라서 이들이 이러한 위험을 예상한다고 해도, 그것 때문에 직장에 진입하기를 단념하는 것은 아니다.

루스 베이더 긴스버그Ruth Bader Ginsburg는 앞에서 언급한 점에 있어 나의 견해와 일치한다고 할 수는 없지만 훌륭하게 핵심을 짚어 낸 바 있다. 임신차별금지법 제정에 앞선 몇 가지 임신 사건에 관한 언급에서 그녀는 다음과 같이 관찰한다.

> 오늘날 직업을 가진 여성의 삶에 두 번 정도 출산이 있을 것이라는 가능성과 임신 관련 신체장애에 대한 보험적용으로 인해 드는 비용이 연방대법원의 판결 — 지금까지 법원이 보여 준 일관성 없는 입장 변화와, 임신에 근거한 차별이 '때로는' 불법적이라는 현재의 입장을 포함하여 — 에 영향을 주었음은 의심할 여지가 없다. 만일 연방의회가 순수하게 성에 근거한 차별을 근절하고 여성을 위한 기회의 평등을 증진시키려고 하였다면, 연방의회는 가임여성을 위한 직업안정성, 건강보험 보장 그리고 임금유지를 확실히 하기 위한 보다 공고한 입법적 방침을 제공함으로써 고르지 못한 판결 양상에 대응해야 할 것이다. 국가의 입법자들이 이러한 문제를 은폐하고 있는 한, 여성은 그들의 선택에 있어서 남성보다 제한을 받을 수밖에 없다.(Ginsburg, 1978: 826-827)

나는 임신차별금지법이, 다른 노동자들이 다른 상태에 관하여 보장을 받는지의 여부에 관계없이 고용주들에게 임신한 노동자들을 위한 보장을 할 수 있도록 허용하는 것으로 해석되지 않는다면, 임신차별금지법의 제정은 긴스버그의 주장에 만족할 만큼의 응답을 하지 못한 것이라고 생각한다. 이러한 해석이야말로 일하는 여성에 대한 임신차별을 종식시키겠다는 연방의회의 목적에 부합하는 것이다. 만일 이러한 접근법이 채택된다면 '동등대우/특별대우' 논쟁에서 서로 다른 입장을 취하고 있는 페미니스트들은 일하는 어머니들에 대하여 널리 퍼져 있는 편견을 근절한다는 공통된 목적을 추구할 수 있을 것이다.

IV. 결론

오직 여성만이 임신할 수 있는 능력을 가진다는 생물학적 사실은 역사적으로 여성을 사회적·정신적·감정적 차원에서 남성과 다르게 규정하는 데 이용되어 왔다. 그렇게 주장된 차이들은 남성의 공적 세계로부터 여성을 법적·정치적·경제적으로 배제하는 것을 정당화하는 데 복무하였다. 일터에서 여성과 남성을 분리시키는 장벽이 무너지고 있는 현재까지도 임신의 특유성은 여성에 대한 기회의 평등에 장애물로 남아 있다.

이러한 임신의 고립은 근래 연방대법원이 임신한 여성과 임신하지 않은 사람을 구분한 게둘딕 판결에서 최악의 순간에 도달했다. 그것은 과도하게 광범위한 범주화로서, 인공적이고 천박하다고 비난받아 마땅한 것이다. 연방대법원은 잘못된 결론을 도출하긴 했지만, 연방대법원의 비교대상 집단 설정의 오류에는 일말의 사실적인 진실의 요소를 내포하고 있다. 에피소드식 분석은 재생산에 있어서 성차에 따른 정확한 생물학적 사실을 재주장하고 그 차이가 요구하는 적절한 법적 결론을 도출하는 것을 가능하게 해 준다. 대법원의 잘못된 결론은 임신한 사람은 여성이 아니라는 것이었다. 그러한 결론은 여성은 그들이 남성과 같을 때—즉, 임신하지 않았을 때—에만 성차별로부터 보호된다는 부적절한 법적 결과로 이어졌다. 에피소드식 분석은 올바른 결론을 보여 주는데, 남성과 여성은 모두 재생산 행위를 하며 여성은 짧고 한정된self-contained 기간 동안에만 임신하는 사람이라는 것이다. 이러한 통찰은 여성은 임신한 경우에도 계속해서 여성이며, 따라서 그들은 그들의 성과 임신 중 어느 쪽에 근거한 차별에 대항해서도 법적 보상을 받아야만 한다는 적절한 법적 결론을 이끌어 낼 수 있다. 법적·철학적 근거에서 임신상태로부터 비롯되는 일시적인 불평등은 양성을 위한 기회의 평등이라는 틀 안에서 조화를 이룰 수 있고, 또 그래야만 한다.

| 참고문헌 |

Aristotle, 1925, *The Nicomachean Ethics Volume III*, translated by William Ross, London: Oxford University Press.

Benn, Stanley, 1967, "Egalitarianism and the Equal Consideration if Interests", in Louis P. Pojman & Robert Westmoreland (eds.), *Nomas IX: Equality*, New York: Oxford University Press.

Browne, Kingsley, 1984, "Biology, Equality, and the Law: The legal Significance of Biological Sex Differences", *Southwestern Law Journal* 38.

Carey, Corinne, 1973, "Pregnancy Without Penalty", *The Civil Liberties Review* 1.

Chodorow, Nancy, 1978, *The Reproduction of Mothering*, Berkeley: University of California Press.

De Marco, Donald, 1981, "Men and Women, Their Difference and its importance", *Thought* 56.

Dinnerstein, Dorothy, 1976, *The Mermaid and the Minotaur: Sexual Arrangements and the Human Malaise*, New York: Harper & Row.

Frankel, Charles, 1971, "Equality of Opportunity", *Ethics* 81.

Ginsburg, Ruth, 1978, "Some Thoughts on Benign Classification in the Context of Sex", *Connecticut Law Review* 10.

Gould, Carol C., 1976, 1980, "The Woman Question: Philosophy of Liberation and the Liberation of Philosophy", in Carol Gould & Marx Wartofsky (eds.), *Women and Philosophy: Toward a Theory of Liberation*, New York: Perigee Books.

Jaggar, Alison, 1974, "On Sexual Equality", *Ethics* 84-4.

Johnston, Marian M., 1984-1985, "Pregnancy Leave", in *1984 Yearbook*, Sacramento: California Women Lawyers.

Kay, Herma Hill, 1985, "Models of Equality", *University of Illinois Law Review* 1985-1.

Krieger, Linda & Patricia Cooney, 1983, "The Miller-Wohl Controversy: Equal Treatment, Positive Action and the Meaning of Women's Equality", *Golden Gate University Law Review* 13.

MacKinnon, Catharine A., 1982, "Feminism, Marxism, Method, and the State: An

Agenda for Theory", *Signs* 7.

Mill, John, 1970, "The Subjection of Women", in Alice Rossi(ed.), *Essays on Sex Equality*, Chicago: University of Chicago Press.

Rawls, John, 1971, *A Theory of Justice*, Cambridge: Harvard University Press.

Rossi, Alice S., 1984, "Gender and Parenthood", *American Sociological Review* 49-1.

Scales, Ann, 1981, "Towards a Feminist Jurisprudence", *Indiana Law Journal* 56.

Siegal, Reva, 1985, "Employment Equality Under the Pregnancy Discrimination Act of 1978", *Yale Law Journal* 94.

The Supreme Court, 1977, "1976 Term", *91 Harvard Law Review* 1244.

Tidwell, James, 1984-1985, "Equality in the Workplace: Is That Enough for Pregnant Workers", *Journal of Family Law* 23.

Wasserstrom, Richard A., 1977, "Racism, Sexism, and Preferential Treatment: An Approach to the Topics", *U.C.L.A. Law Review* 24-3.

Weissman, Andrew, 1983, "Sexual Equality Under the Pregnancy Discrimination Act", *Columbia Law Review* 83.

Williams, Bernard, 1973, "The Idea of Equality", in Bernard Williams, *Problems of the Self*, Cambridge: Cambridge University Press.

Williams, Wendy W., 1982, "The Equality Crisis: Some Reflections on Culture, Courts and Feminism", *Women's Rights Law Reporter* 7.

Williams, Wendy W., 1984-1985, "Equality's Riddle: Pregnancy and the Equal Treatment/Special Treatment Debate", *New York University Review of Law & Social Change* 13.

Wolgast, Elizabeth, 1980, *Equality and the Rights of Women*, New York: Cornell University Press.

차이와 지배

성차별에 관하여

캐더린 맥키논Catharine A. MacKinnon

젠더 문제란 무엇을 묻는 것인가? 불평등 문제란 무엇에 관한 질문인가? 이 두 가지 문제는 젠더 이슈들에 대한 평등원칙 적용의 기초가 되지만 노골적으로 질문되는 경우는 거의 없다. 나는 주류 법이론과 도덕이론이 묵시적으로 두 질문에 관하여 같은 해답, 즉 그것들은 동일성sameness과 차이difference에 대한 질문들이라는 답을 내놓는다는 점이, 젠더가 사고와 인식을 구성해 온 방식을 나타낸다고 생각한다. 나의 관점에서 보건대, 이 동일성/차이 이론에 기한 성차별금지법에 관한 주류 이론은, 성평등법이 여성들에게 그들이 필요로 하고 태어나면서부터 사회적으로 가로막혀 있던 것들(자기표현, 개별화, 최소한의 존중과 존엄, 합리적인 신체적 안전을 갖춘 생산적 삶에서의 기회)을 가져다주는 데 전적으로 비효율적이었다는 사실에 큰 책임이 있다.

나는 이 논문에서 우선 성평등에 대한 동일성/차이 이론의 문제점을 밝히고, 이 이론이 어떻게 성차별금지법과 정책을 지배하고 그 법과 정책에 대한 불만의 근원이 되는지를 간단히 살필 것이며, 끝으로 실제로 무언가를 할 수 있는 대안을 제시하고자 한다.

성sex평등에 대한 주류적 접근법, 즉 정치, 법 그리고 사회적 인식을 지배해 온 접근법에 따르면, 평등은 구별하는 것distinction이 아닌 동등한 것equivalence이고, 성sex은 구별하는 것이다. 구조적 규범이자 특정한 법 이론인 동등대우equal treatment라는 법적 명령은 같은 것은 같게, 다른 것은 다르게 대하는 것의 문제가 되며, 양성은 그에 따라 서로 간의 같지 않은 점unlikeness에 의해 정의된다. 달리 말하자면 젠더란 인식론상 사회적으로 구성되는 '차이'인 것이고, 성차별금지법은 이론상 '차이'에 의해 젠더 평등을 제한한다. 이처럼 동일성을 전제로 하는 평등 개념과 차이를 전제로 하는 성의 개념 사이에는 긴장관계가 내재한다. 따라서 성평등은 모순어법이며, 이는 우리가 그것을 달성하는 것이 왜 그렇게 힘든 일인지를 설명해 줄 수 있다.

더 정밀하게 볼 때, 이 지배적 접근법에 따르자면 여성에게는 이러한 긴장관계를 따라 거칠게 나 있는 평등을 향한 두 개의 대안적인 길이 있다. 주된 길은 이것이다. '남성과 같아져라.' 이 길은 이론적으로는 젠더 중립, 철학적으로는 단일 기준이라고 명명된다. 이러한 규칙이 형식적 평등으로 간주된다는 것은 실체가 어떻게 스스로를 법형식으로 만들어 내는가에 대한 증거이다. 이 접근법은 사회라는 세계의 이데올로기를 반영한다는 점에서 실체를 그대로 투영하는 추상적인 것으로 여겨진다. 같은 이유로 그것은 **유일한 기준***the* standard으로 여겨지는 동시에 **여럿 중 하나**인 기준*a* standard으로도 여겨진다. '-과 평등하다equal to'는 개념은 '-과 같다same as'는 개념에 대한 부호이자 동의어라는 것이 지금까지의 주된 규칙이며, 두 개념 모두 무엇을 지시하는 것인지는 특정되지 않았다.

이 접근법은 평등을 원하지만 자신이 남성과는 다르다는 것을 깨달은 여성들에게는 대안적 노선을 제시한다. '남성과 달라져라.' 이와 같이 차이를 동등equal하게 인식하는 것은 법적으로는 특별수혜special benefit 규칙/특별보호규칙, 철학적으로는 이중 기준이라고 불리는데, 평판이 다소 안 좋은 개념이다. 임신의 경우에서 나타나듯이 이 접근법은 이론적 골칫거리이다. 이는 진정한 평등에 대한 예외이자 법 지배의 하나로 볼 수도 없는 것으로 간주되면서도, 임신이야말로 성차별금지법이 실체적인 어떤 것을 인식하고 있다는 것을 보여 주는 하나의 장place이 된다. 진정직업자격Bona Fide Occupational Qualification, 헌법평등권 수정안Federal Equal Rights Amendment에서의 독특한 신체적 특성의 예외, 보상입법, 특정 소송에서의 성 인지적인 구제와 함께, 적극적 조치가 바로 이 지점에서 살아남는 것으로 여겨진다.[1]

차이접근법에 내재한 철학은 성 자체가 차이, 분류, 구별이며, 이러한 차이, 분류, 구별은 그 아래에 놓인 인간의 공통성, 동일성이라는 층위에 존재한다는 것이다. 이 원칙의 동일성 부문의 도덕적 요점은 남성이 접근할 수 있는 것에 여성이 접근하는 것을 승인함으로써 규범적 규칙이 이 경험적 현실에 적합하도록 만드는 것이다. 여성이 남성과 다르지 않은 범위에서 우리는 그들이 가지고 있는 것을 가질 자격이 있다. 이 차이접근법은 일견 선심 쓰는 것처럼patronizing 보이지만 불합리를 피하기 위해 필수적인 것으로 여겨지고, 현 상황에서 우리가 남성과 같지 않다unlike men는 의미에서의 '여성'으로서 구별되고 있으며 또 구별되어 왔다는 점에서 여성의 가치를 인정하고 여성에게 보상을 제공하기 위해 존재한다.

내 관심사는 성평등을 향한 두 갈래 길 중 어느 길이 장기적으로 더 나은지, 특정 사안에 있어서 무엇이 더 적합한지의 여부가 아니다. 비록 성차별에 대한 대부분의 담론은 마치 거기에 모든 문제의 해답이 있는

1 진정직업자격은 1964년 민권법 제7편, 42 U.S.C.§2000 e-(2)(e)의 예외로서, 성별이 유효한 직업자격인 경우 성(sex)에 기초한 차별을 허용한다. 제안된 헌법평등권 수정안에 대한 주된 해석론도 이와 유사한 분석적 구조를 추구하면서, 성을 고려하는 것에 대한 절대적 금지에 '독특한 신체적 특성' 예외를 허용하고자 한다(Brown et al., 1971).

것처럼 이 문제들을 맴돌고 있지만 말이다. 내 주장의 핵심은 그 전제가 되는 논리 자체가, 즉 성평등 문제를 동일성과 차이의 문제로 다루는 것 자체가 이미 **특정한 접근법을 취하고 있다**는 것이다. 그것이 성차에 사로잡혀 있다는 점에서, 나는 그것을 차이접근법이라고 부른다. 이 푸가fugue의 주 테마는 '우리는 같아, 우리는 같아, 우리는 같아'이며, 더 높은 음역에서의 대위선율 테마는 '그러나 우리는 달라, 그러나 우리는 달라, 그러나 우리는 달라'이다. 여기에 내재한 이야기는 이렇다. 첫째 날에 차이가 있었고, 둘째 날에 그 위에 분류가 창조되었고, 셋째 날에 비이성적인 지배의 단계가 출현하였다. 분류는 이성적일 수도 있고 비이성적일 수도 있다. 지배는 정당화되어 보이거나 정당화된다. 차이는 **존재한다**.

여기에 정치학이 존재한다. 남성은 실질적인 방법으로 모든 것의 척도가 되어 왔고, 그것은 은폐되었다. 동일성 기준 아래, 여성은 남성과 일치하는가에 따라 평가받고, 우리의 평등은 남성 척도에 근접하는가의 여부에 따라 판단된다. 차이 기준 아래, 우리는 남성과 일치되지 못하는 정도에 의해 평가받고, 우리의 여성스러움womanhood은 남성의 척도로부터의 거리에 의해 판단된다. 따라서 성중립성은 남성 기준일 뿐이고, 특별보호 규칙은 여성 기준일 뿐이다. 그러나 속지 말아야 할 것은, 남성성masculinity 또는 남성다움maleness이 둘 다를 위한 지시대상referent이라는 점이다. 의과대학에서의 해부학 모델을 생각하면 이해가 쉬울 것이다. 남성의 몸이 인간의 몸이고, 여성이 가지고 있는 부가적인 모든 것들은 산부인과에서 학습된다. 이것은 참으로, 더 많이 갖는 것이 없느니만 못한more is less 상황이다. 마치 성 문제는 차이 문제이고 평등 문제는 동일성 문제인 양 이런 방식으로 성차별에 접근하는 것은 법이 여성을 남성 기준에 묶어 두고 그것을 성평등이라고 부르는 두 가지 방법을 제공한다.

나는 성평등 문제에 대해 차이를 그 답으로 언급하는 것에 반대하는 입장을 취해 왔지만, 그것이 아주 중요한 문제를 제기한다는 점은 인정한다. 즉 이 접근법은 여성들의 현재 모습, 그래도 좋은 것으로 허락되어 왔던 모습, 그리고 인생의 대부분의 과업으로부터 배제되지 않기 위하여 벌여 온 투쟁과 우리의 것으로 허락되어 왔던 방식들 속에서 진지하게 존중받기 위해 싸워 온 투쟁을 통하여 여성들이 발전시켜 온 모든 것에 가치를 두면서도, 그동안 우리가 배제되어 왔던 모든 것에 어떻게 여성들이 접근하도록 할 것인지의 문제를 제기한다. 이것은 우리가 남성과의 관계에서 어려움을 겪어 온 것들에 타협하도록 한다. 주어진 현실의 규범들에 순응해야 할 필요성에 대해 법적으로 세련화시킨, 동일성 아이디어sameness idea에 대한 가장 강력한 표현은 어떠한 방식으로든 젠더를 고려하지 못하게 하는 것이다.

동일성접근법을 이끄는 충동은 이것이다. "우리는 당신들만큼 능력 있다. 당신이 할 수 있는 어떤 것도 우리는 할 수 있다. 그저 우리의 앞길을 막지 말고 비켜라." 나는 이 접근법에 대한 진지한 애착을 고백해야겠다. 그것은 여성들에게 고용[2]과 교육[3]뿐만 아니라 학문[4], 전문직[5], 블루칼라 직종[6], 군대[7] 등 공적 영역으로의 접근을 일부 가능하게 했고, 운동

2 민권법 제7편, 42 U.S.C.§2000 e; Phillips v. Martin-Marietta Corp., 400 U.S. 542(1971); Frontiero v. Richardson, 411 U.S. 484(1974)는 이 접근법의 절정이다. City of Los Angeles v. Manhart, 435 U.S. 702(1978); Newport News Shipbuilding & Dry Dock Co. v. EEOC, 462 U.S. 669(1983) 참고.

3 1972년 교육법 수정안 제9편(Title IX of the Education Amendments of 1972), 20 U.S.C.§1681; Cannon v. University of Chicago, 441 U.S. 677(1981); Mississippi University for Women v. Hogan, 458 U.S. 718(1982); De La Cruz v. Tormey, 582 F.2d 45(9th Cir. 1978) 참고.

4 내가 아는 한 이 주제에 관한 어떠한 체계적이거나 통계적인 연구가 있는 것은 아니지만, 내 생각에 여성들은 소송을 제기할 만한 대부분의 학문적 성차별 사건에서 패하고 있는 것 같다. 소송절차에서의 증거 기준을 상승시켰으며 결국에는 승소로 끝난 사건이 Sweeney v. Board of Trustees of Keene State College, 439 U.S. 29(1979)이다. 원고에 대한 판결은 하급심으로 환송되었다[604 F.2d 106(1st Cir. 1979)].

5 Hishon v. King & Spalding, 467 U.S. 69(1984).

6 예컨대 Vanguard Justice v. Hughes, 471 F.Supp. 670(D. Md. 1979); Meyer v.

의 경우에는 명목상의 접근 이상의 접근[8]을 가능하게 했다. 이 접근법은 여성이 벗어날 수 없다고 여겨진 한계를 변화시켰고, 여성의 신체적 훈련 부족으로 여겨졌으나 실제로는 수동성 및 강제된 연약함을 위한 훈련이었던 것을 변화시켰다. 많은 여성들이 단지 이 사회에서 일을 하기를 허락받는 것을, 심지어 다른 많은 이들은 하고 싶어 하지도 않는 일들을 할 존엄성을 갖는 것을 자신의 사명mission으로 삼아야만 했었다는 사실을 알게 된다면, 여러분은 때때로 울고 싶어질 것이다.

징병대상에 여성을 포함시키는 문제에 대해서는, 단순한 존엄성과 복잡한 모호함의 모습을 한 '동일성'이 성평등의 질문에 대한 답으로 제시되어 왔다. 시민으로서, 나는 반드시 당신이 그러는 것과 똑같이 죽음의 위험을 무릅써야만 한다. 이러한 위험에 대한 나의 저항의 결과는 당신의 경우와 똑같이 여겨져야 한다. 그것에 숨어 있는 진의는 이것이다. "무엇이 문제인가, 당신들은 내가 살인을 배우는 것을 원치 않는가 … 바로 당신들처럼?" 때로 나는 이것을 내세의 여성들 사이의 대화로 생각해 본다. 페미니스트가 군인에게 말한다. "우리는 당신들의 평등을 위

Missouri State Highway Commission, 567 F.2d 804, 891(8th Cir. 1977); Payne v. Travenol Laboratories Inc., 416 F.Supp. 248(N.D. Mass. 1976); Dothard v. Rawlinson, 433 U.S. 321(1977) 참고.

7 Frontiero v. Richardson, 411 U.S. 484(1974); Schlesinger v. Ballard, 419 U.S. 498(1975).

8 이 상황은 상대적으로 복잡하다. Gomes v. R.I. Interscholastic League, 469 F.Supp. 659(D.R.I. 1979); Brenden v. Independent School District, 477 F.2d 1292(8th Cir. 1973); O'Connor v. Board of Education of School District No. 23, 645 F.2d 578(7th Cir. 1981); Cape v. Tennessee Secondary School Athletic Association, 424 F.Supp. 732(E.D. Tenn. 1976), 파기환송, 563 F.2d 793(6th Cir. 1977); Yellow Springs Exempted Village School District Board of Education v. Ohio High School Athletic Association, 443 F.Supp. 753(S.D. Ohio. 1978); Aiken v. Lieuallen, 593 P.2d 1243(Or.App. 1979).

해 싸웠습니다." 군인은 페미니스트에게 말한다. "아, 아니죠, **우리가** 바로 **당신들의** 평등을 위하여 싸웠어요."

페미니스트들에게는, 사람의 수를 세면서 이들의 젠더를 인식하기를 놓치지 않는 고약한 습관이 있다. 물론 그것이 좋은 점이 전혀 없었던 것은 아니지만, 동일성 기준은 현실에 적용되면서 여성들이 역사적으로 누려 온 그 얼마 안 되는 이익을 대개 남성들에게 부여해 왔다. 연방대법원 단계에서 승소한 거의 대부분의 성차별 사건은 남성이 제기한 것이다(Cole, 1984). 젠더중립성 규칙 아래, 양육권과 이혼 관련 법은 남성에게 자녀양육과 이혼수당에 있어서 평등한 기회를 주는 것으로 변모해 왔다.[9] 남성들은 수입 수준이나 핵가족의 존재와 같은 젠더중립적인 규칙 아래서 종종 더 좋은 '부모'처럼 보인다. 왜냐하면 남성들은 돈을 더 많이 벌고, (그들이 말하는 것처럼) 단위가족family unit의 구축을 개시하는initiate 존재이기 때문이다.[10] 사실상 그들은 법정에 들어오기 전에 이미 사회가 그들에게 유리한 입장을 부여하기 때문에 선호되고, 법이 그러한 사회적 선호를 고려하는 것은 젠더를 고려하는 것을 의미하므로 그 점에 대한 법의 고려는 금지된다. 젠더중립적으로 참작되는 개인적 요소들만 중요하게 여겨질 수 있기 때문에 여성들이 더 많은 이혼수당을 필요로 하게 만드는 집단적 현실은 중요한 것으로 받아들여지지 않는다. 그래서 여성들이 성차별적 사회에서 여성에게 있는 기회만을 가지고 개인으로서, 여성 집단의 일원으로서 삶을 살아갈 것이라는 사실

9 Devine v. Devine, 398 So. 2d 686(Ala. Sup. Ct. 1981); Danielson v. Board of Higher Education, 358 F.Supp. 22(S.D.N.Y. 1972); Weinberger v. Wiesenfeld, 420 U.S. 636(1975); Stanley v. Illinois, 405 U.S. 645(1971); Caban v. Mohammed, 441 U.S. 380(1979); Orr v. Orr, 440 U.S. 268(1979).

10 웨이츠먼은 이혼 후 1년 이내에 여성의 73%는 생활수준이 하락하고, 남성의 42%는 생활수준이 상승한다는 사실을 상세히 기록하고 있다(Weitzman, 1982: 1251).

은 중요하게 여겨지지 않는 것이다. 그렇게 하지 않으면 그것은 성차별이다. 이렇게 가장된 평등원리는 여성들에게 이익이 되는 바를 얻는 방식은 남성들에게 이익이 되는 바를 얻는 방식이라는 생각을 불러일으킨다. 확실히 남성들은 그들에게 이익이 되는 것을 얻어 왔다. 여성들은 어떠한가? 우리는 여전히 동등한 임금[11] 및 동등한 노동[12]을 얻지 못했고, 동등한 노동에 대하여 동등과는 거리가 먼 임금[13]을 받고 있으며, 이 접근법은 우리가 여학교와 같이 분리된 우리만의 영토를 거의 잃을 지경에 처하게 하였다.[14]

그 이유는 바로 이것이다. 이 접근법은 스스로도 말하듯 자유주의적 이상주의이며 따라서 현실을 반영하지 않는데, 왜냐하면 실제 현실에서는 남성을 여성으로부터 구별 짓는 사실상 모든 특성들이 이미 이

11 동등임금법[Equal Pay Act, 29 U.S.C.§206(d)(1)(1976)]은 판례법이 그러하듯 임금의 평등을 보장한다. 맥키논의 임금격차에 대한 자료(MacKinnon, 1987: 서론 주 2) 참고.

12 이와 관련된 예들은 Christenson v. State of Iowa, 563 F.2d 353(8th Cir. 1977); Gerlach v. Michigan Bell Tel. Co., 501 F.Supp. 1300(E.D. Mich. 1980); 여자 간호사 보조는 그녀가 하는 일이 수입이 더 높은 남성 간호병의 일과 실질적으로 유사하지 않기 때문에 민권법 제7편의 구제대상이 아니라고 한 Odomes v. Nucare Inc., 653 F.2d 246(6th Cir. 1981); Power v. Barry County, Michigan, 539 F.Supp. 721(W.D. Mich. 1982); Spaulding v. University of Washington, 740 F.2d 686(9th Cir. 1984)을 포함한다.

13 County of Washington v. Gunther, 452 U.S. 161(1981)에서는 노동에 대한 비교가치론(comparable worth)의 도전을 허용함으로써 임금불평등과 의도적 직업분리의 상호관련성을 증명했다. Lemons v. City and County of Denver, 17 FEP Cases 910(D. Colo. 1978), aff'd, 620 F.2d 228(10th Cir. 1977), 상고허가 거부, 449 U.S. 888(1980); AFSCME v. State of Washington, 770 F.2d 1401(9th Cir. 1985)도 참고. 일반 논의로는 Pint(1983) 참고.

14 Bob Jones University v. United States, 461 U.S.547(1983)의 결과를 Mississippi University for Women v. Hogan, 458 U.S. 718(1982)와 결합해 보면 여학교들의 면세 지위는 분명히 위협받고 있음을 알 수 있다.

사회에서 긍정적으로 보상받고 있기 때문이다. 남성의 생리가 대개의 스포츠를 정의하고,[15] 그들의 필요가 자동차보험과 건강보험의 보상 범위를 정의하고, 사회적으로 꾸며진 그들의 일대기가 직장의 기대치와 성공적 생애의 모범을 정의하고, 그들의 시각과 관심이 학문의 질을 정의하고, 그들의 경험과 집념이 공적merit을 정의하고, 그들의 삶에 대한 객관화가 예술을 정의하고, 그들의 군복무가 시민권을 정의하고, 그들의 존재가 가족을 정의하고, 서로 융화하는 것에 대한 그들의 무능력함인 전쟁과 통치권이 역사를 정의하고, 그들의 형상이 신을 정의하고, 그들의 생식기가 섹스를 정의한다. 여성과 다른 남성의 차이점 각각과 관련해서는 적극적 조치에 상당한 것이 사실상 실행되고 있고, 다른 말로 그것은 미국 사회의 구조이자 가치로 알려져 있다. 그러나 여성들이 이 기준에 의해 남성들과 '달라'지고 그 차이로 우리를 비난하지 말 것을 주장할 때마다 그리고 차이가 우리를 이류 계급으로 만드는 데 이용되는 일에 우리가 미소 짓기를 거부할 때마다 평등법equality law은 패러다임

15 이 점을 특히 분명하게 보여 주는 사례로서, 피고가 여성들 간의 시합을 후원하지 않았기 때문에 원고가 남성들과 권투시합을 하고자 했던 사건이 있다. 여성이 시합하는 것을 막는 것이 그녀의 평등권을 침해하지 않는다고 했던 주요한 이유는 "안전 규정과 예방책들은 전원이 남성인 시합의 맥락에서 발전되고 고안되고 시험되어 왔다"는 것이었다[Lafler v. Athletic Board of Control, 536 F.Supp. 104, 107(W.D. Mich. 1982)]. 법원은 다음과 같이 판시하였다. "이 사건에서 남성들과 여성들이 권투시합에 참가하는 것에 관해 다르게 대우받을 수 있는지 여부를 고려하는 데에 남성과 여성의 진정한 해부학적 차이는 관련성이 있다. 원고는 그녀가 권투하는 동안 가슴 보호대를 착용한다는 것을 **인정한다**. 그러한 보호대는 … 현재 시행되고 있는 아마추어 권투연맹 규칙 제9조 6항에 위배될 것이다. 이 규칙은 참가자들이 보호컵을 착용할 것을 **요구**하고, 이 규정은 명백히 독특한 남성의 해부학적 특성에 따라 고안된 것이다."(536 F.Supp., 106, 강조는 원문) 이 규칙은 남성해부학에 기초하고, 따라서 차별을 정당화하는 것이 아니라 차별의 예이다. 이는 판결 이유에서 고려되지 않았고, 판사는 몇몇 다른 스포츠에서처럼 여성들이 생식기 보호대로부터, 남성이 가슴 보호대로부터 이익을 얻는지에 대하여 언급조차 하지 않았다.

외상trauma을 입게 된다. 이것이 그 원칙이 위기에 봉착하는 시점이다.

차이접근법이 명시적으로 성불평등이라고 말해 온 바는 현재 우리에게 일어나는 일이 아니다. 이 접근법의 결과물로 보이는 성차별금지법은 그 차이가 고유한 것이든, 부과된 것이든, 아니면 상상된 것이든 간에 차이로 무장하지 **않았던** 여성들이 배제되어 온 방식들만 찾고 있는 것처럼 보인다. 고유한 것부터 시작하자. 여성들이 남성들에게는 여전히 결여된 능력, 즉 자궁 안에 아이를 회임한다는 능력을 실제로 가지고 있다는 사실에 대하여 무엇을 할 것인가? 임신은 그러므로 차이이다. 차이론은 우리가 필요로 하는 것을 여성들에게 주는 것은 성차별이라고 말한다. 왜냐하면 오직 여성들만 그것을 필요로 하기 때문이다. 우리가 필요로 하는 것을 여성에게 주지 않는 것은 성차별이 아니다. 왜냐하면 단지 여성들만 우리가 필요로 하는 것을 얻지 못할 것이기 때문이다.[16] 부과된 것으로 옮겨 가 보자. 대부분의 여성들이 남성들은 종사하지 않는 저임금 직업에 격리되어 있다는 사실에 대하여 무엇을 할 것인가? 비교가치comparable worth[17]가 실행된다면 시장 구조가 완전히 전복되지 않을까 생각하면서, 차이론은 여성에 대한 대우가 편향이 될 어떤 기준을 설정할 남성이 없기 때문에 여기에는 어떤 성차별도 없고 성차만 있을 뿐이라고 말한다. 비교할 만한 남성이 없다는 것은 신경 쓰지 말

16 이 문장은 임신휴가를 보상하고 복귀 시 직장을 보장하려는 주의 시도가 성차별을 구성하는지를 고려한 최근 몇몇 사건들에서 제기된 쟁점들을 지칭한다. California Federal Savings and Loan Association v. Guerra, 758 F.2d 390(9th Cir. 1985), 상고허가 54 U.S.L.W. 3460(U.S. 1986.1.13); Miller-Wohl Company, Inc. v. Commissioner of Labor and Industry, 515 F.Supp. 1264(D. Mont. 1981), 파기환송, 685 F.2d 1088(9th Cir. 1982) 참고. […]

17 역자 주: 비교가치란 동일노동 동일임금 원칙의 적용을 받지 못하도록 여성과 남성의 직무가 분리되어 있는 상황에서, 해당 직무가 고용주에게 가치 있는 정도에 따라 보상받아야 한다는 원리이다. 이때 어떤 직무는 기술, 교육, 노력, 독립적 판단능력, 책임성 등을 고려하여 평가된다.

라. 왜냐하면 만일 그가 선택할 수 있다면 어떤 남성도 그 일을 하지 않을 것이고, 그는 남자이기 때문에 당연히 선택할 기회가 있으며, 따라서 그는 그 일을 하지 않을 것이기 때문이다.[18]

이제 부과된 범주의 소위 미묘한 지점, 즉 사실상의de facto 영역으로 가 보자. 대부분의 직업은 사실상 그 직업을 가질 자격이 있는 어떤 젠더중립적인gender neutral 사람이 취학 전 아동의 주된 양육자가 아닐 것을 요구한다.[19] 여성들이 아이들을 돌볼 것으로 기대되고 있는 사회에서는 이런 점이 성에 대한 고려를 야기하게 되는 것임을 지적할 때, 바로 그날이 직업을 구조화하는 데 있어 젠더를 고려하는 첫 번째 날이 된다. 그 점을 지적하는 것은 젠더에 기초하여 존재하는 차이에 주목해서는 안 된다는 규칙에 위배되는 것이기 때문에, 그 직업 종사자에게 자

18 대부분의 여성들은 대개 여성들이 하는 일을 하고, 그 직업들 대부분은 대개 남성들이 하는 일보다 적은 임금을 받는다. 예컨대 Pint(1983: 162-163 주 19, 20)(관련 연구 모음) 참고. 남성들이 남성적 기준을 스스로 충족하지 못할 수도 있다는 점에서, 한 법원은 노조가 다음과 같은 의미에서 여성들을 공정하게 대표하지 못했다고 밝혔다. "야드 운전 직종에 대해 피고들은 엄청난 지적인 요구조건들을 주장할 뿐만 아니라, 그러한 직업들의 육체적 요구사항이 너무 커서 어떤 여성의 능력에도 벗어난다고 주장한다. 다시, 이런 일을 수행할 원고들의 능력은 이를 위한 수없는 요청에도 불구하고 한 번도 심사된 적이 없었다는 사실이 인정된다. 또한 피고들은 원고들이 충족하지 못할 것이라고 하면서 그들이 이 직업에 필요하다고 한 수없는 자격들 중 **어떤 것도** (처음에는) 절대로 제안한 적이 없다는 사실도 인정된다. 그러나 법원은 피고들이 야드에서와 운전사로서 수행되어야 한다고 주장한 특별한 기술의 목록을 여기에 언급하지 않고서 인정할 것이다. 그것은 당연할 것이다. 그러나 우리는 이 기록으로부터 사람은 **그가 남자인 한**, 이 일을 수행하기에 너무 약하거나 너무 아프거나 너무 늙고 우유부단하거나 너무 무식할 리가 없음을 알 수 있다. 문외한의 눈으로 볼 때, 증인들의 증언에 따르면 원고들은 몇 년간 야드에 나갔던 많은 운전사들보다 신체적으로 훨씬 더 적합한 것처럼 보인다. … 간단히 말해서, 그들은 적어도 야드 일을 하는 심각한 신체적 결함과 장애를 지닌 남성들만큼은 다들 적합했다." Jones v. Cassens Transport, 617 F.Supp. 869, 892(1985)(강조는 원문).

19 Phillips v. Martin-Marietta Corp., 400 U.S. 542(1971).

녀양육의 책임이 없을 것이라는 기대하에 직업을 구조화하는 것이 젠더를 고려 요소로 받아들인 첫날이라는 생각이 떠오르지 않았을 것이다. 나는 상상된 성차, 예를 들어 상속재산 관리자 선정에 있어 남성 후보와 여성 후보 간의 차이, 또는 나이 들고 죽어 가는 남성들과 나이 들고 죽어 가는 여성들 간의 차이와 같은 경우[20]는 차이접근법이 해결할 수 있음을 인정할 것이다.

나는 또한 여성과 남성 사이에는 많은 차이가 있다는 점을 인정할 것이다. 당신은 인구의 반은 기를 북돋고 나머지 반은 모욕하면서 그 안에서 모든 사람이 똑같은 하나의 인구a population를 구성한다는 것을 상상할 수 있는가? 동일성 기준이 알아채지 못한 것은 남성의 여성과의 차이는 여성의 남성과의 차이와 평등하다는 것이다. 그 둘은 확실히 **평등**하다. 그러나 남성과 여성은 사회적으로 평등하지 않다. 차이접근법은 권력의 위계가 가상의 차이뿐 아니라 실재하는 차이, 즉 불평등이기도 한 차이를 생산한다는 사실을 놓치고 있다. 차이접근법이 간과하고 있는 것은 평등이 같은 것을 같게 다른 것을 다르게 취급하는 것을 의미한다는 그의 경험주의적 관념에서 아리스토텔레스가 간과했던 것과 같고, 그 이래로 아무도 그에 의문을 제기하지 않아 왔다. 왜 당신은 남성이 단지 그가 남성이라는 이유로 얻은 것을 얻기 위하여 남성과 같아져야 하는가? 왜 남성성은 그의 성별에 기초하여 문제제기가 되지 않는 고유한 자격을 부여하는가? 또한 그럼으로써 남성들이 그들의 이미지로 만들어 놓은 세상에서(이것이 아리스토텔레스가 정말로 놓친 부분이다.) 불평등한 대우를 강력히 주장하고자 하는 여성들로 하여금 자신이 불행히도 우연히 여성으로 태어났지만 모든 관련된 측면에서 남성임을 사실상 보여 주어야만 하도록 만드는가?

20 Reed v. Reed, 404 U.S. 71(1971) [⋯].

젠더중립성의 혜택을 보는 몇몇 여성들은 가장 두드러지게 이 접근법의 가정을 보여 준다. 그들은 적어도 서류상으로 남성적 규범에 근접하는 일대기biography를 구성할 수 있었던 여성들이다. 그들은 자격을 갖춘 이들이며, 성차별의 피해를 가장 적게 받은 여성들이다. 그들이 남성이 갖는 기회를 갖지 못할 때, 그것이 바로 가장 큰 성편향처럼 보일 것이다. 더 불평등한 사회일수록 그런 여성들은 더욱 희소해진다. 따라서 불평등한 사회일수록 차이접근법이 할 수 있는 일은 점점 더 적어질 것이다. 왜냐하면 불평등한 권력이 성불평등을 만드는 것과 같은 선상에서 성차의 외양와 실재를 만들어 낼 것이기 때문이다.

차이접근법이 가진 특별수혜의 측면은 이류 계급으로서 받은 차별에 대하여 보상을 해 주지 않았다. 특별수혜의 규칙은 주류 평등론 내에서 당신이 여성으로서 자기정체성을 밝히면서도 그것이 평등한 대우equal treatment에 대한 모든 요구를 포기한다는 의미가 되지 않는 유일한 공간이지만, 사실은 거의 포기하게 되는 것이나 다름없다. 남편의 죽음으로 상속인이 된 여성들은 모든 여성의 경제적 어려움에 대한 더글라스Douglas 대법관의 압도적인 웅변에 맞추어 차이접근법의 이중기준하에서 상속세 중 작은 일부를 면제받게 되었다.[21] 어차피 다르다고 낙인찍히게 될 것이라면, 그 불균형을 메울 만한 보상이라도 받는 편이 좋을 것이다. 여성들은 또한 출세를 위한 통상의 루트인 전투에서 배제된 것에 대한 보상으로서 진급하지 못하면 군대 위계에서 축출당하게 되는 시한을 남성보다 3년 더 추가로 얻게 되었다.[22] 연방대법원이 여성 고용기회에 대하여 합리적인 강간범의 관점을 취하면서, 여성들은 또한 우리가 강간당할지도 모른다는 이유로 남성 전용 교도소에서 죄인들과 대

21 Kahn v. Shevin, 416 U.S. 351, 353(1974).

22 Schlesinger v. Ballard, 419 U.S. 498(1975).

면하는 직업에서 배제되어 왔다.[23] 우리는 또한 우리의 임신능력 때문에 여러 직업들로부터 보호받아 왔다. 그 이유는 그 직업들이 건강에 유해하다는 점인데, 만일 외관상 진짜 사람이 아니고 따라서 우리의 건강상 위험에 대하여 또는 고용기회 박탈에 대하여 고소할 수 없는 여성들에게 자신의 신체에 해를 가할 가능성이 있는 직업이 주어진다면, 언젠가 진짜 사람이 되어 고소할 수도 있는 누군가 즉 태아가 다칠 수도 있기 때문이다.[24] 평등과 평등의 추구가 갈등관계에 놓일 경우, 여성을 배제하는 것은 항상 문제해결을 위해 선택할 수 있는 한 가지 방법이 된다. 남성을 배제하는 선택지는 떠오르지 않는 모양이다. 전투의 예를 들어 보자.[25] 왜인지는 모르겠으나 우리가 전장에 나가 있는 모습을 상상하는 것은 참호로부터의 영광과 전우애를 앗아 가는 일이 된다. 그들은 우리와 함께하느니 차라리 징병을 끝내고 아예 전쟁을 그만둘지도 모른다는 느낌을 받는 것이다.

이러한 규칙들에서의 이중 기준은 단일 기준이 여성들에게 제공하는 존엄, 즉 남성과 일치한다는 존엄을 제공하지는 않는다. 또한 이중 기준은 이 기준이 지시하는 젠더, 즉 여성 젠더를 억압하지도 않는다. 나는 이 기준에도 역시 일정한 애착을 갖고 있음을 고백한다. 도덕적 추

23 Dothard v. Rawlinson, 433 U.S. 321(1977); Michael M. v. Superior Court of Sonoma County, 450 U.S. 464(1981) 참고.

24 Doerr v. B.F. Goodrich Company, 484 F.Supp. 320(N.D. Ohio 1979); Williams (1981); Hayes v. Shelby Memorial Hospital, 546 F.Supp. 259(N.D. Ala. 1982); Wright v. Olin Corp., 697 F.2d 1172(4th Cir. 1982) 참고.

25 의회는 공군[10 U.S.C.§8549(1983)]과 해군[10 U.S.C.§6015(1983)]이 몇몇 예외적인 경우를 제외하고는 여성들을 전투에서 제외하도록 요구한다. Owens v. Brown, 455 F.Supp. 291(D.D.C. 1978) 판결은 그것이 여성들이 수행할 수 있는 일을 하는 것을 금지하고 여성을 전투함에 배치할 해군의 재량을 금지했기 때문에, 종전의 여성 해군 전투 배제를 전에 무효화했다. 군은 배치를 결정하는 의회의 권위 아래 자율적 정책에 기초하여 전투에서 여성을 배제한다[U.S.C.§3012(e)(1983)].

론 과정에서의 젠더 차이에 관한 캐롤 길리건Carol Gilligan의 연구(Gilligan, 1982)는 이제껏 도덕적 추론이 가졌던 것보다 훨씬 더 큰, 더 솔직히 말하자면 내가 가능하다고 생각했던 것보다 훨씬 더 큰 위엄을 도덕적 추론에 부여해 주었다. 그러나 그녀가 도덕적 추론을 위하여 성취해 낸 것은 특별보호규칙이 법에 대해서 성취해 낸 것과 마찬가지의 것이었다. 그 성취란 정확하게 남성으로부터 여성을 구별하는 차이점들에 대해 부정적이기보다는 긍정적인 가치평가를 하는 것이었는데, 이것은 그 차이점들과 그로 인한 결과들이 남성우월주의가 스스로의 목적을 위하여 우리에게 귀속시켜 온 점들이라기보다는 어떻게든 진정으로 우리의 특성들인 것처럼 보이게끔 만드는 작업을 통해 성취되었다. 차이가 지배를 의미할 때, 젠더의 경우와 같이 차이가 의미를 지배하는 경우 여성이 차이를 긍정하는 것은 무력함powerlessness이라는 성질과 특성을 긍정하는 것을 의미한다.

여성들은 좋은 일들을 해 왔고, 그것들을 긍정하는 것은 좋은 일이다. 나는 퀼트가 예술이라고 생각한다. 나는 여성들이 역사를 갖고 있다고 생각한다. 나는 우리가 문화를 창조한다고 생각한다. 나는 또한 우리가 예술로 여겨져 왔던 것들을 만드는 것으로부터 배제되어 왔을 뿐만 아니라, 우리의 공예품이 어떤 예술이 예술인지 규정하는 기준을 수립하는 것으로부터도 배제되어 왔다고 생각한다. 여성들이 역사를 갖고 있다는 것은 확실하지만, 그것은 허용되었던 것의 역사임과 동시에 허용되지 않았던 것의 역사이다. 그래서 나는 마치 그것이 여성들의 것, 우리의 것인 양 부득이하게 우리에게 허용되어 왔던 것을 의미하는 우리의 과거를 긍정하는 데 비판적이다. 마치 평등이 모든 것에도 불구하고 이미 불가피하게 존재하고 있다는 듯이 말이다.

나는 이 접근법을 비판하고 있는 것이며, 이 비판의 강도를 보다 높이고자 한다. 나는 여성들이 도덕적으로 추론하는 방식이 "다른 목소리로"(Gilligan, 1982) 말하는 도덕이라고는 생각하지 않는다. 나는 그것은 더 고음인, 여성의 목소리로 말하는 도덕이라고 생각한다. 여성들이 돌봄에 가치를 두는 것은 남성들이 우리가 그들에게 해 주는 돌봄에 따라 우리의 가치를 매겨 왔기 때문이며, 우리도 돌봄을 어느 정도 이용할 수 있기 때문이다. 여성들은 우리의 존재가 남성과의 관계에 의해 정의되기 때문에 관계적 언어로 사고한다. 더욱이 당신이 힘이 없을 때, 당신은 단순히 다르게 말하는 것이 아니다. 오히려 당신은 말하지 못한다. 당신의 말은 단지 다르게 발음되는 것이 아니다. 그것은 침묵된다. 제거되어 사라져 버리는 것이다. 비록 당신이 당신의 특수성을 명료하게 표현할 언어를 박탈당했을지라도, 당신은 단지 그것만 박탈당한 것이 아니다. 당신은 명료하게 표현될 수도 있었을 인생을 빼앗긴 것이다. 당신의 말이 들리지 않는 것은, 비록 인식이 부족하고 당신의 말을 들을 방법을 아무도 알지 못해서일지라도, 단지 그것 때문만은 아니다. 그것은 또한 말할 거리를 갖는 것이 금지됨으로써 오는 깊은 침묵이며, 그것은 때로 영구적이다. 내가 말하고 있는 바는, 성차별주의가 가져오는 피해는 실제적인 것이고, 그것을 차이로 구체화하는 것은 우리의 가능성에 대한 모욕이라는 것이다.

이러한 식으로 틀 지어지는framed 한, 평등을 요구하는 것은 언제나 두 가지를 한 번에 요구하는 것처럼 보일 것이다. '우리가 같을 때는 같게, 우리가 다를 때는 다르게.' 그러나 사실 이것은 남성들이 이미 누리고 있는 것이다. '다르면서도 평등하게.' 남성들은 여성들과 같고 같기를 원할 때는 여성과 같다고 주장하고 여성들과 다르고 다르게 되기를 원할 때는 여성과 다르다고 주장하는데, 그것이 그들이 보통 해 온 방식이다. 다르면서도 평등하다는 것은 기껏해야 평형parity에 불과할 것이다.[26] 그러나 우리가 특별취급을 받는 동시에 시합에서 절반의 승률을

26 나는 *Sexual Harassment of Working Women: A Case of Sex Discrimination*(1979)이라는

가지며, 여성인 동시에 인간이 될 수 있기에 두 가지 모두를 가질 수 있다고 사람들이 말하지만, 남성우월주의하에서 대부분의 여성들은 양자 어느 쪽에서도 별다른 이득을 얻지 못한다.

여기에 대안적인 접근법이 있다. 이 접근법은 기존 법률을 가로지르며 자신의 길을 만들어 나가고 있으며, 내 생각으로는 애초에 평등법이 생겨나게 된 이유를 몸소 나타내고 있다. 이 접근법은 평등 문제와 권력배분 문제 양자에 대하여 제2의 해답을, 법적으로 그리고 철학적으로 저항적인dissident 해답을 제공한다. 이 접근법하에서 평등 문제는 권력배분의 문제이며, 젠더 또한 권력에 대한, 구체적으로는 남성우월주의와 여성종속에 대한 문제이다. 평등이 그것의 성취를 위하여 취하려 하는 것이 무엇인가의 관점에서 볼 때, 평등이 **무엇인가** 하는 질문은 그 뿌리에서부터 위계질서에 대한 질문일 수밖에 없으며, 이 위계질서는 권력이 사회적 인식과 사회적 현실을 구성해 내는 데 성공함에 따라 파생적으로 범주 간의 구별, 즉 차이로 변모하게 된다. 여기서 문제가 된 첫 번째 날에는 아마도 힘에 의해서 지배가 달성되었을 것이다. 두 번째 날에는 같은 기준에 의한 구분division이 비교적 견고하게 자리 잡아야 했다. 세 번째 날에는 (그보다 더 빨랐던 것이 아니라면) 차이들의 경계 그리고 그것을 인식과 현실 속에서 과장시키기 위한 사회적 체계들의 경계가 표시되었는데, **왜냐하면** 혜택 부여와 박탈을 차별적으로 행하기 위해서는 누가 누구인지에 대하여 실수가 없어야 했기 때문이다. 대조적으로 말해서, 남성man은 그 이래로 휴식을 취하고 있다. 만일 젠더가 사회적 권력에 대하여 영향을 미치지 않았더라면 젠더는 차이로서 부호화되지

내 책의 부록 A에서 이를 주장했다. 이 책은 "여성들 또한 평등하면서 다르기를 원한다"라는 말로 끝난다. 나는 '남성들은'이라는 말도 덧붙일 수 있었다. 하나의 기준으로서, 이런 진단은 여성의 평등에 대한 기대를 남성의 실재에 상응하는 버전으로 감소시켰을 것이다. 하지만 관찰한 바에 따르면 그것은 참이었다.

않을지도 모르며, 인식론적으로 구별을 의미하지 않을지도 모른다.

나는 이것을 지배접근법이라 부르는데, 이는 내가 주류 법을 비판하는 데 있어 근거로 삼아 온 접근법이다. 이 비판적인 접근법의 목적은 법적 범주가 사물의 이치를 잡아 내도록 하려는 것이 아니며, 현실에 부합하는 규칙들을 만들고자 하는 것도 아니다. 이것의 목적은 현실을 비판하는 것이다. 이 접근법의 임무는 특정한 사건들에서 확정적인 결과를 가져올 추상적 기준을 세우는 것도 아니다. 이것의 과제는 형식화되었다기formulaic보다는 실질적이고 법이론적이며jurisprudential, 바로 이 점 때문에 주류 담론은 이 접근법을 독트린doctrine에 대한 접근법으로서 존중하거나 법의 지배rule of law로 상상하는 것을 어려워하는 것이다. 이 접근법은 여성들이 별다른 선택권 없이 감금되어 있던 상태를 변화시키기 위하여 폭로할 것을 제안한다.

지배접근법은 젠더로서의 여성에 대한 가장 성차별적인 학대, 즉 차이라는 옷을 두른 성평등법이 직면할 수 없었던 성차별적 학대에 중점을 둔다. 또한 이것은 현실에 기초한, 즉 1970년 이전에는 그 구조적인 본성에 대하여 거의 알려진 바 없었고 현재는 성불평등 문제의 새로운 개념화를 요구하는 현실에 기초한 접근법이다. 이 새로운 정보는 이전부터 알려져 왔던 빈곤의 성적 분화 문제의 범위와 그 복잡함을 포괄할 뿐 아니라, 여성에 대한 폭력이라 불리는 이전에는 알려진 바 없던 문제까지 포함하고 있다. 이러한 접근은 저임금의 직업군에 배치됨으로써 여성이 겪게 되는 물질적 절박함을 아래와 같은 현상들과 결합시킨다. 전체 여성의 44%가 겪고 있으나 사실상 그에 대한 대책이 없는 막대한 수의 강간과 강간미수[27], 38%의 여자아이들과 10%의 남자아이들

27 930세대 중 44%의 여성들은 그들 인생의 어떤 순간에는 강간 또는 강간미수의 피해자였음을 보고한 Russell & Howell(1983) 참고.

이 당하는 가부장제 가족에 퍼져 있는 아동 성폭력(Russell, 1983), 우리 가정의 4분의 1 내지 3분의 1에서 체계적으로 발생하는 여성에 대한 구타[28], 여성들의 기초적인 경제적 선택사항이며 다른 모든 것이 실패했을 때(이 나라의 여성들 중 1/5에 해당하는 여성들의 사정이 그러한데) 우리가 하게 되는 성매매[29] 그리고 여성의 몸을 거래하는 산업이자 성불평등을 섹스로 만드는 포르노그래피—그것은 대부분 조직범죄로 흘러 들어가는, 연간 거금 80억 달러의 이윤을 만들어 내는 산업이다.[30]

이러한 경험들은 성평등에 대한 차이접근법의 정의에서는 침묵되어 왔다. 이 경험들은 거의 독점적으로 여성에게만 일어나기 때문이다. 우리는, 이러한 경험들이 성평등 문제를 일으키지 않는 것으로 여겨져 왔던 것은 바로 그 독점성을 근거로 한 것이었음을 이해하여야 한다. 거의 여성만 특유하게 이런 대우를 받기 때문에 사실상 그것은 사회적으로 자리 잡은 여성종속임에도 암암리에 차이로서, 성차로서 취급된다. 여성들이 하나의 젠더로서 사회적으로 열등한 위치로 격하되는 데 있어 핵심은 대부분의 경우에 이런 일들이 남성들에게는 행해지지 않는다는 점이다. 남성들은 그들의 평등한 차이equal difference를 근거로 같은 일을 하는 여성들의 급여 절반만을 받지는 않는다. 그들이 만지는 모든 것이 그들이 그것을 만졌기 때문에 하찮아지지도 않는다. 그들이 맞으면, 그것은 한 사람이 폭행당하는 것이다. 그들이 성적으로 범해졌을 때 그것은 단순히 견뎌야 하거나 즐거운 것으로 생각되지 않으며, 그것이 가정

28 Dobash & Dobash(1979); Bruno v. Codd, 90 Misc. 2d 1047, 396 N.Y.S. 2d 974(Sup. Ct. 1977), 원심파기, 64 A.D. 2d 582, 407 N.Y.S. 2d 165(1st Dep't 1978), 원심유지 47 N.Y. 2d 582, 393 N.E. 2d 976, 419 N.Y.S. 2d 901(1979).

29 Barry(1979); Griffin(1982); Fernand-Laurent(1983: 130).

30 Galloway & Thornton(1984: 84); 연간 70억 달러의 수치를 언급한 Harper's(1984: 31) 참고.

의 필수적인 구조라거나 문명의 대가 혹은 헌법적 권리라는 옹호를 받지도 않는다.

이러한 차등이 성차를 나타내는가? 아마 그럴 것이다. 그것은 한 집단 전체의 구조적 격하를 열등함의 상태라 규정하고 그 원인을 그 집단의 본성 탓으로 돌린다. 만일 이런 차이가 생물학적인 것이라면 아마도 생물학적 개입이 고려되었어야 할 것이다. 만일 진화론적인 것이라면 남성들은 다르게 진화되었어야 할 것이다. 나는 그것이 정치적이라고 생각하기 때문에, 그 정치학이 사회의 가장 뿌리 깊은 구조를 구성한다고 생각한다. 여성을 강간하지 않는 남성들의 호르몬에 잘못된 것은 아무것도 없다. 포르노그래피에 중독되지 않고 그들의 혐오감을 성애화하지 않는 남성들은 덜 진화된 것이 아니다. 그 속에서 우리가 사용되고 오용되고 하찮게 취급되고 모욕당하고 사고 팔리고 차례로 돌려지고 머리를 맞고 자리에 놓이고 미소를 지어 우리가 마치 그것을 즐기고 있는 것처럼 보이게 하라고 말해질 수 있는 이러한 사회현상은, 우리 중 일부에게는 그들이 생각하는 성평등의 모습이 아니다.

추상적이지 않고 사회적 현실과 부합하지 않기에 기준을 위한 기준처럼 보이지 않는 이 두 번째 접근법은 인종 정의를 위하여 1960년대에 법원이 적용한 암묵적 모델이 되었다. 그것은 그 이래로는 인종평등에 대한 사법적 참여의 쇠퇴와 함께 사그라들어 왔다. 그것은 특정한 흑인의 지위가 본질적으로 인종에 기초한 이성적인 또는 비이성적인 구분의 문제가 아니라 본질적으로 백인우월주의의 문제이며, 그러한 백인우월주의 아래 비로소 인종적인 차이가 부당한invidious 것이 되었다는 깨달음에 기초해 있었다.[31] 이 방법으로 젠더를 고찰하기 위하여, 여성이 남성

31 Loving v. Virginia, 388 U.S. 1(1967)에서는 인종간결혼금지법을 평등보호 위반으로 무효화하면서 최초로 '백인우월주의(white supremacy)'라는 용어를 사용하였다. 그 법은 백인과 흑인이 서로 결혼하는 것을 동등하게 금지하였다. […] 운동경기 분

과 다른 것처럼 남성은 여성과 다르지만, 사회적으로 양성이 평등하게 권력을 갖고 있지는 않다는 점에 다시 한번 주목하라. 위계의 상층부에 있는 것은 하층부에 있는 것과 분명히 다르지만, 차이라고 말하는 것은 위계질서를 난감할 정도로 중립적으로 부르는 것이다. 왜냐하면 위계질서는 그 이상의 어떤 것이기 때문이다. 만일 젠더가 단순히 차이의 문제라면, 성불평등은 단순한 남녀차별sexism의, 잘못된 구별differentiation의, 개인들에 대한 부정확한 범주화의 문제일 것이다. 이러한 문제들이 차이 접근법이 생각하는 성불평등이고 그래서 이에 대해 민감하다. 만일 젠더가 일차적으로 불평등이라면, 그것도 그 불평등 자체를 유지하기 위하여 사회적으로 유의미한 구별로서 구성된 불평등이라면, 성불평등 문제는 전혀 추상적이지 않고 결코 실수가 아닌 남성우월주의의 그리고 구조적 지배의 문제이다.

차이론에서 그러한 것처럼, 만일 분류로의 구별이 본질적으로 차별discrimination이라면, 집단에 기초한 사회적 불평등을 바꾸기 위하여 법을 활용하는 것은 문제의 소지가 있고 모순적이기까지 하다. 왜냐하면 법을 활용하기 위해서는 우선 상황변화가 필요한 집단을 반드시 법적으로 식별하고 규명해야 할 것인데, 그렇게 하는 것은 법적으로 규정된 불평등의 철폐라는 약속과는 근본적으로 긴장관계에 있는 것으로 보이기

야에서 법원은 '평등함'이 '같음'을 요구하지 않는 것과 마찬가지로, '같음'이 반드시 '평등함'을 의미하는 것이 아니라는 점을 때때로 보여 왔다. 운동경기 기회에서 널리 행해져 왔던 것 같은 성불평등의 맥락에서, 소년들에게 소녀팀과 경쟁하도록 허락하는 것은 종합적으로 성평등을 감소시킬지도 모른다. "남성으로 각 포지션을 채우면 여성의 참여가 줄어들고 일반적으로 존재하는 운동경기 기회의 전반적인 불균형이 증대된다." "우리는 소녀들에 대한 것처럼 소년들에게 정확히 같은 운동경기 기회를 주는 것은 매우 어려울 것이고, 일반적인 운동경기 기회를 양성 간에 평등하게 해야 할 정부의 불가피한 이익에 해로울 것이라고 결론 내린다."(Petrie v. Illinois High School Association, 394 N.E. 2d 855, 865(Ill. 1979))

때문이다. 만일 구별이 곧 차별이라면, 적극적 조치 및 사회적 불평등에서의 어떠한 법적 변화도 차별인 것인데—불평등을 구성하는 현존하는 사회적 구별은 차별이 아니란 말인가? 이는 구별을 차별과 동일시하는 입장에서는 불평등한 현상을 바꾸는 것은 차별이지만 그것이 존재하도록 허락하는 것은 차별이 아니라는 이야기밖에 되지 않는 것이다.

차이접근법과 지배접근법을 서로의 관점에서 바라보면 성평등 논쟁 안에 존재하는 몇몇 혼동되는 긴장관계가 명확해진다. 지배접근법의 관점에서 바라보면, 차이접근법이 양성의 지위에 관하여 남성우월주의의 관점을 채택한 것이 명백해진다. 차이접근법은 현재의 상태status quo를 '표준'으로 취급함으로써 남성우월주의하에서 짜인 판arrangements을 비가시적이고 무비판적으로 받아들이며, 이런 의미에서 차이접근법이 여성의 목소리로 표현될 수 있을지라도 그것은 남성주의적masculinist이다. 지배접근법은 남성에 대한 여성종속이라는 시각에서 사회라는 세계의 불평등을 바라본다는 점에서 여성주의적이다.

만일 당신이 차이접근법의 렌즈를 통하여 지배접근법이 그려 내는 대로의 세상을 바라본다면—즉 불평등이 차이인 것처럼 나타날 경우 그 불평등을 불평등으로 보지 못하는 렌즈를 통하여 진짜 불평등을 보려고 시도한다면—당신은 권력배분에 있어서의 변화에 대한 요구를 특별보호에 대한 요구로 보게 될 것이다. 그것은 차이 패러다임이 불균형을 이해하기 위해 제공하는 유일한 도구들이란 젠더의 구분선gender line 인식을 법 앞의 평등에 대한 자격이 결여되어 있음과 동일시하기 때문이다. 이 접근법에 있어서 평등의 문제들은 경험적 정합성fit[32]의 문

32 조셉 터스먼(Joseph Tussman)과 야코부스 텐브록(Jacobus TenBroek) 같은 학자들은 유효한 평등 규칙과 그것이 적용된 세상 사이의 필연적 관계를 특징짓기 위하여 '정합성'이라는 용어를 처음으로 사용하였다(Tussman & TenBroek, 1949).

제—즉 법적 규칙(남성이 설정한 기준에 암묵적으로 맞추어진 규칙)을 세상이 존재하는 방식(마찬가지로 남성이 설정한 기준에 암묵적으로 맞추어진 방식)에 맞추는 문제—에 주로 직면하게 되기 때문에, 평등한 대우를 누리기 위해서는 어떠한 현존하는 차이도 부정되어야 한다. 젠더뿐 아니라 인종 ethnicity 문제에 있어서도, 평등한 것들 사이의 진정한 다양성이나 다양성 안의 진정한 평등을 배제하는 것은 주류적 차별 이론에서의 기본이다.

차이접근법에게는 세상이 현재 돌아가는 방식에 변화를 가져오려는 그 어떠한 시도도, 마치 세상이 어떠해야 하는지에 대한 별도의 판단을 요구하는 도덕적 문제처럼 보이게 된다. 이 접근법은 다음과 같은 무심한 질문을 던지면 집단으로서 중립적으로 답변할 것처럼 상상한다. "경험적으로 나타나는 차이에도 불구하고, 우리는 기준을 충족하지 못하여 평등에 대한 자격을 가지지 못한 사람들까지도 다른 이들과 평등하게 대해야 하는 것인가?" 지배접근법은 이와 같은 문제의 구성이야말로 사회적 불평등 그 자체의 일부임을 폭로한다. 만일 성적 불평등을 부과된 지위의 문제, 즉 평등이라는 법적 명령이 조금의 의미라도 있다면 마땅히 변화되어야 할 지위의 문제로 접근한다면, 여성이 불평등하게 대우받아야 하는가 하는 문제는 그저 여성이 더 열등한 존재로 대우받아야 하는가 하는 문제를 의미하게 된다. 그것이 적나라한 권력의 문제로 드러날 때, 세상은 어떠해야 하는가라는 분리 가능한 질문은 존재하지 않는다. 유일한 진짜 문제는 무엇이 젠더 문제이고 무엇이 아닌가이다. 그 어떤 방대한 양의 차이도 여성을 인간 이하의 것으로 취급하는 일을 정당화할 수는 없는 이상, 그러한 취급을 제거하는 것이 평등법이 할 일이다. 이와 같은 패러다임의 전환 안에서, 평등의 문제들은 더 이상 선과 악의 문제가 아니라 권력과 권력 없음power and powerlessness의 문제가 되는 것이며, 그들 자신이 문제시하는 것들이 그러하듯이 스스로의 기원에 대하여 무관심해서도, 자신의 목적지에 대하여 중립적이어서도 안 되는 것이다.

이 나라의 흑인 평등 운동에는, 노예제가 더 이상 그것을 어떻게 정당화할 것인가의 문제이기를 멈추고 그것을 어떻게 끝낼 것인가의 문제가 된 시대가 도래하였다. 인종주의가 유해하지 않을 수도 있지만, 인종적 불균형disparity이 분명히 존재했지만, 그 지점—성이라는 문제는 아직 도달하지 못한 지점—에서는, 집단 간 차이라는 것은 더 이상 중요하지 않게 되었다. 이때가 경험적 속성을 포함한 어떤 집단의 특징이 완전한 인간에 대한 예외로서 정의된다거나 완전한 인간과는 구별되는 것으로 정의되는 것이 아니라, 완전한 인간을 구성하는 속성이 되는 바로 그 시점이다. 일방 집단이 세운 기준으로 타방 집단의 차이들을 일방적으로 측정하는 것은 편파적 기준의 현현이다. 그 집단 고유의 특성들이 인간성을 측정하는 기준의 일부가 되는 순간은, 그로 인한 새로운 천년을 맞이하게 되는 순간이 될 것이다.

주장을 요약하자면, 성평등 문제를 합리적이거나 비합리적인 분류의 문제로 보는 것은, 남성 지배가 법 속에 자신을 표현한 방식의 일부이기도 하다. 만일 당신이 차이로서의 젠더로부터 지배로서의 젠더로 옮아가는 나의 인식 전환을 따른다면, 젠더는 유효한 것처럼 보이는 구별에서 손상으로 변한다. 차이접근법은 현실의 지도를 그리려 하고, 지배접근법은 현실에 도전하고 그것을 변화시키려 한다. 지배접근법에서 성차별은 도덕의 문제이기를 멈추고 정치학의 문제가 되기 시작한다.

만약 위계질서에 대한 나의 비판이 비판의 탈을 쓴 특별보호 요청처럼 보인다면, 당신은 동일성을 평등에 대한 기준으로 삼고 있는 것이다. 나의 비판은 특별보호에 대한 요청이 아니다. 나의 비판은, 단순한 의미에서의 평등한 기회라는 것을 처음으로 가능하게 할 변화를 그려낸다. 성의 현실을 차이로 정의하고 평등의 근거를 동일성으로 정의하는 것은 양쪽 다 옳지 않은 이야기이다. 성은 본질적으로 양극적인 것이 아니라 연속적인 것이다. 그것이 양극적인 것으로 만들어지는 것은 사회에서이다. 일단 그렇게 되고나면, 이미 어떤 기준에 의해 사회적으로 다른 것으로 정의된 사람들이 그 기준을 만든 사람들과 같아지겠다고 요구하는 것은, 단순히 말해 성평등이란 개념적으로 절대 성취될 수 없게끔 고안된 것이 된다. 가장 평등한 대우를 필요로 하는 사람들은, 평등대우에 대한 자격 여부를 측정하는 기준이 되는 상황에 있는 이들과 가장 덜 유사한 사람들이 될 것이다. 이론적으로 말하자면, 성불평등의 가장 뿌리 깊은 문제는 남성과 '비슷한 상황에 있는similarly situated'[33] 여성을 발견하지 못할 것이라는 점이다. 의도적 차별성을 요소로 하는 성불평등 행위는 극히 적을 것이다.[34] 오로지 요구되는 것은 현상이 유지되는 것이다. 사회적 권력을 유지하는 전략으로서, 우선 현실을 불평등하게 구조화하라. 그리고 우선 차이가 열등함과 동의어가 되도록 인식을 구조화하라. 그리고는 같은 것을 열등하게 대우하고 있음을 알고 있는 사악한 마음에 의해 차별이 행해지도록 하라.

나는 말한다. 여성에게 사회생활에서 평등한 권력을 주어라. 우리가 말하는 것이 의미를 가지게 하라. 그때 비로소 우리는 도덕성의 문제를 논의할 것이다. 우리의 목에서 당신의 발을 치워라. 그러면 우리는 여성들이 어떤 언어로 말하는지를 들을 것이다. 성평등이 성차에 의해 제한되는 한, 당신이 그것을 좋아하든 말든, 당신이 그것에 가치를 두든 그것을 부인하려 하든, 당신이 그것을 페미니즘을 위한 근거로서 구획

33 "[분류]는 자의적이어서는 안 되고 합리적이어야 하고, 입법의 대상과 공정하고 실질적인 관계를 가진 차이에 근거를 두어야 하며, 그리하여 유사한 환경의 모든 사람들은 비슷하게 대우받아야 한다."[Royster Guano Co. v. Virginia, 253 U.S. 412, 415(1920)] "성별에 관계없이, 열거된 계급 중 어느 하나에 속한 사람들은 … 비슷한 상황에 처해 있다. … 비슷한 상황에 처해 있는 남성들과 여성들에게 유사하지 않은 대우를 함으로써, 문제 된 조항은 동등보호조항을 위반한다."[Reed v. Reed, 404 U.S. 71, 76(1971)]

34 Washington v. Davis, 426 U.S. 229(1976)와 Personnel Administrator of Massachusetts v. Feeney, 442 U.S. 256(1979) 판결은 차별이 입증되려면 의도적 차별이 입증되어야 함을 요구한다.

하든 여성혐오자의 영토로서 차지하든, 여성은 태어나고, 비하당하고, 죽을 것이다. 우리는 사람이 태어나고 살고 죽음에 있어서 법의 평등한 보호를 마련해 나갈 것인데, 그곳에선 보호란 더러운 말이 아니고 평등이란 특권이 아니게 될 것이다.

| 참고문헌 |

Barry, Kathleen, 1979, *Female Sexual Slavery*, New York: New York University Press.

Brown, Barbara, Thomas Emerson, Gail Falk & Ann Freedman, 1971, "The Equal Rights Amendment: A Constitutional Basis for Equal Rights for Women", *Yale Law Journal* 80.

Brownmiller, Susan et al., 1984, "The Place of Pornography: Packaging Eros for a Violent Age", *Harper's Magazine* 269(1614).

Cole, David, 1984, "Strategies of Difference: Litigating for Women's Rights in a Man's World", *Law & Inequality: A Journal of Theory and Practice* 2.

Dobash, R. Emerson & Russell Dobash, 1979, *Violence against Wives: A Case against the Patriarchy*, New York: Free Press.

Fernand-Laurent, Jean, 1983, "Report of Jean Fernand-Laurent, a Special Rapporteur on the Suppression of the Traffic in Persons and the Exploitation of the Prostitution of Others", in Kathleen Barry, Charlotte Bunch & Shirley Castley (eds.), *International Feminism: Networking against Female Sexual Slavery*, Rotterdam: International Women's Tribune.

Galloway, Joseph & Jeanne Thornton, 1984, "Crackdown on Pornography: A No-Win Battle", *U.S. News and World Report*.

Gilligan, Carol, 1982, *In a Different Voice: Psychological Theory and Women's Development*, Cambridge: Harvard University Press.

Griffin, Moira K., 1982, "Wives, Hookers and the Law: The Case for Decriminalizing Prostitution", *Student Lawyer* 10.

Kornblum, Lori S., 1984, "Women Warriors in a Men's World: The Combat Exclusion", *Law & Inequality: A Journal of Theory and Practice* 2.

MacKinnon, Catharine A., 1987, *Feminism Unmodified*, Cambridge: Harvard University Press.

Pint, Carol, 1983, "Value, Work and Women", *Law & Inequality: A Journal of Theory and Practice* 1.

Russell, Diana, 1983, "The Incidence and Prevalence of Intrafamilial and Extrafamilial

Sexual Abuse of Female Children", *Child Abuse & Neglect* 7.

Russell, Diana & Nancy Howell, 1983, "The Prevalence of Rape in the United States Revisited", *Signs* 8.

Tussman, Joseph & Jacobus TenBroek, 1949, "The Equal Protection of the Laws", *California Law Review* 37.

Weitzman, Lenore, 1982, "The Economics of Divorce: Social and Economic Consequences of Property, Alimony and Child Support Awards", *U.C.L.A. Law Review* 28.

Williams, Wendy W., 1981, "Firing the Woman to Protect the Fetus: The Reconciliation of Fetal Protection with Employment Opportunity Goals Under Title VII", *Georgetown Law Journal* 69.

III
새로운 정의, 새로운 글쓰기

성적 평등의 재구성

크리스틴 리틀턴Christine A. Littleton

I. 도입: 기획

같음과 다름은 촉진의 언어,
그것은 새 생명을 품고 부화한다.
더 나음과 더 못함은 고갈의 언어,
그것이 남기는 것은 오직 껍데기뿐.
— 어슐라 르 귄Ursula K. LeGuin[1]

여성주의적 비판feminist critique은 그것이 검토해 온 모든 사회제도의 '남성지배적' 혹은 '남근중심적'[2] 성격을 조명해 왔다. 법도 이와 같은 비판을

1 LeGuin(1985: 313).

2 '남성지배적', '남성편향적'과 같은 용어들은 자유주의적 법전통 내에 있는 페미니스트들의 글에서도 종종 사용되는 용어이다. 그러나 그들의 어법은 단지 '여성을 추가하여 뒤섞기'만 하면 혹은 제도로부터 '남성적 편향을 뽑아내기'만 하면 '성-중립적' 제도가 도래할 것이라고 암시하는 것처럼 읽힌다. Williams(1984-1985: 331)[이 책

피해 갈 수는 없었다.[3] […] 페미니스트들은 종교를 여성권력에 대한 가부장제적 정복의 문화적 인공물로(Stone, 1976), 과학을 '서구 부르주아 남성의 기획과 긴밀하게 연계된' 것으로(Harding, 1986) 그리고 심지어는 법마저도 남성권력의 지속을 위한 상징이자 기제로 폭로하였다. 이러한 비판의 많은 부분은 여성이 근대적 사회구조를 형성해 온 담론과 사상 속에서 부재하고 있었거나 적어도 주변부에 있었다는 점에 초점을 맞추고 있었다.

평등에 대한 공적 담론을 남성이 지배하고 있다는 점에 또 하나의 비판을 덧붙이는 것이 이 글의 초점은 아니다.[4] 이 글의 초점은 남성 지배의 보다 은밀하고 복합적인 형태에 맞춰질 것이다. 나는 이러한 남성

의 세 번째 논문]("민권법 제7편하의 차별적 효과 분석(disparate impact analysis)은 고용관행에 존재하는 '남성적 편향을 뽑아낼' 것이다.") 참고. 사회적 제도로부터 남성적 편향을 실제적으로 뽑아내는 일은 사회적 제도의 대부분을 현재 상태 그대로 내버려 두지는 않을 것이라는 것이 나의 분석으로부터 나오는 결론이다. 다른 한편, 급진적 페미니즘 이론은 종종 사회적 제도를 간단히 '남성'이라고 칭한다. 이 용어는 성별화된 사회적 제도의 보다 많은 특성들을 포착하고 있다. 그러나 이 용어가 생물학적 성과 사회적 성 모두를 가리키는 것으로 사용될 때 양자는 혼동되기 쉽다. '남근중심적' 혹은 '남근-이성중심적(pallologocentric)'이라는 용어는 프랑스의 '정치와 심리분석' 학파('politique et psychoanalyse' school) 페미니스트들에 의해 주조된 용어이다. 이들은 사회적 제도들을 남성의 시각에서 창출된 것으로, 즉 인식론적으로 '남성적'인 것으로 파악하는 경향을 지니고 있다[Marks & de Courtivron(1980); Irigaray(1985)("남근적인 것이 곧 의미의 진지함 아니던가?") 참고]. […] 지금까지 내가 본 페미니스트들의 비판 내용 전부를 가장 근접하게 기술하는 용어로 나는 '남근중심적'이라는 용어를 택할 것이다.

3 예컨대 법이 어떻게 가부장제를 영속화시키는지를 분석한 Polan(1982: 297-300), 법이 어떻게 여성을 위한 사회변화를 차단하는지를 분석한 Rifikin(1980: 83-85) 참고.

4 많은 수의 여성 법학자들이 등장했고 '페미니즘 법학'이라고 알려진 새로운 연구 분야가 발전하게 되었다는 점이 실로 이 글을 가능케 하고 있다. 남성평등이론가들에게 의존하기보다는 페미니즘의 법적 사고에 일차적으로 의존할 수 있는 사치(혹은 아마도 그래야 할 의무)가 나에게 주어진 셈이다.

지배의 형태를 '남근중심주의phallocentrism'라는 용어로 표현할 것이다. 지배적인 문화적 담론을 거의 독점적일 정도로 남성이 점령해 온 역사는 우리에게 불완전성과 편견 이상의 것을 남겼다. 그러한 역사는 문화적으로 '남성적'이라고 식별된 것들이 '여성적'이라고 식별된 것보다 높게 평가되는 자기-준거의 체계 역시 창출해 냈다. […] 이러한 과정을 통해, '남성이 된다는 것'은 단지 생물학적인 남성적 특성을 지니는 것만을 의미하는 것이 아니라 문화적으로 남성적인 것the *culturally* male을 체득하는 것 혹은 최소한 열망한다는 것을 의미하게 된다. 이와 같은 식으로 남성지배적 문화의 사회적 제도는 **문화적으로** 남성적인 시각에서 구성되었다는 의미에서 '남성적인' 것으로 파악될 수 있다. '남근중심주의'라는 용어를 통해 나는 이와 같은 시각, 즉 생물학적 남성의 시각이 아니라 문화가 남성에게 열망하도록 강요하는 그리고 문화가 남성 지배를 정당화하는 데 사용하는 시각[5]을 포착하기를 희망한다.

사회적 제도인—아마도 사회의 구성적 제도라고 할 수 있는—언어 역시 여성주의적 비판을 피해 갈 수 없다. 캐롤 길리건Carol Gilligan의 『다른 목소리로』(Gilligan, 1982)는 언어를 명시적으로 다룬 것은 아니지만, 그 제목은 적절한 것이었다. 콜버그Kohlberg의 도덕성 발달이론이 가진 한계를 드러내면서 길리건은 **남성** 인간을 표본으로 해서만 **인간**의 추론에 관한 이론을 구성하는 방법론적 오류 이상의 것을 밝혀냈다. 그녀는 가치의 분리와 위계질서, 원리의 추상화에 의하기보다는 연결과 관계를 통해 도덕적으로 추론하는 '다른 목소리'의 출구를 연 것이었다. 이러한 목소리는 남아에게보다는 여아에게서 더 많이 발견되었지만, 단지 하나의 생물학적 성에 제한된 것은 절대 아니었다.[6]

5 '남근(phallus)'은 그 생물학적 지시대상을 뒤로 남긴 채, 기표의 영역으로부터 기의의 영역으로의 자리 변동을 야기한 사회적 의미를 갖게 되었다.

6 Gilligan(1982: 25). 콜버그의 유형론에 사로잡혀 보살핌과 연결의 목소리에 제자리

'프랑스 페미니스트'[7]들은 남성의 언어를 분쇄함으로써만 여성의 목소리를 표출하는 것이 가능하다는 점을 발견하면서 언어를 보다 명시적으로 공격한다(Gauthier, 1980: 161-164). 페미니즘이 포착한 문제가 단지 '그he'라는 표현을 일반적으로 사용하는 것the use of generic 'he'과 같이 '단순한' 문제에 속하는 것이든[8] 언어 자체의 구조와 같은 복잡한 문제에 속하는 것이든 간에, 여성주의적 비판의 유효 범위는 단지 개인의 성차별적 단어 선택에 국한되는 것이 아니라 지식을 전달하는 매체의 남근중심적 구성을 포괄한다. 남근중심주의가 발현되는 그 모든 곳에서 남근중심주의는 수용 가능한 논의의 경계를 구획한다. 그것은 청취되고 응답될 수 있는 논의의 경계뿐만 아니라 생각될 수 있는 것의 경계마저도 어느 정도 구획하며, 따라서 여성이 자신의 관심과 가치, 이익을 명료하게 할 수 있는 정도를 결정짓는다.

법에도 속하고 언어에도 속하는 평등은 남근중심주의에 관한 고유한 사례연구를 제공한다. 여성주의적 비판은 페미니즘 방법론의 주된 질문—'여성의 구체적 경험은 무엇이었는가?' 그리고 '무엇이 배제되어 왔는가?'—을 사용하여 평등의 남근중심주의phallocentrism of equality를 하나의 개념이자 법적 분석의 형식으로서 검토해 왔다. 하나의 개념으로서 평등은 동일한 것만이 평등할 수 있다는 '수학적 사고의 오류mathematical fallacy'에 의해 병들어 있다.[9] 법적 분석에서 법원이 여성의 '차

를 허용치 않는(혹은 단지 저평가된 자리만을 허용하는) 발전의 연속에 따라 주체의 반응을 유형화하려는 연구자에게는 그러한 목소리가 '들리지' 않았다(Gilligan, 1982: 28-31).

7 일반적인 내용에 대해서는 Marks & de Courtivron(1980: 주 2) 참고.

8 정당방위에 대한 배심원 교육에 있어서 '남성형의 지속적 사용'은 여성 피고인에게 불이익을 준다고 한 State v. Wanrow, 88 Wash. 2d 221, 240-241, 559 P.2d 548, 558-559(1977) 참고.

9 […] 소녀들보다는 소년들이 과학 과목에 있어 우수한 성적을 내는 데 더 관심을

이'를 불평등의 충분한 정당화 사유로 인정하는 일은 다반사로 일어나고 있다. 동시에 법원은 여성에게 (충분히 예상할 수 있는) 불평등한 결과를 가져올 남근중심적 기준을 재생산과 관련된 남성과 여성의 상이한 생물학적 특성 또는 경제적 지위에 '평등하게' 적용하면서 허울 좋은 '동일성'을 구성하고 있다.

페미니즘의 이러한 비판은 또 하나의 여성주의적 기획, 즉 성을 헌법적·입법적 평등보장에서의 인종과 유사하고 함께 존재하는 것으로 받아들이게 하려는 페미니즘 법률가들의 부분적으로밖에 성공하지 못한 기획[10]에 대해서도 의문을 던져 왔다. '평등'은 역사적으로 미국 사회의 모든 속박된 집단을 불러 모으는 구심적 호소력을 가졌으나, 페미니스트들은 이를 더 이상 단일한 의미로 받아들일 수 없게 된 것이다.[11]

평등은 페미니스트들이 저항하고 있는 성별체계 그 자체에 의해, 이미 그 성별체계라는 덫에 걸려 있는 셈이다. 그러나 나는 평등이 그러

갖도록 만드는 공공연한 차별을 언급하면서 산드라 하딩(Sandra Harding)은 다음과 같이 묻는다. "여성은 과학에 있어 '단지 남성처럼' 되는 것을 원해야 하는가? 다시 말해, 페미니즘은 단지 남성과의 평등이라는 그토록 낮은 목표를 설정해야 하는가?"(Harding, 1986: 21)

10 미국 법원에서 인종차별은 '엄격심사(strict scrutiny)'의 대상이 된다. 따라서 인종차별은 주(州)의 불가결한 이익을 성취하는 데 필수적인 것이 아니라면 위헌이 된다. Regents of the Univ. of Cal. v. Bakke, 438 U.S. 265, 289-291(1978) 참고. 반면 성차별(sex classification)은 중간 단계의 심사를 받는다. 이러한 심사에 대해서는 여전히 논쟁이 지속되고 있지만, 성에 따른 분류는 주의 중요한 이익과 실질적 연관성이 있으면 족하다는 점에 대해서는 어느 정도 법원의 합의가 존재하고 있다. […]

11 "남성은 다음과 같이 말함으로써 여성에 대한 기준을 마련하였다. '당신은 남성과 동일해질 수 있다. 그렇게 되면 당신은 평등해질 것이다' 혹은 '당신은 남성과 다를 수 있다. 그렇게 되면 당신은 여성이 될 것이다.'"(DuBois et al., 1985: 21) 동화되지 않음(nonassimilation)을 불평등과 동일시하는 것은 새로운 현상이 아니다. 가령 20세기 초반 플로렌스 켈리(Florence Kelly)와 앨리스 폴(Alice Paul)에 의해 구체화되고 최근 캐더린 스클라(Katharine Sklar)에 의해 재검토된 페미니즘 논쟁(Sklar, 1985) 참고.

한 체계를 넘어서는 의미를 가질 수 있다고 믿는다. 사회적 구성물인 한에서 평등 역시 해체될 수 있고, 적어도 이론적으로는 남근중심적 시각에 의해 창출된 사회제도에 대한—정당성 부여의 수단이 아니라—도전의 수단으로 재구성될 수 있다. 이러한 가능성은 강한 호소력을 지녔을 뿐만 아니라, 우리 대다수가 갖고 있는 열망을 강하게 불러일으키므로 성적 평등[12]의 재구성은 최소한 시도되어야 하는 기획이다. 그것이 난관과 위험으로 가득 차 있는 것으로 보이더라도 말이다. 우리가 설령 종속의 구체적 경험을 법적 주장으로 번역해 낼 수 있는 몇 안 되는 방

12 몇 가지 이유에서 나는 '성적 평등(sexual equality)'이라는 용어를 쓸 것이다. 이 외의 대안적 용어가 갖는 한계로부터 벗어나고자 하는 것이 그 이유의 일부이다. 법률문헌에서 가장 흔하게 쓰이는 용어인 '성차별(sex discrimination)'은 내가 이미 비판한 바와 같이 지나치게 협소하다. […] 차별만이 불평등이 만들어지고 유지되는 유일한 방식은 아니다. '성별(gender)'이 아니라 '성(sex)'을 택한 것은 보다 문제적일 수 있다. 특히 논문의 대부분은 성의 문화적 의의에 초점을 맞추고 있는데, 많은 페미니스트들이 그러한 현상과 관련하여 '성별'이라는 용어를 사용하는 것을 생각할 때 이러한 용어 선택은 더욱 문제적으로 보일 수 있다. […] 그러나 내가 보기에 성과 성별의 관계는 그리 분명하지 않다. […] 게다가 '성별'이라는 용어의 사용은 종종 성적 불평등이 남성에게보다는 여성에게 더 적대적으로 작동하는 방식을 은폐한다. 여성학(Women's Studies)을 연구하고 있는 많은 여성학자들은 이 분야가 '성별에 대한 연구'로 전화되고 따라서 '남성학'이 이 분야에 추가되는 현상에 대해 우려를 표명하고 있다. 나 역시 남성과 여성이 성적 불평등으로 인해 같은 정도로 고통받고 있다는 관념에 일조하거나 조력할 마음이 없다. […] 마지막으로, 내가 '성(sex)'이 아니라 '성적(sexual)'이라는 표현을 쓴 것은 여성의 법적·사회적 지위와 성적 지위 간의 가능한 관련성을 가리키기 위한 것이다. 나는 급진적 페미니즘 공동체의 상당 비율이 표명하고 있는 것처럼 성성(sexuality)의 영역이 여성불평등의 '요체'라고 생각하지는 않는다. 그러나 나는 몇몇 사회주의-페미니즘의 분석이 유도해 낼 것과 같은 결론, 즉 성성의 영역은 관련성이 없는 영역이라는 결론에도 역시 동의하지 않는다. 요컨대 나의 견해는 성/성별 체계(sex gender system, 다시 말해 생물학적 성에 문화적 의의를 부여하는 과정)와 경제적 불이익, 성적 종속이 위계적이지 않은 방식으로 상호연결되어 있다는 것이다. 이러한 생각들을 어느 하나 놓치지 않고 하나로 묶기 위해 나는 '성적 평등'이라는 용어를 사용할 것이다.

법 중 하나로서 평등 분석이 지닌 실용적 가치를 경시하게 되더라도,[13] 우리는 평등 언어의 관계적 성격을 그리고 평등의 일관된 주제인 속함belonging과 인간으로서의 '존중'의 문제를 경시해서는 안 된다.

이 논문은 내가 보기에 호소력을 가졌다고 여겨지는 성적 평등의 이론적 재구성을 시도한 글이다. [⋯] 내가 제안한 재구성은 말하기는 쉽지만 그 내용을 채우기는 다소 어렵고 그것을 실행하기는 더욱 어려운 그런 것이다. 간단히 말하면 그것은 다음과 같다. **인간 존재의 차이들은 그것이 인식된 것이든 진정으로 존재하는 것이든, 혹은 생물학적인 것이든 사회적인 기초를 갖는 것이든, 사람들의 구체적 삶 속에서 겪는 평등에 차이를 야기하도록 허용되어서는 안 된다.** 나는 이를 '수용으로서의 평등equality of acceptance' 모델이라고 칭할 것이다.[14] 이러한 형태의 성적 평등을 달성하기 위해서는 남성과 여성의 '차이들'이 서로에 대하여 비용을 부담시키지 않는 것이 되어야만 한다. 여성(혹은 소수의 남성)에게 전통적으로 여성적이라고 여겨진 활동, 가령 육아활동의 비용을 개별적으로 감당하도록 강요하면서 전통적으로 남성적이라고 여겨진 활동(가령 도펌의 입무)에 종사하는 사람들(대부분의 남성과 몇몇의 여성)이 그 수익을 취하도록 만든다면 평등한 수용은 달성될 수 없다.

[⋯] 이 글의 각 장들은 수용으로서의 평등 모델의 발달을 반영하고 있다. 수용으로서의 평등 모델은 (1) 평등 분석 일반과 페미니즘 평등 분석의 지적 전개, (2) 평등에 대한 여성주의적 비판, (3) 하나의 체

13 성적 괴롭힘(sexual harassment)을 여성 노동자의 언급되지 않는 그리고 언급될 수 없는 문제의 차원으로부터 성차별의 법적 소송으로 전환시키는 일이 이와 관련된 가장 분명한 예이다. [⋯]

14 [⋯] 내가 제안하는 수용으로서의 평등 모델은 사회의 가치 위계질서에 도전한다. 수용으로서의 평등 모델은 여성이 '좋은 삶'에서 배제되었다는 점을 지적하는 데 그치는 것이 아니라, 좋은 삶의 정의에 대해 여성이 미치는 잠재적 기여가 항상 무시되어 왔다는 점 역시 역설한다. [⋯]

계로서의 남성권력에 대한 여성주의적 비판, (4) 다양한 성차 혹은 성별 차이의 복잡성이라는 네 개의 구별된, 그러나 상호 연관된 생각에 응답하고 있다. 이 글의 시야는 다양한 방식으로 제약되어 있는데, 내가 '주인의 도구master's tool'를 사용하여 성적 평등을 재구성한다는 점이 적지 않은 제약을 만들어 내기도 한다. 이러한 제약들을 인정하기에 나는 점진주의와 이상주의 사이의 팽팽한 외줄 위에서 이론을 만들어야 할 과제를 받아들이고 있다.

우리는 공적 담론의 가용공간을 점령하고 있었던 남성 선조들로부터 평등의 형식과 내용을 물려받았다. 그러나 우리는 아마도 우리의 딸들에게 보다 풍부한 무엇인가를 물려줄 수 있을 것이다.

II. 페미니즘 법이론의 전개

여기서 우리는 페미니즘 법이론의 지적 전개를 추적함으로써 수용으로서의 평등 모델을 페미니즘 법이론 안에 위치시키려 할 것이다. 특히 여성주의적 평등 분석에 있어서 '동등대우' 진영과 '특별대우' 진영 간에 벌어진 오랜 논쟁의 현재 상태에 주의를 집중할 것이다.[15] 이 두 극단이

15 아마도 웬디 윌리엄스(Wendy W. Williams)와 린다 크리거(Linda Krieger)가 이 논쟁의 가장 잘 알려진 참여자일 것이다. '동등대우'의 입장에 대한 탁월한 기술로는 Williams(1984-1985) 참고. 이 논쟁의 다른 진영인 '특별대우'의 입장—'특별대우'라는 명칭은 사실 이 진영에 부적절하게 붙여진 명칭이다—에 대해서는 Krieger & Cooney(1983)와 Scales(1981) 참고. 내 종전의 글 Littleton(1981)은 항상 그랬던 것은 아니지만 보통 후자에 속하는 것으로 분류되어 왔다. 이와 관련해서는 윌리엄스와 필자를 법개혁주의자로 분류하고 있는 Olsen(1984, 미간행)[역자 주: 1990년에 정식 출간] 참고. 비판법학 운동에 속하는 페미니스트들 사이에서 어떻게 이 논쟁이 출현하게 됐는지에 대해서는 Menkel-Meadow(1988) 참고. […]

양극으로 부각되면서 그 외의 입장들은 시야에서 사라지는 일이 자주 발생한다. 이 양극을 기술하면서도 나는 우리가 시야에서 놓쳐 버린 그 공간들을 채우려고 노력할 것이다.

대부분의 사회적 논쟁에서 논쟁의 참가자들은 자신의 입장에 대한 묘사를 통하여 불가피하게 수사학적 혜택을 누리길 원한다(가령 '생명옹호pro-life'라는 용어가 낙태반대론자들에게 주었던 혜택을 생각해 보라). 페미니즘 법학자들 역시 이러한 욕구로부터 자유롭지 않다. 가령 '동등대우'의 주창자들은 '동등'이라는 단어를 상당할 정도로 활용하면서, 심지어는 그러한 접근법만이 '평등에 대한 유일한 접근법'인 것처럼 언급하기도 한다. 이와 같은 의미론적 밀고 당김은 평등 논쟁에서 제기되는 쟁점들에 대해 명료하게 사고하는 것을 더 어렵게 만들 뿐만 아니라, 양성의 존재가 법과 사회를 형성해 가야만 하는지 그리고 어떻게 형성해 가야 하는지와 같은 보다 근본적인 문제보다는 '여성'이 어떻게 대우받아야 하는가라는 문제에 초점을 맞추게 만든다. 이와 같은 문제들을 완화하기 위해 나는 '동등대우'와 '특별대우'라는 용어로 부적절하게 식별되어 왔던 여성주의적 법사유의 두 가지 방향을 '대칭symmetry'과 '비대칭asymmetry'이라는 용어를 사용하여 표현하고자 한다.

1. 법적 평등

성적 평등에 대한 법적 관심이 인 것은 상당히 최근의 일이다.[16] 일차적으로 그러한 관심은 인종적 소수자, 특히 하나의 집단으로서의 흑인이 처한 상황과 여성이 처한 상황 간의 강력한 유비에 대한 응답 속에서

16 예컨대 Reed v. Reed, 404 U.S. 71(1971); Frontiero v. Richardson, 411 U.S. 677(1973); Craig v. Boren, 429 U.S. 190(1976) 참고.

발전하였다.[17] 이러한 유비는 예나 지금이나 이론적·역사적으로 문제가 많은 것이지만,[18] 사회의 정치적·사회적 기본 틀에 새겨져 있는, 특히 수정헌법 제14조의 평등보호조항에 명시된 인간 평등의 규범에 포함되어야 한다는 주장을 뒷받침해 주었다.

평등보호조항은 흑인—실제로는 흑인 남성—의 특정 상황을 염두에 두고 만들어진 조항이었으나, '분리 영역separate spheres'의 관점이 폐기되기 전까지 이는 그 조항의 의도된 수혜자들에게 거의 의미가 없는 것이었다. 인종의 맥락에서 분리된 영역 법리의 전형을 보여 주는 예로는 1896년 Plessy v. Ferguson 판결[19]을 들 수 있다. 이 사건에서 연방대법원은 객차 안에서 흑인과 백인의 분리를 규정하고 있는 주법을 합헌으로 결정하였다. 판결문에서 분리된 영역이라는 관념은 "분리되었지만 평등한seperate but equal"이라는 용어를 통해 표현되었다. 적어도 이론적으로 본다면 시설이 동일하지 않는 한 분리는 지지될 수 없는 것이었다. [···]

흑인과 백인이 '자연적으로' 분리된 사회적 영역을 점하고 있다는 생각은 결국 1954년 저 유명한 Brown v. Board of Education 판결(이하 '브라운 판결')[20]에서 폐기되었다. [···] 그러한 폐기의 핵심에는 흑인 남성 역시 근본적으로는 백인 남성과 같으며,[21] 둘 사이에는 미학적 속성

17 개괄적으로는 Chafe(1977)(특히 3장과 4장을 보라. 여기서 인종적 평등과 성적 평등 간의 유비가 논의된다.)와 Karst(1977) 참고.

18 흑인의 상황과 여성의 상황을 유비하는 것은 종종 인종차별주의가 성 집단 내부에서 작동하는 방식과 성차별주의가 인종집단 내부에서 발생하는 방식을 은폐한다. 가령 흑인 노예를 백인 중산층 여성과 비교하는 것은 (경제적 박탈과 물리적 폭력을 통해) 노예의 상황을 사소한 것으로 만들고 (성적 종속을 통해) 중산층 결혼의 특성을 잘못 파악하게 한다. 이에 대해서는 Hooks(1981: 76-79) 참고.

19 163 U.S. 537(1896).

20 347 U.S. 483(1954).

21 백인 남성 법관이 차별 사건에서 흑인 남성 원고에 감정이입할 수 있는 능력과

(가령 눈의 색깔이나 발의 크기와 같은 것들)이 다를 수도 있지만, 이를 제외한다면 피부색이나 얼굴 생김새와 같은 피상적 차이가 어쩌면 있을 수도 있는 심미적인 의미를 제외하고 어떤 중요한 의미를 지닌다는 것은 비합리적이라는 강력한 관념이 자리 잡고 있다.

브라운 판결 이후의 인종적 평등 분석의 일관된 메시지는, 흑인 남성이 사회 내에서 백인 남성과 동등하게 참여하면서 직면하는 불이익은 비합리적인 편견에 기원하는 것이거나 기존의 편견에서 유래한 부담을 사회적으로 부과한 것으로 볼 수 있다는 점이다. […] 이러한 메시지가 다른 종류의 평등에 기초한 주장들을 법적으로 인정함에 있어 중요한 의미를 가졌다는 점은 논란의 여지가 없다.[22]

여성이 자연적으로 분리된 영역을 점하고 있다는 관념은 보다 오래 지속되었다. 1961년까지만 해도 연방대법원은 여전히 "아직도 가정과

동일한 법관이 여성으로서의 삶을 상상할 수 없는 무능력을 대조한 Johnston & Knapp(1971: 743-744) 참고. […]

22 이러한 메시지가 일궈 낸 것은 바로 민권법 제7편의 차별적 효과 법리의 사법적 발전이다. 1964년에 개정된 민권법 제7편은 15인 이상의 근로자를 고용한 고용주는 인종, 민족, 성, 종교 등에 근거한 차별을 할 수 없다고 규정하였다[42 U.S.C.§ 2000(e)(1982)]. 법조항이 '차별'을 직접 정의하고 있지는 않았지만 법원은 민권법 제7편이 상호 구별되는 두 가지 형태의 행위를 대상으로 한다고 해석하고 있다. 첫째는 차별적 대우이다. 이는 사용자가 단지 인종 혹은 성을 이유로 특정 인종 혹은 성의 구성원을 다른 인종 혹은 성의 구성원과 상이하게 대우하는 경우에 발생한다. 둘째는 차별적 효과이다. 이는 사용자가 차별을 위해 고안된 기준은 아니지만 특정 집단에게 불균형적인 영향을 미치는 결과를 가져오는 기준을 사용하는 경우에 발생한다. 물론 이러한 기준은 직무와의 연관성이 있는 것으로, 혹은 사업의 안전하고 효율적인 운영을 위해 불가피한 것으로 정당화되는 경우가 있다. 이와 관련해서는 International Bd. of Teamsters v. United States, 431 U.S. 324, 335 주 15(1977)와 Griggs v. Duke Power Co., 401 U.S. 424(1971) 참고. (법원은 흑인이 자연적으로 특정 직업에 부적합하다는 관념을 지지할 수 없었다. 따라서 백인이 불균형적으로 압도적인 비중을 차지하는 결과를 가져온 취업자격조건은 차별의 추정으로 이어졌다. 이는 이 글의 V에서 논의된다.)

가족은 여성의 삶의 중심으로 간주되고 있다"는 '사실'을 법적 판단의 근거로 사용하고 있었다.[23] 이로부터 10년이 지나고 나서야 연방대법원은 Reed v. Reed 판결(이하 '리드 판결')[24]에서 드디어 분리된 성별 영역의 이데올로기에 균열을 가하기 시작했다. 그러나 여성이 남성과 다른 중요한 자연적 차이를 갖는 것은 **아니라는** 관념이 완전하게 채택된 것은 전혀 아니었다.[25] 따라서 연방대법원은 부동산 관리에 있어 여성과 남성이 자연적 차이를 갖는 것은 아니므로 주정부가 여성보다 남성을 기계적으로 선호해서는 **안 된다고** 한 반면,[26] 교도관과 관련해서는 주가 여성보다 남성을 기계적으로 선호할 **수 있다고** 보았다. 교도관과 관련해서는 여성은 남성과 자연적으로 다르다는 것이 그 근거였다.[27]

분리 영역 이데올로기는 역사적으로 흑인과 여성 모두에게 불이익을 안겨 주었으나, 불이익의 성격과 그 부과방식에 있어서는 중대한 차이가 있다. 분리 영역 이데올로기는 흑인을 백인 전용의 로스쿨과 객차에서 격리했지만,[28] 백인 여성을 가정에 구속시키고 흑인 여성은 비가시

23 여성을 배심원에서 당연히 제외하는 것을 지지한 Hoyt v. Florida, 368 U.S. 57, 62(1961)(Alexander v. Louisiana, 405 U.S. 625(1972)에서 암묵적으로 파기) 참고.

24 남성 부동산 관리인을 선호하는 입법을 위헌으로 판단한 404 U.S. 71(1971) 참고.

25 연방의회의 경우에도 사정은 다르지 않다. 민권법 제7편은 성이 '진정직업자격'에 해당하는 경우 일방 성의 구성원을 특정 직군으로부터 배제할 수 있는 명시적인 예외조항을 두고 있다. 반면 인종의 경우에는 이러한 예외조항이 없다(42 U.S.C.§ 2000e-2e).

26 Reed, 404 U.S. 71(1971). […]

27 Dothard v. Rawlinson, 433 U.S. 321, 335(1977) 참고. (확정판결을 받은 성범죄자들이 즐비한 교도소에서는 여성 교도관들의 '여성성' 자체가 여성들을 직무에 적합하지 않은 존재로 만들 것이다.)

28 아이러니하게도 분리 영역 이데올로기는 모든 흑인 여성을 백인용 객차에서 격리시킨 것은 아니었다. 백인 아동을 돌보면서 함께 여행하는 흑인 간호사는 보통 예외로 인정되었기 때문이다. 그러나 그러한 규정이 백인의 편의를 위한 것이었다는 점을 잊지 말아야 한다. Plessy v. Ferguson, 163 U.S. 537, 541(1896) 참고.

적인 존재로 만들어 놓았다.[29] 흑인은 하나의 집단으로서 백인 사회에서 배제되었지만, 여성은 공적 영역의 남성 사회에서 배제되면서 동시에 사적 영역에서는 남성과의 긴밀한 관계 속에서 살아갔다. 이러한 의미에서 흑인은 전체적으로 격리된 반면 여성은 개별적으로 격리되었다.[30]

이와 마찬가지로, 분리 영역의 붕괴는 두 집단에게 상이한 방식으로 전개되었다. 그와 같은 붕괴는 최소한 이론적으로는 인종 간의 **어떠한** 자연적 차이도 거부한다는 것을 의미했지만, 성과 관련해서는 단지 **몇 가지** 자연적 차이만을 거부하는 것을 의미했다. '계약의 자유'를 근거로 노동자 보호 입법을 무효화했던 Lochner v. New York[31]과 이와 달리 여성과 관련해서는 그와 유사한 입법을 합헌으로 인정했던 Muller v. Oregon[32]의 차이는 여성이 무능하다는 인식, 즉 오늘날까지도 사회생활의 일정 영역에서 여성의 배제를 지속적으로 정당화하는 바로 그 인식이었다.[33] 그렇다면 여성을 대변하여 페미니스트는 무엇을 해야만 하는가에 대한 논의에서 분리 영역 이데올로기로의 회귀의 망령이 살며시 고개를 쳐들고 있다는 점은 그리 놀랄 만한 것도 아니다.

29 Giddings(1984: 15) 참고. (그녀는 기댈 곳이 전혀 없었다. 그녀는 남성도 백인도 부인도 아니었고 그 무엇도 아니었다. 그녀의 현실이 처한 심원한 고립으로부터 그녀는 스스로를 잘 만들어 낼 수는 있었다.)

30 따라서 분리 영역 이데올로기는 흑인과 백인 여성 간에 이중의 장벽을 만들어 냈고, 여성운동은 이 유산을 여전히 극복하지 못하고 있다. Moraga & Anzalda(1981) 참고. 분리 영역 이데올로기는 인종 간의 연대뿐만 아니라 여성 간의 연대의 필요성 혹은 바람직함을 부정하였다.

31 198 U.S. 45(1905).

32 208 U.S. 412(1908).

33 예컨대 임신 중의 비행승무원은 승객에게 위험을 야기할 수 있는 '의도치 않은 낙태'의 가능성이 있으므로 비행근무가 거부될 수 있다고 한 Dothard v. Rawlinson, 433 U.S. 321(1977); Harris v. Pan Am. World Airways, 649 F.2d 670(9th Cir. 1980) 참고.

2. 페미니즘의 응답

페미니즘 법이론은 일차적으로 법적 인종평등 이론의 발전에 응답하는 반응적 성격을 띠었다. 그러나 그 응답의 형태는 다양했다. 한 가지 응답은 성에 대한 법적 취급을 인종에 대한 법적 취급과 같게 만들고, 사실상 여성과 남성 간에 유의미한 자연적 차이가 있다는 것을 부정하고자 하였다. 다시 말해서 이는 **어떠한** 쟁점, 규범, 규칙에 관해서든지 양성을 대칭적으로 위치한 것으로 고려하고자 하였다. 내가 '대칭'접근법이라고 칭할 이 응답은 비대칭성을 하나의 환상이자 '과도한 일반화'로, 혹은 약간의 행동 수정만 있으면 조만간 사라질 일시적 결함으로 본다.[34] 그러나 '대칭'접근법과 경합하는 응답은 그와 같은 유비를 거부한다. 이 응답은 여성과 남성은 차이를 지니거나 지닐 수 있고 또한 사회 속에서 종종 비대칭적 위치를 점하고 있다는 점을 인정한다.[35] 내가 '비대칭'접근법이라고 칭할 이 응답은 모든 성차가 사라질 것이라는 혹은 사라져야만 한다는 관념을 거부한다.

1) 성적 평등의 대칭 모델

페미니즘 이론가들은 종종 성적 평등에 대한 대칭접근법을 하나의 이상

34 이 접근법의 많은 지지자들이 현재적으로 인식되고 있는 여성과 남성의 차이들을 무시되어야 할 인식상의 단순한 오류로 간주하고 있지만, 몇몇 지지자들은 그러한 차이가 현실적으로 존재한다는 점을 인정하면서 그러한 차이는 성차별적이지 않은 육아와 교육을 통해 제거되어야 한다고 주장한다.

35 물론 육아책임과 같은 영역에서의 비대칭성을 자연에 기인하는 것이라고 볼 필요는 없다. 그것은 오히려 여성과 남성에게 제시된 법적·사회적·심리적 인센티브의 복잡한 조합에 기인한다. 비대칭접근 이론가들이 성차가 변화 가능하다는 점을 반드시 부정하는 것은 아니다. 그들은 단지 평등의 달성이 성차가 소멸될 때까지 기다려야 한다는 관념을 부인할 뿐이다.

으로서가 아니라 분리 영역 이데올로기로의 회귀를 피할 수 있는 유일한 길로 취급하곤 한다.

대칭적 시각 내에서도 두 가지 모델이 존재한다. 이를 여기서는 '동화assimilation'와 '양성성androgyny'이라고 부를 것이다. 법원에 의해 가장 빈번하게 받아들여지고 있는 모델인 동화 모델은 여성은 기회만 주어진다면 실제로 남성과 같거나 혹은 같아질 수 있다는 관념에 기초하고 있다. 따라서 동화 모델의 주장에 의하면 법은 이미 남성을 대우해 왔던 것과 같은 방식으로 여성을 대우할 것을 사회제도에 요구해야만 한다. 가령 '자격을 갖춘' 여성은 전문직에 진입하도록 허용되어야 한다고 요구하는 동시에, 법률업무와 같이 과다한 시간을 필요로 하는 전문직에 뛰어든 이상 여성은 남성 법률가들이 강요당하고 있는 것과 마찬가지의 정도로 일정한 관계(특히 자녀와의 관계)를 희생해야 한다고 주장하는 식으로 말이다.

두 번째 대칭 모델인 양성성 모델 역시 여성과 남성은 서로 같거나 최소한 같아질 수 있다고 상정하면서도, 평등이 요구하는 바는 제도가 양성 간의 중용golden mean을 채택하여 양성 모두를 양성적 인간이 대우받을 것과 같은 방식으로 대우하는 것이라고 주장한다. 그러나 우리의 모든 제도와 노동관행, 임금체계가 상당한 수의 양성적 인간들의 도움 없이 형성되었다는 점을 놓고 볼 때, 양성적 대칭성은 개념화하기 힘들 뿐만 아니라 아마도 많은 공적·사적 제도의 대폭적인 재구조화를 요구하게 될 것이다. 대칭적 틀 내에서 진정으로 양성적일 수 있으려면 사회제도는 성별화된 모든 특성들에 대해 동등하게 작동하는 단일 규범을 발견해야 한다. 양성성 모델에 관하여 내가 느끼는 문제점의 일부는 바로 그러한 모델이 '중간 지점에서의 조우'에 의존하고 있다는 점이다. '중간점'을 찾기에 충분할 만큼 여성의 가치를 평가할 능력을 지닌 사람이 있을지 나는 의심하지 않을 수 없고, 특히 그러한 법원이 존재할지에 대해서는 더더욱 그렇다.

대칭 모델은 법체계에서 대단한 호소력을 지니고 있는데,[36] 이는 그리 놀랄 일도 아니다. 평등보호조항에 대한 교과서적 정의는 "유사한 상황에 있는 사람들은 유사하게 대우받아야 한다"는 것이다. 또한 수많은 법원들이 연방대법원의 전례를 좇아 유사성을 밝히지 못하는 한 엄격심사는 명백히 적용될 수 없다고 판결해 왔다.[37] 대칭 분석은 또한 자유주의적인 남성들에게도 대단한 호소력을 가지고 있는데, 그들에게 대칭 분석은 여성주의적 기획의 공유를 제공하는 것으로 보이는 것이다.[38]

36 예컨대 캐더린 맥키논(Catharine A. MacKinnon)은 성적 괴롭힘을 성차별로 인정하는 두 가지 이론을 제시하고 있는데, 그것은 대칭적 이론과 비대칭적 이론이다(MacKinnon, 1979: 106-126)[흥미롭게도 맥키논은 대칭적 모델을 '차이'접근법이라고 칭하고, 비대칭적 모델을 '불평등'접근법이라고 칭한다(MacKinnon, 1979: 106-116)]. 대칭적 이론에 의하면 성적 괴롭힘은 가해자(통상적으로 남성)가 피해자(통상적으로 여성)를 반대 성의 일원을 대우하는 것과는 다른 방식으로 대우했기 때문에 성차별이 된다. 비대칭적 이론에 의하면 성적 괴롭힘은 체계적으로 여성에게서 고용의 기회를 박탈하기 때문에 성차별이 된다. Barnes v. Costle, 561 F.2d 983(D.C. Cir. 1977)과 Bundy v. Jackson, 641 F.2d 934(D.C. Cir. 1981)에서 연방순회법원은 여타의 법원들도 일관되게 따르고 있는 대칭적 접근법을 택하였다.

37 예컨대 Rostker v. Goldberg, 453 U.S. 57(1981), 양성 간의 실제적 혹은 법적 차이에 근거한 분류에는 엄격심사가 적용될 수 없다고 판시한 Michael M. v. Superior Court of Sonoma Country, 450 U.S. 464(1981) 참고.

38 남성이 페미니즘을 (단지 그에 대한 글을 쓰는 것이 아니라) '온몸으로 행할 수 있는' 정도의 문제는 그 자체로 페미니즘 공동체 내부에서도 논쟁의 대상이다. […] 페미니즘을 지지하는 남성은 페미니즘의 이상을 전파하고 실행하는 데 있어 중요한 역할을 행한다. 그러나 남성이 페미니스트로서 — 즉 여성의 경험의 시각에서 — 발화할 수 있는가 하는 문제에 대한 나의 입장은 다음과 같다. 나는 상당한 기간을 여성으로서 경험하는 것이 페미니스트가 되기 위한 필요조건이라고 생각한다. 그리고 그것은 필요조건일 뿐 결코 충분조건은 아니다. 따라서 나의 정의에 의하면, 남성은 최소한의 조건을 만족시키기 위해서라도 남성 집단의 일원으로서 자신이 누리는 지위를 임시적이지 않은 방식으로 포기해야 한다. 내가 보기에 이러한 일이 의미 있는 정도로 발생하는 경우는 없는 것 같다. 남성이 페미니스트가 될 수 있는가 하는 질문과는 다소 상이한 (그리고 덜 격분케 하는) 질문은 페미니스트 이외의 사람이 성적 평등의 담론에 유의미한 기여를 할 수 있는가 하는 질문이다. 이 질

양성 간의 인식된 차이가 오직 과도하게 엄격한 성역할의 소산일 뿐이라면, 남성의 자유 역시 위기에 처한 것이다. 그와 같은 형태의 성적 불평등을 종식시키는 것은 여성이 그들의 '남성적' 측면을 자유롭게 표현할 수 있도록 해 주는 것과 마찬가지로 남성이 그들의 '여성적' 측면을 자유롭게 표현할 수 있도록 해 준다는 것이다.

2) 성적 평등의 비대칭 모델

성적 평등에 대한 비대칭접근법은 차이가 무시되거나 제거되어야 하는 것은 아니라는 입장을 취한다. 이 접근법은 오히려 성적으로 평등한 사회의 차이를 다루는 것이 문제가 될지라도 어떤 식으로든 차이를 다루어야만 한다고 주장한다. '특별한 권리special rights', '포용accommodation', '수용acceptance', '권력화empowerment' 등이 이러한 접근법에 속한다.

문에 대한 답은 명백히 '그렇다'이다. 페미니즘과 페미니스트의 평등이론은 반드시 집단으로서의 여성의 시각(즉 여성주의적 시각)에서 분석된 여성의 경험에 근거를 두고 있어야 한다. 그러나 여성이 이 세계를 독점하고 있는 것은 아니다. 페미니스트가 아닌 여성의 경험도 페미니즘 이론의 구축에 명백한 타당성을 갖는다. 실제로 급진적 페미니스트였던 안드레아 드워킨(Andrea Dworkin)은 페미니스트 (그리고 어쩌면 반페미니스트인) 여성들의 경험을, 많은 페미니스트들이 자신들에 반대하는 동료 여성들을 바라볼 때 갖는 의혹과 적대감마저 붕괴시키면서 훌륭하게 번역해 낸 바 있다(Dworkin, 1983). 페미니즘이 남성의 경험과 여성의 경험 사이에 놓인 장벽을 허물고자 한다면 우리 사회에서 남성의 경험을 이해하는 것 역시 필요하다. 남성들이 자신의 경험을 억압의 사회화 과정으로서 표현하고자 하는 시도에 대해 페미니스트들이 분개하는 것은 아니다. 페미니스트들이 분개하는 것은 바로 (종종 불행히도) 남성의 경험을 실제로는 여성의 경험이라고 주장하는 것이다. 백인 남성 법학도가 권위주의적인 교수에게서 겪는 억압은 실재하는 것이지만, 그러한 경험이 백인 남성이 아닌 법학도의 경험과 동일한 것은 아니다. 진정으로 해방의 담론에 진입하려고 하는 사람은, 자신의 특정한 경험은 경험 그 자체로 바라보면서 타인의 경험은 왜곡된 것으로 바라보는 사회적 남성성의 경향을 벗어던지기 위한 진지한 노력을 해야 한다.

'특별한 권리' 모델은 여성과 남성이 **다르다**는 점을 인정하면서 육아의 역할과 같은 문화적 차이는 재생산과 같은 생물학적 차이에 뿌리를 둔다고 주장한다. 따라서 이 모델에 의하면 사회는 이러한 차이를 고려해야 하며, 여성이 그 차이로 인해 불이익을 당하지 않도록 보장해야 한다. 종종 '이가적bivalent' 모델이라고 거론되는(Scales, 1986: 430-434; Wolgast, 1980: 61-63) 이 접근법은 평등 논쟁에서 '특별대우'라는 극단에 가장 근접한 것이다. 특별한 권리의 핵심적 주창자인 엘리자베스 울개스트Elizabeth Wolgast는 평등이란 그 정의상 동일성을 요구하므로 여성은 남성과 '평등한 존재equals'가 될 수 없다고 주장한다. 그녀는 평등이 아니라 정의의 추구, 여성의 특별한 필요에 근거한 특별한 권리 주장을 제시한다.[39]

두 번째 비대칭 모델인 '포용' 모델은 (임신이나 아마도 수유와 같은) 생물학적 차이에 대해서는 상이한 대우가 필요하지만, (직업에 대한 관심과 기술적 능력과 같이) 문화적인 혹은 분류하기 어려운 차이들은 동등대우 혹은 양성성 모델에 의해 취급되어야 한다고 주장한다. 이러한 모델의 예로는 생물학적 재생산의 쟁점에 대한 실비아 로Sylvia Law의 접근법(Law, 1984)[40]과 임신 상황에 대한 허마 힐 케이Herma Hill Kay의 '에피소드식episodic' 접근법을 들 수 있다. 이러한 접근법들은 또한 '필요한 경우에 한하여 비대칭을 인정하는 대칭접근법'으로 특징지을 수 있다. 윌리엄스와 마찬가지로 포용론자들 역시 비대칭 이론을 지나치게 밀고 나갈

39 "다양한 삶의 형태 속에서 여성이 필요로 하는 권리는 상이하게 될 것이다. 전업주부는 노년을 위한 특별한 보장책을 필요로 한다. 직업활동을 하는 여성은 그러한 보장을 필요로 하지 않겠지만, 일과 관련해서는 평등한 권리를 필요로 한다. 시간제 근무를 하는 여성이라면 보다 덜 긴박한 정도로 양자의 권리 모두를 필요로 한다. 노년에 직업활동을 시작한 여성은 재차 특별한 필요에 직면할 것이다. 그리고 아마도 이혼한 여성의 필요가 가장 클 것이다."(Wolgast, 1980: 157) […]

40 여기서 로(Law)는 재생산을 **제외한** 모든 영역에서 동등대우를 요구하고, 재생산의 영역에서는 권력화접근법에 기초한 분석이 채택되어야 한다고 주장하였다. […]

경우 분리 영역 이데올로기가 엄습할 것이라고 우려하고 있기에 그들의 모델에서 비대칭은 생물학적 차이에 국한된다.

차이의 문제를 다루는 나의 시도, 즉 '수용' 모델[41]은 본질적으로 비대칭적이다. 양성 간의 문화적 차이는 생물학적으로 결정된다는 관념을 인정하지 않으면서도, 수용 모델은 생물학적 차이와 사회적 차이를 모두 인정하고 차이의 문제를 다루려고 한다. 수용 모델은 성차를 그 자체로 문제적인 것으로 보지 않는다. 수용은 성차가 그 자체로 문제가 된다고 보지 않고, 오히려 차이가 불평등을 정당화하도록 허용되는 방식에 초점을 맞춘다. 수용 모델은 성차가 '실제로' 존재하는 것인지 아니면 그것이 완전히 제거되어야 하는지에 대해 논쟁하기보다는, 성차가 가져오는 불평등한 결과를 제거하는 것이 보다 중요하다고 주장한다.

비대칭 분석을 순수한 생물학적 차이에만 국한시키는 포용론자들과는 달리, 내가 제안하는 접근법은 문화적 차이의 평등한 수용 역시 요구한다. 여기에는 두 가지 이유가 있다. 첫째, 생물학적 차이와 문화적 차이의 구별은 분석적으로는 유용할지 몰라도 그 자체로 문화적 편견에 기초한 것이다. 둘째, 여성이 경험하는 불평등은 생물학적 차이보다는 문화적 차이의 필연적 결과로 제시되는 경우가 보통이다. 가령 어떤 여성이 실제로 부동산감정인보다는 간호사가 되기로 '선택'했을 때, 이러한 선택이 모종의 생물학적 명령에 기인한 것은 아니다. 그러나 어떠한 이유에서 그 직업을 선택했건 간에 그녀가 낮은 보수를 선택한 것은 분명 아니다. 평등한 수용이 다루려는 것은 성별화된 차이의 근원이 아니라, 성별화된 차이가 가져오는 **결과**이다.

41 한때 나는 이러한 평등 모델을 '옹호(affirmation)'의 모델이라고 칭했었다(Littleton, 1984). 그러나 나는 이 용어를 변경하기로 했다. 여성의 차이를 '기념(celebration)'하거나 '쾌락(jouissance)'이 갖는 전복적 잠재력을 드러내는 것이 내가 옹호하는 바가 아니기 때문이다. Cornell(1983) 참고. […]

길리건의 연구에서 제시된 바와 같이, 여성과 남성이 그들의 가치와 성향에 있어 어느 정도 다르게 발달하는 경향이 있다면, 이러한 각각의 발달방식은 평등하게 유효하며 가치 있는 것임에 틀림없다. 평등에 대한 열망에 비추어 볼 때 우리는 어느 한쪽을 폐기하도록 강요받아서는 안 된다. 그보다 우리는 두 가지 모두의 가치를 인정하는 길을 찾아야 한다. 그러한 상이한 방식들이 생물학적 성과 완벽하게 일치하지 않는다 해도, 그러한 방식이 사회적으로 '남성적'인 것과 '여성적'인 것으로 정형화되는 것을 막을 수는 없으며, 우리가 두 방식이 모두 평등하게 가치 있다고 주장하는 것을 막을 수도 없다. 따라서 만약 여성이 현재 육아에 대한 일차적 책임을 지는 경향이 있다면, 우리는 육아가 완전히 공유된 장밋빛 나날에 대한 선부른 꿈속에서 그러한 사실을 간과해서는 안 된다. 그보다 우리는 어떻게 평등한 자원과 지위, 사회적 의사결정에 대한 접근성이 사회적으로 여성적이라고 인식된 활동에 참여하는 여성(및 소수의 남성)에게 제공될 수 있을까를 생각해야 한다.

따라서 수용으로서의 평등의 초점은 **여성**이 남성과 다른가 하는 데 있는 아니다. 그것의 초점은 모든 공동체 구성원의 삶의 생생한 경험 속에서 모종의 대칭성을 만들어 내기 위하여 성별의 비대칭성이라는 사회적 사실이 어떻게 다루어질 수 있는가 하는 데 있다. 나는 차이가 '자연적인' 것인지의 여부는 그렇게 중요한 문제라고 생각지 않는다. 어떤 경우이든 차이는 구조와 우리 자신에 이미 스며들어 있기 때문이다. 사회적 사실로서의 차이는 개인과 개인, 또는 개인과 제도와의 상호작용에 의해 만들어진다. 따라서 차이는 관계 안에 존재하는 것이지 개인 안에 존재하는 것이 아니다. 이와 같이 보면 평등의 기능은 인식된 성별차이든 실제로 존재하는 성별차이든 그것이 상대적으로 비용을 부담시키지 않는 것이 되도록, 즉 누구든지 여성적인 삶의 방식을 따른다고 해서 불이익을 받지 않고 또한 남성적인 삶의 방식을 따른다고 해서 혜택을 받지 않으면서 각자의 자연적 성향 혹은 선택에 따라 남성적·여성적·양성적 삶의 방식을 추구할 수 있도록 보장하는 데 있다.

이러한 접근법을 예시적으로 설명하기 위해 많은 사람들에게 남성과 여성의 전형적 차이로 인식되고 있는 임신의 문제를 생각해 보자. 여성만이 임신할 수 있다는 점을 부정하는 사람은 없다. 그러나 대칭이론가들은 대칭접근법의 통일성을 기하기 위해 임신을 다른 사건에 유비한다. 차이를 최소화하기 위한 그와 같은 시도는 아이러니하게도 보다 근본적인 유사성을 모호하게 만드는 결과를 가져온다. [⋯]

임신을 노동장애와 유비하는 입장과는 달리, 이러한 형태의 수용은 여성과 남성 모두가 관련된 인간의 활동으로서 재생산의 기본적 공통성을 강조한다. 이러한 입장은 임신이 노동장애의 다른 사유들과 '다르다'는 점을 인정함으로써, 재생산권이라는 기본권에 관하여 여성 근로자와 남성 근로자의 위치를 평등하게 만들려는 노력을 지지한다.

나의 입장을 포함하여 앞서의 비대칭 모델들은 여성과 남성은 그 차이와 상관없이 모두 사회의 완전한 구성원으로 대우받아야 한다는 관념을 공유하고 있다. 비대칭 모델에 속하는 각각의 모델은 여성은 사회생활의 중요 영역에 있어 그들의 구성원 자격을 실효화하기 위해 남성에게 제공된 것과는 다른 대우를 필요로 할 수 있다는 점을 인정한다. 그 근거와 상황은 매우 상이하겠지만 모든 여성은 최소한 그러한 대우에 대한 주장을 할 수 있도록 허용되어야 할 것이다.

비대칭접근법의 마지막 비대칭접근법인 '권력화' 모델은 차이가 의미 있는 탐구주제라는 점을 전적으로 거부한다.[42] 가장 강한 형태의 권

42 안드레아 드워킨과 같은 급진주의적 페미니즘 이론가의 저작에 크게 의존하고 있는 이 모델은 맥키논에 의해 가장 풍부하게 제시되었다. 성적 괴롭힘을 남성 권력 구조의 맥락에서 검토한 MacKinnon(1979), 어떻게 전통적인 '국가'론들이 여성의 시각을 배제하는 남성의 권력을 영속화했는지를 검토한 MacKinnon(1983), Dworkin(1976: 96-111; 1979: 13-24) 참고.

력화 모델은 남성에 대한 여성의 종속은 그 자체로서 성 그리고 성차를 구성한다고 주장한다. 예컨대 맥키논은 다음과 같이 주장한다.

> 여성이 사회생활에 대해 다소 고유한 시각을 가질 수 있다는 것은 말이 된다. 우리는 다른 목소리로 말할 수도 있고 아닐 수도 있다. 나는 우리가 말한다고 논해지는 목소리가 실은 대부분 '여성화된feminine' 목소리, 즉 희생자가 자각하지 못하고 말하는 목소리라고 생각한다. 그러나 여성이 이러한 불평등의 상황에 처하도록 **강요되었다는 것**을 생각하면, 우리는 협상해야 한다. 우리는 갈등에서 지는 편에 속해 있기 때문이다. 우리가 보살핌의 가치를 평가받길 원해야 한다는 것 또한 충분히 의미 있는 말이다. 우리는 보살핌으로 인해서 가치를 인정받아 왔기 때문이다. 이런 식으로 평가받는 것 외에 우리에게 다른 선택이란 거의 없었다.(DuBois et al., 1985: 27)

다소 약한 형태의 권력화 모델은 지배와 종속의 역학에 의하지 않고 만들어진 양성 간의 중요한 차이가 존재하는지에 대해 우리는 알지 못하며 또한 알 수도 없다고 주장한다. 이 주장에 의하면, 어떠한 경우이든 우리는 차이의 문제를 잊고 종속과 지배에 직접적인 초점을 맞춰야 한다. 만약 법, 관행 혹은 정책이 여성 종속 또는 남성에 의한 지배에 기여하고 있다면 그것은 평등을 침해하는 것이다. 그러나 만약 그것이 여성의 권력을 강화하거나 남성 지배의 붕괴에 기여한다면 그것은 평등을 증진하는 것이다.[43]

반反지배로서의 평등의 재개념화는 수용으로서의 평등 모델과 마찬가지로 여성의 구체적이고 생생한 경험에 직접적으로 답하고자 한다.

43 이와 같은 정식을 통해 맥키논은 성적 괴롭힘과 강간, 포르노그래피를 여성의 민권(civil right)에 대한 침해로 파악할 수 있었다. […]

여타의 비대칭 모델과 마찬가지로 그것은 여성 종속의 종식이라는 전반적인 목적을 실현하기 위해 필요하다면 여성과 남성의 상이한 대우를 허용한다. 그러나 그것은 평등 개념이 지니는 구성원 자격membership, 소속, 참여라는 측면을 거부한다는 점에서 수용 모델과 중요한 차이가 있다.

3) 차이가 만들어 내는 차이

앞에서 언급한 평등 모델들 각각은 현실적으로 채택되었을 때 사회의 구조에 매우 상이한 영향을 미칠 것이다. 만약 우리 사회가 동화의 대칭접근법—'여성은 단지 남성과 같을 뿐'이라는 관점—을 진정으로 받아들인다면, 각 고용주가 가지는 남성 근로자 선호와 같은 비합리적 편견의 잔재를 제거하는 것 외에 경제적·정치적 제도의 변화는 거의 필요치 않을 것이다. 반면 여성과 남성 모두 현재의 성역할에 의해 뒤틀려 있다고 파악하면서(Olsen, 1984: 10)[역자 주: 정식 출간은 1990년], 따라서 우리는 모두 양성적 모델을 따라야 한다고 주장하는 양성성 모델을 사회가 채택한다면, 자원분배 방식의 급진적 변화가 있어야 한다. 고용의 맥락에서 보면 그와 같은 변화는 '직무의 최적격자'를 결정하는 방식의 일대변혁을 의미하게 될 것이다. 동화 모델은 단지 로펌들이 전통적으로 고용해 오던 남성과 동일한 자격이 있는 여성을 고용할 것을 요구할 뿐이지만, 양성성 모델은 '사회적으로 남성'도 아니고 '사회적으로 여성'도 아닌 누군가가 가질 수 있는 자격을 갖춘 사람을 고용해야 한다고 주장할 것이다(Rossi, 1976: 87).

만약 사회가 '포용' 모델과 같은 비대칭 모델을 채택한다면 어떠한 급진적 재구조화도 필요치 않을 것이다. 정부는 단지 여성에게 남성과 비슷해지기 위해 필요한 것들, 가령 아기를 돌보기 위한 시간적 여유나 남성 동료와 같은 조건에서 직장에 복귀할 자유와 같은 것이 제공되어야 한다고 주장할 필요가 있을 뿐이다. 그러나 사회가 '수용'으로서의 평등 모델을 채택한다고 가정해 보자. 수용으로서의 평등 모델은 차이가 비용을 야기하지 않는 것이 되도록 만들고자 한다. 따라서 수용으로서의 평등 모델은 포용 모델에서 더 나아가, 보육과 같이 사회적으로 여성적이라 여겨진 직업을 선택한 여성과 남성이, 법률업무와 같이 사회적으로 남성적이라 여겨진 직업을 선택한 여성 및 남성과 같은 정도로 보상받아야 한다고 주장한다. 그렇지 않다면 그러한 직업들은 모든 사람들에게 평등하게 접근될 수 있도록 재구조화되어야 한다. 그 사람의 행태가 문화적으로 '남성'으로 코드화되어 있든 '여성'으로 코드화되어 있든 상관없이 말이다.

이 서로 다른 모델들은 또한 사회제도의 남근중심주의에 도전함에 있어 상이한 잠재력을 지니고 있다. 현재 거론할 수 있는 페미니즘 법이론의 스펙트럼 중에서 이 사회가 남근중심적이라는 여성주의적 비판을 완전하게 피할 수 있는 것은 없다. 우리는 우리의 역사를 넘어설 수 없다. 그리고 우리의 역사는 사회적 논의의 조건들이 적극적으로든 소극적으로든 여성의 목소리를—심지어는 자신의 목소리를 지닌 여성의 가능성조차 의문시될 정도로—무시해 온 남성에 의해 설정되어 왔음을 논증하고 있다. 그럼에도 불구하고 이상의 모델들은 문화의 남근중심주의가 다시 출몰하는 수준과 관련해서는 상이한 모습을 보여 준다.

예컨대 동화주의 접근법에서는 여성은 남성과 유사하다는 점을 입증할 수 있는 한에서만 평등한 대우를 받을 자격이 있다. 따라서 동화모델은 치명적일 정도로 남근중심주의적이다. 여성이 사회적으로 남성적인 행태에 따를 수 없거나 따르려 하지 않을 때 그녀는 차가운 골방으로 내쫓길 뿐이다. 반면 여성이 사회적으로 남성적인 행태에 따르거나 따를 수 있을 때 그녀는 **여성으로서가 아니라** 사회적 남성으로서 평등을 쟁취한 것이다.

마찬가지로 (각각 비대칭접근법과 대칭접근법에 속하는) 권력화 모델과 양성성 모델이 의존하고 있는 중심 개념들은 모두 현재 그 의미가 남근중심적으로 편향된biased 것들이다. ('평등'과 함께) '권력'과 '중립성'이 그 자체로 성별화된 개념이 아니라고 가정해 본다면, 권력화 접근법과 양성성 접근법의 문제점은 보다 덜할 수도 있다. 그러나 우리의 문화는 권력을 남성에 의해 사용되는 권력으로 파악하며 남성 쪽으로 '기울어진' 양성성 모델을 만들어 낸다. […] 마찬가지로, 차이의 문제를 다루지 않고 권력화된 여성은 동화 모델처럼 단지 남성적 권력을 보다 폭넓게 공유하는 데 그치기 쉽다.

수용으로서의 평등 역시 몇몇 개념들에 있어서는 남근중심주의로부터 자유롭지 않다. 그러나 이러한 개념들이 수용으로서의 평등 이론에 반드시 수반되어야만 하는 것은 아니며, 이들은 평등으로 향하는 과정에서 드러나게 될 보다 덜 편향된 개념으로 대체될 수 있다. 가령 수용으로서의 평등 모델을 고용에 적용하는 문제를 논하면서, 나는 금전과 지위, 의사결정에 대한 접근성 등 그 영역에 이미 존재하는 척도를 사용하였다. 이러한 가치 척도는 명백히 의심스러운 것들이다. 그럼에도 불구하고 내가 이러한 척도를 사용하는 것은 우연적일 뿐이다. 수용은 단지 문화적으로 '남성적'이거나 '여성적'인 것으로 부호화된 보완물complement이 평등하게 가치를 평가받길 요구할 뿐이다. 따라서 무엇이 가치 측정의 척도가 되어야만 하는지에 대하여 수용 모델이 지시하는 바는 없다. 그러나 의사결정에 대한 접근성을 척도의 일부로 포함시킴으로써 수용 이론은 미래의 가치척도가 여성과 남성에 의해 함께 창조될 가능성을 제공한다. 따라서 수용 모델은 보다 적절한 가치체계에 대한 성적으로 통합된 논쟁을 위해 필수적인 사전조건을 마련하기 위해 노력한다.

아무도 목도한 바 없지만 성적으로 평등한 사회sexually equal society가 어떤 사회일지 상상하려고 노력하고, 비록 성적으로 평등한 사회를 가로막는 장애물들이 매우 다양하고 강력할지라도 그 사회에 도달할 수 있는 길을 찾으려고 노력하려는 페미니즘의 공통 목적과 기획으로부터 평등의 다양한 모델들이 나온다.

대칭/비대칭 논쟁에 많은 것이 걸려 있다는 페미니즘 법이론가들의 인식은 결코 틀린 것이 아니다. 차이는 진정 중요한 차이를 만들어 낸다. 그러나 양성의 차이에 대한 논쟁이 유발하는 광기는 페미니즘 법이론 내에서의 상이한 견해를 흥미진진한 하나의 기회라기보다는 매우 위험스러운 것으로 보이게 만들고 있다. 논의가 진행되기도 전에 '분열적'이라는 꼬리표가 붙게 되는 것이다.

우리는 여성들 간의 차이를 분열이라기보다는 다양성으로, 여성과 남성의 차이를 위험이라기보다는 기회로 인식할 필요가 있다. […]

차이를 무시하는 것 또는 불평등을 받아들이는 것을 넘어서는 선택지가 반드시 있어야 한다. 차이 그 자체가 평등이라는 화폐에서 그리 고액의 것인 한, 우리는 인간의 다양한 경험에 장막을 치게 될 것이다. 차이가 그렇게 비싼 것이 아니라면 우리 페미니스트들은 그것에 대해 보다 분명하게 사고할 수 있을 것이다. 평등이 획일성을 요청하는 게 아니라면 우리 여성들은 그것을 보다 명확하게 요구할 수 있을 것이다.

III. 평등과 차이

앞에서는 현재의 평등 분석에 대한 페미니즘의 응답 및 평등 분석 내부에서 행해졌던 페미니즘의 시도에 초점을 맞췄다. 이제 평등 분석에 대한 '외부'로부터의, 즉 법 및 사회규범의 남성적 구성에 대해 '타자'인 시각으로서의 여성주의적 비판에 초점을 맞춘다.[44] 이러한 시각에서는 오늘날의 문화에서 받아들여지고 있는 '평등'의 관념 자체를 남근중심적인 관념, 즉 역사적으로 오직 남성에 의해서 설정되어 온 공적 담론

44 개략적으로는 남성은 여성을 자신의 '타자'로 창조해 냈다고 주장한 De Beauvoir (1952), 인종의 맥락에서 '타자'를 포괄하는 권리담론의 필요성을 지적한 Crenshaw (1988) 참고.

의 용어들에 의해 치명적으로 제약된 관념으로 보게 된다. 앞에서 나는 수용으로서의 평등 모델을 주류적 평등이론의 대안으로 제시하였다. 여기에서 나는 수용으로서의 평등 모델이 어떻게 여성주의적 평등 비판 feminist critique of equality으로부터 도출되며, 또한 어떻게 그 주된 논지에 직접적으로 응답하는지를 설명하고자 한다.

1. 평등에 대한 여성주의적 비판

평등의 남근중심성은 법체계가 (남성이 **아니라**) 여성만이 임신을 한다는 사실을 다루어 오면서 처했던 엄청난 곤경 속에서 가장 분명하게 드러난다. 실제로 평등 분석이란 남근중심적인 것에 불과하다는 주장을 뒷받침하기 위해, 법체계는 여성만이 임신을 한다는 사실을 다룸에 있어 곤란을 **겪어 왔다**는 사실을 입증하는 것 이상의 것은 필요치 않은 것 같다. 그러나 남근중심성이 발현되는 구체적 방식을 확고하게 제시하기 위해서는 임신의 문제와 관련된 법을 단순히 열거하는 것 이상의 것이 필요하다.

나는 이미 다른 글에서 연방대법원의 리드 판결은 성적 평등에 대한 '동화주의' 모델을 받아들인 데 그 특색이 있다고 주장한 바 있다 (Littleton, 1981: 502-503). 부동산 관리라는 전통적으로 '남성적인' 책임을 감당할 능력과 관련하여 여성과 남성이 다를 수 있다는 견해를 '비합리적'인 것으로서 거부했다는 점에서 리드 판결은 근본적으로 동화주의의 입장을 취하고 있다. 리드 판결에서 취했던 전향 직후 연방대법원이 다루었던 사건들은 이와 같은 동화주의 모델에 도전적인 질문을 던지는 사건들이 아니었다. 가령 Craig v. Boren 판결[45]에서 연방대법원은 음주

45 429 U.S. 190(1976).

한 10대 남성과 10대 여성의 운전 행태의 차이는 의미 있는 차이가 아니라 사소한 차이이며, 따라서 그러한 차이는 차이와 차별적 분류 간의 실질적 '조응fit'이 없다고 보았다. 이와 마찬가지로 연방대법원에 의해 지지된 분류들은 차이들을 감소시키기 위한 잠정적 조치로 정당화되었다. 따라서 Kahn v. Shevin 판결[46]에서 (편부가 아니라) 편모에게만 세금공제를 인정하는 플로리다 주법은 일방 배우자의 상실로 인해 경제적 타격을 가장 심하게 입을 타방 배우자에게 우리 사회에서 성차별이 없어진다면 사라지게 될 차이를 보상하기 위한 합리적 조치로 인정되었다. […]

그러나 임신에 근거한 분류에 대해 도전장이 던져졌을 때 연방대법원은 쉽게 무시할 수도 없고, 그렇다고 비합리적인 차별에 기인한 것으로 취급할 수도 없는 차이에 직면하게 되었다.[47] Geduldig v. Aiello 판결(이하 '게둘딕 판결')[48]과 General Electric Co. v. Gilbert 판결(이하 '길버트 판결')[49]에서 연방대법원은 명백히 진지한 표정으로 임신을 사유로 한 불이익한 대우는 성에 근거한 차별이 아니라고 선언하였다.[50] 이 두 판

46 416 U.S. 351(1974).

47 아무리 막대한 정도의 적극적 조치와 차별금지조치가 행해진다 하더라도 남성의 임신이 가능해질 수는 없을 것이다. 물론 기술적 개입의 증대는 그러한 가능성을 제공할지도 모르겠다. 상상 속의 이상향을 그리고 있는 몇몇 페미니즘 저술가들은 남성 임신 혹은 최소한 남성 수유의 가능성을 예견하는 것처럼 보인다. 환경적·정서적 자극에 따라 남성적 혹은 여성적 재생산 기능의 능력을 임시적으로 발달시키는 양성적 종족을 그려낸 LeGuin(1969), 인간의 신체 외부에서 재생산이 전개되며 호르몬 치료를 받은 여성 혹은 남성 부모가 수유를 담당하는 것을 그려 낸 Piercy(1976) 참고.

48 417 U.S. 484(1974)

49 429 U.S. 125(1976).

50 게둘딕 판결에서는 통상적인 임신을 장애사유에서 제외하고 있는 캘리포니아주의 노동장애보험계획이 헌법상의 평등보호에 대한 여성의 권리를 침해하는 것인지의 여부가 문제가 되었다. 길버트 판결에서는 통상적인 임신을 제외한 모든 의학적 상태를 보장하고 있는 고용보험계획이 연방고용기회평등법에 해당하는 민권법 제7편

결의 근저에 놓인 것은, 명시적으로 표현되지는 않았으나 임신은 진정한 차이이며 따라서 평등은 단순히 적용될 수 없다는 가정이었다. 게둘딕 판결에서 스튜어트Stewart 대법관이 말한 바와 같이, "이 사건에서 남성은 보호받고 여성은 보호받지 않는 위험은 없다. 마찬가지로 여성은 보호받고 남성은 보호받지 않는 위험 역시 없다."[51]

연방대법원의 평등 분석은 이런 식으로 과도한 일반화와 부합의 밀접성closeness of fit 문제, 잠정적인 적극적 조치의 문제를 다룰 수는 있었지만, 정확히 존재하는 그리고 앞으로도 변함없을 양성 간의 차이의 일반화는 그 경계 밖에 있는 것이었다. 여성주의적 평등 비판의 첫 번째 논지는 바로 이러한 실패를 지적하면서 평등 분석은 여성이 여성으로서의 구체적 경험 속에서 결정적이라고 생각하는 쟁점들을 정확히 **평등 분석의 시야를 벗어나는beyond its scope 것으로 정의한다**고 주장한다.[52]

법적 평등 분석은 '진정한' 차이를 만났을 때 '고갈'되어 버리며, 단지 문제 된 차이가 남성 역시 가질 수 있는 모종의 경험과 유비되는 한에서만 활용 가능한 것이 된다. 임신차별금지법이 길버트 판결을 입법적으로 파기할 수 있었던 것은 임신을 남성 역시 경험할 수 있는 모종의 것, 즉 노동장애와 유사한 것으로 보이게 만들었기 때문이다. 현재의 고용구조를 놓고 볼 때 임신은 남성이 겪는 질병이나 상해와 마찬가지로 여성을 수일 혹은 수개월 동안 일할 수 없게 만든다. 그러나 임신을 추가적인 능력이라기보다 **무**능력으로 만드는 것은 재생산이 아니라 노동구

을 위반하는 것인지의 여부가 문제되었다. 42 U.S.C.§2000e-2(a) 참고.

51 417 U.S. 496-497.

52 임신과 출산의 중요성에 대해서는 Chodorow(1978), 임신과 출산은 여성의 억압경험에 있어 핵심적이라고 한 Fireston(1970: 81-118), 임신과 출산은 스스로를 여성으로서 경험하는 것 그 자체에 있어 핵심적이라고 한 Chodorow(1974) 참고. 여성의 경험에 있어 핵심적인 여타의 쟁점들, 가령 강간의 문제도 평등이 관할할 수 있는 경계 외부에 있는 것으로 정의돼 왔다(MacKinnon, 1983: 635 참고).

조이다. 보통의 임신은 여성을 수일, 수주 혹은 수개월 동안 '일'할 수 없게 만들지만, 그것은 동시에 여성에게 재생산을 가능케 한다. 그렇다면 누구의 관점에서 볼 때 그녀가 할 수 없는 일은 '일'이며 그녀가 하고 있는 일은 '일'이 아닌 것이 되는가?[53] 분명 그녀의 관점은 아닐 것이다.

따라서 여성주의적 평등 비판의 두 번째 논지는 다음과 같다. **여성이 특정한 우연적 사회구조와 맺게 되는 관계를 통해 창출된 차이가 자연적인 것으로(즉, 불가변적이고 태생적인 것으로) 취급되면서 차이는 오직 여성 자신 안에 소재하는 것이 된다.** 그러나 출산의 '노동'을 포함하는 '일'의 정의를 상상하는 것이 불가능하지는 않다. 또한 임신이 노동장애가 되지 않는 직장환경을 상상하는 것 역시 불가능하지 않다.

California Federal Savings and Loan Association v. Guerra 판결[54]에서 고용주는 의무적인 임신휴가조항에 이의를 제기하면서, 남성이 다른 이유로 노동장애휴가를 쓸 수 있는 권리를 이미 가지고 있는 경우에만 이 법이 여성에 대한 특별한 보너스라기보다 동등한 대우로 간주될 수 있을 것이라고 주장하였다. 이러한 고용주의 주장 근저에는 직장이란 모든 노동자들을 공평하게 대우해야 하는 성별중립적 제도라는 가정이 깔려 있었다. 공평한 대우는 각각의 노동자를 그녀의 동료와 마찬가지로 대우할 것을 요구하는데, 이는 노동장애휴가를 사유와 관계없이 모든 노동자들에게 확대하거나 모두에게 거부하는 것을 의미하게 된다. 여성이 노동장애휴가에 대하여 남성과 다른 필요를 갖는다면 그것은 **여성이** 다르기 때문이라고 상정하는 이러한 추론은 여성주의적 평등 비판의 두 번째 논지의 비난을 받게 된다.

이는 또한 다음과 같은 세 번째 반론을 나타나게 한다. 표면상 중립

53 사회과학자들은 '일'로 인정되는 것에 대한 정의가 사회적으로 결정된다는 점을 오래전부터 파악하고 있었다. 예를 들어 Stromberg & Harkess(1978: xiii-xvi) 참고.

54 107 S.Ct. 683(1987).

적인 정책을 통해 여성이 불가피하게 불이익을 받도록 구조화된 제도는 그 자체로 이미 남근중심적인 것이다. **따라서 여성주의적 평등 비판의 세 번째 논지는 문제의 관행이 불평등한 것으로 보이기 위해서는 '통상의 사업 관행business as usual'과 구별되는 것이어야 한다는 관념뿐만 아니라 사회제도에 깔린 성별중립성의 가정에 대해서도 도전한다.**

차이에 대처하는 전통적 평등 분석의 무능은 직장에서의 생물학적 차이에 국한되지 않는다. 주헌법상의 평등보호조항을 따른다고 주장하면서도, 많은 주법원들은 이혼절차에서 여성에게 가혹한 고난을 안겨주었다. 많은 사례에서, 혼인 기간 동안 가사에만 전념한 여성과 어머니들은 직업경력을 개발하는 데 전념한 남성 배우자와 '평등'한 입장에 있는 것으로 취급받는다. 이혼수당을 결정함에 있어서도 법원은 여성이 경쟁적 직업시장에서 처하게 될 불이익—그러한 불이익은 혼인 기간 동안 그녀가 했던 일과 직접적으로 연관된다—의 가능성을 고려조차 하지 않는다. 대신에 당사자들은 '평등하게' 취급받고, 직장과 관련된 여성의 사전적prior 불이익은 어떠한 것도 완벽하게 무시된다.

요약하면, 페미니즘의 관점에 의할 때 현재의 평등 분석은 다음과 같은 세 가지 측면에서 남근중심적 편향을 갖는다. 현재의 평등 분석은 첫째, '진정한' 차이에 직면했을 때 적용 가능성을 상실하고, 둘째, 차이의 소재지를 관계보다는 여성에 두며, 셋째, 사회제도는 성별중립적이며 따라서 여성이 사회제도와 관계 맺는 방식은 남성이 사회제도와 관계 맺는 방식과 유사하다는 가정에 대해 의문을 던지지 못한다. 이와 같은 비판의 세 가지 논지가 공유하는 것은 바로 '차이'에 초점을 맞추고 있다는 점이다. 현재 모델의 남근중심성을 제거 혹은 최소한 감소시키려 하는 재구성된 평등 분석은 이러한 각각의 논지에 대해 언젠가는 반드시 응답해야 한다. 따라서 이론적 관점에서 볼 때 차이는 무시, 제거 혹은 해소되어야 한다고 주장하고 있는 평등의 대칭 모델은 여성주의적 평등 비판에 응답하지 못하고 있다.

2. 여성주의적 비판에 대한 예시

1) 성의 구성: 사회적 범주로서의 '남성'과 '여성'

몇몇 이론가들은 트랜스섹슈얼리티transsexuality의 존재야말로 성이 생물학적 범주가 아니라 사회적 범주라는 점을 증명하는 것이라고 주장해 왔다. 나는 성이 생물학적 범주이기도 하고 사회적 범주이기도 하다는 점, 그리고 성적 평등의 분석을 둘러싸고 있는 혼란과 복잡성의 상당 부분은 이와 같은 이중의 범주화에 기인한다는 점을 주장하고 싶다.

이 시점에서 '사회적으로 남성/사회적으로 여성'이라는 개념의 몇 가지 구체적 예들이 도움이 될 것이다. 이러한 예들은 생물학적 성과 사회적 성을 구별하는 일의 중요성을 논증하는 데 기여할 것이다. Spaulding v. University of Washington 판결(이하 '스폴딩 판결')[55]에서 남성 원고가 처한 곤경을 생각해 보라. 이 사건에서 여성이 압도적인 다수를 차지하고 있었던 워싱턴 대학의 간호학과 교수들은 자신들이 (남성이 압도적인 다수를 차지하고 있었던) 다른 학과 교수들에 비해 턱없이 낮은 봉급을 받고 있기 때문에 차별받고 있다는 주장을 하였다. 원고 집단의 대부분은 여성이었지만 한 명의 남성 교수가 이에 포함되어 있었다. 연방제9순회법원은 연방1심법원이 이 불쌍한 남성의 원고적격을 부정하지 않은 오류를 저질렀다고 지적하였다. 다음 대화는 항소심의 논의를 정리한 것이다.

남성 간호학 교수 나에게 평등을!

법원 당신은 평등을 주장할 수 없습니다. 당신은 다른 간호학 교수들이 대우받은 것과 똑같이 대우받았으니까요.

남성 간호학 교수 잠깐만요. 간호학 교수들이 더 적은 봉급을 받고 있는 것은

55 740 F.2d 686(9th Cir.), 항고허가 거부, 469 U.S. 1036(1984).

바로 간호가 여성적인 직업이기 때문에 그러한 것입니다. 게다가 간호학 교수는 여성인 경우가 많습니다.

법원 그렇다면 여성 간호학 교수들에게 그렇게 주장하라고 하시죠. 당신은 당신이 여성이기 '때문에' 적은 봉급을 받았다고 주장할 수 없습니다. 당신은 남성이니까요. 또 당신은 당신이 남성이기 '때문에' 적은 봉급을 받았다고 주장할 수도 없습니다. 당신이 봉급을 적게 받은 것은 당신이 남성이기 때문은 아니니까요.

실제로 남성 원고가 주장했던 점은 그가 그의 생물학적 성이 아니라, 그의 사회학적 성에 근거하여 더 적은 봉급을 받았다는 점이었다.

반면 Hopkins v. Price Waterhouse 판결(이하 '홉킨스 판결')[56]에서 연방제1심법원은 매우 다른 반응을 보였다. 이 사건에서 여성 원고는 충분히 여성적이지 않다는 점이 일부 이유로 작용해 거대 회계법인의 파트너 직위를 거절당했다. 그녀의 언행과 '거친 성격'은 대다수 남성 동료들과 유사했지만, 많은 파트너들은 그러한 특성을 여성에게서 발견하는 일을 못마땅하게 여겼다. 법원은 파트너들의 반응을 고정관념이라고 규정하였고, 아무런 어려움 없이 성차별이라는 판결을 내렸다.

스폴딩 판결은 생물학적 남성이 사회적으로 여성적인 활동에 참여할 수 있다는 점과 그러한 '사회적 이성복장착용social transvestitism'은 법관을 혼란스럽게 한다는 점을 예시하고 있다. 반면 홉킨스 판결은 법관들에게 보다 그럴듯하게 보이는 현상, 즉 사회적으로 남성적인 활동에 참여하는 생물학적 여성의 예를 보여 준다. 평등에 대해 동화접근법을 취하는 법체계에서, 사회적으로 여성적인 남성의 주장은 좌절되는 반면 사회적 남성이 되고자 하는 여성의 권리는 이해와 인정을 받는 것은 결

56 618 F.Supp. 1109(D.D.C. 1985).

코 놀라운 일이 아니다.

2) 평등의 구성

여성주의적 평등 비판은 평등의 남근중심적 편향이 태생적인 것인지, 아니면 다만 현재의 내용에 있어서 그러할 뿐이며 따라서 변화 가능한 것인지에 대해 양가적인 입장을 취해 왔다. 나는 성의 의미와 평등의 의미는 모두 사회적으로 구성되는 것이며, 따라서 그것들은 여성주의적 비판이 남긴 유산으로부터 사회적으로 재구성될 수 있다고 확신한다.

평등이란 동일함을 의미해야 한다는 수학적 사고의 오류는 현재의 평등 개념이 지닌 문제 가운데 하나이다. 그럼에도 불구하고 만약 (생물학적 혹은 사회적) 남성을 규범으로 택하고 차이를 여성 속에 위치시키도록 법원을 (그리고 심지어는 법개혁론자들을) 꾸준히 인도한 남근중심주의적 오류가 없었다면 수학적 사고의 오류는 여성에게 (그리고 사회적으로 여성으로 분류되는 남성에게) 그리 큰 문제가 아니었을 것이다. 평등이 남근중심적이라는 비판은 몇몇 페미니즘 법이론가들로 하여금 평등 개념을 거부하고 여성은 무엇인가 다른 것을, 가령 정의나 특수한 필요에 근거한 특별한 권리를 요구해야 한다고 주장하도록 만들었다. 다른 한편 어떤 이론가들은 여성주의적 평등 비판 자체를 거부하고 평등의 이름으로 여성의 남성과의 유사성을 계속해서 추구하고 있다. 그러나 이들 중 어떠한 반응도 그들이 속한 문화의 남근중심주의에서 벗어나지 못하고 있다.

최근 비벌리 로데오 호텔 식당에서 식사를 했던 여성의 경우를 생각해 보자.[57] 그녀는 자신의 아이에게 젖을 먹이기 시작한다. 이때 지배인이 다가와 그녀에게 식당에서 나가 줄 것을 요구한다. 그녀는 어떻게

57 Kaufman v. Beverly Rodeo Hotel, No. C494133(Cal. Super. Ct. Santa Monica, filed Apr. 12, 1984).

대처해야 할까? 이 상황에서 있을 법한 대화를 상상해 보자.

여성 나에게 평등을!

지배인 그래요, 평등하게 해 봅시다. 우리는 식당에서 남성이 가슴을 내놓는 것을 허용하지 않습니다. 그러니 우리는 당신에게도 그러한 일을 허용할 수 없습니다. 〈대칭성의 상정〉

여성 잠깐만요. 그 상황과 이 상황은 다르지요.

지배인 그래요, 다르지요. 여성의 가슴은 남성의 가슴보다 훨씬 더 파괴적입니다. 몸을 좀 가리세요. 〈차이의 소재지는 여성에게 있다.〉

여성 그럴 수는 없죠. 나는 상이한 필요different needs를 갖고 있어요. 그리고 이 사회제도는 그 필요를 고려해야 합니다.

지배인 좋습니다. 저 칸막이 뒤로 가세요. 당신은 수유를 마친 후에야 다른 사람들에게 돌아올 수 있습니다. 〈차이의 '포용'은 여성을 거부하는 제도 그 자체는 내버려 둔다.〉

수유에 대한 제한은 종종 단지 '복장에 대한 규정clothing regulation'에 불과한 것으로 분류됨으로써 그 의미가 모호해지곤 한다. 나는 복식규제가 사실상 사소한 것에 불과하다는 생각을 거부하지만, 이 맥락에서 보다 중요한 것은 손님에게 공공장소에서 일정한 복장을 착용하도록 요구하는 일과 그러한 요구를 수유하는 여성의 노출에 적용하는 일 간에는 차이가 있다는 점을 인식하는 것이다. 그러한 차이를 설명하기 위해, 우리는 수유에 대한 제한과 복장에 대한 제한을 비교하는 두 가지 시도를 검토할 필요가 있다.

첫째로 특정한 식당의 저녁식사 시간에 요구되는 정장 착용을 생각해 보자. 남성이든 여성이든 그러한 요구가 부담스럽다고 느끼게 되는 상황이 있을 수 있다. 그러나 그러한 규칙이 개인에게 중대한 의미를 갖는 행위나 쉽게 미룰 수 없는 행위에 대한 제한을 동반하는 경우는 일반적으로 없다. 청바지로 갈아입기 위해 식사가 끝날 때까지 기다려야 한다는 점은 몇 가지 행동(가령 다리를 꼬고 앉는 행동)을 제약할 수 있다. 그러나 그러한 제약이 중대한 고통을 야기하는 것은 아니다. 반면 배고픈 아기에게 젖을 먹이기 위해 식사가 끝날 때까지 기다려야 한다는 점은 나 자신뿐만 아니라 타인에게도 고통을 야기할 수 있다. 게다가 수유 행위는 여성에게 편안함이나 이동성의 문제를 넘어서는 개인적·사회적 중요성을 갖는다.

두 번째 비교방식은 사례 자체가 제시해 준다. 성교와 문화적으로 연결되어 있는 신체 부위는 보통 사회적 교류를 하는 동안에는 가려질 것이 요구된다. 그와 같은 관습은 가슴을 드러낸 수영복 등의 금지를 정당화할 수도 있다. 그러나 수유와 관련해서도 그와 같은 관습을 관철시키는 것은 여성의 가슴을 **오직** 남성의 시각에서만, 즉 성적 신호나 성욕을 유발하는 부위로서만 바라보는 것에 불과하다. 자신의 아기에게 수유하는 여성은 자신의 가슴에 대한 남성의 통제로부터 적어도 부분적으로는 자유로운 활동을 하고 있는 것이다. 여기서의 관계는 그녀와 그녀의 아기 사이에 있지, 그녀와 수유를 우연히 보게 된 남성 혹은 남성들 사이에 있지는 않다. 이러한 한에서, 노출된 가슴에 대한 남성적 시각은 수유에 대한 여성적 시각과 전혀 관련이 없다. 그럼에도 불구하고 여성적 시각은 무시하면서 남성적 시각을 사용하는 것은 평등이 아니라 남근중심주의를 선택하는 것이다.

3. 수용으로서의 평등

수용acceptance으로서의 평등 모델은, 평등이 실제로 차이들을 **가로질러** 적용될 수 있다는 주장을 통해 여성주의적 평등 비판의 첫 번째 논지에 답한다. 그러나 이러한 주장은 '평준화leveling'의 제안이 아니다. 오히려 수용으로서의 평등은 오직 성별화된 보완물이라고 문화적으로 부호화된 차이만을 가로지르는 평등화를 요구한다. 비교가치론theory of comparable worth은 이에 대한 한 가지 예를 제공한다. 그리고 우리는 체육의 영역에서 또 다른 예를 발견할 수 있다.

비교가치의 주창자들 대부분은 다음과 같은 식으로 자신의 주장을 정의하였다. 동등한 가치를 지닌 기술과 노력 및 책임을 요하는 직무는, 그 직무가 여성이 대다수인 직업과 남성이 대다수인 직업의 상이한 조합 속에서 수행된다 하더라도 동등한 임금을 받아야 한다. 따라서 고용주가 두 가지 직무 분류를 성별화된 보완물로 정의해 왔다면, 고용주는 각각의 직무에 대해 동등한 임금을 지급해야 한다. 그러나 수용으로서의 평등은 이보다 더 확대된 요구를 한다. 즉 수용으로서의 평등은 (단지 고용주가 아니라) 문화가 '남성'과 '여성'의 보완물로 부호화한 **모든** 행동 양식은 평등하게 보상되어야 한다고 주장한다. 따라서 수용으로서의 평등은 우리의 도전을 기존 가치평가의 불평등한 적용이나 실패에 대한 도전으로 한정 짓지 않는다. 수용으로서의 평등은 '남성적' 기술skill에 대한 과대평가(그리고 이에 상응하는 '여성적' 기술에 대한 과소평가)에 관한 도전 역시 뒷받침해 준다.

체육의 영역에서 수용으로서의 평등은 남성적인 운동 종목과 여성적인 운동 종목에 그 종목의 '유사성'과는 상관없이 평등한 자원이 할당되어야 한다는 주장을 뒷받침해 준다. 이러한 식으로 체육에서의 여성의 평등은 스스로를 전통적으로 남성들이 참여하던 특정 운동에 동화시키는 여성 개인의 능력에 의존하지 않게 된다.[58]

수용으로서의 평등 모델에서의 평등 분석은 '진정한' 차이의 발견으로 끝나지 않는다. 수용 모델에서의 평등 분석은 나아가 그러한 차이의 '문화적 의미'를 평가하고자 하며, 차이에도 불구하고 어떻게 평등이 성

58 체육과 관련된 사례들에 대한 보다 자세한 비판으로는 Littleton(1987a) 참고.

취될 수 있을지를 정하고자 한다. 이 표현은 포용의 모델과 같이 차이의 소재지를 여성에 위치시키는 것이 아니라 차이의 소재지를 여성과 남성의 관계에 위치시킴으로써 여성주의적 평등 비판의 두 번째 논지에 답한다. 따라서 전통적으로 남성적인 운동 종목(가령 축구)은 여성을 포용할 수 있도록 재조정되어야 한다(혹은 전통적으로 여성적인 운동 종목은 남성을 포용할 수 있도록 재조정되어야 한다.)는 주장에 대해 수용으로서의 평등 모델이 뒷받침해 줄 수 있는 것은 그리 많지 않다. 수용으로서의 평등은 사회적으로 여성적인 범주의 우월성을 요구하는 것도 아니며, 그렇다고 양성적 범주의 우월성을 요구하는 것도 아니다. 수용으로서의 평등은 다만 남성의 삶과 여성의 삶이 평등하게 유효함을 진정으로 긍정할 뿐이다.

마지막으로, 수용으로서의 평등은 여성과 남성이 특정 사회제도와 관련하여 종종 비대칭적 입장에 처해 있다는 점을 인정함으로써 여성주의적 평등 비판의 세 번째 논지에 답한다. 수용으로서의 평등은 여성이 표면상 중립적인 관행으로 인해 불이익을 당하는 경우가 많다는 점을 인식하면서 그러한 비대칭성이 자원할당에 반영되어야 한다고 주장한다. 다시 체육의 예를 들자면, 수용으로서의 평등은 가용예산을 인원수에 비례하여 분배하기보다는 남성적인 종목과 여성적인 종목에 평등하게 분배하는 것을 지지할 것이다. 체육이라는 사회제도와 관련하여 여성과 남성은 대칭적 관계에 있지 않으므로, 참여자의 수에 비례한 분배는 전통적으로 참여율이 높은 남성적인 종목에 보다 많은 자원을 투입하게 되며, 특정 종목에서의 여성의 배제와 여성이 스스로 개발한 활동들에 종속됨으로써 참여율이 저조하게 된 여성체육 프로그램에는 보다 적은 자원이 투입된다. 따라서 참여자의 수에 비례한 분배는 비대칭성의 영속화에 기여할 뿐이다.

이상의 언급으로 분명해졌듯이, 법규범으로서의 평등한 수용은 난해한 평등의 문제에 하나의 유일한 '정답'을 기계적으로 제공하지는 않는다. 오히려 수용으로서의 평등은 불평등의 보다 깊은 층위들을 폭로

하는 방법을 제공할 뿐만 아니라 새로운 구제전략들을 뒷받침하는 역할을 한다.[59]

4. 포용이 아니라 수용

비대칭적 평등의 이론가들은 보통 남성적 제도는 포용을 통해 여성의 차이를 고려해야만 한다고 주장하는 것으로 이해되어 왔다.[60] '합당한 포용'을 법원에 요구하는 것은 가능하다.(물론 포용을 요구하는 사람이야말로 '합당해질' 것을 요구받고 있지만 말이다.) 만약 선택지가 진정 포용과 아무것도 없는 것 두 가지뿐이라면 아무것도 없는 것보다는 '반쪽'이라도 있는 편이 나을 것이다.

그러나 포용은, 지배적 규범이 단지 '특수한 상황'으로 인해 포용을 구하는 특정 개인이나 집단에서만 부적절하게 된다고 주장하는 것처럼 보일 정도로 지배적 규범을 은연중에 일반적 정당성을 지닌 것으로 인정한다는 점에서 문제를 안고 있다. 게다가 포용은 여성을 규범에서 일탈한 존재로 낙인찍고 차이의 소재지를 여성에 둔다는 점에서 여성주의적 평등 비판의 비난을 피해 갈 수 없다. 동화된 여성은 특히 이와 같은 잘못된 인식에 취약하며, 단지 '예외'를 요구하고 있을 뿐이라는 응답을 받

59 본문에서 언급된 사례들이 어떻게 페미니즘의 다양한 불평등이론들 간의 관계를 설명해 주는가에 대해서는 Littleton(1987b) 참고.

60 예컨대 Wolgast(1980), Krieger & Cooney(1983), Scales(1981: 435-437) 참고. 지금까지 법체계는 제한된 형태의 포용을 두 가지 맥락에서 실행해 왔다. 첫째는 육체적·정신적 장애가 있는 사람에게 공공시설에 대한 접근성을 보장할 의무 또는 육체적·정신적 고통을 받고 있는 근로자에게 기존의 직무를 계속해서 수행할 수 있게 하는 합당한 조치를 취할 고용주의 의무이고, 둘째는 여성 및 소수인종과 관련하여, 기존의 차별로부터 구제하기 위한 '적극적 조치'를 취할 공공기관과 고용주의 단편적이고도 약한 의무이다.

음으로써 그녀 스스로의 주장에서 포함inclusion에 대한 정당한 요청을 포기하도록 자주 설득당하곤 한다.

포용accomodation과 수용acceptance의 구별은 다음과 같은 평범한 사례를 통해 예시될 수 있다. 연설을 하기 위해 연단에 올라선 한 페미니즘 법률가를 본 적이 있는데, 연단이 너무 높아서 그녀가 마이크를 사용할 수 없을 정도였다. 마이크 사용을 위한 재조정이 이루어지고 있는 동안 그녀는 적절하게도 다음과 같이 말했다. "남성전용이구먼!" 더 높이 올라설 수 있도록 그녀에게 제공된 발받침대가 포용이라면, 수용은 높낮이 자체를 조절할 수 있는 연단과도 같다.

IV. 차이 그리고 '남성'권력의 체계

수용으로서의 평등 모델은 (평등이 남근중심적이라는) 여성주의적 평등 비판과 (사회가 남성 지배적이라는) 여성주의적 평등 비판 모두에 대해 응답하려고 한다. 여기에서는 후자에 대해 논의할 것이다. 여성의 억압과 종속을 모두 야기하는 남성 지배의 이중적 성격을 기술하고 수용으로서의 평등이 여성주의적 평등 비판에 어떻게 응답하는지를 밝힘으로써 논의를 전개할 것이다.

1. 억압과 종속

[…] 여성이 체계적으로 억압받고 있다는 것은 사실이다. 그러나 생물학적 여성과 종종 중첩되는 '사회적' 범주로서의 '여성' 역시 체계적으로 종속되고 있다는 것 또한 사실이다.

사회적 범주로서의 성sex은 해부학의 경험주의적 호명empirical designation of anatomy과 함께 사회적 의미 역시 동반한다. 그리고 이와 같은 사회적 의미와 경험주의적 호명의 융합은 여성과 남성의 자유를 둘 다 침해한다. 그러나 이러한 침해의 무게가 반드시 대칭적인 것은 아니다. […] 여성과 남성 모두 용인될 만한 범위와 관련하여 제약을 받고 있다는 점은 사실이다. 그러나 그 범위는 양성에게 있어 중대한 차이가 있다.[61] […]

그러나 일상의 생생한 삶 속에서의 여성의 불평등은 그들에게 할당된 성역할로부터 '벗어날 수 있는' 자유에 대한 상대적으로 큰 제약에 국한되지 않는다. 여기에는 더 나아가 보다 직접적인 평등에 대한 이해관심, 즉 완전한 구성원 자격, 소속, 참여, 결국에는 온전한 인간 존재로서의 수용이라는 문제가 걸려 있다. 이러한 평등에 대한 이해관심은 여성을 덜 가치 있는, 고려의 필요성이 보다 적은, 덜 중요한 존재로 정의하는 것과 연관된 모든 것에 의해 침해된다.

이와 관련해서 우리는 동등임금법Equal Pay Act과 연관된 초기 사건인 Corning Glass Works v. Brennan 판결[62]을 예로 들 수 있다. 이 사건에서 연방대법원은 주간근무 감시자에 비해 야간근무 감시자에게 보다 높은 임금을 책정한 고용주의 관행에 대한 이의제기를 타당한 것으로 받아늘였다. 야간근무가 처음 만들어졌을 때 주법은 여성의 야간근무를 금하고 있었다. 그러나 여성에게 야간근무가 허용된 이후에도 야간근무 감시직에 대한 높은 임금은 계속되고 있었다. 연방대법원은 얼핏 지나가는 말로 "남성 근로자들이 감시직을 '천한' 직무, '여성의 직무'라고 보고 있기 때문에 추가적인 보상이 필요했었다는 증거를 기록상 발견할

61 종종 주류 평등 분석 역시 이와 같은 사실을 인정한다. 가령 여성이 전담하는 직무인 '여성승무원'의 체중에 대한 항공사의 과도한 제한은 여성에게 더 과중한 부담을 지우므로 '성차별'이라고 판시한 Gerdom v. Continental Airlines, 692 F.2d 602(9th Cir. 1982), 항고 신청 기각, 460 U.S. 1074(1983), 남성에 대한 단발 요구는 성별분화의 이론을 강화하고 성별분화의 이론은 여성 종속의 지속을 뒷받침한다고 한 Whisner(1982: 94-97) 참고.

62 417 U.S. 188(1974).

수 있다"는 점을 언급했다. 이 사건에서 감시직이 '여성의 직무'라는 점 외의 어떤 다른 이유에서 '천한' 직무라는 언급은 찾아볼 수 없다. 비슷한 맥락에서, '비서'의 직무는 그것이 거의 전적으로 남성에 의해 수행되었을 때에는 관리직으로 승진할 수 있는 주된 통로였을 뿐만 아니라 그 자체로 고위직에 속했다. 그러나 비서의 직무가 여성의 업무가 되었을 때 그것은 그 지위와 적절한 임금 수준, 승진 통로로서의 성격을 상실하게 되었다. 인류학자들은 수십 년 동안 인류의 진화에 대한 우리의 지식을, '여성 자신을 위한' 욕구는 말할 것도 없이, '채집자로서의 여성' 혹은 '육아자로서의 여성'의 욕구는 고려조차 하지 않은 채 '사냥꾼으로서의 남성'의 욕구 패턴에 끼워 맞추려고 시도해 왔다. 하물며 '여성 자신을 위한' 욕구는 말할 것도 없을 것이다.

우리는 이러한 사례들을 억압과 종속이 체계적이라는 점에 대한 분명한 증거로 읽을 수 있다. 즉, 억압과 종속은 거의 비가시적인 것이 되어버릴 정도로 빈번히 발생하는 것이다. 그러나 남성권력에 대한 여성주의적 비판은 여기서 멈추지 않는다. 비판은 더 나아가 남성권력이 하나의 체계인지에 대해 질문한다. 다음에서 이 질문에 대해 검토할 것이다.

2. 체계로서의 남성권력

권력이 없는 수많은 남성의 사례에 직면하면서도 어떻게 페미니즘은 '남성'권력을 논할 수 있는가? 목표물을 선택할 수 없는 병사, 노동의 생산물을 통제할 수 없는 조립 라인의 노동자, 자녀의 삶에서 지워지길 선택한 것은 아닌 아버지, 파트너의 단점에 대해 그리도 비판적이 되도록 만든 자신의 이미지를 스스로 선택한 것은 아닌 연인 등등. 비록 남성 지배가 모든 남성의 이익을 위해 작동된다 하더라도 그것이 모든 남성에게 동일한 이익을 주는 방식으로 작동되는 것은 아니다.[63] 몇몇 형태의 남성권력(가령 육체적 혹은 심리적으로 여성을 위협할 수 있는 능력)은 폭넓게 공유되지만, 다른 형태의 남성권력(가령 일정한 직업이나 경력에 대한 여성의 접근을 거부할 수 있는 능력)은 보다 소수의 남성에게 집중된다.[64]

여성주의적 비판은 여성에 대한 권력의 정도에 있어서 남성 개인이나 집단들 사이의 차이는 하나의 체계로서의 남성권력이라는 논점과 직접적인 연관이 없다고 주장한다. 남성 지배를 개별 남성의 체계적인 지배력 행사가 아니라 하나의 사회적 체계로 구성해 내는 남성권력의 형태는 성, 인종, 계급의 교차하는 위계질서의 상층부에 있거나 그에 근접한 소수의 남성들, 즉 내가 '클럽club'이라고 부를 사람들에게 집중되고 유보된 것으로 보인다. 클럽에 의해 행사되는 **남성**권력의 구성 형태는 모든 형태의 인간활동에 사회적 의미와 사회적 가치를 부여하는 조건을 설정하는 권력이다. 무엇이 권리, 법익, 평등, 정의 혹은 법 그 자체인지를 정의하는 권력은 하나의 체계를 구성하는 권력이다. 그것은 바로 현실 그 자체를 구성하는 권력이며 '세계를 말하는' 권력인 것이다.[65]

63 예컨대 흑인 남성을 억압하기 위해 구성된 흑인 강간범의 신화를 제시한 Davis(1981. 172-201) 참고.

64 마찬가지로 남성권력은 각각의 여성에게 동일한 정도로 작동하지 않는다. 여성은 하나의 집단을 이룬다. 그러나 각각의 여성은 동시에 인종적·사회적 집단의 구성원이기도 하다. 따라서 남성의 상황에서의 성적 '평등'이 여성에게 동일한 것을 의미하는 것은 아니다. 만약 그렇다 하더라도, 그러한 평등은 흑인 여성에게 이미 흑인 남성에게 허락된 지위를 공유하는 것을 허락할 뿐이다. 마찬가지로 인종적 '평등'은 흑인 여성을 백인 여성과 '평등'하게 만들 뿐이지, 성별로부터 자유로운 모종의 '백인'집단과 평등하게 만드는 것은 아니다. 마찬가지의 것이 집단에도 적용된다. 평등을 남근중심적이라고 보는 여성주의적 비판이 평등 자체를 불평등한 것이라고 보는 유일한 비판은 아니다. 예컨대 반차별법을 '우리 사회의 인종적 차별의 계속된 현존을 합리화'하는 법이라고 비판한 Freeman(1982: 96-97, 119), 현재의 평등보호법리가 '무의식적인 인종차별주의'에 대처하지 못하고 있음을 비판한 Lawrence(1987: 358-362) 참고.

65 「창세기」에서 신은 아담에게 모든 동식물의 이름을 부여할 권리를 주었다. Daly(1973: 8)(여성은 "우리에게서 훔친 호명의 권력을 갖고 있을 뿐"), Spender(1985: 165-171) 참고.

이러한 클럽이 오직 남성만이 갖고 있는 모종의 생물학적 본질 때문에 '남성적'인 것은 아니다. 사회적으로 남성적인 시각에 의해 창조된 제도들은 스스로를 유지하기 위해 반드시 생물학적 남성에 의존할 필요는 없다. 남성적 제도들(특히 강간제도institution of rape)[66]의 명백한 끈질김이 일부 페미니스트들로 하여금 그 제도의 가변성에 대한 의심을 불러일으키며, 그중 몇몇에게는 생물학적 성과 사회적 성 간의 필연적 연관성을 단정하도록 만든다는 것은 사실이다. 그러나 적어도 이 글에서 내 관심의 대상은 생물학적 의미에서가 아니라 문화적 의미에서의 남성성이다.

두 가지 이유에서 나는 클럽에 의해 행사되는 권력을 권력 그 자체로가 아니라 남성권력으로 파악한다. 첫째, 이 글에서 이미 나 자신이 주장한 바와 같이, 그리고 이미 수많은 페미니스트들이 내가 제시한 문헌들에서 논증한 바와 같이, 클럽의 권력은 개별 남성에게보다는 개별 여성에게 더 엄청나게 적대적으로 작동한다. 비록 사회적 여성이 평가절하되는 방식에 대해 아무런 설명을 제공하지 않더라도, 생물학적 여성의 심각한 경제적 박탈은 누구라도 현재 작동하고 있는 권력이 **여성**의 권력은 아니라는 것을 알아채게 만들 것이다.

둘째, 페미니즘 학자들은 여성과 남성이 '힘' 자체에 대해 인식하고 그것을 행사하는 방식에 있어 현격한 차이를 가지고 있음을 논증한 바 있다. 잉태력으로 충만한germinal[67] 저작인 캐롤 길리건의 『다른 목소리

66 강간은 더 이상 개별적 행위가 아니다. 강간은 그 만연성을 통해 모든 여성의 자유를 제약하고 통제할 정도에 이른 하나의 제도가 되었다. Brownmiller(1975: 15)("나는 선사시대에서부터 현재에 이르기까지 강간이 결정적 기능을 수행해 왔다고 생각한다. 강간은 모든 남성이 모든 여성을 공포의 상태로 몰아넣기 위한 위협의 의식적 과정 이상도 이하도 아니다.") 참고.

67 다음과 같은 이유에서 나는 보다 일반적으로 사용되는 '많은 씨를 뿌리는(seminal)'이라는 표현보다는 '잉태력으로 충만한'이라는 표현을 사용했다. 첫째는 남성적 편향에 대항하기 위해서이고(정자가 왜 난자보다 더 씨에 가까운가?), 둘째는 '잉태'

로』(Gilligan, 1982)는 '힘power'이라는 용어를 사용하는 여성이 구사하는 어법의 뉘앙스, 즉 종전에는 명료하게 표현되지 않았던 그 뉘앙스에 어휘를 제공하였다. "남성은 주장과 공격을 힘찬 행위로 표상하지만, 여성은 반대로 양육의 행위를 힘의 행위로 묘사한다."(Gilligan, 1982: 167-168) 이에 대한 남성과 여성의 차이는 절대적이기보다는 정도의 문제라는 점을 재차 언급할 필요가 있지만, '힘'과 같이 표면적으로는 중립적인 용어가 면밀한 분석을 거치면 성별화된 모호성을 지니게 된다는 점은 시사하는 바가 있다. 사회적 가치평가의 조건과 한계를 설정하는 힘을 '남성권력male power'이라고 칭할 때, 내가 말하고자 하는 것은 타인에게 도움을 주는 능력으로서의 힘과는 반대되는, 타인을 통제하는 능력으로서의 힘이다. 전자를 여성적, 후자를 남성적이라고 부르는 것은 여성은 전혀 타인을 통제하지 않는다거나 남성은 타인에 대한 도움에 아무런 관심이 없다는 뜻이 결코 아니다. 오히려 이는 사회적 유형화가 통계적 경향을 반영하면서도 동시에 그 통계적 경향의 형성에 영향을 미치는 방식을 인정하는 것이다.

그렇다면 클럽은 타인이 그들이 열망하는 바를 분명히 표현하고 그 표현된 열망을 성취하도록 돕기보다는, 타인이 무엇을 열망해야 하는지에 대해 클럽이 스스로 정의하는 정도만큼 남성권력을 행사하는 것이다. 이 클럽의 구성원들이 스스로 인식하고 있는 특권은 세계 속에 비친 자신의 행위를 바라보는 능력, 즉 자신의 관점을 하나의 관점으로서가 아니라 자명한 실재로서 받아들여지게 하는 능력에 있다.[68] 가령 길리건의 비판이 출현하기 전까지 콜버그Kohlberg의 도덕성 발달이론은 단지 성인

라는 관념이 본문에서 언급하고 있는 저작에서 주장하는 바에 더 가깝기 때문이다.

68 "세계 그 자체와 마찬가지로 세계에 대한 표상도 남성의 작품이다. 남성은 스스로 절대적 진리라고 착각하고 있는 자신의 관점에서 세계를 기술하고 있다."(MacKinnon, 1982: 537; De Beauvoir, 1952에서 재인용)

남성의 도덕성 발달의 모델에 그치는 것이 아니라 모든 사람의 도덕성 발달 방식으로 받아들여지고 있었다. 이러한 체계 내에서 여성은 발달이 부진한 존재로, 즉 콜버그가 제시한 위계질서의 하위 단계에 설명 불가능하게 머물러 있는 존재로 비춰졌다. 마찬가지로, 강간에 대한 맥키논의 저작은 객관적 사실에 대한 강간법의 명목상의 중립적 조사—그것은 강간이었던가?—가 남성 행위자의 시각만을 반영하는 것으로 보일 수 있는 방식을 지적하였다. "여성은 [그녀의 경험 속에서는] 강간을 당했지만 [남성의 경험 속에서] 그것은 강간범에 의한 강간이 아닐 때처럼 현실이 둘로 나뉘어질 때, 법은 강간이 **발생하지 않았다**고 결론 내리는 경향이 있다."(MacKinnon, 1983: 654) 남성의 경험이 진실이 되는 것이다.[69]

클럽의 구성원 자신들도 그들의 언어와 행위, 희망과 공포가 만들어낸 그 체계로부터 자유롭지 않다. 그들은 '세계를 말하고' 있는 것일 수 있다. 그러나 그렇게 말하여진 세계는 화자에게도 부정적인 영향을 미친다. 그럼에도 불구하고 세계를 말할 수 있는 권력은 쉽게 포기되기 힘들

69 그러한 권력이 비록 널리 공유되는 것은 아니지만 '주류'에 국한되어 있는 것은 아니다. 3년 전 비판법학 운동의 중간 모임인 이른바 '여름캠프(Summer Camp)'에서 사회학적 연구가 비판법학이론에 대해 갖는 유용성에 관한 발제와 토론 세션이 있었는데, 이 세션은 금세 지적인 승부를 겨루는 게임으로 변질되었다. 세션이 진행되는 동안 한 명의 여성도 발언하지 않았다. 세션이 종료되었을 때 이 세션의 주도자 중 한 명이 나에게 달려와 다음과 같이 물었다. "왜 여성들은 아무런 말도 하지 않았죠? 우리는 여성들을 배제하려 한 바 없습니다." 나는 다음과 같이 답했다. "우리는 당신들이 하던 것에 관심이 없었습니다." 그는 다음과 같이 충고했다. "그럴 리가 있나요? 우리가 하고 있던 것은 사회이론입니다. 당신이 사회이론에 관심이 없다고 말할 수는 없지 않나요?" 사회이론이 행해지고 있었는지 아니었는지는 이 이야기의 핵심이 아니다. 핵심은 바로 여성의 대부분이 경쟁적이라고 경험하고 있는 것을 대부분의 남성은 '정상적인 과정'으로 경험한다는 점이다. 이 사례에서 경쟁에 개입하길 거부하는 여성이 사회이론에 참여하길 거부하고 있다고 말하는 것은 사회이론을 오직 집단 절반의 관점에서 정의하는 것과 다르지 않다.

다. 게다가 권력에 대한 도전에 직면하여 클럽은 자신의 관행을 포기하기보다는 더 많은 사람들이 클럽의 회원권을 가질 수 있을 것이라는 환상을 유포하는 경향이 있다. 입회의 조건은 간단하다. 보이 스카우트가 정해진 수와 종류의 배지를 획득함으로써 이글 스카우트가 되는 것과 마찬가지로, '외부인'은 한 번에 한 명씩 그 클럽의 회원이 될 수 있다.

인종과 계급의 측면에서 '특권적 지위를 누리는privileged' 일부 여성들은 개별적으로 클럽에 입회할 수 있을 것이라는 잘못된 약속에 보다 쉽게 현혹되는 것 같다. 아마도 그 약속이 유혹적일 정도로 가까이에서 제시되었기 때문에 그러할 것이다. "우리는 너희들과 다를 바 없어!" 우리는 클럽의 입구에서 소리쳐 왔다. "우리가 가진 배지를 봐. 우리 역시 너희들이 다니던 학교에 다녔고 너희들의 언어를 학습했어. 그리고 너희들이 일하는 방식을 따라했어. 자, 이제 우리를 들여보내 달라고." 그리고 우리가 달고 있는 배지는 우리를 안으로 들여보내 주었다.[70] 그러나 우리가 사회적으로 남성적인 클럽의 회원으로서 얻게 된 권력은 우리에게 우리 자신의 목소리를 낼 권리를 가져다주지는 않았다. 우리가 갖고 있는 클럽 회원권은 남성의 목소리로 말하거나 침묵할 우리의 용의에 달려 있을 뿐이다.[71] 그리고 클럽이 사용하는 발화란 타인을 침묵

70 혹은 우리는 배지에 대해 그렇게 생각한다. 우리가 아무리 우리 자신을 배지로 조각낸다 하더라도 그 배지는 단지 다음과 같이 읽힐 뿐이다. '거의 남성임' 혹은 '남성과 유사함'. 우리는 완벽하게 합치할 수 없다. 어느 지점에 가서는 우리의 몸 자체가 합치의 기만성을 드러낸다. 여성은 위조된 배지를 단 위조된 남성으로 인식될 뿐이다. 위조된 배지는 여성에게 위조된 권력, 다시 말해 발화할 권력이 아니라 립싱크(lip-sync)할 권력을 권력을 가져다줄 뿐이다.

71 로스앤젤레스의 주요 로펌에 대한 최근의 연구(이 연구는 로스앤젤레스 여성 법률가협회의 지원을 받았다.)는 로펌의 파트너 중 4%만이 여성이라는 점을 보여 주고 있다. *L.A. Daily Journal*, Nov. 16, 1983. 5. col. 1 참고. 남성적인 진입장벽을 통과하는 데 있어 보여 준 성공에도 불구하고, 많은 여성들이 파트너 직위를 얻지 못하거나 그 이전에 '자발적으로' 퇴사하고 있다.

시킬 권력이므로 우리는 우리의 목소리를 다른 여성을 침묵시키는 데 사용할 것에 동의해야만 한다.

여성에게는 그 어떤 선택도 다른 선택보다 '더 나을' 것이 없다. 클럽에 의해 행사되는 권력은 여성이 스스로를 위해 원하는 힘과는 거리가 멀다. 그것은 남성권력일 뿐이다. 결국 동화 모델은 두 차원에서 실패를 맛보게 된다. 홉킨스 사건에서의 원고가 경험했듯이 사회적으로 남성인 여성은 언제나 생물학적 여성으로 '폭로될' 위험에 처한다. 또한 캐스린 파워스Kathryn Powers가 지적했듯이 소수의 열성적 여성들의 '성공'은 대부분의 여성을 배제하고 종속시키는 체계를 정당화한다(Powers, 1979: 91-93). 문화적 남성성의 자격증명서culturally male credentials를 갖춘 몇몇의 여성들이 전체 여성을 대변하여 말할 때, 그들은 남성의 사회세계에서 그들의 위치를 상실당할 위험과 그들과는 다른 경험을 한 여타의 여성들을 침묵시킬 위험 사이에서 위태로운 곡예를 하고 있는 것이다.

하나의 체계로서의 남성권력에 대한 이상과 같은 […] 견해는 […] '차이'가 현재의 평등 분석에서 난제인 이유를 제공해 준다. 사회가 오직 클럽의 유지에만 관심을 기울이고 있다면 생물학적 측면, 도덕적 추론 혹은 사회적 경험에 있어서의 차이는 불평등을 야기할 수밖에 없다. 클럽의 영속화를 위해서는 평등을 부여하기에 앞서 회원으로서 후보자들의 차이를 제거할 것이 요구된다. 따라서 클럽의 입구를 지나는 사람은 자신의 생물학적 성과 인종, 재산의 정도와 관계없이 사회적으로 남성, 백인 그리고 신분이 상승된 사람으로서 입장하게 될 것이다.

3. 남성권력에 대한 비판에 응답함

이론적으로 보면, 사회는 클럽이 명한 가치의 위계질서를 폐기하고 그것을 새로운 인간적 가치의 위계질서로 대체할 수 있다. 사회는 초등교육과 육아, 가사 등에 대한 편향되지 않은 새로운 가치들을 가늠해 볼 수 있을 것이다. […] 그러나 그러한 명목상의 '중립적' 재평가는 상당한 정도의 표면적인 호소력을 지니고 있지만, 그것은 여성과 연결되었던 활동, 관심, 직업에 대한 끈질긴 평가절하를 무시하고 있다.

가령 '여성의 일' 전반에 대한 재평가를 동시에 진행하지 않으면서 육아의 사회적 가치를 재검토하는 것은 현재의 편향된 가치 위계질서를 재생산하는 것에 그칠 가능성이 높다. 게다가 공적 토론과 논쟁을 통해 새로운 가치의 위계질서를 구성할 때에는 사회적 여성을 포함하여 전통적인 정책 담론 안에서는 들리지 않았던 사람들의 목소리를 포함해야 한다. 이러한 목소리들을 포함할 수 있는 별도의 전략이 없다면, 공적 논쟁은 비록 몇몇 참여자들이 생물학적 여성이더라도 그 남성적 성격을 유지하게 될 것이다.

만약 클럽의 유지가 동일성으로서의 평등에 **의존**한다는 나의 지적이 옳다면, 위와 같은 '중립적인' 재평가를 대신하여 다양한 차이들을 **가로질러** 각각의 불평등을 줄여 나가는 것은 남성권력에 대한 비판의 다음 단계에 보다 용이하게 접근할 수 있도록 만들어 줄 것이다. 오랜 시간이 걸리겠지만, 우리는 차이를 수용하고 성차가 평등에서의 차이로 이어지지 않도록 만듦으로써, 그리고 차이를 각각의 맥락에서 순차적으로 '비용이 들지 않는 것으로'(혹은 적어도 적은 비용을 수반하는 것으로) 만듦으로써, 평등을 복구하고 문제의 클럽을 해체시킬 수 있을 것이다.

수용으로서의 평등 모델은 성별화된 보완물들, 즉 '남성적' '여성적' 속성 혹은 활동으로 서로 연결된 것들에 기초하여 '응당히 받을 만한 것들로 여겨지고 있는merited' 자원들을 평등화equalize함으로써 차이의 비용을 줄여 나간다. 어떤 자원을 평등화할 것인지에 대한 선택은 상황에 달려 있고contingent, 이론적 근거보다는 실용적 근거에 기초한 선택이 이루어져 왔다. 현재로서는 지금은 성별화된 보완물을 측정하는 잣대—금전, 지위, 의사결정에의 접근성 권한과 같은—를 고정된 변수로 한다.

이러한 측정 단위 및 그것의 적용은 그 자체로 여성주의적 비판을 피해 갈 수 없다. 첫째로, 금전의 가치와 지위의 의미는 모두 남근중심적 문화의 산물이다. 선택의 여지가 주어진다면, 여성은 사물의 가치를 금전적이지 않은 형태를 통해 평가하거나 지위를 근본적으로 다른 방식으로 정의할 것이다. 그러나 대안적 통화의 제시는 여성이 통화 제조에 평등하게 접근할 수 있을 때까지 기다려야만 할 것이다. 둘째로, 남성과 여성의 직무는 평등한 임금을 받아야 한다는 나의 주장은 암묵적으로 다양한 형태의 노동의 상품화가 유효함을 인정하고 있다. 그런데 페미니스트들은 다른 맥락에서 그러한 상품화를 통제에 대한 남근중심적 욕망에서 발생하는 것으로 비판한 바 있다. 마지막으로, 수용으로서의 평등 모델은 인간의 활동영역 간에 대해서뿐만 아니라 한 영역 내에서도 적용될 것으로 기대된다. 그러나 급진적인 페미니즘의 시각에서는 이조차도 문제가 될 수 있다. 가령 어떤 페미니스트는 오직 노동자와 관련해서만 차이를 가로지르는 평등을 모색하는 것은 사회적으로 구성된 직업적 활동/개인적 활동, 유급/무급, 공/사의 분할, 즉 페미니스트들에 의해 강력하게 다투어지는 구분을 정당화하는 것이라고 주장할 수 있다.

대칭성의 평등이론가들symmetrical equality theorists은 생물학적 성이 더 이상 사회적 성의 강력한 예측인자가 아닌 이상, 생물학적 남성이 법률 업무와 같은 일에서 보다 뛰어난 것이 '자연스럽다'는 허구는 유지되기 힘들다고 주장해 왔다. 수용으로서의 평등 모델은 더 나아가 노동자의 사회적 성이 더 이상 노동자의 임금과 지위, 의사결정에 대한 접근성을 정확히 예측할 수 있는 근거가 될 수 없는 이상 사회적으로 남성적인 행태가 사회적으로 여성적인 상응 행태보다 더 높은 가치를 갖는 것이 '자연스럽다'는 허구가 유지되기 어려워질 것이라고 주장한다. 이는 또한 사회적으로 여성적인 '사적 영역'에서의 노동 가치를 무시하는 것을 어렵게 만들면서, 동시에 '사적' 영역에서의 이해관심이 고용이라는 '공적' 영역으로 대량 유입될 수 있도록 허용할 것이다.

그렇다면 이상과 같은 측면에서 수용 모델의 몇몇 요소가 우리 문화의 남근중심주의를 반영하고 있다는 점은 그리 문제가 되지 않는다. (어차피 그러한 반영은 불가피한 것이다.) 사회적 남성의 임금체계와 지위, 의사결정 과정에 대한 접근성이 사회적으로 남성적인 여성에게뿐만 아니라 사회적으로 여성적인 여성과 남성에게도 개방된다면, **현재 있는 그대로의** 여성의 목소리는 사회적 의미를 구성하는 대화에 참여하게 될 것이다. 물론 여성의 목소리가 진정으로 우리 자신의 것이 아닌 한, 대화는 여전히 '편향'된 것일 수 있다. 그러나 대화를 둘러싼 기본 틀은 의미심장할 정도로 변동될 것이다.

V. 차이를 비용이 들지 않는 것으로 만들기

나는 지금까지의 이론적 탐구를 평등의 법적 전통, 평등에 대한 여성주의적 비판, 하나의 체계로서의 남성권력에 대한 여성주의적 비판에 응답하는 데 한정해서 진행했다. 그러나 나는 '성적 차이의 다양한 종류'를 해명할 필요성 역시 인정한다. 따라서 여기에서 나는, 비록 구체적인 적용을 위한 청사진을 제공하는 것이라고 주장하지는 않겠지만, 재구성된 성적 평등이 언젠가 짓게 될 집을 위한 토대를 놓고자 노력할 것이다.

1. 상이하게 성별화된 보완물들

성별화된 보완물들을 파악하는 문제는 차이의 두 가지 축을 따라 펼쳐져 있다. 첫 번째 축은 차이의 '근원source'을 측정하는데, 이러한 '근원'은 명백하게 생물학적인 '근원'에서부터 명백하게 사회적인 '근원'에 이르기까지 걸쳐 있다.(그 중간은 매우 논쟁적인 영역이 될 것이다.) 두 번째 축은 양성 간의 중첩의 정도를 측정한다. 이 축은 다-소의 차이more-or-less differences에서부터 유-무의 차이yes-or-no differences에 걸쳐 있다.

다-소의 성별 차이의 경우 양성 간에는 상당한 정도의 중첩이 존재한다. 신장이 그중 하나이다. 모든 여성들이 '남성을 위해 설계된' 지나치게 높은 연단에 설 수 없었던 것은 아닐 것이며, 모든 남성들이 그 연단에 설 수 있었던 것도 아닐 것이다. 그러나 우리 사회에서는 남성들보다는 여성들이 앞에서 말한 페미니즘 법률가의 경험을 더 많이 했을 것이다. 약 183cm를 넘는 여성 혹은 약 152cm가 되지 않는 남성은 언제나 소수라도 존재하고 그 사이에는 대단히 많은 사람들이 존재하므로 다-소의 차이는 부인되기 쉽다. 게다가 보다 크다거나 보다 작다는 것은 모두 인간에게 공통된 것이라고 인정할 만한 신장이라는 특성의 측정치이므로 정도의 차이는 보다 쉽게 '해결'될 수 있다.

반면 유-무의 차이와 관련해서는 전혀 중첩이 존재하지 않는다. 이에 대한 기본적인 예는 물론 임신이다. 어떠한 남성도 임신할 수 없지만, 대부분의 여성은 임신할 수 있다. 그러나 임신능력을 갖지 못한 여성이 그렇다고 해서 생물학적으로든 혹은 사회적으로든 남성이 되는 것은 아니다. 이는 심지어 지배적 문화가 불임여성을 '여성이 아닌 존재'로 바라보는 경향이 있는 경우에도 마찬가지이다. 따라서 분석적 목적을 위해서는 유-무의 차이와 다-소의 차이를 구별하는 것이 유용하지만, 그것들은 동일한 연속선상의 두 극을 나타낸다.

민권법 제7편을 바탕으로 한 차별적 대우 분석disparate treatment analysis은 자신이 속한 생물학적 성의 '규칙'의 예외적 개인이 사회적으로 다른 성으로 분류되는 것을 허용한다. 즉 장신의 여성은 장신의 남성과 마찬가지로 대우받아야 하며, 단신의 남성은 단신의 여성과 마찬가지로 대우받아야 한다. 연단의 예가 보여 주듯이, 이러한 경우 남근중심주의는 보통 남성의 종형곡선bell curve의 중간점을 준거로 규범을 설정한다. 여성의 종형곡선을 준거로 규범이 설정될 때에도 동일한 분석이 적용된다.

즉 타이프를 칠 수 있는 남성은 사회적으로 여성적인 직무인 비서직에 취업할 수 있도록 허용되어야 한다.

차별적 대우 분석을 바탕으로 하여 문제의 대우가 차별적 대우라는 일응추정prima facie case of discrimination을 성립시키기 위해서는 원고가 다음과 같은 점을 밝혀야 한다.

1. [원고가] 인종적 소수자에 속한다는(혹은 여성이라는) 점
2. 그(또는 그녀)는 고용주가 지원자를 구하고 있는 직무에 지원하여 그 자격을 인정받았다는 점
3. [원고가] 자격요건을 충족하였음에도 불구하고 그(또는 그녀)가 탈락했다는 점
4. [원고의] 탈락 이후에도 해당 직무는 공석으로 남아 있고 고용주는 여전히 원고와 동일한 자격을 갖춘 사람들로부터 지원자를 구하고 있다는 점

여성 원고에게 전통적으로 남성적인 직무의 '자격'을 입증하도록 요구하는 것은 그 여성에게 자신이 적어도 해당 문제의 맥락에서 사회적으로 남성이라는 점을 입증하라고 요구하는 것과 같다.

반면 차별적 효과 분석disparate impact analysis은 직무자격이 지원자의 직무수행 능력과 관계없는 성별화된 규범을 포함하고 있는 경우, 사회적으로 여성이 된 여성의 평등 요구를 가능하게 한다. 이 경우 직접적인 차별의도의 입증은 요구되지 않는다.[72] 차별적 효과의 법리에 의하면 여성은 신장 요건과 같은 표면상 중립적인 고용관행에 의해 하나의 집단으로서의 여성이 남성보다 더 심각한 타격을 받는다는 점을 증명함으로써 차별을 입증할 수 있다.[73] 그러나 고용주는 문제가 된 관행의 '직

72 Griggs v. Duke Power Co., 401 U.S. 424(1971).

73 법원은 민권법 제7편이 비백인(non-white)을 보호하듯이 백인 역시 보호하며, 여성을 보호하듯이 남성 역시 보호한다고 언급한 바 있다. 예컨대 Newport News

무연관성' 혹은 사업상의 필요성을 입증함으로써 차별적 효과를 정당화할 수 있다. 게다가 문제가 된 관행의 적절성에 대한 심사는 오직 기존의 직무가 이미 구조화되어 있는 방식에 준거해서 이루어진다. 따라서 차별적 효과 분석도 그것이 현재 사용되고 있는 것과 같은 식으로 전개되는 한, 사업과 직업 혹은 직무의 구조 속에 존재하는 남성적 편향에 대한 도전을 허용하지는 않는다.

수용으로서의 평등은, 남성적 규범이 직무와 연관되거나 사업상 필수적이거나 '주의 중요한 이익과 상당할 정도로 연관된다'고 여겨지는 경우에도, 남성적 규범을 사용하는 정부와 고용주의 정책 및 관행에 도전하는 것을 지지해 준다. 그러나 수용으로서의 평등은 앞서 언급한 보다 급진적 형태의 양성성 모델과는 달리 그러한 규범의 폐기를 요구하지는 않을 것이다. 수용은 여성적 규범을 담고 있는 보완적 구조의 고안을 통해 성취될 수 있기 때문이다.

가령 고용주가 최소신장 기준 179.8cm를 컨베이어벨트로 운반되는 물품의 분류업무에 필수적인 것으로 입증하는 데 성공했다고 가정해 보자. 수용으로서의 평등은 직무 자체를 재구조화함으로써, 즉 컨베이어벨트의 높이를 바꾸거나 추가적인 벨트를 만듦으로써 달성될 수 있다. 고용주는 대안적으로 자신의 공장에는 179.8cm에 미달하는 지원자에게도 평등한 직무 기회가 제공되고 있다는 점을 입증함으로써 최소신장

Shipping & Dry Dock Co. v. EEOC, 462 U.S. 669(1983); Regents of the Univ. of Cal. v. Bakke, 438 U.S. 265, 308-309 주 44(1978) 참고. 따라서 차별적 효과 분석은 이론적으로 남성 원고에 의해 마찬가지로 활용될 수 있지만, 나는 지금까지 남성 원고가 차별적 효과 이론을 주장하는 차별 사건을 본 적이 없다. 이러한 점은 여성을 위해 마련된 근무규칙들은 남성을 위해 마련된 근무규칙들보다 직무와의 연관성이 크다는 점, 혹은 남성은 사회적 여성으로 분류되지 않는 것에 완벽하게 흡족해하고 있다는 점을 시사하는 것이다.

기준을 방어할 수도 있다. 그리고 이에 따라서 수용은 작업장에서의 사실상의 성분리를 허용할 수 있다. 그러나 이러한 분리는 오직 **남성**이 대다수인 직무와 여성이 대다수인 직무가 평등한 임금과 지위를 얻을 수 있고 의사결정 권한이 있는 직위로 승진할 수 있는 평등한 기회를 가졌을 때에만 허용될 뿐이다.

그러나 유-무의 차이들은 대응시키는 것이 그리 쉽지만은 않다. 이러한 배경으로 인해 '동등대우/특별대우' 논쟁은 임신의 문제, 특히 고용주가 여성에게 임신휴가를 제공하도록 규정하는 것이 그러한 휴가로부터 혜택을 전혀 받을 수 없는 남성의 평등한 권리를 침해하는 것인지의 문제에 초점을 맞추게 된 것이다. 만약 임신이 노동장애를 야기하는 심장발작이나 육아책임처럼 다-소의 차이에 속한다면 현재의 법체계는 그러한 질문에 쉽게 답할 수 있었을 것이다. 그러나 임신의 문제는 유-무의 차이이기에, 법체계는 제자리를 맴돌고 있다. [···]

나는 유-무의 차이가 연관된 사건에서 적절한 분석의 단위는 양성 간의 비교가 아니라 양성 간의 **상호작용**이라고 생각한다. 재생산 기술의 급속한 발달에도 불구하고 임신을 위해서는 아직도 여성의 신체 중 일부가 남성의 신체 중 일부와 상호작용해야 한다. 이러한 상호작용에서 성별화된 보완물이란 여성의 임신과 남성의 정자세포 몇 개이다. 임신은 거의 언제나 일정 기간 동안 여성이 일을 할 수 없게 되는 결과를 가져오므로, 직장과 관련하여 이와 같은 성차를 비용이 들지 않는 것으로 만들기 위해서는 금전과 지위, 승진 기회가 자궁을 제공하는 여성과 정자를 제공하는(재생산 행위의 평등한 기여자인) 남성 모두에게 평등하게 유입되도록 해야 한다.

평균 신장과 임신은 모두 '근원'의 축에서 생물학적 근원 쪽에 가까운 것들이다. 그러한 차이들은 분명히 생물학적이다. 그러한 차이의 존재와 중첩의 정도는 경험적 문제로서, 문화적 '근원'에 근접한 차이들보다는 문제의 소지가 적다. 반면 명백하게 문화적인 차이는 일차적으로 생물학적 차이보다 여성에게 해로운 고정관념을 양산할 여지가 크므로 더욱 문제적이다. 또한 차이를 무시하자는 주장은 문화적 '근원'에 가까운 차이들과 관련하여 보다 큰 설득력을 지닌다. 그러한 차이는 습득되는 것이므로 우리 자신을 위해서는 불가능할지라도 우리의 후세대를 위해서는 아마도 폐기될 수 있다는 것이다.[74] 이러한 위험성과 설득력의 결합은 대칭과 비대칭의 논쟁에서 몇몇 성평등 이론가들을 중도적 입장으로 이끌었다. 그러나 나는 문화적 차이조차도 평등 분석을 통해 다루어질 수 있다고 생각할 정도로 용감하거나 혹은 무모하다.

다-소의 문화적 차이는 중첩되는 생물학적 차이의 경우와 마찬가지의 일반적 논지를 따라 다루어질 수 있다. 가령 수용으로서의 평등에 의할 때, 혼인해소의 판결marital dissolution decrees은 수입이 없는 (항상 그런 것은 아니지만 보통 여성인) 배우자의 기여를 높게 평가할 수 있다. 그러한 판결은 또한 이혼 후 가정 내에서 수행된 활동을 고려하고, 양육권자가 필연적으로 부담하는 비용을 현실적으로 다룰 수 있다. 공동양육권joint custody에 대한 우호적 추정과 같은 현재의 실험적 방법들보다는 이와 같은 조치들이 여성에게 이혼이 가할 수 있는 잠재적인 경제적 타격을 줄

74 만약 차이를 전적으로 제거할 수 있다면 우리는 왜 차이를 상대적으로 비용 없는 것으로 만들려고 애써야 하는가? 이에 대한 나의 대답은 평등 모델로서의 양성성 모델에 대해 했던 대답과 유사하다. 즉 남성 지배의 체계에서 차이를 제거하는 것은 여성의 차이를 제거하는 것을 의미한다는 것이다. 가령 로펌에서의 '평등'이란 육아휴가를 받은 여성과 남성은 모두 파트너 직위에 오르지 못한다는 것을 의미하는 것으로 보인다. 또한 학계에서의 '평등'이란 여성학을 연구하는 여성과 남성은 모두 '진지하지' 못한 학자로 여겨진다는 것을 의미하는 것 같다. 여성학에 대한 대학의 폄하는 성차별의 증거라고 한 Lynn v. Regents of the Univ. of Cal., 656 F.2d 1337(9th Cir. 1981), 항고 신청 기각, 459 U.S. 823(1982) 참고. 마찬가지로 내가 가르치고 있는 여학생들은 취업 인터뷰에 임할 때 회색 혹은 네이비블루의 '파워 수트(power suits)'를 입으라는 충고를 (종종 작은 줄이 달린 '타이' 혹은 실크 '타이'를 곁들이라는 충고와 함께) 끊임없이 듣고 있다. […]

이는 데 보다 기여할 것이다.

유-무의 문화적 차이는 다-소의 문화적 차이보다 더 쉽게 포착할 수 있지만 다루기는 더 힘들다. 다행히도, 유-무의 문화적 차이는 상대적으로 (몇십 년 전에 비하면 훨씬 더) 그 수가 적다. 가장 생생한 예는 군복무에 있어서의 차이이다. 여성은 비상시 징집대상자 등록draft registration에서 제외되고 있다. 또한 자원자라 하더라도 여성은 전투원 지위에서 배제되고 있다.

'생물학적' 영역에서의 성별화된 보완물들이 생물학에 대한 우리의 인식으로부터 나오는 것처럼, '문화적' 영역에서의 성별화된 보완물들은 현재 우리의 문화에 대한 인식으로부터 나온다. 전통적인 성별 분리는 문화적 의미에서의 '전사warrior'를 문화적 의미에서의 '어머니'와 직접적으로 대립하는 것으로 설정하였다(Williams, 1982: 190). '모성에 대한 숭배'는 '전쟁의 영광'과 많은 방식에서 유사하다. 두 가지 활동은 모두 상당한 정도의 고된 일을 동반한다. 그리고 그러한 고됨을 은폐하기 위해 문화적으로 위장되고 숭고화된, 개인을 넘어선 대의명분에 대한 진정한 헌신이 그 뒤를 따른다. 두 활동 모두 위험과 죽음의 가능성을 수반한다. 물론 여성을 전투에서 배제하는 이유로 가장 빈번히 제시되는 것은 여성의 모성능력이다.

이러한 경우 성차의 비용을 감소시킨다는 것은 국가가 대부분의 군인에게 제공하는 것과 마찬가지로 적은 봉급과 다양한 혜택을 어머니에게도 지급하도록 정부에 요구하는 것을 의미할 수 있다.[75] 또한 자녀출

75 부양자녀가족지원 프로그램(Aid to Families with Dependent Children, AFDC)은 부분적으로나마 자녀 보살핌이라는 일의 중요성에 대한 문화적 인정이라고 볼 수 있다. 그러나 부양자녀가족지원 프로그램에 의해 제공되는 금전적 지원은 일의 대가로 제공되는 소득이 아니라 필요에 대한 응답으로 이해되고 있다. 이와 같은 점으로 인해 부양자녀가족지원 프로그램은 정치적 향방에 취약하게 된다. 필요에 기

산을 공직 임용의 비공식적 자격조건으로 활용하도록 권장하는 것으로 이해될 수도 있다. 가사와 육아가 그에 따른 지속적인 혜택을 받는 유급의 활동이 됨에 따라, 보다 많은 남성들이 그 일에 참여하도록 유도될 수 있다.[76] 이러한 방법들이 아니라면 차이의 비용을 완전히 제거하는 것은 전투병들에 대한 봉급을 완전히 중단하는 것을 의미할 수 있겠지만, 이러한 방법이 대안이 되기는 힘들 것이다. […]

문화적 차이를 가로질러 평등을 추구하기 위해 성별화된 보완물들을 서로 대응시키는 것은 고정관념 속으로 돌진해 들어가는 것처럼 보일 수 있다. '다른 목소리'에 대한 길리건의 발견을 성차별적이라고 생각하는 사람에게는 이러한 전진이 큰 호소력을 갖지 못할 수 있다. 그럼에도 불구하고 나는 이에 두 가지 반박을 하고자 한다. 첫째, 거의 대부분의 문화적 차이는 '다-소'의 문제이거나, '다-소'의 문제로 쉽게 변형될 수 있다. 많은 생물학적 남성들이 사회적으로 여성적인 특성을 보인다.(그리고 이로 인해 그들은 대부분 불이익을 당한다.) 또한 적어도 그 정도로 많은 수의 생물학적 여성들이 사회적으로 남성적인 특성을 보인다.(그

초한 주장은 권리에 기초한 주장에 비해 상대적으로 취약하다는 점에 대해서는 Littleton(1987) 참고. 게다가 부양자녀가족지원 프로그램의 금전적 지원을 소득이 아니라 '자선'으로 사회적 낙인을 찍는 것은 수혜자의 자아상과 자존감에 불가피한 악영향을 미친다. 부양자녀가족지원 프로그램의 금전적 지원을 군인에 대한 봉급과 등가적인 것으로 만듦으로써 프로그램의 기초와 척도를 변화시킨다면, 잠재적 수혜자에게 사회복지 프로그램이 미칠 수 있는 부정적 영향과 빈곤의 여성화를 완화시킬 수 있는 진일보를 이룰 수 있을 것이다. […]

76 남성 역시 '어머니'가 될 수 있다는 점은 너무나도 분명하다. 그럼에도 불구하고 문화적 구성물로서의 모성은 생물학적 상태로서의 모성에 결박되어 있다. 이와 같이 근원 축에서의 위치가 변형되는 현상은 흥미롭다. 만약 사회적 범주로서의 '어머니'에 일말의 생물학적 요소가 있다면, 즉 '일차적 부모'라는 범주에 담겨 있지 않은 요소가 있다면, 그러한 요소는 종국적으로 재생산 기술의 진보를 통해 제거될 수 있을 것이다.

리고 이로 인해 그들은 종종 보상을 받는다. 물론 동시에 생물학적 형태에 부합하지 않는다고 해서 불이익을 당하기도 하지만 말이다.) 그리고 그보다 더 많은 수의 여성과 남성들이 '남성적' 혹은 '여성적' 패턴으로 쉽게 파악될 수 없는 특성을 보이면서 중간지대에 위치한다. 둘째, 고정관념과 관련하여 반론의 근거가 되는 것은 그것이 절대 진실이 아니라는 점이 아니라, 그것이 **언제나** 진실인 것은 아니라는 점이다. 자녀를 둔 모든 여성이 육아의 일차적 책임을 지는 것은 아니라는 논증은 그러한 책임을 부담하지 않으면서 특정한 일자리를 위해 경쟁하는 여성들에게는 도움을 줄 수도 있으나, 두 가지 일 모두에서 고군분투하고 있지만 그중 하나의 일에 대해서만 급여를 받고 있는 여성들에게는 거의 도움이 되지 않는다.

이러한 반박들은 접어 두고서라도, 이 글에서 관건이 되는 것은 성별화된 보완물들의 정확성이나 부정확성이 아니라, 성별화된 보완물들이 어느 한쪽에 속하는 것으로 인식된 사람들에게 어떻게 보상하거나 불이익을 가하는가에 관한 것이다. 직장에서의 성별 분리sex-segregated work places에 대한 연구는 고용주의 성차 인식과 성별 분리의 패턴 자체가 높은 상관관계를 맺고 있음을 보여 준다. 고용주가 인식하는 성차, 가령 물건을 들어 올리는 힘이나 미세근육의 섬세성 등은 다-소의 차이에 속하며 '근원'의 축에서 중간에 위치하는 경향이 있다. 개별적 자격심사를 요구함으로써 분리는 어느 정도 완화될 수 있으나, 그것은 정형화된 여성에 합치하지 않는 여성들만을 도울 뿐이다.(물론 정형화된 남성에 합치하지 않는 남성들을 희생시키면서 말이다.) 또한 성별 분리의 주된 문제는 승진 방식과 임금산정이 직무진입 단계entry level에서의 분류에 의해 결정된다는 점에 있다. 따라서 정형화된 여성상과 합치하는 여성(가령 물건을 들어 올리는 힘이 적거나 미세근육의 섬세함을 갖춘 경우)은 바로 그와 같은 덫에 걸리게 된다. 그녀는 '여성' 직무의 분류 그 자체에 의해 해를 입는 것은 아니고, 그러한 분류에 수반된 임금과 승진 기회에서의 격차로부터 피해를 입는 것이다. 고용주는 사회적으로 남성인 생물학적 남성과 여성을 계속해서 선택할 것이므로, 승진 기회에서의 격차는 '남성적' 특성의 과대평가와 '여성적' 특성의 과소평가의 순환을 지속시킨다.

만약 직무진입 단계에서 '남성'과 '여성'으로 분류된 직무가 동일한 임금과 승진 기회를 제공받는다면, 개별적 자격심사는 큰 문제가 되지 않을 것이다. 지원 가능한 일자리 수의 비율이 적정하다고 가정한다면, 실제로 지원자들은 각각 그들 나름의 장점을 보다 잘 활용하면서 단점을 최소화할 수 있는 직무를 스스로 선택할 수 있을 것이다. 그렇게 된다면, 분리의 패턴은 고용주가 적극적으로 그리고 법률용어를 빌리자면 '의도적으로' 그것을 유지하려고 하지 않는 이상 점차 붕괴될 것이다. 게다가 개인의 능력에 따른 스스로의 선택이 발생하지 않는다 하더라도, 경영진 수준에서의 보다 나은 성별 조합은 궁극적으로 기업 전체에 중요한 영향을 미치게 될 것이다. […]

성적으로 코드화된 이분법들의 경직성은 많은 영역에서 점차 와해되기 시작하는 것처럼 보인다. 내가 제안한 전략이 그러한 와해를 오히려 방해하는지에 대해서는 다음에서 논의될 것이다. 어쨌든 전략의 실행이라는 실천적 문제와 관련하여 볼 때 남성과 여성의 이분법 중 어떤 일부라도 진정으로 붕괴시킬 수 있다면 그것은 문제가 아니라 유익이 된다. 그것은 우리로 하여금 이분법들의 완전한 폐기에 보다 가까이 다가갈 수 있도록 해 준다.

2. 성별의 물화

이상의 논의가 가질 수 있는 이론적 문제점은 바로 성별화된 보완물들을 공개적으로 활용하는 것(물론 우리는 그것들을 항상 은밀하게 사용하고 있다.)이 오히려 성별의 분리를 강화할 위험성을 지닌다는 점에 있다. 만약 다음에서의 내 분석이 타당하다면 이러한 위험은 과장된 것이겠지만, 이러한 위험은 실제로 존재하는 것처럼 보인다. 이 글 전반을 통해 내가 강조하고 있는 것처럼 성별의 분리를 만들어 내는 것은 성별의 차이가 아니라 바로 성별이 만들어 내는 차이이다. […] '희생자'의 지위가 현실적인 사회적 조건에서 그렇게 취약하지 않다면, 우리는 미네아폴리스 주의 반포르노그래피 법령antipornography ordinance이 여성을 남성폭력의 희생자로 그리고 있다는 주장을 웃어넘길 수도 있을 것이다. 마찬가지로 성별의 분리에 있어서 '여성적' 위치나 행동 또는 특성이 그녀, 그, 그것에 대한 즉각적인 평가절하를 일으키지 않는다면, 단지 어떤 법의 수혜자가 '여성'임을 확인했다는 것 때문에 그 법의 상대적인 이익과 불이익에 대한 보다 심층적이고 현실적인 분석이 방해받는 일은 발생하지 않을 것이다.

그러나 성별의 물화reifying gender에 대한 비판에는 또 하나의 층위가 있다. 사회적 여성은 단지 구성된 범주일 뿐만 아니라, 역사적으로 여성의 부재 속에서 또는 최소한 여성의 참여 없이 만들어졌다. 따라서 성별의 물화에 대한 비판은 다음과 같이 말한다. 사회적 여성은 진정으로 여성에 속한다고 주장할 수 없다. 사회적 여성을 정의해 온 것은 남성이었기 때문이다. 그렇다면 나는 어떻게 **여싱**을 대변하여 사회적 여성을 가치 있는 것으로 주장할 수 있겠는가?

나는 여성의 진정한 목소리가 사회적 정의definition를 통해 여성에게 할당되어 왔던 모든 것들이 가치 있다고 평가할 것이라고 생각하지 않는다. 만약 내가 남근중심적 사회에서 길러지지 않았다면, 나 자신이 나라는 인간에 대해 과연 무엇이라고 말하게 될지에 대해서 나는 문자 그대로 알지 못한다. 그러나 사회적으로 여성적인 속성에 대한 동일시가 사회적으로 남성적인 속성에 대한 동일시보다 더 '많은 비용을 감당해야' 하는 한, 즉 출산휴가로 인해 회사의 파트너 자리에서 배제되고 울음을 터트린다고 해서 토론에서 배제되고 수유로 인해 식당에서 거부당하는 한, 우리는 여성이 스스로를 위해 가치 있는 것을 찾을 수 있는 위치에 접근할 수 없을 것이다.

'여성'의 사회적 구성은 단지 남성이 좋은 것들을 차지한 후 남은 것들을 여성에게 할당하는 식의 문제만은 아니었다. 그것은 여성이 어떠하다고 인식되는 것이면 무엇이든 '최악'의 것으로 인식하는 문제이기도 했다.[77] 이러한 상호작용은 여성이 어떠하다고 인식되는 것을 재평가하거나 사회적 성을 구성하는 속성들을 재할당함으로써, 혹은 두 방법 모두를 사용함으로써 차단될 수 있다. 그러나 나는 앞에서 제시했던 하나의 체계로서의 남성권력에 대한 분석에 근거하여, 속성의 재할당보다는 가치의 재평가를 통한 차단방식을 주장하고자 한다. 평등 분석이 클럽에 의해 정의되는 체계 내에서 진행되는 한 사회적 성의 속성들을 재할당하는 것은 그 자체로 불평등하게 전개될 수밖에 없다. 나의 주장은 또한, 여성은 적어도 사회적 여성의 존재 방식 중 일부를 유지하기 위해 대단히 큰 비용을 지불하려고 하는 반면, 남성은 그렇지 않거나 그러한 요청을 받지 않는다는 준경험적quasi-empirical 관찰에 근거하고 있다. 한 가지 예를 들면, 육아의 재할당은 육아를 남성에게 할당하는 것에는 이르지 못하며, 심지어는 육아의 공유에도 이르지 못한다. 그것은 단지 육아를 더 가난한 여성에게 할당하는 것을 의미하게 될 뿐이다. 직장을 유지하면서 결혼하는 여성의 수는 급격하게 증가하고 있지만, 가사에 대한 남성의 기여는 여전히 놀라울 정도로 낮은 수준에 머물러 있다. 성의 변증법sexual dialectic이 조금이라도 변혁적인 것을 제공하려면, 우리는 저울의 한쪽을 누르고 있는 사회적 손가락을 떼어야 한다.

77 직업사전에서 육아를 비숙련 노동으로 평가하는 것은 육아가 '실제로' 그러하기 때문인가? 아니면 우리가 우리의 어머니들을 볼 때 혹은 우리 스스로 아이들을 돌볼 때 매일 듣게 되는 이런저런 지침들을 공적 논의의 대변인들이 전혀 접하지 못했거나 정식화하지 않았기 때문인가? 이에 대해서는 Briggs(1975: 203) 참고. 육아는 '본능적'이라는 것이 그 대답이라면, 도구의 사용 역시 그렇다고 응수할 수 있다. 물론 육아나 도구의 사용 모두 본능적인 것과는 거리가 멀다. 현대인의 도구 사용이 본능적인 도구 사용과 다르듯이, 현대의 육아는 부모로서의 본능적인 행태와 다르다.

이처럼 현재 우리가 '비용'을 측정하는 데 사용하고 있는 편향된 수단을 통해서라도 성차를 비용이 들지 않는 것으로 만드는 것은, 우리가 성차라고 인식하고 있는 것들이 사라지거나 '변형'될 것이라는 기대 속에서 그것들을 무시해 감에 따라 생물학적 성과 사회적 성의 중첩을 줄여 나갈 것으로 보인다. 아이를 돌보면서 집에 있는 것이 남성과 여성에게 동일한 비용을 야기한다면 육아는 공유될 가능성이 보다 크다.(일반적으로 여성의 임금과 기대치 모두가 남성보다 낮기 때문에, 무급의 육아를 위해 유럽급의 직장을 포기함으로써 현재 여성들이 남성보다는 잃을 것이 적다.) 또한 육아의 사회적 보상이 우리가 현재 고용이라고 여기는 것들에 근접한다면, 두 가지 일의 양립은 현재처럼 일방적으로 진행되는 것이 아니라 양쪽 방향에서 진행될 것이다. […]

3. 향후 과제

향후의 보다 진전된 탐구와 분석이 필요한 세 가지 주요한 과제가 아직 대부분 검토되지 않은 채로 남아 있다. […] 첫째, 어떠한 차이들이 존재하는가? 둘째, 차이들은 어떻게 만들어지고 유지되는가? 셋째, 차이들이 구현하고 있는 문화적 의미들은 무엇인가? […]

수용으로서의 평등 모델은 성적 차이가 성적 불평등의 불필요한 결과를 가져오지 않도록 보장할 수 있는 방법론을 제공한다. 그러한 방법론을 적용하기 위해서는 차이의 파악, 사용, 의미에 대한 탐구를 시작해야 한다. 역사적으로 양성 간의 인식된 차이가 한쪽 성에 대한 합리화된 구체적 불이익으로 이어지는 통로가 되어 왔던 법체계는 평등한 수용의 모델을 통해 종국적으로 차이를 가로지르는 평등을 선언하는 장이 될 수 있을 것이다.

VI. 결론

이 글에서 나는 수용으로서의 평등 모델의 개요를 제시하였다. 수용 모델과 관련하여 내가 했던 주장은 온건한 것이기도 하고 동시에 야심찬 것이기도 하다. 수용 모델의 완전한 실행이 자동적으로 완전한 성적 평등을 가져올 것이라고 주장하지는 않는다는 점에서 나의 주장은 온건하다. 반면 수용 모델이 단지 부분적으로라도 실행된다면 이는 이론가와 정책형성가들에게 현재 모호하게 가려진 평등의 새로운 토대를 볼 수 있는 시각을 제공할 것이라고 주장한다는 점에서 나의 주장은 야심찬 것이다. 적어도 수용 모델은 우리의 삶과 상상력을 옥죄어 왔던 성적 위계질서의 지배$_{grip}$를 완화시켜 줄 것이다.

수용 모델을 옹호하기 위해 앞서 제시했던 논변들을 뒤돌아볼 때, 다음과 같은 주요 논지를 지적할 수 있다. 첫째, 여성주의적 비판에 충실하기 위해서는, 재구성된 평등의 규범은 차이를 가로질러 혹은 차이를 넘어 적용될 수 있어야 한다. 둘째, 불평등의 상황에서 이루어진 재구성은 스스로 남근중심적 편향으로부터 완벽하게 자유롭다고 주장할 수 없다. 그러나 그러한 재구성도 평등을 증대시킬 수 있고, 기본적인 틀을 변화시키고 주변부를 전면으로 이동시킴으로써 향후 보다 자유로운 재구성을 향한 길을 닦을 수 있다. 셋째, 차이를 비용이 들지 않는 것으로(혹은 적은 비용이 드는 것으로) 만드는 것은, 불평등을 재생산하기 위해 차이가 사용될 위험성을 줄여 나감과 동시에 보다 미묘한 형태의 남근중심적 편향을 포착할 수 있게끔 함으로써 기본적인 틀을 변화시킬 것이다. 넷째, 비용이 들지 않는 차이의 모델을 단일 맥락에서 적용하는 경우, 이 모델을 향후 서로 다른 맥락에 걸쳐서 적용하려는 노력을 저해함 없이 적용하는 것은 가능하다. 다섯째, 수용 모델의 유용성의 상당 부분은 중대한 입법적 혹은 문화적 변화 없이도 현시점에서 실현될 수 있다.[78]

그러나 아직 남아 있는 막대한 과제들은 과소평가될 수 없다. 우리는 차이가 갖는 분리와 억압의 잠재력에 대해서는 많은 것을 알고 있지만, 차이의 해방적 잠재력에 대해서는 거의 알지 못하고 있다. 그러나 만약 우리가 차이에 대해 얻게 될 답들이 불평등이 아니라 평등을 증대시킬 수 있다면, 나는 우리가 남은 과제들을 완수할 수 있을 것이라고 확신한다.

78 이 글 전반에 걸쳐 상당한 정도의 낙관주의가 흐르고 있음을 나는 인정한다. 여성이 겪는 상상할 수 없을 정도의 고통과 고난이 이제 막 밝혀지기 시작한 시점에서라면 이러한 낙관주의가 존재하기 힘들 것이다. 나의 낙관주의의 상당 부분은 살아가면서 내가 누렸던 매우 특권적인 지위에서 나오는 것이라는 점 역시 인정한다. 그러나 차이를 포괄하는 평등의 가능성에 대한 나의 신념은 경험에 기초한 것이다. 나는 서로 다른 네 명의 자녀를 평등한 존재로 대우해야 한다고 믿었던 어머니를 갖는 행운을 누렸다. 우리의 차이를 비용이 들지 않는 것으로 만드는 데 그녀가 언제나 성공한 것은 아니었지만, 수용이 무엇을 의미하는지를 맛보기에는 충분했다.

| 참고문헌 |

Briggs, Norma, 1975, "Guess Who Has the Most Complex Job?", reprinted in Barbara Babcock, Ann Freedman, Eleanor Norton & Susan Ross, *Sex Discrimination and the Law: Causes and Remedies*, Boston: Little Brown.

Brownmiller, Susan, 1975, *Against Our Will*, New York: Fawcett Columbine.

Chafe, William, 1977, *Women and Equality: Changing Patterns in American Culture*, New York: Oxford University Press.

Chodorow, Nancy, 1974, "Family Structure and Feminine Personality", in Michelle Rosaldo & Louise Lamphere (eds.), *Woman, Culture and Society*, Stanford: Stanford University Press.

Chodorow, Nancy, 1978, *The Reproduction of Mothering*, Berkeley: University of California Press.

Cornell, Drucilla, 1983, *Equality and Gender Difference: Towards a Critical Theory of Equality* (unpublished).

Crenshaw, Kimberle, 1988, "Race, Reform and Retrenchment: Transformation and Legitimation in Antidiscrimination Law", *Harvard Law Review* 101.

Daly, Mary, 1973, *Beyond God the Father: Toward a Philosophy of Women's Liberation*, Boston: Beacon Press.

Davis, Angela, 1981, *Women, Race & Class*, New York: Vintage Books.

De Beauvoir, Simone, 1952, *The Second Sex,* translated by Howard Parshley, New York: Vintage Books.

DuBois, Ellen, Mary Dunlap, Carol Gilligan, Catharine A. MacKinnon & Carrie Menkel-Meadow, 1985, "Feminist Discourse, Moral Values, and Law: A Conversation", *Buffalo Law Review* 34.

Dworkin, Andrea, 1976, *Our Blood: Prophecies and Discourses on Sexual Politics*, New York: Harper & Row.

Dworkin, Andrea, 1979, *Pornography: Men Possessing Women*, New York: Putnam.

Dworkin, Andrea, 1983, *Right-Wing Women*, New York: Perigee Books.

Enloe, Cynthia, 1983, *Does Khaki Become You?: The Militarisation of Women's Lives*,

Boston: South End Press.
Firestone, Shulamith, 1970, *The Dialectic of Sex: The Case for Feminist Revolution*, New York: William Morrow and Company.
Freeman, Alan, 1982, "Antidiscrimination Law: A Critical Review", in David Kairys (ed.), *The Politics of Law: A Progressive Critique*, New York: Pantheon Books.
Gauthier, Xavière, 1980, "Is There Such a Thing as Women's Writing?", in Elaine Marks & Isaelle De Courtivron (eds.), *New French Feminism: An Anthology* 5, New York: Schocken.
Giddings, Paula, 1984, *When and Where I Enter: The Impact of Black Women on Race and Sex in America*, New York: William Morrow & Company.
Gilligan, Carol, 1982, *In a Different Voice: Psychological Theory and Women's Development*, Cambridge: Harvard University Press.
Harding, Sandra G., 1986, *The Science Question in Feminism*, New York: Cornell University Press.
Hooks, Bell, 1981, *Ain't I a Woman: Black Women and Feminism*, Boston: South End Press.
Howe, Florence, 1984, "Why Educate Women?", in Florence Howe (ed.), *Myths of Coeducation*, Urbana: Indiana University Press.
Irigaray, Luce, 1985, *This Sex Which Is Not One*, translated by Catherine Porter, Ithaca: Cornell University Press.
Johnston, John & Charles Knapp, 1971, "Sex Discrimination by Law: A Study in Judicial Perspective", *New York University Law Review* 46.
Karst, Kenneth, 1977, "Foreword: Equal Citizenship Under the Fourteenth Amendment", *Harvard Law Review* 91.
Krieger, Linda & Patricia Cooney, 1983, "The Miller-Wohl Controversy: Equal Treatment, Positive Action and the Meaning of Women's Equality", *Golden Gate University Law Review* 13.
Law, Sylvia, 1984, "Rethinking Sex and the Constitution", *University of Pennsylvania Law Review* 132.
Lawrence, Charles, 1987, "The Id, the Ego and Equal Protection: Reckoning with Unconscious Racism", *Stanford Law Review* 39.
LeGuin, Ursula K., 1969, *The Left Hand of Darkness,* New York: Ace.
Littleton, Christine A., 1981, "Toward A Redefinition of Sexual Equality", *Harvard Law Review* 95.
Littleton, Christine A., 1984, "Alternative Models of Sexual Equality", Address at the

Clara Brett Martin Workshop, University of Toronto.

Littleton, Christine A., 1987a, "Equality Across Difference: Is There Room for Rights Discourse?", *Wisconsin Women's Law Journal* 3.

Littleton, Christine A., 1987b, "Equality and Feminist Legal Theory", *University of Pittsburgh Law Review* 48.

MacKinnon, Catharine A., 1979, *Sexual Harassment of Working Women: A Case of Sex Discrimination*, New Haven: Yale University Press.

MacKinnon, Catharine A., 1982, "Feminism, Marxism, Method and the State: An Agenda for Theory", *Signs* 7.

MacKinnon, Catharine A., 1983, "Feminism, Marxism, Method and the State: Toward Feminist Jurisprudence", *Signs* 8.

Margolis, Maxine, 1984, *Mothers and Such*, Berkeley: University of California Press.

Marks, Elaine & Isabelle de Courtivron (eds.), 1980, *New French Feminism: An Anthology* 5, Amherst: University of Massachusetts Press.

Menkel-Meadow, Carrie, 1988, "Feminist Theory, Critical Legal Studies and Legal Education: The Fem-Crits Go to Law School", *Journal of Legal Education* 38.

Moi, Toril, 1985, *Sexual/Textual Politics: Feminist Literary Theory*, New York: Methuen.

Moraga, Cherríe & Gloria Anzaldúa (eds.), 1981, *This Bridge Called My Back*, Watertown: Persephone Press.

Morgan, Elaine, 1972, *The Descent of Woman*, London: Souvenir Press.

Morris, Desmond, 1967, *The Naked Ape: A Zoologist's Study of the Human Animal*, New York: McGraw-Hill.

Olsen, Frances, 1984, "The Sex of Law" (unpublished manuscript on file with the author).

Olsen, Frances, 1990, *The Politics of Law: A Progressive Critique*, New York: Pantheon Book.

Piercy, Marge, 1976, *Woman on the Edge of Time*, New York: Alfred A. Knopf.

Polan, Diana, 1982, "Toward a Theory of Law and Patriarchy", in David Kairys (ed.), *The Politics of Law*, New York: Pantheon Books.

Powers, Kathryn, 1979, "Sex Segregation and the Ambivalent Directions of Sex Discrimination Law", *Wisconsin Law Review* 1979-1.

Rifikin, Janet, 1980, "Toward a Theory of Law and Patriarchy", *Harvard Women's Law Journal* 3.

Rossi, Alice S., 1976, "Sex Equality: The beginnings of Ideology", in A. Kaplan & J.

Bean (eds.), *Beyond Sex-role Stereotypes*, Boston: Little, Brown and Co.

Ruthven, Kenneth, 1985, *Feminist Literary Studies: An Introduction*, Cambridge: Cambridge University Press.

Scales, Ann, 1981, "Towards A Feminist Jurisprudence", *Indiana Law Journal* 56.

Scales, Ann, 1986, "The Emergence of Feminist Jurisprudence: An Essay", *Yale Law Journal* 95.

Schor, Naomi, 1986, *Introducing Feminism* (unpublished).

Sklar, Kathryn, 1985, "Hull House in the 1890s: A Community of Women Reformers", *Signs* 10.

Spender, Dale, 1985, *Man-made Language*, London: Routledge & Kegan Paul.

Stone, Merlin, 1976, *When God Was a Woman*, New York: Dial Press.

Stromberg, Ann & Shirley Harkess (eds.), 1978, *Women Working: Theories and Facts in Perspective*, Palo Alto: Mayfield Publishing Company.

Whisner, Mary, 1982, "Gender-Specific Clothing Regulation: A Study in Patriarchy", *Harvard Women's Law Journal* 5.

Williams, Wendy W., 1982, "The Equality Crisis: Some Reflections on Culture, Courts and Feminism", *Women's Rights Law Reporter* 7.

Williams, Wendy W., 1984-1985, "Equality's Riddle: Pregnancy and Equal Treatment/Special Treatment Debate", *New York University Review of Law & Social Change* 13.

Wolgast, Elizabeth, 1980, *Equality and the Rights of Women*, New York: Cornell University Press.

평등 대 차이의 해체 또는 페미니즘을 위한 포스트구조주의 이론의 활용

조안 스콧Joan W. Scott

페미니즘에 이론이 필요하다는 점은 굳이 말할 필요도 없을 것이다.(그에 대해서는 그동안 매우 많이 이야기되었기 때문일 것이다.) 그 이론이 무엇을 할 수 있는가 하는 것이 언제나 명확하기만 한 것은 아니지만, 수많은 페미니스트 저작들에서 발견할 수 있는 어떤 공통된 가정들이 존재한다. 우리에게는 이데올로기적이고 제도적이며 조직적일 뿐 아니라 주관적인 모습들로 존재하는 가부장제의 작용을 분석하고, 그 연속성뿐 아니라 시대에 따른 변화 또한 설명해 낼 수 있는 이론이 필요하다. 우리에게는 단일성이나 보편성보다는 복수성과 다양성에 의해서 사고할 수 있게 하는 이론이 필요하다. 우리에게는 남성적인 보편성과 여성적인 특수성이라는 위계에 의해 세상을 체계적으로 그리고 반복적으로 해석해 온 (서구) 철학의 오래된 전통이 유지시켜 온 개념적 장악hold을 깨뜨릴 수 있는 이론이 필요하다. 우리에게는 단순히 낡은 위계들을 뒤집거나 그것들을 받아들이는 것이 아니라 젠더에 대해 사고할 수 있는 (그리고 그럼으로써 그 사고를 실천할 수 있는) 대안적인 방식을 정교화해 줄 수 있는 이론이 필요하다. 그리고 우리에게는 정치적인 실천을 위한 유용하고 적절한 이론이 필요하다.

나는 포스트구조주의로 불리는 일군의 이론이 이러한 모든 요건을 충족시킨다고 본다. 물론 이것만이 오직 유일한 이론이라거나 그 입장이나 공식formulation이 고유한 것이라고 주장하는 것은 아니다. 하지만 나 자신의 경우를 보자면, 내가 찾아 왔던 것을 명확하게 할 요소들을 바로 포스트구조주의 이론을 읽고 학자들과 논쟁하는 과정에서 얻을 수 있었다. 이를 통해 단일하고 보편적인 범주에 의문을 제기하고 자연적(남성과 여성)이거나 절대적(평등이나 정의)으로 여겨졌던 개념을 역사화하는, 의미의 구성과 권력의 관계를 분석하는 새로운 방법을 발견할 수 있었다. 그와 더불어 포스트구조주의와 현대 페미니즘 간의 역사적인 연관은 나를 매료시켰다. 이 두 운동들은 20세기 후반에 일어난 운동으로, 기존의 철학적이고 정치적인 전통에 대한 어떠한 자기의식적인 비판적 관계self-conscious critical relationship를 공유하고 있다. 그렇기 때문에 페미니스트 학자들이 이러한 관계를 페미니즘의 목적을 위해 활용exploit하는 것이 유용하다고 생각되었다.[1]

이 글에서는 이러한 다양한 이론의 '활용'의 역사에 대해서 논하거나 역사학자가 연구를 위해 이 이론에 시선을 돌려야 하는 모든 근거들을 상세히 설명(Scott, 1986: 1053-1075; Haraway, 1985: 65-107)하지는 않을 것이다. 이 글에서 유용한 것이 있다면 몇 가지 주요한 이론적 특징에 대한 짧은 목록을 제공하고 어떠한 특정한 설명에 노력을 기울이고 있다는 점일 것이다. 이 글의 앞부분에서는 포스트구조주의자들이 사용하는 개념들에 대해 간단히 논할 것인데, 이 개념들은 여성주의자들에게도 마찬가지로 유용하다. 뒷부분에서는 이러한 몇 가지 개념들을 현재

1 페미니즘을 위해 포스트구조주의를 전유(appropriate)하는 문제에 대해서는 Martin (1982: 3-30) 참고.

미국 페미니스트들 사이에서 가장 뜨겁게 논란이 되고 있는 쟁점들 중 하나인 '평등 대 차이' 논의에 적용해 보고자 한다.

페미니스트들이 포스트구조주의로부터 전유appropriate해 온 유용한 용어로는 언어, 담론, 차이 그리고 해체 등이 있다.

언어 구조주의 언어학과 인류학의 연구에 따르면, 이 용어는 단지 단어들 혹은 어휘와 일련의 문법적 규칙만이 아니라 의미의 구성 체계 meaning-constituting system라는 의미로 사용된다. 즉, 그 형태가 음성적인 것이든 여타의 것이든, 의미가 구성되고 문화적 실천이 조직되어, 이에 따라 사람들이 그들이 누구인가, 타인과 어떻게 관계를 맺는가를 포함해서 세계를 재현하고 이해하도록 하는 체계라는 의미로 사용된다. 그렇게 볼 때 '언어'는 포스트구조주의적 분석의 주요한 핵심이다.

언어는 물질적인 관계를 유발하거나 물질적인 관계가 그로부터 유래하는 관념의 표상representation으로 상정되지 않는다. 사실 관념론과 유물론의 대립을 이 문제에 적용하는 것은 잘못이다. 그보다 언어분석은 하나의 핵심적인 진입점, 즉 어떻게 사회적인 관계가 파악될 수 있는가를 이해하는 출발점을 마련해 준다. 사회적 관계가 어떻게 파악되는가를 이해하는 것은 곧 사회적 관계가 어떻게 작동하는가를 이해한다는 의미이며, 그럼으로써 어떻게 제도들이 조직되는가, 어떻게 생산관계가 경험되는가, 그리고 어떻게 집단 정체성collective identity이 구축되는가를 이해하는 것과 연결된다. 의미와 범주가 구성되는 과정과 언어에 주목하지 않는다면, 세계를 지나치게 단순화된 모델에 끼워 맞추게 되어 새로운 해석의 가능성을 열기보다는 전통적인 이해의 틀을 영속화하게 된다.

중요한 것은 특정한 '텍스트'—책이나 문서뿐 아니라 문화적 실천과 모든 매체를 통한 모든 종류의 발화utterances까지 포함하는 의미의 텍스트—를 그 구체적인 역사적·맥락적 의미라는 측면에서 분석하는 방법을 찾는 것이다. 포스트구조주의자들은 단어와 텍스트가 고정된 혹은 본질적인 의미를 갖고 있지 않으며, 그것들과 관념 내지 사물 사이에 투명하거나 자명한 관련성은 존재하지 않고, 언어와 세계 사이에 기본적이거나 궁극적인 상응성correspondence은 없다고 주장한다. 그렇기 때문에 이러한 분석을 통해 답해야 하는 물음은 어떻게, 어떠한 특정한 맥락에서, 어떠한 특정한 사람들의 공동체 사이에, 그리고 어떠한 텍스트적이고 사회적인 과정에 의해 의미가 획득되는가 하는 물음이다. 보다 일반적으로 표현하자면 그 질문은 다음과 같다. 의미가 어떻게 변화하는가? 어떻게 어떠한 의미는 규범적인 것이 되는 반면 다른 의미는 가려지거나 사라지는가? 이러한 과정은 권력이 구성되고 작동되는 방법에 대하여 무엇을 드러내어 주는가?

담론 이러한 물음에 대한 몇 가지 답은 담론 개념, 특히 미셸 푸코Michel Foucault의 작업을 통해 발전되어 온 담론 개념을 통해 찾을 수 있다. 담론은 언어나 텍스트가 아니다. 그것은 역사적으로, 사회적으로, 제도적으로 특정적인 진술, 용어, 범주, 신념의 구조이다. 푸코는 의미를 정교화하는 과정에는 갈등과 권력이 포함되어 있으며, 의미는 담론의 '역학장fields of force' 안에서 국지적으로 경합한다고 주장한다. 또한 (적어도 계몽시대 이후로) 어떤 특정한 장場을 통제하는 권력은 글뿐만 아니라 훈육이나 전문 조직, 제도(병원, 감옥, 학교, 공장) 그리고 사회적인 관계(의사와 환자, 선생과 학생, 고용주와 노동자, 부모와 아이, 남편과 아내) 안에서 구체화된(과학적) 지식에 대한 주장에 체화되어 있다고 주장한다. 그러므로 담론은 언어뿐만 아니라 조직과 제도에도 포함되거나 표현된다. 이 모든 것들이 우리가 읽을 수 있는 텍스트 혹은 문서를 구성하는 것이다.[2]

담론의 장은 또 다른 장과 겹치고 그에 영향을 미치며 경합한다. 이

2 미셸 푸코 저작의 예로는 Foucault(1976), Foucault(1980a), Foucault(1980b) 등이 있다. 또한 Dreyfus & Rabinow(1983) 참고.

장들은 권위와 정당성을 가지기 위해 서로의 '진실'에 호소한다. 이러한 진실들은 인간이 창조할 수 있는 영역, 다시 말해 이미 자명하게 알려지거나 과학적인 탐구를 통해 발견될 수 있는 영역의 바깥에 존재하는 것으로 가정된다. 정확하게 말하면 이 '진실들'에는 객관적인 지식이라는 지위가 부여되기 때문에 그것은 논쟁의 대상이 아니며, 그렇기 때문에 강력한 정당화 기능을 하는 것으로 받아들여진다. 자연도태natural selection에 관한 다윈주의 이론은 이러한 정당화 기능을 하는 진실의 사례들 중 하나이다. 성차에 대한 생물학적 이론 역시 그러한 사례 중 하나이다. 이러한 '진실들'이 가지고 있는 권력은, 특정 진실이 논쟁의 과정에서 양측 입장의 기정사실 또는 가장 기본적인 전제로 기능하는 방식에서 나온다. 그렇기 때문에 담론의 장에서 일어나는 갈등은 그러한 진실을 의문시하는 것이 아니라 그 진실을 그대로 따르는 방식으로 만들어진다. 푸코의 연구가 갖는 탁월함은, 매우 다른 주장으로 보이는 것이 공유하고 있는 가정을 보여 줌으로써 급진적인 비판론이 지닌 한계와 지배 이데올로기 내지 지배적 인식론이 지닌 권력의 범위를 폭로하는 점에 있다.

또한 푸코는 근본적인 가정에 대한 도전이 어떻게 어려움을 겪게 되는지를 보여 준다. 이러한 도전은 주변화되거나 묵살당하였고, 단기 목표를 성취하기 위해서 그들의 가장 급진적인 주장을 소극적으로 제기하도록 강요당하거나 완전히 기존 체계에 흡수되어 버렸다. 그러나 그럼에도 불구하고 변화라는 사실은 푸코의 '고고학' 개념에서 핵심적인데, 고고학은 서로 다른 역사적 시대를 대조함으로써 자신의 주장을 제기하는 푸코의 방식을 말한다. 정확하게 어떻게 변화의 과정이 발생하는지에 대해서 푸코는 많은 역사학자들이 만족할 만큼 명확한 설명을 제공하지 않고 있기 때문에, 일부 역사가들은 보다 명확한 인과적 모델을 요구하기도 한다. 그러나 인과적 이론이 고도로 일반적일 경우, 우리는 많은 경우 우리가 의문시해야 할 바로 그 담론이 전제하는 가정으로 끌려 들어가게 된다.(만약 우리가 그러한 가정에 의문을 제기하려 한다면, 우리는 기존의 역사 연구가 가지고 있던 기준을 버려야 할지도 모른다.) 어떠한 이들은 푸코가 사회변화를 위한 투쟁에 있어 인간의 행위성agency이 부질없음을 주장하는 것으로 독해한다. 그러나 나는 푸코의 이론은 어려운 문제를 단순하게 해결하는 것에 대해 경고이며, 인간 행위자들이 전략적이고 보다 자기의식적으로 자신이 참여하고 있는 프로그램의 철학적이고 정치적인 암시와 의미에 대해 사고해야 한다고 조언하는 것으로 해석하는 편이 보다 적절하다고 생각한다. 이러한 관점에서, 푸코의 작업은 사회적 의미가 갖고 있는 맥락적인 구성의 정치학에 대해, 특히 '평등'과 '차이' 같은 정치적 행위의 조직 원칙에 대해 다르게 (그리고 아마도 보다 창조적으로) 사고할 수 있는 중요한 방법을 제공한다.

차이 언어에 대한 포스트구조주의적 분석의 중요한 차원은 차이의 개념과 관련된다. 이 개념은 (페르디낭 드 소쉬르Ferdinand de Saussure의 구조주의 언어학에 따르면) 의미가 암시적 혹은 명시적 대조를 통해 만들어지며, 긍정적인 정의는 그것과 대조적인 것으로 표상되는 어떠한 것의 부정 내지 억제에 의존한다는 것을 보여 준다. 그렇기 때문에 모든 단일한 개념은 사실상 억제되거나 부정된 질료material를 포함한다. 즉 하나의 의미는 또 다른 용어에 대한 명시적인 대립을 통해 구축된다. 의미에 대한 분석 역시 그러한 부정과 대립을 파악하고 어떻게 그것들이 특정한 맥락에서 작동하고 있는지를 (그리고 작동하는지의 여부를) 이해하는 것과 관련되어 있다. 대립항은 은유와 상호지시cross-references에 의존한다. 그리고 가부장적인 담론 속에서 성차(남성성과 여성성의 대조)는 성별이나 몸과 문자 그대로 아무런 관련 없는 의미를 부호화encode하고 구성한다. 이러한 방식으로 성별의 의미는 다양한 종류의 문화적 재현에 부착되며, 차례로 여성과 남성 간의 관계를 조직하고 이해하게 하는 용어들을 구성한다. 당연하게도, 페미니스트 학자들은 이러한 방식의 분석이 갖고 있는 가능성에 주의와 관심을 기울여 왔다.

고정된 대립항은 대조적으로 보이는 사물들이 상호의존적이라는—다시 말해, 그것이 어떠한 본질적이거나 순수한 대조를 통해서라기보다는 특정하게 구성된 대비를 통해 그들의 의미를 이끌어 낸다는—사실을 감춘다. 또한 자크 데리다Jacques Derrida에 의하면 상호의존성은 한 용어가 지배적이며 일차적인 반면 대립되는 다른 용어는 종속적이고 이차적이라는 점에서 위계적이다. 그는 서구 철학적 전통이 단일성과 다양성, 동일성과 차이성, 현존과 부재, 그리고 보편성과 특수성이라는 이항대립에 의존해 왔다고 주장한다. 주요한 용어들은 우월성을 부여받지만, 그 파트너는 약자 내지 파생물로 재현된다. 그러나 일차적 용어는 이차적 용어가 일차적 용어의 정의를 규정하는 것으로 보일 정도로 그 의미를 이차적 용어들에 의존하고 그로부터 의미를 획득한다.[3] 데리다의 주장대로 이러한 이항대립이 의미들이 구성되는 방식에 대한 통찰을 제공한다고 했을 때, 의미에 대한 분석은 이항대립을 액면 그대로 받아들이는 것이 아니라 의미를 '해체'하여 그 안에 담겨진 과정을 드러내야 한다.

해체 이 용어는 학자들 사이에서 별다른 고민 없이 사용되기도 하고 심지어 파괴적인 기획으로 언급되기도 하지만, 이 또한 데리다와 그 추종자들의 작업에서 정확하게 정의되고 있다. 해체는 텍스트에서 차이의 작용, 즉 의미들이 작동되는 방식을 분석하는 과정이다. 이 방법은 관련된 두 단계, 즉 이항대립의 전도reversal와 전치displacement로 구성된

3 호주 출신의 철학자 엘리자베스 그로스(Elizabeth Gross)는 이렇게 설명한다. "데리다가 보여 주려고 하는 것은 이러한 이항대립 내에서 일차적 내지 지배적 용어가 그 대립항을 축소하고 억제함으로써 그 특권을 얻는다는 점이다. 같음(sameness), 동일성(identity), 현존(existence), 발화(speech), 기원(origin), 정신(mind) 등은 그들의 대립항과의 관계에서 특권을 갖는데, 그 대립항은 일차적 용어의 가치절하되고 불순한 변형으로 간주된다. 예를 들어 차이는 동일성 내지 같음의 결핍이며, 부재는 현존의 결핍이고, 글은 발화의 보충물이라는 식으로."(Gross, 1986: 73) 또한 Derrida(1976), Culler(1982) 참고.

다. 이러한 이중 과정은 표면적으로 이항대립적인 용어들의 상호의존성과 특정한 역사와 연관된 그들의 의미를 드러낸다. 이를 통해 이러한 이항대립이 자연적인 것이 아니라 구성된 대립, 즉 특정한 맥락 속에서 특정한 목적에 의해 구성된 대립임이 드러난다.[4] 문학비평가 바바라 존슨Barbara Johnson은 해체를 차이와 주요하게 연관된 것으로서 설명한다.

> 해체는 이항대립적 차이에서 출발하며, 이후 이러한 차이는 훨씬 더 집어내기 어려운 차이의 작동으로 인해 만들어진 환상이라는 점이 드러난다. 존재entity들 간의 차이는 … 존재들 안에 있는 차이에 대한 억제, 즉 어떠한 존재를 자기 스스로와 유리시키는 방식에 기반하는 것으로 드러난다. … 그러므로 이항대립의 '해체'는 모든 가치들 내지 차이의 소멸이 아니다. 이는 이항대립의 환상 내에서 이미 작용하는 차이의 미묘하지만 강력한 효과를 추적하려는 시도이다.(Johnson, 1980: x-xi)

그렇다면 해체는 중요한 지적 활동이 된다. 해체를 통해서 우리는 우리가 사용하고자 하는 관념이 일상적으로 표현되는 방식이, 우리가 추구하는 목표를 약화시킬 수도 있는 의미 형태로 나타남을 비판할 수 있기 때문이다. 이에 알맞은 사례—즉 정치적으로 자멸적인 방식으

4 다시 그로스의 공식을 인용하면, "전도와 그것의 유용한 전치를 통해, 서구 사상 내에서 이러한 용어들이 필수적이긴 하지만 근거 없는 작용이라는 것을 볼 수 있다. 대립적인 용어를 전치시킬 뿐 아니라 이분법과 그 두 용어에 부착된 가치들을 전도키는 것을 통해, 이항대립항 중 배제된 용어를 지배적 용어에 내재한 조건으로서의 대립적 역할 너머에 위치시킬 수 있다. 이러한 과정은 위계의 폭력성을 보여 주고 지배적 용어가 종속적 용어에 의존하고 있음을 명확하게 해 준다. 이는 또한 용어를 상상하는 이분법적이지 않은 다른 방법들이 있음을 보여 준다. 만약 이러한 용어들이 진정 이분법이었다면 전치의 과정은 가능하지 않았을 것이다. 비록 이 이분법적인 용어들은 역사적으로 필수적이기는 했지만, 논리적으로 필수적인 것은 아니다."(Gross, 1986: 74)

로 표현된 의미에 관한 사례—가 하나 있는데, 그것은 바로 페미니스트들 간의 '평등 대 차이' 논쟁이다. 이 사례에서는 하나의 이항대립이 만들어졌는데, 이에 의하면 여성주의자들은 '평등'에 손을 들어 줄 것인가 아니면 평등의 대조로 여겨지는 '차이'의 편에 설 것인가를 선택해야만 했다. 사실 대조 그 자체는 이 두 용어의 상호의존성을 숨기는데, 평등은 차이의 제거가 아니고 차이는 평등을 배제하지 않기 때문이다.

과거 몇 년 동안 '평등 대 차이'는 여성주의적 입장들과 정치적인 전략들 간의 갈등이 갖고 있는 특성을 기술하는 약어로 사용되어 왔다.[5] 성차가 학교, 고용, 법원 그리고 입법 영역에서 고려되어서는 안 된다고 주장하는 이들은 평등 범주로 분류된다. 여성을 위한 요구들이 집단으로서 여성의 공통된 필요, 이해, 특성에 따라 만들어져야 한다고 주장하는 이들은 차이 범주로 분류된다. 이러한 전략들 중 어느 것이 더 우월한가에 대해 논쟁하면서 페미니스트들은 역사, 철학 그리고 도덕성을 원용하였으며, 새로운 분류표들 즉 문화적 페미니즘, 자유주의적 페미니즘, 페미니스트 분리주의 등등을 만들어 냈다.[6] 아주 최근에 평등과 차이에 대한 논쟁은 EEOC v. Sears Roebuck & Co. 판결(이하 '시어

5 아주 최근에 초점은 임신 지원책에 관한 쟁점에 맞추어져 있었다. 그 예로 Finley (1986: 1118-1183), Law(1984: 955-1040) 참고.

6 최근 역사학자들은 평등 대 차이 논쟁이라는 관점에서 페미니스트의 역사를 조명하기 시작했다. 그러나 내가 생각하기에는 대립되는 입장에 대한 정확한 특징을 부여하는 것으로 그것을 받아들이기보다는 어떻게 페미니스트들이 이 논쟁을 사용하고 있는지를 보다 엄밀하게 살펴볼 필요가 있다. 예컨대 나는 19세기 프랑스 페미니스트의 텍스트에 대한 면밀한 독해를 통해 차이 또는 평등의 입장으로 그 텍스트를 범주화한다는 것이 우리가 생각해 왔던 것보다 훨씬 어려운 일이라고 결론 내렸다. 나는 페미니스트 역사학자들이 실제로 존재하지 않을 수도 있는 어떠한 '대조'를 받아들임으로써 이 논쟁을 무비판적으로 역사로 쓰는 것은 오류라고 생각한다. 대신 우리는 페미니스트 논쟁을 '해체'하고 그들의 담론적인 맥락 속에서 그 논쟁들을, 즉 '차이의 딜레마'에 대한 탐구로서 그 모든 것을 읽어 내야 할 필요가 있다.

즈 판결')[7]에 대한 분석에 이용되었다. 시어즈 사건은 1979년 미국의 고용기회평등위원회Equal Employment Opportunities Commission, EEOC가 대형유통업체인 시어즈 백화점에 제기한 성차별 고소사건으로, 이 재판에서 역사학자인 앨리스 케슬러-해리스Alice Kessler-Harris와 로잘린드 로젠버그Rosalind Rosenberg가 각각 상대편으로서 증언했다.

시어즈 판결은 많은 논문의 주제가 되었는데, 최근에 쓰인 논문은 루스 밀크만Ruth Milkman의 글이다. 밀크만은 우리가 외견상 영원해 보이는 원리들의 정치적인 맥락에 주목해야 한다고 주장한다.(평등 대 차이 논쟁의 정치적 차원을 무시하는 것은 위험한 일이다. 특히 현재와 같이 보수적 흐름이 부활하고 하고 있는 시기에 말이다.)

그녀는 다음과 같이 주장한다.

> 우리가 이러한 정치적 맥락에 처해 있는 한, 페미니스트들은 '차이' 내지 '여성들의 문화'에 대한 주장이 애초에 전개되었던 목적과는 다른 목적에 이용될 수 있다는 현실적인 위험성을 인식해야 한다. 그것은 우리가 이러한 주장이나 그것이 열어젖힌 지적인 지형을 포기해야 한다는 의미는 아니다. 그보다 이는 우리가 우리의 정식화에 대해 자기 인식을 해야 하며, 우리의 작업이 정치적으로 이용될 수 있는 방식에 대하여 확실하게 주시하고 있어야 한다는 것을 의미한다.(Milkman, 1986: 394-395)[8]

조심스러운 어조를 띤 밀크만의 주장은 평등이 우리에게 가장 안전한 방향이라고 암시하고 있다. 그러나 그녀는 또한 차이를 완전히 거부하는 데 대해 마음 내켜 하지 않는다. 그녀는 한쪽을 선택해야 한다고

7 839F.2d 302(7th Cir 1988).

8 시어즈 판결에 대한 나의 글에서는 이 철저하고 지적인 논문을 비중 있게 다루고 있는데, 이 논문은 이 주제에 관해 쓰인 많은 논문들 중 단연 으뜸이다.

는 느끼지만, 어느 쪽을 선택할 것인가가 문제이다. 이런 밀크만의 양가적 입장은 법학자인 마사 미노우Martha Minow가 또 다른 맥락에서 "차이의 딜레마difference dilemma"라고 명명한 것의 한 예시일 것이다. 미노우가 지적했듯이 종속집단들의 입장에서 보면 차이를 무시하는 것은 "거짓된 중립성을 방치하는 것"이지만, 차이에 집중하는 것은 비정상deviance의 낙인을 강조할 수 있다. "차이에 집중하는 것과 차이를 무시하는 것 모두 차이를 다시 만들어 낼 수 있는 위험을 가진다. 이것이 차이의 딜레마이다."(Minow, 1985: 157-211)[9] 미노우는 차이에 대해 사고하는 새로운 방법이 우리에게 필요한 것이고, 그러한 방법에는 평등 대 차이가 어떠한 대립을 구성한다는 관념을 거부하는 것이 포함된다고 제안한다. 그러한 이항대립항들이 마치 영원하고 진실인 것처럼 분석과 전략을 만드는 대신에, 평등과 차이의 이분법적인 편성 그 자체가 어떻게 작동하는지에 대해 질문하는 것이 필요하다. 기존 정치적 담론의 언어들 속에 머무르는 대신에, 그러한 언어들을 비판적으로 검토하는 것이 필요하다. 개념이 특정한 의미를 제약하고 구성하는 방식을 이해하기 전까지는 그 개념들이 우리를 위하여 움직이게 할 수 없을 것이다.

시어즈 판결에서 그 증거를 자세히 살펴보면, 평등 대 차이라는 틀이 그 사건에서 각각의 대립되는 입장들을 정확히 묘사하지 못할 수 있다는 사실을 알 수 있다. 증언에서 평등을 반대하고 차이에 찬성했던 주장들 대부분은 사실 시어즈 백화점 측 변호사와 로잘린드 로젠버그를 통해 나왔다. 그들은 반대편을 만들어 놓고는, 그에 대항하여 여성과 남성이 다르며 문화와 오랫동안 지속된 사회화의 결과인 '근본적인 차이'로 인해 여성들이 커미션 판매직commission sales job에 당연히 관심을 갖지 않는다고 주장했다. 시어즈 백화점의 고용 형태가 성차 때문이며 차별

9 인용 부분은 특히 Minow(1985: 160), Minow(1985: 202-206) 참고.

이 아니라는 주장을 하기 위해서, 시어즈 백화점과 그의 변호사는 아무도 그러한 말을 한 적이 없음에도 불구하고 여성과 남성은 동일한 관심을 가진다는 가정을 고용기회평등위원회가 한 것이라고 주장했다.[10] 케슬러-해리스는 여성이 남성과 같다고 주장하지 않았다. 대신 그녀는 로젠버그의 주장에 도전하기 위하여 다양한 전략들을 사용했다. 첫째, 그녀는 역사적인 증거들에 의하면 실제로 여성들이 로젠버그가 가정했던 것보다 훨씬 더 다양한 직업을 가졌다는 것을 볼 수 있다고 주장했다. 둘째, 그녀는 고용에 대한 여성들의 태도에서 경제적인 고려가 사회화의 영향을 상쇄한다고 주장했다. 그리고 셋째, 그녀는 역사적으로 성별 직종분리는 고용주의 선호에 의한 결과이지 피고용인의 선택에 의한 것이 아니라는 사실을 지적했다. 고용 과정 자체가 실제 작업과 필연적 연관성이 없는 일반화되고 젠더화된 기준을 부과함으로써 그 결과를 미리 예정하고 있는 한, 여성의 선택이라는 문제는 해결이 불가능하다는 것이 케슬러-해리스의 주장이었다. 실제 논쟁은 평등 대 차이가 아니라 특정한 맥락에서 성차에 관한 일반적 관념의 유의미성$_{relevance}$을 둘러싸고 이루어진 것이었다.[11]

이 사건에서 고용주의 성차별을 성립시키기 위해 고용기회평등위

10 내가 보기에, 여성과 남성이 동일한 관심을 가진다고 주장하는 것과 사람은 고용 과정의 모든 측면에서 그러한 동일성을 추정해야 한다고 주장하는 것 사이에는 차이가 있다. 두 번째 입장은 단지 고용 과정에서 관심의 차이에 대한 편견이나 잘못된 가정을 개입시키지 않는 전략적인 방법을 의미하는 것이다.

11 로젠버그의 '증거제시(Offer of Proof)'와 케슬러-해리스의 '증언진술서(Written Testimony)'는 *Signs* 11(Summer, 1986), 757-779에 실려 있다. '로잘린드 로젠버그 박사의 반박 증언진술서(Written Rebuttal Testimony of Dr. Rosalind Rosenberg)'는 U.S. District Court for the Northern District of Illinois, Eastern Division, EEOC v. Sears, Civil Action No. 79-C-4373의 사건 공식기록의 일부이다. 재판자료를 공유해 주고 이에 관해 많은 대화의 시간을 내어 준 샌포드 레빈슨(Sanford Levinson)에게 감사의 인사를 전한다.

원회의 변호사들은 편파적인 것이 분명한 커미션 판매직 후보자용 면접 질문지와 인사관리자의 진술들을 인용하였다. 그러나 그들은 성차별을 경험했다고 증언해 줄 개인을 찾지 못했다. 케슬러-해리스는 과거 노동시장에서 나타난 성별 분리 형태가 고용주의 선택에 의한 결과라고 주장하기도 했으나, 대부분의 경우에는 여성은 행동의 세세한 면에서 남성과 일관적으로 다르다는 로젠버그의 주장에 반박하고, (남성의 직업 선택이 그러하듯이) 여성들의 직업 선택이 다양성을 나타내며, 여성을 동질집단으로 언급하는 것이 이 사건에서는 전혀 합당하지 않다고 주장함으로써 역사를 끌어들였다. 우선 그녀는 평등이 여성과 남성이 커미션 판매직에 동등한 관심을 가질 수도 있다는 가정을 의미한다고 정의했다. 그러나 여성과 남성이 그러한 동등한 관심을 본래적으로 가지고 있다고 주장한 것은 아니었다. 오히려 케슬러-해리스와 고용기회평등위원회는 여성과 남성이 반드시 대조적인 행동을 할 것이라는 식의 일반화가 고용결정과 무슨 관련성이 있는 것인지에 대해 의문을 제기하였다. 고용기회평등위원회는 시어즈 백화점의 고용관행이 부정확하고 부적절한 성차 관념을 반영하는 것이라 주장하였고, 시어즈 백화점은 노동시장의 성별불균형은 시어즈의 고용행위로 인한 것이 아니라 남성과 여성 간의 '근본적인' 차이로 인한 것이라고 주장했다.

시어즈 사건은 제출된 거의 모든 증거가 통계적인 것이라는 사실 때문에 복잡해졌다. 그렇기 때문에 역사가들의 증언은 기껏해야 추정에 지나지 않게 되었다. 역사가들 각자는 작은 통계적 불균형들을 설명할 때조차 일하는 여성들의 역사 전반에 대한 전체적인 일반화에 근거하여 설명하려 하였다. 뿐만 아니라 그들 중 어느 누구도 실제 시어즈 백화점에서 무엇이 일어났었는지에 대해 많은 정보를 갖고 있지 못했다. 대신 그들은 법적인 논쟁 외의 목적을 위해 개발된 해석적 일반화의 진위 여부에 대하여 단언하도록 강요받았고, 그들의 해석적인 전제들을 사실 문제로 취급하도록 강요받았다. 케슬러-해리스에 대한 반대신문을 읽어 보면 이러한 측면들이 드러난다. 시어즈 백화점 측 변호사들은 그녀에게 모든 질문에 오직 '예' 아니면 '아니요'로 답해야 한다고 고집함으로써, 여성 노동의 역사에 대한 그녀의 세심하고 미묘한 설명 하나하나를 하나의 단정적 언급으로 축소시켜 버렸다. 로젠버그 역시 케슬러-해리스에 반박하면서 이 역사학자의 증거에 대한 미묘한 문맥적 독해를 회피하고 대신 절대적인 일관성이라는 심사기준을 강요했다. 로젠버그는 케슬러-해리스가 법원을 속였다는 사실을 보여 주기 위해 재판에서 케슬러-해리스의 초기 출판물과 그녀의 증언을 병치시켰다.(여기에서 케슬러-해리스는 노동에 대한 연구에 나타나는 여성/남성 노동자의 차이에 대해 강조하면서, 여성이 남성보다 가정지향적이고 덜 개인주의적이라고 주장했다.)[12]

그러나 법정 밖에서는 케슬러-해리스의 주장에 보이는 불균형이 다른 방식으로 설명될 수 있다. 일반적으로 여성을 배제해 온 노동의 역사에 대해서는, '노동자'라는 보편적 용어가 실제 여성 직업 경험의 모든 측면을 설명할 수 없는 남성 기준의 용어일 뿐이라는 사실을 보여 주기 위해서 여성의 경험을 과장되게 일반화하고 차이를 강조하는 것이 타당할 수도 있다. 성차를 근거로 차별을 정당화하고자 하는 고용주에 대해서는, 여성들의 행위와 동기의 다양성과 복잡성을 강조하여 차이의 총체적인 영향을 부정하는 것이 보다 합당할 것이다. 첫 번째 경우에 나타나는 차이는 중립적이라고 생각되었던 용어 속에 숨어 있는 불평등을 밝혀냄으로써 긍정적인 기능을 한다. 그러나 두 번째의 경우에 나타나는 차이는 케슬러-해리스가 불평등대우라고 생각하는 것을 정당화함으로써 부정적인 효과를 준다. '차이의 딜레마'에 대한 보다 자기의식적인 분석으로 이러한 비일관성을 피할 수도 있었겠지만, 사실 케슬러-해리스의 서로 다른 입장들은 아주 정당하게 다른 맥락들에서 다른 강조

12 '로젠버그 박사의 반박 증언진술서' 부록 1-12. 각주 11 참고.

를 한 것일 뿐이다. 이것이 불성실bad faith의 근거로 여겨지는 것은 오로지 법원에서만 일어날 수 있는 일이다.[13]

법원이 일관성과 '진실'을 정확하게 요구한다는 사실 또한 차이에 대해 논할 때 겪게 되는 심대한 어려움을 보여 준다. 역사학자들의 증언은 정규직인 커미션 판매직에 고용된 여성들과 남성들의 수에서 나타나는 비교적 작은 통계적 불균형을 설명하기만 하면 되는 것이었지만, 실제 법원에서 선호한 설명은 전체적이고 범주적categorical인 것이었다.[14] 반대신문 과정에서 케슬러-해리스의 다양한 해석이 모순적이고 혼란스럽다고 평가된 것과 달리, 판사는 로젠버그의 일관성과 명석함을 높이 평가했다.[15] 이는 한편으로는 로젠버그가 사회화와 개인의 선택 사이의 확실한 연관을 보여 줄 수 있는 간결한 모델을 보여 주었기 때문이고, 다른 한편으로는 성차에 관한 그녀의 설명이 일반적인 규범적 관점과 일치했기 때문이다. 반대로 케슬러-해리스는 차이를 인정하는 동시에 그 차이가 시어즈 백화점의 고용형태를 수용하는 설명의 근거가 되지 않는다는 것을 보여 줄 단순한 모델을 찾는 데 어려움을 겪었다. 결국 그녀는 적대적인 질문에 식번해서 자신의 입장을 주장하는 데 어려움을 겪게 되었다. 한편으로 케슬러-해리스는 여성과 남성이 똑같이 실리적 기회주의에 영향을 받는다는 가정을 했다고 (그리고 그럼으로써 여성과 남성이 동일하다고 믿었다고) 비난받았다. 그렇다면 그녀가 그녀의 연구에서 논했던 차이들을 어떻게 설명할 수 있단 말인가? 다른 한편으로 그

13 법정에 의해 부과된 한계와 전문가 증언자가 부딪히는 함정에 관해서는 Taub(1986: 10-11) 참고.

14 이 점에 대해 나딘 타웁(Nadine Taub)은 유용한 질문을 제기한다. "차별 사건을 다룰 때 그 사례의 특정한 사실관계에 근거하고 있지 않은 역사학자나 다른 전문가의 증언이 특정 집단에 대한 일반화가 수용될 수 있다는 관념을 강화할 위험이 존재하는가?"(Taub, 1986: 11)

15 케슬러-해리스의 반대신문, EEOC vs. Sears, 16376-16619 참고.

녀는 (로젠버그에 의해서) 전복적 이론가라는 오명을 뒤집어쓰게 되었다. 그녀가 모든 고용주는 노동력을 성적으로 유형화하는 것에 대하여 모종의 이해관계를 가진다고 암시하였으며, 자신의 (아마도 마르크스주의적인) 이론으로부터 시어즈 백화점의 행동에 대한 '음모론적' 결론을 이끌어냈다는 것이 그 이유였다. 만약 케슬러-해리스가 언급한 차별의 형태가 사실이라면, 그러한 차별의 효과 중 하나가 로젠버그가 지적한 것과 같은 차이일 수도 있다. 케슬러-해리스와 그녀의 변호사들은 로젠버그가 역사적인 증거들을 사용하는 틀에 갇혀, 본질적으로 부정적인 전략에 의존하여 로젠버그의 주장을 복잡하게 만들거나 약화시키기 위한 세부 내용을 제시하는 데 그쳤다. 케슬러-해리스는 로젠버그의 사회화 모델이 가진 이론적인 결점에 직접적으로 도전하지 않았고, 자신의 대안적인 모델을 제시하지도 않았다. 나는 그것이 가능하려면 이 사건에서 고용주에 의한 차별을 충분히 논의했어야 되었거나 '평등 대 차이' 공식이 환상이라는 점을 폭로함으로써 '차이'의 노선을 보다 완전하게 주장하는 것이 필요했다고 생각한다.

결국 케슬러-해리스가 매우 미묘하게 표현한 주장들은 모순적이거나 부적절하다는 이유로 거부되었고, 법원은 동등한 관심을 가정하는 것은 여성들과 남성들 간의 차이에 비추어 '이유 없는' 것이라는 피고 측의 주장을 되풀이하면서 시어즈 백화점의 승소를 결정하였다(Milkman, 1986: 391). 이는 고용기회평등위원회의 입장이 거부되었다는 것뿐 아니라 시어즈 백화점의 고용정책이 암묵적으로 승인되었다는 것을 의미한다. 법원에 따르면 차이가 실재할 뿐 아니라 근본적이기 때문에 시어즈 백화점의 고용에서 나타나는 통계적인 변화는 설명될 수 있다. 차별은 단지 '자연적인' (하지만 문화적으로 혹은 역사적으로 생산된) 차이를 인식하는 것으로 재정의되었고, 이는 레이건 시대의 보수주의 논리에 잘 부합되었다. 차이는 불평등, 즉 평등의 안티테제antithesis로 치환되었으며 불평등에 대한 설명과 정당화 기제가 되었다. 이러한 법원의 결정은 문학자인 나오미 쇼어Naomi Schor가 다른 맥락에서 묘사하고 있는 어떠한 과정을 보여 주는데, 그것은 "차이를 본질화하고 사회적 불평등을 자연화하는 것이다."(Schor, 1986: 256)

시어즈 사건은 담론의 작동, 말하자면 정치적인 장場에 대한 냉정한 교훈을 제시한다. 여기서 언어분석은 개념과 정의의 조작에 대한 통찰뿐만 아니라 제도적이고 정치적인 권력의 구현과 정당화에 관한 통찰 역시 제공한다. 남성과 여성의 범주적인 차이가 언급되는 순간, 시어즈 백화점은 그 언어적 틀 속에서 자신들의 정책을 방어해야 했고, 고용기회평등위원회는 그 언어적 틀 속에서 이에 반박해야 했다. 평등 대 차이는 지적인 덫이었고, 그 덫에 갇혀 역사학자들은 시어즈 백화점의 고용 관행에서 보였던 작은 불균형이 아니라 여성과 남성의 규범적 행동들에 대해 논의하게 되었다. 그 사건이 등장했던 시기적 특성 탓에 힘의 균형이 고용기회평등위원회에 반대하는 방향으로 이루어졌기 때문에 그러한 결과가 불가피했다고 (또는 그것이 1970년대의 적극적 조치 프로그램을 번복하려는 레이건 행정부 계획의 불가피한 일부라고) 결론을 내릴 수도 있지만, 여전히 일어난 일에 대한 비평을 정교하게 하여 정치적 충돌의 다음 라운드에 정보를 줄 필요가 있다. 그렇다면 그러한 입장은 어떻게 개념화되어야 하는가?

평등과 차이가 이분법적으로 짝지어져 있을 때, 이들은 불가능한 선택이라는 구조를 만들어 낸다. 평등을 선택한다면 차이가 평등과 대조적인 것임을 받아들이는 것이 된다. 만약 차이를 선택한다면 그것은 평등을 성취하기 어렵다고 인정하는 것이다. 어떠한 의미에서 이것은 앞에서 인용한 밀크만의 결론에서 나타나는 딜레마이다. 페미니스트들은 '차이'를 포기할 수 없다. 차이는 우리의 가장 창조적인 분석도구였다. 적어도 우리가 우리의 정치적 체계의 원리와 가치에 대해 주장하고자 하는 한, 평등 역시 포기할 수 없다. 그러나 페미니스트 운동의 주장들이 기존의 범주에 강제로 편입되도록 내버려 두는 것과, 페미니스트의 정치적 논쟁이 우리가 발명하지 않은 이분법으로 특징지어지도록 내버려 두는 것은 말이 되지 않는다. 그렇다면 어떻게 우리는 성차의 관념을 인식하고 그것을 사용하면서도 평등을 주장할 수 있을까? 그 해결은 평등을 차이의 대립항으로 구성해 온 권력관계를 폭로하는 것과, 그 결과로 생기는 정치적 선택의 이분법적 구성을 거부하는 것 두 가지 방향 모두를 통해 이루어져야 한다.

'평등 대 차이'가 페미니스트 정치학의 선택을 구조화하게 해서는 안 된다. 이 두 용어가 서로 대립관계를 갖는다는 생각은 잘못된 것이다. 배제된 집단의 정의 요구 기저에 있는 정치적 권리 이론에서, 평등은 특정 목적을 위해 혹은 특정 맥락에서 개인들 간에 존재하는 차이를 무시하는 것을 의미한다. 마이클 월저Michael Walzer는 "평등의 본래 의미는 부정적이다. 평등의 기원인 평등주의는 일종의 폐지주의abolitionist 정치학이다. 이는 모든 차이가 아니라 특정한 종류의 차이들 그리고 서로 다른 시공간에서의 서로 다른 차이들을 제거하고자 하는 것이다"(Walzer, 1983: xii; Minow, 1985: 384)라고 하였다. 이것은 분명히 다른 사람들이라도 정해진 목적을 위해 동등하게(동일하게가 아니라) 고려되어야 한다는 사회적 합의를 가정한다. 이러한 어법에 따르면 평등의 반대는 불평등 내지 동등하지 않음, 즉 특정한 상황에서 특정 목적을 위하여 개인들 혹은 집단을 같은 기준으로 비교할 수 없음noncommensurability이다. 그렇기 때문에 민주주의 시민권이라는 목적을 위한 동등함의 기준은 시대에 따라 독립 내지 소유권, 인종, 성으로 변화해 왔다. 평등의 정치적 개념은 차이의 존재에 대한 인정을 포함한다. 아니, 사실은 그것에 의존한다. 평등을 요구하는 것은 묵시적으로 그리고 대개 의식하지 않고 차이를 인정하는 것에 기초를 두고 있다. 만약 개인들 혹은 집단이 동일하거나 같다면 평등을 요구할 필요가 없을 것이다. 평등은 특정된 차이에 대한 고의적인 무관심으로 정의될 수도 있을 것이다.

대부분의 어법에서 차이의 반대는 같음 혹은 동일성이다. 그러나 심지어 여기서도 대비와 문맥을 특정해야 한다. 차이에 관해서는 어떠한 것도 자명하거나 선험적이지 않다. 성차처럼 차이가 존재한다는 사실이 육안으로도 명백히 확인될 때조차도 그러하다. 그렇기 때문에 항상 질문을 던질 필요가 있다. 어떠한 특성 혹은 어떠한 국면이 비교되고 있는가? 비교의 본질은 무엇인가? 차이의 의미는 어떻게 구성되고 있는가? 그러나 시어즈 사건의 증언에서 그리고 페미니스트들 간의 논쟁에서 (성적) 차이는 불변의 사실로, 그 의미는 여성과 남성이라는 범주 안에 내재되어 있다고 가정되었다. "선호, 관심 그리고 자질에 관해서 여성과 남성이 같다는 고용기회평등위원회의 선험적인 가정이 합리적인지의 여부가 … 핵심적인 쟁점이다."(Milkman, 1986: 384) 그러나 고용기회평등위원회의 도전이 갖고 있는 요점은 동일성이 아니라 범주적인categorical 차이의 부적절함에 있다.

로젠버그가 채용했던 남성과 여성의 대립항은 성sexes을 비교불가능한 것이라고 주장한다. 역사와 사회화가 설명의 요소임에도 불구하고 이러한 주장은 남성과 여성의 신체적인 차이로부터 추론된 범주화된 구별과 공명한다. 남성과 여성을 대조할 때, 시어즈 사건에서 그러했듯이 어떠한 특정한 쟁점(커미션 판매직에 고용된 남성과 여성들 간의 작은 통계적 불균형)은 일반적인 원칙(남성과 여성 간의 '근본적인' 차이)으로 환원된다. 이 특정 상황에 적용될 수 있는 각 집단들에 존재하는 차이들, 예를 들면 어떤 여성들은 '공격적'이거나 '모험적인' 직업을 선택할지도 모른다는 사실 또는 어떤 여성들은 저임금직보다 고임금직을 선호한다는 사실은 그 집단 간의 대비를 통해 구성된 정의에 근거해 배제되었다. 물론 아이러니한 것은 통계 관련 사건에서는 단지 여성의 행동 중 아주 작은 부분만을 설명하기만 하면 된다는 점이다. 그러나 역사적인 증언은 '여성들'에 대해 범주적으로 주장했다. 그럼으로써 (고용기회평등위원회와 케슬러-해리스가 시도했던 것처럼) 여성들이 여성 범주 안에서 온갖 종류의 '남성' 행위를 보이며 그러한 행위에 참여하고 있다는 사실, 사회화가 똑같은 선택만을 가져오지 않는 복잡한 과정이라는 사실을 주장할 수 없게 되었다. 이러한 주장을 하기 위해서는 성별에 대한 단정적인 사고를 직접적으로 공격하는 것이 필요했다. 왜냐하면 일반화된 남성과 여성의 대비로 인해 여성들 사이에 존재하는 행동, 성격, 욕구, 주체성, 섹슈얼리티, 성별 동일시 그리고 역사적인 경험의 차이가 덮이기 때문이다. 성차의 우월성을 주장하는 로젠버그의 관점에서 여성들의 행동이 가지는 특수성(그리고 역사적으로 다양한 양상)에 대한 케슬러-해리스의 주장은 비합리적이고 진부한 것으로 처리되어 버렸다.

성차의 이항대립적인 구조에 대한 대안은 동일성, 같음 혹은 양성성이 아니다. 여성을 일반적인 '인간' 정체성 안에 포섭함으로써 우리는 여성의 다양성이 가지는 특성과 여성들의 경험을 잃을 수 있다. 다시 말해 우리는 '남자'의 이야기가 인간의 이야기로 가정되었고, 여성들이 '역사에서 사라지고', 여성성이 긍정적 남성 정체성의 구성을 위한 부정적 대비점, 즉 '타자other'의 역할을 담당했던 시기로 되돌아가게 된다. 우리가 주장하고자 하는 것은 남성들과 여성들 사이의 같음이나 동일성이 아니다. 그것은 남성과 여성의 대조에 의해 만들어졌던 것보다 더 복잡한 역사적으로 가변적인 다양성이며, 다른 맥락에서 다른 목적들에 의해 다르게 표현되는 다양성이다. 실제 이러한 대립이 만들어 내는 이원성으로 인해 차이라는 하나의 선이 그어지고, 차이에 생물학적인 설명들이 부여되고, 그럼으로써 대립의 양측은 각각 단일한 현상으로서 다루어진다. 남자와 여자라는 각각의 범주 안에 있는 모든 것들이 동일한 것으로 가정됨으로써 각 범주 안에 존재하는 차이는 억눌러진다. 이와 반대로 우리의 목적은 양성 간의 차이뿐 아니라 이러한 차이들이 성별 집단 내의 차이를 억제하는 방식까지 보는 것이다. 이항대립의 양 측면을 만들어 내는 같음에 의해 차이들의 다양한 활동은 보이지 않게 되고, 차이들의 부적절함과 비가시성은 지속된다.

그렇기 때문에 평등과 차이를 대립적인 관계에 놓는 것은 이중적인 효과를 가진다. 이것은 차이가 오랜 기간 평등의 정치적인 개념 속에서 역할을 해 온 방식을 부인하고, 같음이 평등을 주장할 수 있는 유일한 근거라고 주장한다. 이로 인해 페미니스트들은 불가능한 입장에 놓이게 되었다. 우리가 그러한 대립을 상정하는 담론의 언어 안에서 논의를 전개하는 한, 여성이 모든 면에서 남성과 동일할 수 없으므로 남성과 평등하게 되기를 기대할 수 없다는 현재의 보수적인 전제를 인정할 수밖에 없기 때문이다. 내가 보기에, 대안은 오로지 평등과 차이를 대비하는 것을 거부하고 계속해서 차이를 주장하는 것이다. 이때 차이는 개인과 집합적 정체성의 조건으로서의 차이, 그러한 정체성을 고정시키는 것에 대한 지속적 도전으로서의 차이, 차이들의 활동에 대한 반복되는 설명으로서의 역사, 그리고 평등 그 자체를 의미하는 것으로서의 차이를 의미한다.

그러나 시어즈 사건에서 케슬러-해리스가 겪은 경험은 성별 범주의 정면에서 차이를 주장하는 것은 충분한 전략이 아니라는 사실을 보여 준다. 여기에 더해 요구되는 것은 성차에 대한 문화적 이해를 구성하는 규범적인 신술statement로서 고정된 성별 범주를 분석하는 것이다. 이것은 작업장 같은 특정한 맥락에서 서로를 정의하는 데 사용되는 여성과 남성이라는 용어를 엄밀한 검토에 대하여 반드시 열어 놓아야 한다는 것을 의미한다. 이러한 관점에서 볼 때 여성 노동의 역사는 성별화된 노동력의 생성에 대한 이야기의 일환으로 다시 쓰일 필요가 있다. 예를 들어, 19세기에 남성의 숙련이라는 특정한 개념들은 (비숙련으로 정의되는) 여성 노동과의 대조에 의존하고 있었다. 노동 과정의 조직과 재조직은 훈련이나 교육, 사회 계급 등의 요소보다는 노동자의 젠더 속성에 근거하여 성립되었다. 그리고 남성과 여성의 임금격차는 본질적으로 노동 배치에 (의해 결정된다기보다는) 앞서는 가족 내 역할의 상이성 때문인 것으로 여겨졌다. 이러한 모든 과정에서 '노동자'의 의미는 자연적인 것으로 보이는 남성과 여성의 특성 대비를 통해 확립되었다. '여성 노동자'

의 활동, 욕구, 관심을 설명하는 자료들을 모아 여성 노동의 역사를 쓰는 것은, 자연화된 대조를 방치하고 여성과 남성의 절대적 차이를 구체화할 뿐이다. 달리 말해, 그 의미가 역사적으로 상대적이기에 그 자체에 대한 검토가 필요한 ('여성 노동자'와 같은) 성별화된 범주를 무비판적으로 수용함으로써, 우리는 이야기를 너무 늦게 시작하게 되었다.

우리의 역사 속에서 여성과 남성이라는 범주들을 상대화시키려면, 당연히 우리의 정치적 주장이 가지고 있는 우연적이고 특정한 성격 또한 인식할 필요가 있다. 그렇기 때문에 정치적인 전략들은 특정한 담론적 맥락에서 특정한 주장이 갖는 효용에 대한 분석에 달려 있다. 그러나 이때 여성과 남성의 절대적인 특성에 기대지 말아야 한다. 어머니들이 그들의 사회적인 역할을 인정해 달라고 요구하는 것이 타당하게 보이는 시기가 있고, 모성이 여성의 행동양식과 관련이 없어 보이는 맥락이 있다. 여자다움이 곧 모성이라고 내세우는 것은 선택을 가능하게 하는 차이들을 가려 버릴 것이다. 여성의 일이라고 사회적으로 구성된 것들을 재평가하라는 요구(현재의 '비교가치comparable worth' 전략이 그 예가 될 것이다.)가 타당해 보일 시기가 있고, 여성들을 '비전통적인' 직역에 진출시키기 위해 준비하는 것이 더 타당해 보이는 맥락이 있다. 여성성으로 인해 여성들이 특정한 (보살피는) 직업 내지 (협업적인) 일의 방식을 선택하는 경향이 있다고 주장한다면, 복합적인 경제적·사회적 과정을 자연화하는 한편 여성 직업의 역사를 특징지어 온 차이들을 다시 한번 모호하게 만들어 버리게 될 것이다. 차이를 주장함으로써 절대론적인, 성차에 관하여서는 본질주의적인 범주를 약화시킬 수 있다. 이는 성차의 존재를 부인하는 것이 아니라 성차의 의미가 항상 특정한 맥락에서 특정한 구성과 관련된다고 제시하는 것이다. 이와 달리 차이를 절대적인 것으로 범주화한다면 그것은 항상 규범적 기준을 강화하는 결과를 가져오게 될 것이다.

이항대립적인 용어들로 세상을 구성하는 강력한 경향에 맞서 '해체적인' 정치적 전략을 조직적으로 세우는 것은 분명 쉽지 않다. 그러나 다른 선택지는 없는 것으로 보인다. 아마도 우리가 이러한 방식으로 사고하는 것을 배우게 된다면 해결책은 더 쉽게 분명해질 수 있을 것이다. 어쩌면 우리가 하는 이론적이고 역사적인 작업을 통해 그 바탕을 준비할 수도 있을 것이다. 분명한 것은, 우리는 페미니즘의 역사로부터 용기를 얻을 수 있다는 점이다. 페미니즘의 역사는 단순한 이분법을 거부하는 사례들과 평등이 차이들에 대한 인식과 포함을 요청한다는 것을 보여 주는 시도들로 가득 차 있다. 역사가들이 이러한 개념들을 성실하게 재고찰하는 데 진정으로 기여할 수 있는 하나의 방법은, 평등에 대한 요구와 차이에 대한 확언 사이를 왔다 갔다 하는 방식으로 페미니즘 역사를 쓰는 일을 중단하는 것이다. 그런 방식의 접근은 의도치 않게 이항대립적인 구성을 유지시키고 강화하며 그에 오래된 역사를 부여함으로써 그 구성을 벗어날 수 없게 만든다. 사실 엄밀히 살펴보면, 역사적인 페미니스트 논쟁들은 대개 그렇게 깔끔하게 정리되지 않는다. 오히려 그런 논쟁들은 평등권 이론과 성차에 대한 문화적 개념을 화해시키고, 기존의 규직들과 보순되는 특성과 행동의 존재에 비추어 기존의 성별 구성이 유효한지 문제를 제기하며, 모순 상황을 해결하기보다 그것들을 부각시키고, 기존의 고정관념을 따르지 않고 여성들이 가지고 있는 정치적인 정체성을 정교화하기 위한 시도들이다.

페미니즘의 역사와 그 정치 전략에 있어 일단 차이의 작동과 차이에 대한 주장에 주목하는 것이 필요하다. 그러나 이것은 이항대립적인 차이를 다양한 것으로 단순히 대체한다는 의미는 아니다. 우리가 이루어 내야 하는 것이 행복한 다원주의는 아니기 때문이다. '차이의 딜레마'는 규범적으로 구성된 차이를 그저 무시해 버리거나 혹은 포용하는 것으로 해결되지 않는다. 대신 나는 비판적 페미니즘의 입장은 항상 **두 가지** 운동을 수반한다고 생각한다. 첫 번째 운동은 젠더의 범주적 차이의 작동에 대해 체계적으로 비판하는 것이다. 그것이 구성하는 포섭과 배제, 즉 위계질서를 폭로하고, 궁극적인 '진실'을 거부하는 것이다. 그러나 이 거부는 같음 혹은 동일성을 암시하는 평등의 이름으로 거부하는 것이 아니라 (그리고 이것이 바로 두 번째 운동인데) 차이들에 의거한 평등의 이름으로 거부하는 것을 뜻한다. 고정된 이분법적 대립의 의미를 혼란스럽게 하고 전복시키며 모호하게 만들어 버리는 그런 차이들 말이다. 이 외의 것은 어떠한 것이든 같음이 평등을 위한 필요조건이라는 정치적 주장에 동조하는 것이며, 이러한 주장은 권력이 차이를 기반으로 구성되어 있고 그렇기 때문에 반드시 차이의 견지에서 도전받아야 한다는 것을 알고 있는 페미니스트들(과 역사학자들)로서는 받아들일 수 없는 주장이다.

| 참고문헌 |

Culler, Jonathan, 1982, *On Deconstruction: Theory and Criticism after Structuralism*, New York: Cornell University Press.

Derrida, Jacques, 1976, *Of Grammatology*, Baltimore: John Hopkins University Press.

Dreyfus, Hubert & Paul Rabinow, 1983, *Michel Foucault: Beyond Structuralism and Hermeneutics*, Chicago: University of Chicago Press.

Finley, Lucinda M., 1986, "Transcending Equality Theory: A Way Out of the Maternity and the Workplace Debate", *Columbia Law Review* 86.

Foucault, Michel, 1976, *The Archaeology of Knowledge*, New York: Harper & Row.

Foucault, Michel, 1980a, *Power/Knowledge: Selected Interviews and Other Writings, 1972-1977*, New York: Pantheon Books.

Foucault, Michel, 1980b, *The History of Sexuality Volume 1: An Introduction*, New York: Vintage Books.

Gross, Elizabeth, 1986, "Derrida, Irigaray, and Deconstruction", *Left-wright, Intervention* 20.

Haraway, Donna, 1985, "A Manifesto for Cyborgs: Science, Technology, and Socialist Feminism in the 1980s", *Socialist Review* 15.

Johnson, Barbara, 1980, *The Critical Difference: Essays in the Contemporary Rhetoric of Reading*, Baltimore: Johns Hopkins University Press.

Law, Sylvia A., 1984, "Rethinking Sex and the Constitution", *University of Pennsylvania Law Review* 132.

Martin, Biddy, 1982, "Feminism, Criticism, Foucault", *New German Critique* 27.

Milkman, Ruth, 1986, "Women's History and the Sears Case", *Feminist Studies* 12.

Minow, Martha, 1985, "Learning to Live with the Dilemma of Difference: Bilingual and Special Education", *Law and Contemporary Problems* 48-2.

Schor, Naomi, 1986, "Reading Double: Sand's Difference", in Nancy K. Miller (ed.), *The Poetics of Gender*, New York: Columbia University Press.

Scott, Joan W., 1986, "Gender: A Useful Category of Historical Analysis", *American Historical Review* 91.

Taub, Nadine, 1986, "Thinking about Testifying", *Perspectives: Newsletter of the American Historical Association* 24.

Walzer, Michael, 1983, *Sphere of Justice: A Defense of Pluralism and Equality*, New York: Basic Books.

재산권의 객체가 된다는 것

패트리샤 윌리엄스Patricia Williams

이제까지 말해 온 것처럼, 어머니 쪽 가족에 대해 내가 아는 바는 고조할머니 소피Sophie에게로 거슬러 올라간다. 그녀는 열한 살 때 오스틴 밀러Austin Miller라는 백인 변호사에게 팔려 가자마자 임신했다 한다. 그리고 증조할머니 메리Mary를 낳았고, 메리는 엄마에게서 떼어져 하녀로 키워졌다. 소피에 대해서는 더 이상 아는 것이 없다.(그녀는 그러니까, 요즘 식으로 말해서 10대 임신 통계라는 또 다른 익명성에 묻힌 흑인 미혼모였던 것이다.) 로스쿨에 가기로 결심하기 전에 들었던 오스틴 밀러에 대한 이야기는 생각나지 않지만, 첫 수업 직전에 어머니가 은밀한 확신이 실린 목소리로 한 말은 또렷이 기억하고 있다. "밀러 가족은 법률가들이었어. 그러니 네 핏속엔 그게 있는 거야."

어머니가 내게 로스쿨을 두려워할 것 없다고, 법이라는 것이 '내 핏속에 있다'고 한 것은 복잡한 의미를 띠고 있었다. 첫째로, 무엇보다도 그녀는 도전의 뜻으로 그 말을 한 것이다. 아무도 자기 아버지가 판사라고 해서 나를 깔볼 수는 없을 터였다. 어머니는 내가 내 유산에서 박탈당했던 부분을 되찾아와 용기와 자신감의 원천으로 쓰기를 바랐다. 동시에 그녀는 박탈당했던 나의 또 다른 부분을 주장하기를, 시민권을 빼앗긴 그 무력하고 연약한 조그만 흑인 소녀를 부정하기를 원했다.

어머니가 자신을 역할 모델로 삼지 말라는 얘기를 한 것도 비슷한 맥락이다. 하버드 대학에 걸맞지 않는 자신의 일부분을 폄하하면서 똑 부러지고 능숙한 서구적 자아로서의 자신의 일부에 내 미래상을 맞추고자 했다. 그녀는 외롭고 검고 더럽혀진 여성적 자아를 감추고서, 유능한 자아, 절망한 자아가 아닌 냉정한 자아, 여성스런 자아가 아닌 남성적인 자아를 내게 투사하여 내가 앞으로 나아가도록 독려했다.

나는 어머니가 건네준 자긍심, 수치심과 함께 내 핏줄의 비밀을 안고 하버드 대학에 진학했다. 그곳에서 나는 마르그리트 뒤라스가 소설 『연인』에서 묘사했던 상황에 처했다. "우리는 살아야만 한다는 근원적인 수치심으로 연결되어 있다. 우리가 함께 짊어진 운명의 핵심은 우리가 우리 엄마의 아이들이라는, 세상한테 살해당해 버린 해맑은 피조물의 아이들이라는 사실이고, 거기가 우리가 존재하는 곳이다. 우리는 그녀를 절망으로 몰아갔던 세상 쪽에 속해 있다. 그토록 상냥하고 의심이라고는 모르는 우리 엄마에게 가해진 일 때문에, 우리는 삶을 증오하고 우리 자신을 증오한다."(Duras, 1986: 55)[역자가 번역함][1]

박탈당했던 상속권을 되찾는 건 좋은 일이다. 완전한 의미의 자기 소유self-possession는 자기 인식self-knowledge으로 가는 동반자가 된다. 그러나 유산의 기원 한 가닥이 바로 상속권 없음이라고 할 때, 그 권리를 주장한다는 것은 심원한 당혹감을 일으키는 역설이 되고 만다.

내 친구 하나는 플로리다의 시골에서 변호사로 활동 중이다. 그의 사무실이 있는 벨 글레이드Belle Glade는 설탕 산업이 절대적으로 군림하

1 Duras, Marguerite, *The Lover*, translated by Barbara Bray(New York: Harper & Row, 1986); 마르그리트 뒤라스 저, 이상준 역, 『연인』(책중의 책, 1992).

고 흑인들이 노예선이라고 불리는 기숙사에서 노예 시절과 너무나도 흡사하게 살아가고 있는 극도로 빈곤한 지역이다. 그들은 무일푼이고, 무학문맹에, 높은 출산율과 역시 높은 사망률을 기록하고 있다.

친구는 내게, 세 번째 아이를 임신하고서 어머니가 출산 억제birth control 방법으로 하다못해 난관절제수술도 아닌 자궁절제술을 권했다며 찾아온 열다섯 살 난 여성 고객에 대해 이야기해 주었다. 이 여성의 어머니 역시 몇 년 전에 백인 의사에게서 그 방법이 적절하다는 충고를 받았다고 했다. 이 이야기를 들으며 나는 거의 10년 전 법과 빈곤센터 서부지부Western Center on Law and Poverty에서 일할 때 맡았던 한 사건을 떠올렸다. 흑인 및 라틴계 여성 열 명이 서던캘리포니아 대학 로스앤젤레스 일반의학센터University of Southern California-Los Angeles County General Medical Center에서 불임수술을 받았는데, 이들의 주장에 따르면 적절한 동의가 없었을 뿐더러 대부분 심지어 알지도 못한 채 그런 일이 벌어졌다는 것이다.[2] 그 여성들 대부분은 아이가 세 명 이상이고 생활보호대상자인 여성들에게 제왕절개수술과 함께 불임수술을 받도록 권유하는 정책을 추진하던 산부인과 원장을 어떤 인턴이 고발했다는 뉴스가 널리 보도된 후에 자신들에게 무슨 일이 벌어졌는지 깨달았다. 그 사건의 항소심에 관한 조사과정에서 나바호족 가임기 여성의 4분의 1이—말 그대로 병원에 갈 수 있었던 모든 가임기 여성이—불임수술을 받았다는 사실을 알게 되었던 것이 기억난다. (이것은 목격자 중 한 사람의 증언이었다. 아메리카 원주민을 포함하고 있는 공식 불임수술 통계는 찾기가 어렵다. 애틀랜타 질병통제센터the Centers for Disease Control in Atlanta를 통해 미공중위생국U.S. Public Health Service에 보관된 공식 통계는 미국병원퇴원조사the National Hospital Discharge Survey에서 모은 자료에 기반하고 있는데, 여기에는 연방교도소는 고사하고 연방병원도 포함되어 있지 않다.

2 Madrigal v. Quilligan, 639 F.2d 789(9th Cir. 1981).

원주민 보호구역에 거주하는 아메리카 원주민 여성들에게 주어지는 의료 서비스는 연방병원에서 거의 독점적으로 제공한다. 게다가 공중위생국은 보유 정보를 백인, 흑인, 기타 집단이라는 3개 범주로만 나눈다. 이러한 어려움에도 굴하지 않고 홍인종여성연합 미네소타주 미네아폴리스공동체Women of All Red Nations Collective of Minneapolis, Minnesota[3]는 1988년 「아메리카 원주민 여성의 불임수술 연구」라고 명명된 보고서를 내놓았다. 이 보고서는 가임기 원주민 여성 전체의 50%에 달하는 수가 불임수술을 받았다는 주장을 담고 있다. 질병통제센터에서 1983년에 발행한 "외과적 불임수술 감독: 1979-1980년 15-44세 여성의 난관절제수술과 자궁절제술"에 따르면 "1980년에 흑인 여성의 난관절제수술 비율은 … 백인 여성에게 행해진 비율보다 45%가 높았다. 미국 여성 전체의 불임수술 비율은 약 17%인데, 이것은 브라질의 27%와 비교된다."[4] 또한 질병통제센터 중 하나인 건강증진센터Centers for Health Promotion하의 재생산건강부서Division of Reproductive Health가 1984년에 발표한 연구에 의하면, 1982년 현재 15세에서 44세 사이의 푸에르토리코 여성 48.8%가 불임수술을 받았다고 한다.)

이 모든 일들을 곰곰이 생각해 보니, 노예 시절부터 내려왔으며 유색인종에 대한 억압 속에서 지속되는 것 중 하나는 순수의지pure will의 반

3 역자 주: 약칭 WARN. 1978년에 설립되어 지금까지 활동하는, 가장 유명한 아메리카 원주민 여성 단체이다. 1968년에 설립된 아메리카 원주민 운동(American Indian Movement, AIM)에 여성들이 적극적으로 참여했음에도 미국 정부에 의해 무시당하여 남성들만 가혹한 처벌을 받았던 것을 역이용, 강력한 조직을 이루어 냈다. 초기 활동으로는 공공보건서비스 소속 병원들의 불임시술에 대한 대항, 미국 정부가 사우스다코타주 파인 릿지(Pine Ridge) 원주민 보호구역의 물을 팔려는 시도를 했을 때의 소송제기, 과테말라와 니카라과의 원주민 조직 등을 들 수 있다. 이들의 주요 목표는 교육기회, 의료서비스 및 재생산권 확대, 여성에 대한 폭력 근절, 아메리카 원주민에 대한 박제화와 착취 종식, 원주민의 땅에 대한 권리와 원주민의 생활환경 보호라고 한다(테네시주 AIM 홈페이지 www.tnaim.org/warn/warnhistory.html 참고).

4 "Decline in Births Eases Brazil's Population Worries", *New York Times* (Aug 8, 1989) A9.

대립항인 흑인의(혹은 갈색 인종의 혹은 붉은 인종의) 반의지antiwill라는 관념에 뿌리박은 신념체계라는 사실을 깨닫게 되었다. 항상적으로 통제되는 의지의 발현이 고결함에 가장 가까운 말로 여겨지는 세상에 우리는 살고 있다. 항상적인 무의지인으로 인식된다는 말은 그러니까 가히 치명적이라 할 특성에 물들어 있다는 것을 뜻한다.

많은 학자들이 이 현상을 지배자와 피지배자 간의 전면적이고 유아화하는total and infantilizing 상호의존성이라는 용어로 설명해 왔다(Elkins, 1963; Stampp, 1956; Jordan, 1968; Tushnet, 1981). 이런 분석에 대해 전반적으로 이의를 달 이유는 없지만, 노예소유주와 노예의 관계를 '전면적'인 관계로 묘사하는 것은 나를 참으로 곤혹스럽게 한다. 이러한 용어 선택은 백인들이 이 단순한 유인원subhumans들을 위해 해야 했고, 할 수 있었으며, 실제로 했던 온갖 역사적인 합리화를 아마도 지극히 미묘한 차원에서 반영하거나 수용하고 있다. 이런 단어 선택으로는 누구보다 '인간적'이고 '인정 많은' 백인 노예소유주라 할지라도 줄 수 없는 것까지 소망하는 욕구를 가진 존재로서의 흑인을 인정할 수 없다.

노예법 조문을 기술함에 있어, 다시금 나는 흑인의 반의지라는 관념에 뿌리박고 있는 그 법구조를 폭로하는 낱말을 택하려 한다. 나는 백인들이 그들의 법에서 흑인을 다루었던 방식이 흑인들을 의지라곤 갖고 있지 않은 존재로 정의하는 것이었다고 규정하려 한다. 이런 취급방식은 전면적인 상호의존성이 아니라, 편파적인partializing 인간성 기준을 차용한 편파적인 판단들이 인종에 대한 부적절한 설명을 일반화하게끔 하는 관계를 나타낸다. '순수의지' 내지 완전한 통제력이 완벽한 백인에 대응된다면, 불순한 의지와 통제력의 완전한 결여가 완벽한 흑인에 대응된다. 따라서 노예법을 인격의 전체적 조망을 담은 것으로 규정하는 것은, 암묵적으로 음식과 잘 곳과 옷가지의 공급이 (최고로 좋은 환경을 또다시 가정했을 때) 인간성에 대한 필요조건의 전부인 양 받아들이는 것이다. 또한 정신적 보살핌이 (마치 소유된 정신이 정신 건강과 양립할 수 있기나한 듯이) 노예소유주들에게서 얻어질 수 있다거나 정신이 인간 존재에게 있어 중요한 부분이 아니라고 가정하는 것이다.

시장 이론은 항상 신성한 의지를 지녔으며 이성의 세례를 받은, 보이지 않는 손에 인도된 경제적 행위자를 추구하는 가운데 인간 잠재성의 전 영역으로부터는 주의를 돌려 버린다. 그러나 노예소유주-노예 관계는 이와는 조금 다른 방식으로 흑인 잠재성의 전 영역으로부터 주의를 돌렸다. 이 관계는 흑인을 기질은 단순하고 힘은 센 경제적 "행위체 actant"[5]로 그려 냈다. 따라서 흑인들이 시장 영역에서 의문의 여지가 없는 생성력generative force을 가졌을지라도, 이들의 존재는 능동적이라 칭해지지 않았다. 그들은 시장에서 아무런 능동적 역할을 갖지 못했다. "시장 관계가 개개인의 특색을 무시하는 반면, 노예 관계는 소유주와 노예 간 인간성의 상호인정에 기댄다"고 말하는 것은 (화자가 인간성에 대해 그 어떤 지엽적인 혹은 추상적인 정의를 택했건 간에) 부정확한 등식을 세우는 것이다. "개개인의 특색을 무시"했다는 것과 "인간성의 상호인정"을 반면 whereas이라는 접속사로 대비시키면, 웬일인지 개개인의 특색을 고려한다는 말이 인간성의 인정과 등치된다는 것을 알 수 있다(Tushnet, 1981: 69). 노예제의 맥락에서 볼 때, 이 등식은 흑인만의 남다른 특징을 창안하려는 백인의 과한 열정과 포악한 집념을 진정한 전인적 고려와 혼동하고 있다. 이는 대부분의 인간성에 대한 정의가 단순한 생물학적 생존 이상의 그 무엇을, 노예제가 상상할 수 있는 한계 너머의 자율성에 대한 건

5 "행위체는 음성적(phonetic)이라기보다 음소적(phonemic)인 역할을 한다. 그것은 콘텐츠가 아니라 기능 차원에서 작동한다. 즉 행위체는 특정한 인물[행위자(acteur)라 불리는] 속에서 구현되거나 이야기 아래 깔려 있는 '반대' 구조 안에서 하나 이상의 인물이 행하는 공통된 기능이라는 관점에서 행해지는 기능 속에 존재한다. 즉 내러티브의 심층구조가 이야기의 표면적인 내용을 넘어선 차원에서 행위체를 생성하고 확정한다."(Hawkes, 1977: 89)

전한 척도 같은 것을 담고 있다는 사실을 간과하는 것이다. 또한 이는 노예제와 자본주의체제 모두 어떤 속성은 중시하고 다른 어떤 것들은 무시했다는 것, 그리고 주의를 앞에다 집중시키는 동시에 다른 것으로부터 차단하는 말의 곁눈가리개처럼 이런 중시와 무시가 동일한 관점에서 일어날 수 있다는 것도 간과한다. 경험상 시장의 행위자와 노예상의 눈가리개는 다른 방향을 향하지만, 부지불식간에 그 각각의 편파적 이데올로기는 보지 않기라는 행위를 보는 행위의 구성요소로 삼는다. 통합된 사회적 통찰을 복원하는 일은 내가 생각하기로는 이데올로기의 양극성을 이용해 단순한 대칭을 이루는 것보다는 더 광범위하고 더 분산된 대책을 요구한다.

그러니 노예법이 최소한 자본가의 세계관만큼 인간을 파편화하는 법이고 파편화된 법이었다는 실상을, 그리고 어떤 의미에서는 모든 이데올로기적 장벽을 초월하여 오늘날까지 살아남아 있다는 실상을 은폐하는 언어는 어떤 것이든 간에 제거해야 한다. '순수의지'가 후자의 세계관에서 자본가의 인격 전체를 의미하듯, 지혜와 통제력, 아름다움은 백인의 인격 전체를 뜻한다. 노예소유주slavemaster와 시장burgermeister은 이런 맥락에서 볼 때는 그리 다르지 않다. 인정할 수 있는 차이점은 노예법에서는 정말로 그 전도된 원리에 강조점이 있다는 것이다. 즉 비이성과 통제력 결핍, 추함은 노예의 인격 전체를 의미한다. 완전한 상호의존성이란 기껏해야 이렇게 분열적인 인간상을 합리화하는 예의 바른 방법일 터이다. 이러한 논의는 성서적 차원의 억압적 정신분열증 찌꺼기로부터 기이한 음양원리를 창조해 낸다. 나는 이것을 정신분열적이라고 말하겠다. 이것이 올바른 표현이다. 정말이지 전면적인total 관계(전체주의totalitarianism의 대립항으로서)란 모든 사람들에 의지하는 모든 사람들이 부양하는 동시에 자유방임을 허하는 상호의존성의 이미지를 상기시킨다. 노예법의 역사적 유산도, 소위 부르주아법도 그러한 정의를 충족시키지는 못한다.

아마도 이 말들 중 어떤 것도 특별히 새롭지는 않을 것이다. 그럼에도 불구하고 법률가로서 내가 행하는 모든 일에 앞서는 가장 큰 도전은, 파편화하는 사회구조의 온전한 진실을 그 압도적 실체 그대로 느끼도록—그렇지 않고서는 내가 이성적으로 직면하길 피할 것이기에—하는 일이다. 나의 뿌리를 찾는 여정에서 나는 단지 지나간 역사가 아니라 심리에 미치는 지속적 영향력으로서 반이성과 통제력 결핍과 추함이, 노예의 인격 전체만이 아니라, 흑인의 인격 전체만이 아니라, 바로 나를 가리킨다고 간주해야만 한다.

나의 뿌리를 반추하면서 나는 플로리다 벨 글레이드의 그 젊은 여성에 대해 거듭 생각하게 된다. 친구 말을 듣자 하니 그녀는 절박했던 불임수술 이야기를 하는 중에 언제나 눈을 바닥에 내리깔고 있었다고 한다. 백인인 내 친구가 왜 눈을 들어 시선을 마주하고 이야기하지 않느냐고 묻자 그 젊은 여성이 답하길, 백인들이 자기의 내면을 들여다보게 하기 싫어서라 하였다.

내 친구의 이야기는 나 자신의 유년기와 사춘기를 떠올리게 했다. 부모님은 언제나 내게 고개를 들고 세상을 마주보라고 이야기하곤 했다. 사람들, 특히 백인들을 똑바로 쳐다보고, 그들이 나를 내려다보게 두지 말라고, 내 영토를 지키라고, 무슨 일이 있어도 내 존재에 대한 권리를 주장하라고. 이런 문화 속에서는 나 자신이 사람들과 평등하단 것을 보여 주기 위해서 꼭 사람들과 눈을 마주보아야 한다고 했다. 친구의 이야기는 또 내게 있어 시선을 맞받는 것이 얼마나 어려운 일인가를 깨달았던 기억을 상기시켰다. 가장 힘들었던 것은, 내 친구의 고객이 표현한 대로, 백인이 나를 본다는 것만이 아니라 그들이 마치 내가 투명한 존재인 양 나를 관통하여 본다는 것이었다.

나를 들여다본다는 것은 그 자체로 나의 본질, 나의 분노, 나의 취약함과 나의 맹렬한 절망을 본다는 것이다—그리고 그것을 내보이는 것만도 충분히 힘겹다. 그러나 나를 드러내어 사람들의 무시-무지ignoreance로 폄하되도록 놓아두는 것, 용감하게도 그것을 내 두 눈에 담아내는 것, 그리하여 나란 존재 전체를 꿰뚫고 지나쳐 가는 무감각한 시선들, 스쳐 가다 나의 왼쪽 귓불이나 철사처럼 뻣뻣하고 구불대는 머리카락에 들러붙은 먼지나 주근깨 촘촘히 박힌 넓적한 갈색 콧날에 내려앉는 무감각한 시선들을 마주하는 것 — 이것이야말로 철저한 치욕이다. 이런 일은 묵은 상처를 헤집고 가차 없는 시선, 즉 대부분의 흑인들이 영영 눈길을 피하도록 만드는 숨막히는 시선 때문에 고민하던 어린 시절을 되살리고야 만다.

평등한 시선이라는 차가운 게임은 스스로를 얇은 유리 한 장처럼 느끼게 만든다. 백인들은 내 너머에 있는 세상만을 바라볼 뿐 나를 응시하지 않는다. 그들은 힘차고도 날쌔게 성큼성큼 내게로 다가든다. 그들은 나를 보지 않는다. 나는 그들에게 나의 존재를, 그들의 눈에 담긴 나의 고갱이를 억지로 구겨 넣을 수도 있겠지만, 아마도 그 과정에서 내팽개쳐질 성싶다. 만일 내가 눈길을 떨군다면, 그 길에서 비킨다면, 그들은 분명 내가 존재했음을 영원히 모를 것이다.

마르그리드 뒤라스는 소설 속 여주인공을 가족과의 관계 내에 위치시킨다.

> 매일매일 우리는 서로를 죽이려고 노력한다. 죽이려고 말이다. 우리는 서로 이야기하지도 않지만 쳐다보지도 않는다. 어쩌다 누가 당신을 보고 있더라도 당신은 그를 볼 수 없다. 본다는 것은 호기심을 느끼는 것이고, 관심을 갖는 것이고, 스스로를 낮추는 일이다.(Duras, 1986: 54) [역자가 번역함]

본다는 것은 또한 스스로를 연약하게 만드는 것이다. 반면 보지 않는다는 것은 나의 취약한 부분을 중화시키는 일이다. 나의 바라보기는 제대로 보기 위한 것이고, 그러므로 나는 반드시 바라보아야만 한다. 시각의 이러한 직접성이 없다면 스스로 눈멀기를 바라게 될까 봐, 나만의 창조성을 잃어버리고 나만의 고유한 시각으로부터 싸울 태세를 갖춘 통찰의 열정이 사라질까 봐 나는 두렵다.

그리 오래지 않은 어느 토요일 오후, 나는 한 무더기의 가족사진을 펼쳐 놓고 앉아 남아프리카인 친구에게 나의 대모이자 내 어머니의 사촌인 마조리Marjorie에 대해 얘기하고 있었다. 마조리는 겨우 여섯 살이 되었을 때 옅은 색 피부를 가진 그녀의 엄마에게 버림받았다. 그녀는 내 할머니와 이모할머니들에게 맡겨져 짙은 색 피부를 가진 사촌들 사이에서 길러졌다. 왜냐하면 마조리는 정말로 까맸기 때문이다. 그녀의 엄마는 가족을 떠나 "건너갔다". 그녀는 백인인 부유한 정육업자의 상속인과 결혼하였다. 그녀의 남편인 프레드릭Frederick 아저씨는 우리의 존재조차 알지 못했는데도 우리는 그를 무시무시한 상상과 함께 떠올리곤 했다. 30년 후 프레드릭 아저씨가 죽고 재산이 바닥났을 때, 마조리의 엄마는 동족에 다시 합류해서는 우아한 상류계층 생활에 대한 이야기보따리로 우리를 즐겁게 해 주면서, 분노 섞인 매혹을 불러일으키는 여왕님으로 군림했다. 내 여동생은 맘씨 좋은 마님Lady Bountiful이라고 부르곤 했다.

친구는 내 이야기를 들으니 더반Durban의 백인 부부에게서 가무잡잡하고 곱슬머리였던 아기가 태어났던 것이 생각난다고 하였다. 남아프리카공화국 백인 정부는 재빨리 개입하여, 태어난 집에서 아기를 거두어 가 '더 적당한' 다갈색 피부의 가족더러 키우라고 맡겼다.

이런 이야기를 나누고 나자 친구와 나는 어쩐지 당혹스러워졌고, 이야기의 방향을 틀어 자유방임주의 경제정책과 정부개입주의에 대한 토론을 시작했다. 우리의 언어는 명징한 선, 말하자면 다른 모든 생각과 사건들이 봉해진 채 매장당한 땅 위를 달리는 철로처럼 되었다.

상거래법 교수인 내게 계약법에서 가장 인상 깊은 요소 가운데 하나는 당사자들을 수동태로 전락시킴으로써 발휘되는 어떤 둔화력이다. 계약법은 사람들로 하여금 그들이 서명한 서류에 대해 수동적인 관계를 맺도록 강제함으로써 당사자들의 살아 숨쉬는 관련성을 옭아맨다. 상황을 지배하는 것, 모든 일을 '행하는' 것, 모든 책임을 빨아들이고 일체의 다른 보호책을 굴절시켜 버리는 것은 계약 자체이다.

계약법은 삶을 동화fairy tale로 격하시킨다. 계약서의 사각 모서리들은 부모가 된다. 계약의 이행은 부모에 대한 수동적인 복종과 다르지 않다. 수동성은 계약적으로 훌륭하게 사회화된 행위로 높이 평가된다. 능동성은 계약을 체결하던 그 마법적 순간의 마음 상태에 대한 소급적 가정에 갇혀 버린다. 개개인은 자율적 행위주체로서보다 계약 해석에 의해서 판단된다. 계약불이행은 불복종이고, 불복종은 능동성이고, 능동성은 어린애처럼 계약에 순응하는 수동성에 대비되어 악덕이 된다.

이 모든 것들에 대한 가장 강력한 예시 가운데 하나는 메리 베스 화이트헤드Mary Beth Whitehead 사건이다.[6] 이른바 베이비 엠Baby M이라 불리던 세라Sara의 어머니인 화이트헤드는 윌리엄 스턴William Stern과 대리모계약을 체결한 후에 생생하게 살아 숨쉬는 독창성을 지닌 행위자가 되었다. 운 나쁘게도, 사법상 그 이상 가는 죄는 없을 터이다. 이 거꾸로 선 시핑, 계약위반자에 대한 악한 이미지의 무한대성 속에 살고 있었기에, 그녀의 정열적인 비탄은 히스테리가 되었고 강렬한 활기는 깔때기에 들이부어져 소용돌이친 다음 도저히 용납할 수 없는 것으로 재구성되었다. 화이트헤드는 이와 같이 아무것도 받을 자격이 없는 악독한 의붓자매로 재현되었다.

얼마 전 *The Greening of America*의 저자이자 샌프란시스코 대학 로스쿨 교수인 찰스 라이Charles Reich가 내 수업에 참여하였다. 그는 칭찬, 아부, 행복하게/슬프게 행동하기 등의 감정적인 '항목들'을 명시적 계약 조건으로 포함하게 될 새로운 거래 형식의 제안을 놓고 학생들과 토

6 역자 주: 537A.2d 1227(1988).

론했다. 그렇게 생각한 사람이 그녀만은 아니었겠지만, 한 학생이 "아니, 그러면 사람들은 의무감을 가질 뿐일 거예요feel obligated"라고 말했다. 그렇지만 바로 한 주 전에 (우리가 화이트헤드로 하여금 "그 어떤 아이나 아이들과도 모자관계를 창설하거나 창설하려는 시도를 하지 못"하도록 규정한 계약에 대해 토론할 때) 바로 그 학생이, 화이트헤드는 그러겠다고 했으니 아이를 포기해야 한다고 주장했었다. "그녀는 의무가 있어요was obligated!" 나는 그 학생이 취한 자명하고 거의 본능적인 반응이 수동성의 관례와 형식의 환상에 지배되는 정도를 보고 당혹감을 느꼈다.

더욱이 그 일은 나로 하여금 뉴저지주 고등법원the New Jersey Superior Court의 하비 서코Harvey Sorkow 판사가 어떻게 화이트헤드에게서 부모로서의 권리를 박탈하려는 의도를 가진 계약이 "환영약정이 아니not illusory"[7]라고 결론지을 수 있었는지에 대해 통찰할 수 있게 해 주었다. (배경지식으로 꼭 짚고 넘어가고 싶은 것은, 계약법 자체의 틀에서 보았을 때 화이트헤드와 스턴이 맺은 합의는 명백한 환영약정으로 보였다는 점이다. "환영약정은 약속의 의사표시 속에 숨겨진 표현으로서, 자세히 조사해 보면 당사자에게 스스로를 구속할 의사가 전혀 없었던 것으로 드러나는 것을 말한다."(Calamari & Perillo, 1987: 228) 한

7 일반적인 참고를 위해서는 In the Matter of Baby "M", a Pseudonym for an Actual Person, Superior Court of New Jersey, Chancery Division, FM-25314-86E(Mar. 31, 1987) 참고. 이 판결에 대해 항소가 제기되었고, 1988년 2월 3일에 뉴저지주 대법원은 대리모 계약이 불법이며 공공질서에 위배된다고 판결하였다. 그러나 계약상 쟁점 외에 양육권을 둘러싼 다툼에서는 스턴 쪽의 손을 들어주면서 화이트헤드에게는 자녀에 대한 방문권을 인정하였다.
역자 주: 'illusory promise'는 우리나라에서 '환영약정' 혹은 '수의약정'으로 번역되고 있다. 국내법상 이에 들어맞는 규정이 없어 어느 쪽이 적절하다고 말하기 곤란하다. 전자의 번역은 원어의 해석에 충실한 것이나, 내용상 전혀 관계가 없는 우리 법상 '허위표시'를 떠올리게 한다. 후자는 그 내용에 가까운 것으로 보이나 본래 명칭과는 거리가 있는 번역어이다. 이 개념이 수의조건에 대한 우리 법의 이해와도 꼭 들어맞는 개념은 아니므로, 여기에서는 '환영약정'이라는 번역 예를 따른다.

편으로 서코 판사의 의견에 따르면, 화이트헤드가 그녀의 의무를 회피하려고 했다 한다. 바꾸어 말하자면 자신의 아이를 포기하는 것이 현실적인 의무가 되었다는 말이다. 다른 한편으로는, 이 판사의 논리를 따르면 이 계약은 용역계약service contract이지 진짜로 아동매매인 것은 아니었다. 그러니까 스턴 부부에게 아이를 인도하는 것은 합의되지 않은 의무이고 스턴이 대가를 치르지 않은 사항인 것이다.)

이 계약이 "환영약정이 아니"라는 서코의 발견은 동명의 법원리만이 아니라 일반적으로 환상과 기만과 정의, 다시 말해 다른 모든 것들이 "부당한wrong" 것으로 몰려 기억에서 소거되는 동안 사회구조는 "정당한" 것으로 간주되고 현실의 왕국으로 인도되게끔 하는 도구를 연상시킨다. 이러한 관점에서 보면, 세라 화이트헤드가 멜리사 스턴이 되게끔 한 수사적 속임수는 나의 고조할머니를 진정시키고 그녀의 아이에게서 떼어 놓았던, 엄격하게 선언된 법적 의무와 정말이지 비슷해 보인다. 두 경우 모두에서, 진짜 엄마는 아무 발언권이 없었다. 그 무력함은 아버지와의 관계에서 그녀와 그녀의 아이를 무력하게 만들었던 주법에 의해 부여된 것이다. 내 고조할머니의 무력함은 그녀가 당사자가 아니었던 계약의 결과로부터 나왔다. 그때로부터 시간이 흐른 후, 메리 베스 화이트헤드의 무력함은 그녀가 서명한 계약—그러나 역시 긴 시간 그녀를 노예상태에 묶어 놓았던—의 결과로부터 나왔다. 계약상의 실물성은 두 경우에 있어서 마법과 다름없었다. 그것은 환상 아닌 것으로 둔갑한 환상이었다. 심지어 그것은 여성의 자율성과 여성의 살과 여성의 피가, 재고의 여지가 언제까지고 봉쇄된 채 저 멀리 언어의 감옥에 갇혀 버리게 만들었던 강요된 협정의 잔인성을 교묘하게 포장한다.

서코 판사의 판결이 있고 나서 몇 달간 나 자신과 세라, 멜리사 스턴, 화이트헤드의 사회적 자리매김 사이에 존재하는 운명의 유사점들에 대해 생각해 보았다. 그리고 사람들이 자신들과 '닮은like' 아이를 원하는 것이 당연하다는 가정이 서코 판사가 판결문에 썼던 복잡한 마술의 중요한 부분이라는 점을 깨닫게 되었다. 이런 추론은 정확하게 무엇이 그러한 닮음을 구성하는지 고민하게 만들었다. (예를 들어, 메리 베스 화이트헤드가 '실패작'이었던 내 대모 마조리네 엄마의 '건너간passed' 후손이었다는 것이 밝혀졌다면 어떻게 됐을까? 그녀가 낳은 아이가 열성인자여서 새까만 흑인의 외양을 가졌다면? 스턴의 정자가 너무 강력해서 서코 판사가 그랬던 것처럼 아이를 절대적으로 '그의 것'으로 만들었을까?) 게다가 무엇이 '닮지 않음unlikeness'에 대한 공동의 해석을 낳게 하는가?

이러한 질문들이 어떤 어머니들이 어떤 아이들을 출산해야 하는 것인지에 대해 제공할 상은 그리 포착하기 어렵지만은 않다. 우리 사회에는 흑인 아이의 엄마가 된 백인 여성의 광경에 대해 부적절하다고 하는 무언가가 존재하지 않는가? 흑인 아이에게 전적으로 헌신하는 백인 여성, 백인 여성으로부터 모든 것을, 말하자면 생존 자체를 전적으로 절박하게 의존하는 흑인 아이. 흑인 아이에게 젖물리는 백인 여성의 이미지, 백인 여성의 가슴에서 생명을 빨아들이고 있는 흑인 아이의 이미지. 그러한 이미지의 철저한 상호의존성, 그것이 함축하는 융합, 경계를 허무는 것, 자기 안의 타인을 감싼다는 것, 그러한 이미지가 만드는 무제한의 관대함과 상호연관. 이런 그림은 차이란 존재하지 않는다고 말한다. 그것은 흑인 아이의 조그만 얼굴에 지속적 생성, 즉 백인 자아의 불멸성이라는 희망을 덧씌운다.

부모들이 그들과 '닮은' 아이들을 원하리라는 점이 당연히 예상된다고 서코 판사가 단언할 때, 그는 동시에 동일성에 대한 법적 권리를 창조한 것이다. 그러한 '권리'의 창조를 통해 그는 아이들을 금기의 광범위한 영역에서 단절시켜서, 유사성 기준에 따라 보호 구금protective custody 귀속을 결정한다. 촉감과 냄새, 친밀감과 경계에 대한 금기. 열정, 소유욕, 면허, 애매모호함, 체념, 무관심, 불관용, 원한, 강탈, 순수, 추방, 솔직함에 대한 금기. 죽음에 대한 금기. 죽음과 같은 금기. 죽음과 신성함, 신체와 자아와 타자와 남은 자들에 대한 존중. 삶 속에서, 삶에서 그러하듯, 애정을 가지고 다루는 것. 요컨대, 죽음의 냉정함과 대비되는 친밀함이라는 물음.

본질적으로 이러한 금기들은 평가의 경계를 표현한다. 권리 시장 the marketplace of rights의 외부에 있는지 내부에 있는지를 살펴보는 것은 항상 어떤 것을 평가하는 방법이었다. 귀중한 어떤 것이 시장 외부에 존재할 경우에는 '값을 매길 수 없어서priceless' 일상적 교환관계 속에 위치 지어질 수 없다고 여겨지는 것이 일반적이다. 하지만 그 목적물이 시장 내부에 자리 잡고 있다면 외부의 모든 것들은 '값어치가 없게valueless' 된다. 전통적으로 다빈치의 '모나리자'와 인간의 생명은 상품대체성이 없는, 값을 매길 수 없는 종류로 여겨져 왔다. 그러니까 흑인 노예를 사고팔 때, 흑인들은 인간성의 경계를 넘어선 곳에 놓여 있었다. 그러니까 우리가 사는 이 거꾸로 된 멋진 신세계 속에서 흑인들은 시장 바깥으로 밀쳐졌던 것이며, 사고팔리는 것은 백인 아이들일 뿐이었다. 거기에서 흑인 아기들은 입양 대리인들에게 쓸모없는 화폐worthless currency에 불과하다. 아기들은 할렘 병원 폐품 더미 위의 '잉여surplus'일 뿐이다.

> 우리에게 그 이름이 친숙하다 해도, 현재 미치는 직접적 영향력이라는 면에서 이야기꾼은 결코 힘을 지닌 존재가 아니다. 그는 이미 우리와 동떨어져 있으며 점점 더 멀어지고 있는 어떤 존재이다. … 점차 이야기를 제대로 해 줄 수 있는 사람을 만나기 어려워진다. … 남에게 양도할 수 없어 보이는 어떤 것, 우리가 가진 것 중 가장 확실해 보이는 어떤 것을 빼앗긴 것만 같다. 그것은 바로 경험을 주고받을 수 있는 능력이다.(Benjamin, 1969: 83)[8] [역자가 번역함]

어머니의 사촌인 마조리는 이야기꾼이었다. 때때로 나는 그녀에게

8 Walter Benjamin, "The Storyteller", in Hannah Arendt (ed) translated by Harry Zohn, Illuminations (New York: Schocken, 1969); 발토 벤야민 저, 이태동 역, 『문예비평과 이론』(문예출판사, 1987).

어린 시절 얘기를 해 달라고 졸랐는데, 그녀는 대신 북극곰 나라로 떠난 아이에 대해 이야기해 주곤 했다. 북극곰들은 감사기도를 드리고 아이를 잡아먹었다. 하지만 북극곰들이 아이의 시련을 통해 신성해졌기에 아이의 삶은 헛되지 않았다. 아이는 신이 북극곰들에게 보낸 하나의 시험이자 메시지였다. 북극곰의 우주에서 창조의 제1목적은 북극곰들이며, 살아 있는 세계의 나머지는 북극곰을 섬기도록 빚어져 있다고 그녀는 내게 말해 주었다. 구름은 북극곰의 형상을 본떴고, 나무는 북극곰에게 쉴 곳과 그늘을 주도록 정해졌으며, 인간은 북극곰에게 고기를 제공하기에 알맞게 만들어졌다.

사실은 그게 아니라고, 사실은 우리가 그녀의 아파트에 앉아서 과일 통조림과 잘 구운 고기, 으깬 감자, 피클과 바닐라 푸딩, 코코아, 스프라이트 아니면 차를 먹고 있는 거라고, 나는 깔깔대며 우기곤 했다. 「창세기」나 뭐 그런 것들은 어떻게 된 거냐며 그녀를 구슬려 보았다. 하지만 그녀는 기억하지 못하는 것을 감추기라도 하는 듯 모른다고 도리질하며 쉼 없이 먹어 대곤 했다. 그녀는 우리의 접시가 완전히 비워질 때까지 북극곰 얘기를 되풀이하였다. 내가 그녀의 허전함을 보여 주는 공간에서 팽창될 때까지 그리고 그 허전한 말들에 나가떨어질 때까지.

삶을 살아가는 굽이굽이 나의 일부분을 잃어버린 것처럼 느껴지는 순간들이 있다. 오늘이 무슨 요일인지조차 기억하지 못할 만큼 나의 존재가 불확실하다고 느껴지는, 내 이름을 기억하지 못할 만큼 뭔가에 의해 조종되고 있다는 느껴지는, 나를 가장 사랑해 주는 사람들에게조차 따뜻한 말을 건넬 수 없을 만큼 상실감과 분노에 휩싸이는 그런 날들이 있다. 그것은 상점 유리에 비친 내 모습을 보고서 하나의 온전한 사람이 나를 마주보고 있음에 놀라는 순간이다. 그것은 피부가 진흙처럼 끈적거리고 코가 얼굴을 타고 녹아 흐르고 눈이 턱으로 떨어져 내리는 순간들이다. 그러한 순간들이 찾아오면 나는 눈을 꼭 감고 스스로를 기억해 내어 부드럽고 전체적인 하나의 내적 형상을 그려 내야 한다. 다른 방법들이 실패할 때면, 나는 거울로 손을 뻗어 그 형상들이 잃어버린 양을 찾듯 다시 모일 때까지 뚫어져라 응시한다.

두 해 전에, 나의 대모 마조리는 중증 뇌졸중을 일으켰다. 그녀가 임종을 앞두고 누워 있을 때 나는 끼니를 챙겨 주기 위해 병원에 들락거렸다. 나를 곧잘 챙겨 주던 사람을 챙겨 주는 일은 나를 거울에 비추어 보고 나의 형상을 모으는 착잡한 의례였다. 스푼을 들어 그녀의 입술에 가져가는 나의 행위는 단지 양육과 희생의 의식에 그치는 것이 아니라 선물에 대한 보답이었다. 그것은 시간의 경과에 대해 그리고 길을 되짚어 돌아온 모든 것에 대해 조용히 경의를 표하는 행위였다. 나의 힘든 직장생활과 학교생활에 대해 묵묵히 들어주던 그녀였지만, 이제는 내가 고개를 숙여 가까이 대고서 그녀의 입모양이 나타내는 단어와 문장 조각들을 들어야 했다. 나는 그녀의 침묵과 단어를 더듬어 찾는 것의 의미를 헤아리기 위해 몸을 숙여야 했다.

그녀는 내가 병원에 가져간 음식들을 맛있게 먹었다. 원치 않는 것에는 고개를 저었다. 나는 과일과 요거트, 아이스크림, 채소주스를 가져갔다. 그러나 시간이 흐르면서 그녀는 삼키기를 멈추었다. 으깬 감자는 솜처럼 그녀의 입 속에 머물렀고, 푸딩은 그녀의 턱을 타고 천천히 흘러내렸다. 그녀가 언어뿐 아니라 음식을 섭취할 힘마저 잃었을 때, 사람들은 그녀의 코를 통해 위장까지 튜브를 연결했고 나는 의사소통의 마지막 수단을 잃었다. 묘한 위안을 주던 미각을 통한 친교communion는 더 이상 존재하지 않았다. 나를 돌봤던 사람을 돌볼 수 있다는 사실이 가져다주던 편안한 공명echo은 더 이상 없었다.

이렇게 쇠잔해 가는 모습은 조그맣고 갓 태어난 죽음과도 같았다. 튜브를 꽂은 그녀가 애원하는 눈길로 올려다보면, 나는 그녀가 무엇을 원하는지 알아내려고 노력했다. 나는 무턱대고 그녀에게 필사적으로 이야기를 들려주었다. 우리는 이상하고 어색한 눈 깜박임으로 서로를 환대했다. 하얀 벽으로 둘러싸인 병실의 공허함과 외로움을 채우기 위해 나는 그녀에게 이야기를 건넸다.

나는 그녀에게 내가 어떤 사람이 되었는지, 어떻게 교환체계와 계약이나 화폐 이론들에 대해 잘 알게 되었는지를 이야기했다. 나는 부정 증권거래 단속법blue sky law과 계약상 금반언 원칙promissory estoppel, 부당 압력undue influence의 듬성듬성 빈틈이 나 있는 복잡성과 비양심성 원칙의 시커먼 속내에 대한 이야기를 들려 주었다. 시장 규범이나 선물 경제나 위기에 봉착한 교환 윤리에 대해서도 말했다. 옛날에 이웃들이 나를 물물교환에 끼워 주었던 일에 대해서도 나는 얘기를 늘어놓았다. 그들은 달걀과 운전 교습, 뜨개질한 스웨터와 컴퓨터 프로그래밍, 배관과 서예 같은 것을 주고받았다. 나는 고마운 마음에 그들의 호의를 받아들였다. 처음에는 나 같은 변호사는 별로 쓸모가 없어 보였다. 나는 교환할 만한 기술도 없고 도움 줄 것도 없었다. 하지만 이내 내가 그 집단에게 갖는 가치는 내가 제공하는 물질적 품목에 의해 계산되지 않는다는 점을 깨닫게 되었다. 이 사람들은 내가 그들 모임의 일부가 되기를 원했기에 나를 끼워 준 것이었다. 그들은 내가 제공할 수 있는 유형적인 것들과 무관하게 내가 참여하는 것을 높이 샀다. 그래서 그들에게 나 자신을 선뜻 내놓자 그들은 내게 과일 케이크, 민들레 와인, 훈제 연어를 주었다. 그들이 베푼 물건들은 양식provisions이 되었다. 나를 품어 준 이 공동체에서는 관계의 윤리를 화폐로 삼고 있었고, 나의 주가는 내 안에서 솟구쳤다. 나의 가치는 집단의 일부가 된다는 사실만으로 촉발되는 형태 없는 것의 찬란함, 보이지 않는 것의 아름다움에 의지했다. 이것은 내게 직접적인 반응을 불러일으켰다. 나는 더 풍요로워지고 행복해지고 온화해졌다.

나의 온화한 대모. 삶의 덧없음. 차가운 영안실 선반.

대모가 돌아가신 병원은 이제 에이즈 환자로 가득 차 있다. 뉴욕 시내에서 일반적으로 그러한 것처럼, 그곳에서 출생하는 아기들은 61명 중 한 명꼴로 에이즈 항체를 가지고 있다. 거의 모두는 흑인이거나 히스패닉이다. 브롱크스 지역에서는 그 비율이 43명 중 한 명이 된다. 전문가의 평가에 따르면, 중앙아프리카에서는 말라리아와 관련된 병으로 수혈을 받은 어린이들 중에서 "지난 5년간 해마다 약 1,000명이 에이즈 바이러스에 감염되었다." 콩고에서는 전체 인구의 5%가 감염되어 있다. 『뉴욕타임스』는 "콩고 인구 분석표에 의하면 에이즈의 지속적 확산이 분명해 보인다"고 보도했다. 콩고의 푸앵트누아르Pointe Noire시에서는, "하나밖에 없는 공공병원의 한 해 예산은 약 20만 달러에 해당한다. 이는 대략적으로 미국이 네 명의 에이즈 환자들을 돌보기 위해 사용하는 금액에 해당한다."(Lambert, 1988a: A1; Lambert, 1988b: A1; Brooke, 1988: A1)

대모가 돌아가셨던 그 주는 여러 가지 나쁜 기억들로 엉망진창이 되었다. 나는 일지에다 다음과 같이 적어 놓았다.

성금요일good Friday: 필 도너휴Phil Donahue가 에이즈 특별 프로그램에 나옴. 이어지는 장면은

(1) 마사의 장면: 아이들이 자라는 걸 보지 못할 거라고 슬퍼함.

(2) 짐의 장면: 현재로서는 이야기할 수 있을 정도의 의식이 없고, 발작성 기침을 하며, 자기 가족 중 아무도 알아보지 못함.

(3) 휴고의 장면: 85파운드 나감. 5년 더 살 수 있다고 생각하지만, 의사는 몇 주밖에 남지 않았다고 함.

(4) 치아 미백 광고("폴리덴트 그린을 사랑하시면 '스마일' 하고 웃으세요.")

(5) 파크 애비뉴에 있는 성형 살롱 광고("우리 가게에서 비싼 것은 주소뿐입니다.")

(6) 5시 뉴스 예고("실리콘 주입으로 인한 유방 절제와 합병증에서 아직도 회복 중"인 〈딥 스로트*Deep Throat*〉[9]의 린다 러브레이스Linda Lovelace가 간이식을 위해 뉴욕 병원에

9 역자 주: 린다 러브레이스는 1972년에 상영된 포르노물 〈딥 스로트(*Deep Throat*)〉의 주연이었다. 이 영화는 그녀를 스타로 만들었으나 폭력과 협박을 동반한 촬영 여부를 놓고 논란에 휩싸였다.

입원할 것이다.)

(7) 마지막으로, 다목적 청소기의 기적과도 같은 성능에 대한 광고("반짝거리는 뒤편에는 미스터 크-린Mr.Cleeean이 있답니다. 젖었나요 말랐나요?" 번쩍이는 대머리, 부푼 근육, 열기 띤 눈동자를 가진 미스터 크-린이 방사선 치료를 받고 있는 것 같아 보인다고 적어 놓았다.) 이제 쇼로 돌아가서

(8) "우린 마사와 함께 돌아왔어."(그녀는 전보다 심하게 소리치면서 흐느낌을 억누르지 못하고 있었다. 급히 들이쉬는 숨마다 깊고 기괴한 신음 소리가 흘러나왔다.) 필은 "여보, 상황이 더 나빠지지 않기를 빌어"라고 말한다.

부활절 주간 토요일: 점심시간에 다른 사람의 장례식을 구경했다. 내 사무실 창으로 내다본 묘지는 출근길 도로처럼 붐비고 있었다. 피자와 우유를 삼킬 때, 장례식 참석자 한 사람이 바로 지난 주말부터 (59번가에 있는) 블루밍데일 백화점 쇼윈도에 전시된 옷을 입고 있는 것을 알아보았다. 이렇게 알아보고 나자 덜컥 하면서 그녀의 슬픔에 빨려 들어갔다. 그녀가 했을 장례식 전의 냉정한sober 쇼핑에 대해 생각하자니 나 자신의 쇼핑 내력이 하나하나 눈앞을 스쳐 가는 것이었다. 그녀의 세련된 스웨이드 구두는 무덤가의 부드럽고 고운 모래 속에 잠겨 있었다.

부활절 일요일: 이전 근무지의 회계사였던 존John D.이 죽었다. 세차게 날아온 하키 퍽에 그만 머리를 강타당한 것이다. 그를 추모하며 한참 울었는데, 오후가 되어 검은 테두리를 두른 사진을 보고서야 내가 엉뚱한 사람을 애도하고 있다는 것을 깨달았다. 나는 죽은 남자가 너무나 불친절하고 나를 멸시하는 태도로 대하던 사무실 연락원 존이라고 생각하고 울었던 것이다. 한번은 중고 전자 타자기를 그에게서 샀는데 아예 작동이 되지 않았다. 그가 달리 보증을 하지는 않았지만, 그때부터 나는 강한 반감이 들었다. 그가 하키 퍽에 맞아 죽는 것은 내가 상상했던 시나리오 중 하나였다. 그가 사망했다고 생각하게 만들었던 뉴스를 듣고 쏟아 낸 눈물로써 나는 나의 죄의식을 깨끗하게 씻어 냈다.

실제로 죽은 남자는 작고 부끄럼 많고 눈에 띄지 않았으며 결백한 사람이

었다. 나는 기이한 안도감을 느낀다. 어떠한 진지한 애도도 행할 필요가 없다. 조용히 무감각이 내 위에 내려앉자 나는 슬픔을 잊었다.

대모가 죽고 나서 몇 달 후에, 나의 대고모 재그Jag도 케임브리지에서 세상을 떠났다. 그 자매들은 모두 아흔일곱에 돌아가셨는데, 막내이자 마지막으로 세상을 떠난 그녀는 아흔여섯이었다. 그녀는 "다시 또 한 명의 케네디yet another Kennedy!"를 위한 선거에 참여하고는, 투표소에서 돌아오는 길에 쓰러졌다. 그녀의 경야經夜는 그녀를 마지막으로 보았던 두 해 전의 감사절 가족모임과 무척 흡사했다. 그때 그녀는 귀가 약간 어두웠기에 대화의 바깥 언저리에 머물고 있다가 불쑥불쑥 밝고 큰 목소리로 음식이 맛있다고 소리쳤다. 사촌들, 조카들, 며느리들, 첫째 부인들, 둘째 남편들, 증질녀great-grand nieces들이 그녀의 관 주위에 모였고 다시 한번 인사를 나눴다. 밖에는 비가 퍼붓고 있었다. 장례식장은 건조하고 따뜻했으며 깨끗한 소독약 냄새가 희미하게 풍겼다. 벽은 단단하고 어두운 색의 퍽 좋은 목재였다. 바닥은 차가운 석재 타일이었다. '출입금지'라고 적힌 방문에는 그곳의 직원들에게 시신들 모두 유족들의 존경을 받고 있다는 사실을 일깨우고, 유해를 그와 똑같은 사랑과 돌봄으로 대하기를 기원하는 글귀가 적혀 있었다. 재그 대고모는 노란 시폰을 입었다. 모두가 그녀에게 안경을 씌워 눕혀 놓은 것은 잘한 일이라고 끄덕였다.

그다음에는 우리 모두 그녀가 가장 좋아하던 음식점인 리걸 시푸드Legal Seafoods에 가서 그녀가 가장 좋아하던 음식들을 먹었다.

나는 내 별자리가 어느 정도 정확한지 도무지 알아낼 수 없었다. 나는 지금은 폐업한 보스턴의 산부인과 병원에서 태어났고, 시적인 영혼을 가지고 있지만 처녀좌이다. 하지만 출생 시각을 알면 나의 태양적 속성뿐 아니라 달의 속성과 더더욱 미세한 운명의 특이점들까지 결정할 수 있을 것이다. 예전에 매사추세츠 마이크로필름 저장소에 처박혀 있던 내 출생증명서를 찾아본 적이 있었다. 그 자료는 패트리샤 조이스Patricia Joyce라는 이름의 유아는 윌리엄스 부부에게서 태어났으며 '유색colored'으로 세상에 나왔다는 점을 알려 주었다. 아무도 출생 시각을 적어 놓을 생각을 하지 않았기에, 나는 내 진정한 운명을 결코 알 수 없으리라. 그러는 사이, 나는 나에 대해 어떤 이야기가 있는지 읽었다.

내 이름 패트리샤Patricia는 귀족patrician을 의미한다. 패트리샤는 어쨌든 간에 고귀하고, 기품 있고, 엘리트이고, 특권적인 교육을 받았으며, 예의 바른 사람이 된다. 나는 파멜라Pamela가 될 뻔했지만, 부모님은 그런 이름을 가지면 뜰, 저택, 사냥개를 필요로 하게 될 것임을 아셨다.

나는 또한 윌리엄스이다. 윌리엄스에 대해 말하자면, 그가 정확히 누구이든 간에 그는 내 아버지 쪽 선조들을 소유했고, 또 몇몇은 그로부터 도망쳤던 익명의 백인 남자이다. 윌리엄스라는 이름 속의 파열은 순연한 침묵에 감싸인 달 뒤편의 미스테리로 남아 있다.

윌리엄스는 미국에서 두 번째로 흔한 성이다. 패트리샤는 내가 태어난 1951년에 출생한 여자아이들 사이에서 가장 흔한 이름이다.

법 안에서, 권리란 힘을 부여해 주는 섬이다. 권리가 없다는 것은 힘을 갖지 못한다는 것이다. 권리와 무권리 사이의 경계선은 거의 언제나 지배자이자 억압받는 자들 사이의 경계선이다. 권리들은 힘의 이미지들을 함유하며, 이 이미지들을 시각적으로든 언어적으로든 조작하는 것이 권리 형성 및 유지의 중심이다. 그러므로 원칙적으로는in principle 증식하는 이미지들이 아찔할 만큼 다양해질수록 우리는 하나의 사회로서 더 많은 힘을 가지게 된다.

실제로는, 때는 사랑스런 북극곰 (별)자리의 오후였다. 대지의 온화한 힘. 섬들의 드넓은 미개지. 영원한 망각 속에 잊힌 북극곰들의 음모. 북극곰들의 온순함, 북극곰들의 비옥함, 북극곰들의 고요하고 까만 눈동자가 드러내는 관심, 북극곰들의 곤두선 기대감. 순수한 지혜로, 아이는 북극곰에게 돌을 던졌다. 우리 속에서 굶주려 일어섰을 때 그들은 호기심 어려 있었고, 음험한 기백에 차서, 불길한 예감에 숨죽이고, 소름 끼치는 각성 속에서 두려움에 떨고 있었다. 사냥꾼의 본능적인 광포함은 사냥감에 투영되었다. 그리고는 위풍당당한 이빨과 전사의 발톱은 무고함을 거칢으로, 날뛰는 비실체성을 부드러운 토끼의 숨결로 간주했다.

다음 날 신문에, 브루클린 동물원의 북극곰 두 마리가 바깥 호수에서 수영하려고 우리에 들어갔던 열한 살 난 소년을 해쳤다는 기사가 실렸다. 경찰이 출동했고 곰들은 사살당했다(Barron, 1987: 1).

뒤따른 논쟁에서는 다양한 수준의 의미들이 부상하였다. 곰들이 결백하며, 본디 제 영역을 가지고 있기 마련이고, 부당하게 감금되었으며, 죄가 있다고 했다. (생활보호대상자인 흑인 어머니와 겨우 6주 전에 문자 그대로 시궁창에서 죽었던 히스패닉계 알코올중독자 아버지에 의해 도시의 정글에 태어난) 죽은 아이도 비슷하게 엄격한 기준에 처해졌다. 널리 알려진 사진은 어찌할 도리 없이 자포자기한 모습으로 난간 세 개 너머의 우리 속에 사격을 가하는 경찰의 모습을 담고 있었다. 격냥된 곳에서는 곰들의 피에 타가 놓여 있었다. 진한 비애를 불러일으키는 이미지이기는 했으나 아이를 구하기에는 너무 늦은 것이었기에, 곰들은 헛되이 죽었다는 게 일반적인 견해였다.

평등주의egalitarianism가 유배된 틈을 타서 다원주의자들이 한 몸이 되어 일어나 더 많은 곰을 사고, 청소년 범죄를 통제하고, 모든 동물원을 없애고, 앞으로 경찰력을 제한하라고 부르짖었다.

법과 사회학회Law and Society Association 총회 본회의의 기조 연설자는 새로운 권리 담론의 진정한 실험대로서 그 사건을 펼쳐 보였다. 이렇게나 복잡한 의미 수준이 존재한다는 것을 아는 것만으로 권리 담론의 진전이 이루어진 것이라고 그녀는 기뻐했다(Williams, 1987).

아이의 장례식 집례를 맡은 신부님은 후안 페레즈Juan Perez의 죽음이 헛되지 않다고 말했다. 그 아이가 자라나 '죄악의 일생'에 들어서게 되는 것으로부터 사함을 받았기 때문이다. 히스패닉계 흑인 생활보호대상이자 알코올중독자의 과부인 후안의 어머니는 그때 그곳에서 소송을 제기하기로 결심했다.

내가 어떻게 다트머스 대학에서 여름을 나게 되었는지를 이야기하자면 너무 길다. 어쨌든 나는 거기 있게 되었고, 다트머스 여름 농구캠프에 등록한 사춘기 미만의 남자아이들 약 200명과 함께 뉴햄프셔주 하노버시에 머무르게 되었다. 그 캠프는 백인들만 참여하고 매우 비싼, 거리체험이라고는 전혀 하지 않은 이들을 위한 적극적 평등실현조치 프로그램 같은 것이었다.

어느 향내 나는 오후에 나는 이스트휠록가East Wheelock Street를 걷다가 그 소년들 100명가량과 맞닥뜨렸다. 그들은 막 연습장에서 나와 땀에 젖은 호리호리한 몸집에 큰 발, 헝클어진 노란 상고머리를 하고서 테이어 홀Thayer Hall과 먹거리 쪽을 향해 뛰어가고 있었다. 그들은 약 25명의 대열로 무리지어 몰려오다가 나를 떠밀고 부딪치고 밀쳐서 보도에서 배수로로 내려가게 만들었다. 생각할 겨를도 없이 나는 갈색 실크 머리띠를, 아프리카식 여성성과 예절 바름을 나타내는 깃발이자 유순한 간청의 표지를 벗어제꼈다. 곱슬거리는 짧은 머리칼의 분노를 대포알처럼 쏘아 대며(성난 철사가 삐죽대는 사이로 두피가 드러나 번쩍이고 있었다.) 이렇게 씩씩거렸다. "너희들 내가 안 보여? 봤으면 비키란 말야! 빌어먹을!" (갈고닦은 공식 영어의 별스러운 프로 근성은 머릿속에서 분노가 아무리 치솟아도 그 벽을 넘어 범람하는 것을 허락하지 않았다.)

그들은 나를 피해 갔다. 그러나 그들은 분명히 내가 그들에게, 또는 그들에 대해 이야기하고 있음을 알지 못했다. 얌전히 빙 돌아 비켜 가면서 그들은 갑자기 공손해졌는데, 그것은 그들이 맛이 간 흑인이 시야에 돌진해 들어올 때는 웃어 대는 것이 무례한 일인 줄을 알 만큼 알고 있기 때문이었다. 나는 꿋꿋이 서서 대열에 대고 크게 소리쳤다. "내게도 권리가 있어!" 다트머스 여름 농구캠프 팀은 일제히 눈썹을 치켜올리고 한숨을 내쉬면서, 피곤함과 유대감이라는 단련된 귀족성을 표출했다.

나는 가던 길을 향했고 다시 정적이 흘렀다. 나는 그들과 나 사이에 거리를 두고 북극곰에 대한 생각에 나를 맡겼다. 나는 곰의 영혼이 나를 관찰하도록 허락했다. 깨끗하고 하얀 바람과 강한 곰 냄새. 그늘진 기억 상실, 존재의 부재, 북극곰들의 현존. 냉혹한 육식동물의 하얀 황야는 기억으로 인해 묵직하고, 아무것도 하지 않음undoing으로 인해 무기력하며, 침묵을 사냥하고자 하는 노력으로 우둘투둘하고, 의도intention와 직관intuition의 교차망 속에 얼어붙어 있다. 북극곰의 광기lunacy. 북극곰의 역사. 북극곰의 긍지. 북극곰의 일관성. 이렇게 떠도는 파스텔 톤의 순간들로부터, 나는 백색 털의 비가시성이라는 차가운 조각들을 찾아냈다. 딱딱한, 검게 테두리 진, 집중하는, 관찰력이 예민한. 배고프지만 참을성 있고, 무감각하지만 정교하게 때를 맞추는. 배타적 영역권에 대한 재기 넘치는 폭발. 우리 존재에 내포된 메시지의 복잡성.

| 참고문헌 |

Barron, James, 1987, "Polar Bears Kill a Child at Prospect Park Zoo", *New York Times* (May 20).

Benjamin, Walter, 1969, "The Storyteller", in Hannah Arendt (ed.), translated by Harry Zohn, *Illuminations*, New York: Schocken; 발터 벤야민 저, 이태동 역, 1987, 『문예비평과 이론』, 문예출판사.

Brooke, James, 1988, "New Surge of AIDS in Congo May be an Omen for Africa", *New York Times* (Jan. 22).

Brooke, James, 1989, "Births in Brazil Are on Decline, Easing Worries", *New York Times* (Aug. 8).

Calamari, John & Joseph Perillo, 1987, *The Law of Contract*, 3rd edition, St. Paul, Minn.: West.

Duras, Marguerite, 1986, *The Lover*, translated by Barbara Bray, New York: Harper & Row; 마르그리트 뒤라스 저, 이상준 역, 1992, 『연인』, 책중의 책.

Elkins, Stanley, 1963, *Slavery*, New York: Grosset and Dunlap.

Garner, Bryan A., 2005, *Black Law Dictionary*, Abridged 8th edition, St. Paul, Minn.: West.

Hawkes, Terence, 1977, *Structuralism and Semiotics*, Berkeley: University of California Press.

Jordan, Winthrop, 1968, *White Over Black*, Chapel Hill: North Carolina University Press.

Lambert, Bruce, 1988a, "Study Finds Antibodies for AIDS in 1 in 61 Babies in New York City", *New York Times* (Jan. 13).

Lambert, Bruce, 1988b, "Study Traces AIDS in African Children", *New York Times* (Jan. 22).

Stampp, Kenneth, 1956, *The Peculiar Institution: Slavery in the Ante-Bellum South*, New York: Alfred A. Knopf.

Tushnet, Mark, 1981, *The American Law of Slavery*, Princeton: Princeton University Press.

Williams, Patricia, 1987, "The Meaning of Rights", Address at the annual meeting of the Law and Society Association, Washington D.C. (Jun. 6).

| 판례해설 표기방식 |

판례해설에 대한 이해를 돕기 위해 다음 사례를 통해 미국법원의 판례 표기방식을 간략히 설명하겠다.

사례) Muller v. Oregon, 208 U.S. 412 (1908)
① ② ③ ④ ⑤

① Muller v. Oregon: 사건 이름(Case Name)

1심 민사사건의 경우에는 좌측이 원고의 이름이고 우측이 피고의 이름이지만, 심급이 올라가면 어느 측이 항소 혹은 상고를 하는지, 권리상소인지 허가상소인지, 중간판결에 대한 상소인지 등에 따라서 위치가 변경될 수 있다. 형사사건의 경우는 좌측이 기소자, 우측이 피고인이 된다. 연방사건이라면 기소자가 U.S.가 되지만, 주 사건이라면 주 이름이 붙기도 하고 다른 이름이 붙기도 하여 표기방식이 다양하다. 예를 들어, 텍사스주의 경우 People, 매사추세츠주의 경우 Commonwealth를 사용한다. 대립하는 당사자가 없는 경우, 즉 파산절차, 후견인 사건, 변호사 자격박탈사건 등은 'In re 사람이름'으로 표기한다. 특별소송절차를 거치는 사건은 'Ex parte 사람이름'으로 표기한다. 그러나 이와 같은 official case name(이하 '공식명칭'으로 번역)과 별도로 강의, 논문 작성 등에서의 필요 때문에 일부 주요 사건에 대해서는 popular name(이하 '통상명칭'으로 번역)이 사용되곤 한다. 이 책의 본문에서는 저자의 표기방식을 존중하여 공식명칭 혹은 통상명칭을 그대로 표기하였으나, 판례해설에서는 통상명칭으로 통일하였다.

② 208: 권 수(Volume No.)

해당 사건이 ③에 표기된 판례집의 몇 권에 실렸는지를 표기한 것이다.

③ U.S.: 판례집 이름(Report Name)

미국에서는 official report(이하 '공판결집'으로 번역) 이외에도 private report(이하 '사판결집'으로 번역)이 널리 사용되고 있다. 연방대법원 판례가 담긴 공판결집으로는 U.S.(United States Reports)가 있다. 사판결집은 다양하게 출시되고 있으나, West 출판사의 S.Ct.(West's Supreme Court Reporter), Lawyer's Cooperative Publishing 출판사의 L.Ed.2d(U.S. Supreme Court Reports, Lawyer's Edition)가 대표적이다. 따라서 같은 사건이 여러 권의 판례집에 실리는 경우 하나의 사건을 표기하는 여러 방식이 있을 수 있다. 연방항소법원 및 연방지방법원 판례의 경우, 공판결집에서는 일부 특수법원의 판결만이 실리기 때문에 West 출판사의 Federal Reporter가 가장 권위 있는 판례집이라고 할 수 있다. 연방항소법원 판례집은 F.(Federal Reporter) 또는 F.2d(Federal Reporter the Second) 또는 F.3d(Federal Reporter the Third)로, 연방지방법원 판례집은 F.Supp.(Federal Supplement)로 표기된다. 주법원의 판결은 West Publishing Co.의 National Reporter System의 판결집이 가장 잘 알려져 있다. 미국 전역을 7개 구역으로 나누어 P.(Pacific) N.W.(Northwestern), S.W.(Southwestern), S.E.(Southeastern), A.(Atlantic), N.E.(Northeastern), So.(Southern)로 표기한다. 주에 따라서 주법원이 공판결집을 발간하는 경우도 있는데, 예를 들어 오리건주의 공판결집은 Or. 혹은 Or.Ct.App, Or.App.(항소심)과 같이 표기한다. 이 책의 본문에서는 저자의 표기방식을 존중하였으며, 판례해설에서는 가능한 한 더 권위 있는 판례집을 인용했다. 공판결집에 실린 바 있는 사건은 공판결집에서 인용하였고, 공판결집에 실리지 않은 경우에만 사판결집에서 인용하는 방식으로 표기를 통일하였다.

④ 412: 첫 페이지 번호(Page No.)

해당 사건이 판례집(③) 해당 권(②)의 몇 페이지부터 실려 있는지를 표기한 것이다. 이 책의 본문에서는 해당 사건의 특정한 사실관계를 강조하거나 판결문의 일부분을 특히 강조하여 인용하기 위해 첫 페이지가 아닌 페이지를 인용 표기하기도 했다. 본문에는 저자의 표기방식을 존중하여 그대로 남겨 두었으나, 판례해설에서는 첫 페이지를 싣는 것으로 표기를 통일하였다.

⑤ 1908: 판결을 내린 연도(Year)

같은 사건이라 하여도 심급에 따라서 판결이 내려진 연도가 다르다. 이 책의 본문에서는 상급심 판결이 있음에도 하급심 판결을 다루거나, 같은 사건의 하급심과 상급심을 함께 인용하기도 하였다. 본문은 저자의 표기를 따랐으나, 판례해설에서는 상급심 판결의 사건번호만 싣는 것으로 표기를 통일하였다. 다만 판례해설에서 사건내용을 설명함에 있어서는 상급심뿐 아니라 하급심 판결내용도 포괄적으로 담았다. 연도 앞에 해당 판결을 내린 법원의 소재지를 표기하기도 한다. 연방항소법원은 총 13개인데, 12개의 지역별(circuit) 법원은 1-11th Cir.과 D.C. Cir.로 표기한다. 특허, 관세 등의 업무를 담당하는 한 개의 특별분야 법원은 Fed. Cir.로 표기한다. 연방지방법원과 주법원의 경우에는 해당 법원이 소재한 주의 이름을 약어로 쓰는 경우가 대부분이다. 여러 법원이 소재한 주의 경우에는 S.D.(Southern District), E.D.(Eastern District) 등을 앞에 덧붙여 표기하기도 한다. 연방대법원은 한 개뿐이기 때문에 표기하지 않는다.

Abraham v. Graphic Arts International Union, 660 F.2d 811 (D.C. Cir. 1981)

1975년 6월 30일, Graphic Arts International Union 사社는 노동부와 15개월짜리 계약을 맺으면서, 여성의 그래픽 아트 산업 진출을 제고하기 위한 '동등발달계획Project for Equal Progression, PEP'을 운영하는 대가로 지원금을 제공받게 되었다. 해당 계획은 프로젝트 책임자와 행정보조자, 두 명의 풀타임 근로자의 임금 지원을 포함하는 것이었다. 라우리 아브라함Laurie L. Abraham은 1976년 3월 말 행정보조자로 고용되었으며, 그녀는 해당 계획에 의거한 재정지원이 계속되는 한 고용이 보장되는 것으로 여겼다. 그러나 그녀는 1977년 2월 상급자에게 임신 사실을 알리고 모성휴가를 요청했을 때 제대로 응답을 듣지 못했으며, 그해 8월 5일 모성휴가라고 생각하고 휴직하자 9월 10일 해고결정이 내려졌다는 통보를 받게 되었다. 1977년 8월에 사측이 노동부와의 계약을 갱신하여 동등발달계획을 11개월 더 연장하기로 했음에도 불구하고 내려진 결정이었다. 이에 아브라함은 고용기회평등위원회Equal Employment Opportunity Commission, EEOC와 콜롬비아 주법원에 문제를 제기하였다.

고용기회평등위원회와 주법원은 그녀의 복직 요청을 관철시킬 수 있는 도움을 주지 못했으나, 연방항소법원은 원심을 파기하고 아브라함의 손을 들어 주었다. 연방항소법원의 로빈슨Robinson 판사는 1심의 약식재판에서와는 달리, 첫째로 아브라함이 민권법 제7편 재판의 증거를 일단 갖춘 사건prima facie case에 해당하기 위해 필요한 엄격한 기준들을 만족한 것으로 보았다. 갱신된 계약의 자리에 그녀가 부적합하다는 것이 증거에 의해 논쟁의 여지가 없을 만큼 확립되지 못했으며, 그녀가 출산휴가를 사용한 방식이 비합리적이라고 보기 어렵고, 그녀의 임박한 출산으로 인한 결근이 해고의 유력한 원인인 것처럼 보이기 때문이다. 둘째로, 그녀가 고용된 프로젝트의 긴급성이 노조가 허용한 10일 휴가를 최대 휴가 자격으로 삼을 만큼인지에 대해서 그리고 임신휴가 이후 복귀 날짜의 모호함에 대해서 상당한 근거가 존재한다고 보았다.

Ackerman v. Board of Education, 387 F.Supp. 76 (S.D.N.Y. 1974)

전직 교사인 남성 개리 애커만Grary Ackerman과 그의 아내는 여자 교사들의 모성 및 양육휴가는 제공하면서 아내가 출산한 남성 교사의 휴가는 인정하지 않는 교육이사회Board of Education의 헌법성을 문제삼으며 집단소송을 제기하였다.

뉴욕 남부에 소재한 연방지방법원은 원고의 주장을 기각하였다. 우선 규칙 수정 전에 단 한 명의 다른 남성 교사만이 양육휴가에 지원하였기 때문에 집단소송으로서 법적 흠결이 있는 상황에서 선언적 구제의 적절성에 의문을 제기했다. 또한 원고 교사의 자격증이 해당 사안과 무관한 이유로 만료된 경우이기 때문에 금지명령 구제도 부적절하다고 보았다. 금전적 구제 청구와 관련해서는, 다른 규정에 따른 휴가의 가용성과 휴가 없이 부재했을 경우 다른 교사가 그 자리를 대체할 수 있었는지가 검토되어야 한다고 판시했다.

Aiken v. Lieuallen, 593 P.2d 1243 (Or.App. 1979)

에이킨Aiken 부부는 세금납부자이자 학부모로서, 오리건 대학이 여자보다 남자를 위한 체육 프로그램을 더 많이 제공하는 것이 성차별이라고 문제를 제기하였다. 이 사건에서는 해당 조치가 주가 재정을 지원하는 교육 프로그램에서 합리적인 이유 없이 성별에 따라 다르게 대우하는 것을 금하고 있는 오리건 주법 위반인지가 문제되었다.

오리건 주법원의 길레트Gillette 판사는 해당 조치가 합리적인 차등대우인지의 여부를 판단하려면 여성이 체육에 참여할 기회에 대한 불평등효과가 있는지를 평가해야 한다고 설시하면서 원고의 손을 들어 주었다.

Alexander v. Louisiana, 405 U.S. 625 (1972)

이 사건에서는 배심원의 구성이 문제되었다. 클라우드 알렉산더Claud Alexander는 1심에서 가중강간으로 유죄판결을 받은 뒤 항소하였다. 항소심인 루이지애나 주 최고법원은 1심 판단을 확정하였으나, 연방대법원에서 뒤집혔다. 연방대법원의 화이트White 대법관은 해당 지역에서 배심원 적격이 있는 흑인이 21%임에도 7천 개의 출석요구서를 보냈을 때 되돌아온 것의 14%가 흑인이라는 점, 인종을 식별할 수 있는 표지가 가시적일 때 두 번의 제외 절차를 거쳐 400명을 추리면 그들 중 7%만이 흑인이라는 점을 보였다. 이로부터 20명의 배심원이 추려지는데, 청원자인 알렉산더의 배심원의 경우 단 한 명만이 흑인이었다. 출석요구서의 발송 명단이 인종과 무관한 출처로부터 만들어진 것이라는 공무원의 증언이 불공평한 인종차별이 있었음을 반박하는 것이 아님에도, 그를 가중강간으로 기소한 배심원들은 인종차별의 일단 증거를 갖춘 사건prima facie case을 검토하지 않았음을 지적하였다.

American Booksellers Association v. William Hudnut, 771 F.2d 323 (7th Cir. 1985)

1984년 인디애나주에서 포르노그래피pornography를 여성에 대한 차별로 정의하고 포르노그래피의 생산·판매·전시·배포를 금지하는 내용의 법안이 제정되자, 미국 출판사 협회American Booksellers Association가 수정헌법 제1조 위반이라며 소를 제기하였다. 해당 주법은 포르노그래피를 '사진이나 글 등을 통해 여성의 성적으로 노골적인 종속을 나타낸 그림'으로 규정함으로써, 이미 선례가 확립된 바 있는 음란물obscene과는 개념상의 차이가 있었다. 1973년의 Miller v. California 판결에서 연방대법원은 음란물을 '특정한 성적 행위에 대한 명백히 공격적인 묘사가 포함된 외설적인 관심을 끄는 출판물로서 진지한 문학적·예술적·정치적·과학적 가치를 가지지 않는 것'으로 정의하고, 이는 수정헌법 제1조의 보호범위 밖에 있다고 설시한 바 있었다.

1심의 인디애나주 남부 소재 연방지방법원 바커Barker 판사는 인디애나 주법이 규정한 포르노그래피가 법적으로 보호되지 않는 음란물의 범위를 넘어서고 행위conduct라기보다 표현speech이므로 해당 법률이 표현의 자유를 제약한다고 보았다. 그리고 성차별을 금지하려는 주의 이익이 표현의 자유보다 더 중요하다고 볼 수 없다며 원고의 손을 들어 주었다. 연방항소법원의 이스터브룩Easterbrook 판사는 해당 법률이 포르노그래피를 정의함에 있어서 외설적 목적, 공격성, 공동체의 기준 등에 기반하지 않았다는 점 외에도, 작업물 전체를 판단하기보다 특정한 묘사 방식에 주의를 기울이게 만드는 등 위헌적인 법률이라고 보아 원심을 확정하였다.

American Federation of State, County, and Municipal Employees(AFSCME) v. State of Washington, 770 F.2d 1401 (9th Cir. 1985)

70% 이상이 여성인 직종의 주 고용인 집단이 워싱턴주를 상대로 소를 제기하였다. 민권법 제7편에 기반하여 임금지급에 있어서의 성차별을 주장한 것이었다. 연방지방법원은 원고에게 우호적인 판결을 내렸고, 주 측이 항소하였다. 항소심의 케네디Kennedy 판사는 첫째로, 비교가치이론보다 시장 경쟁에 기반하여 보상을 지급키로 한 주의 결정은 불평등효과 분석상의 의무를 위반한 것이 아니며, 둘째로, 주가 시장 불균형을 형성했거나 성별에 기반한 고려가 그러한 임금책정의 동기가 아닌 한, 시장 체계에 따르는 주의 임금정책은 차별 의도도 없고 불평등효과이론의 의무에도 해당하지 않는다고 설시하면서 원심을 파기하였다.

Arlington Heights v. Metropolitan Housing Development Corporation, 429 U.S. 252 (1977)

택지개발 비영리단체인 Metropolitan Housing Development Corporation (MHDC)은 알링턴하이츠Arlington Heights 지역 부지를 매입하여 다양한 인종이 주거할 수 있는 중저소득층용 주택을 짓고자 하였으나, 기존에 단독주택이었던 부지를 다가구주택으로 개편하려고 하자 알링턴하이츠 지방관청이 반려하였다. 이에 MHDC는 이러한 지방관청의 결정이 인종차별이라고 주장하며 소를 제기하였다.

연방지방법원은 지대 분류 개편을 거절한 것이 인종차별적 목적에 의한 것이 아니라 재산 가치를 보호하고 일반적인 지대 분류를 유지하기 위함이었다며 MHDC의 주장을 받아들이지 않았지만, 연방항소법원은 지대 분류 개편을 반려한 행위의 궁극적인 효과가 인종적으로 차별적이었음을 들어 원심을 뒤집었다. 연방대법원의 포웰Powell 대법관은 연방항소법원의 결정을 다시금 파기하여 환송하면서, 원고가 지방관청의 인종차별적인 의도 내지 목적을 충분히 증명하지 못하였다고 판시하였다.

Barnes v. Costle, 561 F.2d 983 (D.C. Cir. 1977)

환경보호국Envirionmental Protection Agency에 근무하던 폴레트 바네스Paulette L. Barness는 남성 상급자의 성적인 접근을 거절하였다는 이유로 일자리를 잃게 되자 소를 제기했으나, 연방지방법원은 동등고용기회법Equal Employment Opportunity Act에 포괄되지 않는 사안이라는 이유로 기각하는 약식 명령을 내렸다. 이에 바네스는 항소하였고, 연방항소법원의 로빈슨Robinson 판사는 동등고용기회법이 해당 사안의 성차별적 행위를 포괄할 수 있다고 설시하면서 원심을 뒤집었다. 보충의견의 맥키넌MacKinnon 판사는 직장 내 성적 괴롭힘의 사용자 책임 부분에 대해 상술하였다.

Board of Eduaction of the Hendrick Hudson central School District v. Rowley, 458 U.S. 176 (1982)

에이미 로울리Amy Rowley라는 청각장애 학생이 학교로부터 수화통역사 제공을 거부당하자, 그녀의 부모가 모든 장애아동의 교육을 위한 법률Education of All Handicapped Children Act 위반으로 소를 제기하였다. 이에 따라 해당 법안에서 규정하고 있는 '적절한 교육'이 무엇인지가 문제되었다.

1심법원과 2심법원은 로울리의 손을 들어 주었으나, 연방대법원은 6:3으로 원심을 파기했다. 해당 법안의 입법취지를 장애아동의 잠재력을 최대치로 발휘하기 위함이 아니라 단순히 접근권을 보장하기 위함으로 해석했기 때문이다. 소수의견을 낸 블랙먼Blackmun 판사는 국회가 해당 법안을 제정하면서 정치적 수사로만 기능할 뿐, 장애인에게 실질적으로는 무의미한 언어를 늘어 놓았을 리 없다며 해당 법안의 입법취지를 다르게 해석하였다. 그러나 그 또한 다수의견과 최종 결론에 있어서는 의견을 함께했다.

Board of Trustees of Keene State College v. Sweeney, 439 U.S. 24 (1978)

연방대법원이 증거를 일단 갖춘 차별사건prima facie case을 뒤집기 위한 기준을 설시한 판례이다. 연방대법원은 고용자가 몇 가지 법안을 명료하게 밝히고 고용인의 반박에 대해 차별적이지 않은 이유를 대기만을 요청받을 뿐이며, 차별적 동기가 없음을 증명하기를 요청받는 것은 아니라고 하였다.

Bob Jones University v. United States, 461 U.S. 574 (1983)

인종 간 연애에 대한 성경해석 때문에 밥존스 대학Bob Johnes University은 흑인 지원자를 1971년까지는 완전히 배제했으며, 1971년부터 1975년까지는 기혼인 경우에만 받아들였고, 1975년 이후에 혼인 여부와 무관하게 흑인 학생을 받아들이기로 하고 나서도 인종 간 혼인을 했거나 그에 대한 옹호자라는 것이 밝혀지면 받아들이기를 거부했다. 인종 간 연애를 금지하는 교칙도 가지고 있었다. 1970년, 미국 국세청 규정이 수정되면서 인종차별적 선발 정책을 펴는 사립대학은 면세혜택이 제한되었고, 이에 따라 밥존스 대학이 1971년 소송을 제기한 바 있었다. 해당 소송이 종결된 이후 1975년 국세청이 다시금 해당 정책의 폐지를 요구하면서 대학의 세금납부 과정에서 충돌을 빚었다.

연방대법원은 8:1로 수정헌법 제1조의 종교 조항이 국세청으로 하여금 정부의 공공정책에 반하는 종교 대학으로부터 면세혜택을 철회하는 것을 금지하지는 않는다고 판시했다. 엄격심사기준을 적용했을 때, 교육 영역에서 인종차별을 근절하고자 하는 정부의 목적이 세금혜택을 받지 못함으로써 해당 대학이 받는 종교적 믿음에 대한 영향력보다 중요하기 때문이다. 단, 최고법원은 이와 같은 결정이 종교 학교에만 적용되는 것이지 교회와 같은 순수한 종교 시설과는 무관하다고 명시했다.

Bradwell v. The State of Illinois, 83 U.S. 130 (1873)

미라 브래드웰Myra Bradwell은 일리노이 주법이 요구하는 바에 따라 적합한 서류들을 구비하여 변호사 자격 신청을 했으나, 일리노이주 최고법원은 법정에서의 분쟁이 그녀의 여성성을 해칠 우려가 있다며 신청을 반려하였다. 이에 브래드웰이 수정헌법 제14조의 특권 또는 면책 조항 위반이라며 항소하였다.

연방대법원은 8:1로 일리노이 주법원의 결정을 확정하였다. 주된 논거는 직업 실천의 권리는 특권 또는 면책 조항의 범위에 포함되지 않는다는 것이었다. 성별에 관한 언급이 없었던 법정의견과는 달리, 동조의견의 브래들리Bradley 대법관은 "여성의 최고의 목적과 사명은 '아내'와 '어머니'라는 숭고하고 자비로운 직무를 수행하는 것"이라며 원심 결정을 정당화하였다. 체이스Chase 대법관은 건강상의 이유로 반대의견을 집필하지 못하였다.

Brenden v. Independent School District, 477 F.2d 1292 (8th Cir. 1973)

톨빈 브랜든Torbin H. Brenden은 페기 브랜든Peggy Brenden의 부모이자 혈연후견인 그리고 개인 자격으로 여자 고등학생들이 고교 학교대항 활동에서 남자들과 함께 체육활동을 하지 못하도록 막고 있는 규칙을 문제삼으며 소를 제기하였다. 당시 원고가 다니는 학교에서는 테니스, 크로스컨트리 스키, 육상이라는 비접촉 스포츠에 남자팀만을 두었고, 남자팀에 여학생이 참여하는 것은 불허하였다. 연방지방법원은 해당 규칙의 적용이 합당한 이유가 없다고 판결했고, 항소심인 연방항소법원은 원심판결을 확정했다.

Brown v. Board of Education of Topeka, Shawnee County, Kan, 347 U.S. 483 (1954)

인종에 따른 교육기관의 구별을 요구하거나 허용하는 주법에 의해 백인학교에 입학을 거절당한 흑인들이 인종별 구분 없이 공립학교에 입학을 허가해 줄 것을 요구하는 소송을 제기했고, 이들은 각 주지방법원에서 '분리되었으나 평등하다separate but equal' 원칙에 의해 패소 판결을 받았다. 이에 항소가 이루어졌고, 연방대법원의 워렌Warren 판사는 공공교육에서의 인종별 분리는 학교 시설 등의 눈에 보이는 요소가 동일하더라도 분리 자체가 흑인 학생들에게 열등감을 가지게 함으로써 평등하게 교육받을 기회를 침해하여 수정헌법 제14조를 위반하는 것이라고 판시했다.

Bruno v. Codd, 396 N.Y.S. 2d 974 (Sup. Ct. 1977)

카르멘 브루노Carmen Bruno를 포함한 12명의 가정폭력 피해여성들이 뉴욕시티 경찰국과 보호관찰 및 가정법원 부서를 상대로 소를 제기하였다. 원고들은 피고가 매 맞는 아내들의 호소와 관련된 통제적 법률·규칙을 제대로 집행하지 않음으로써 차별적인 경향성과 실천, 그들을 향한 위법행위를 보였다고 주장했다.

뉴욕카운티 최고법원은 원고의 손을 들어 주었으나, 피고의 항소로 진행된 항소심에서 연방대법원 항소부는 재판에 회부될 적격이 없는 사건이라면서 원심 판단을 뒤집었다. 상고심에서 푸쉬스버그Fuchsberg 판사는 해당 사건이 재판에 회부될 적격이 있으나 선언적이고 명령적인 구제가 보장되지는 않는다고 판시하였는데, 남편에 의한 아내 폭력 문제에서 가정법원이 기여하는 부분이 매우 좁다는 이유에서였다. 존스Jones 판사가 보충의견을, 메이어Meyer 판사가 반대의견을 밝혔다.

Bundy v. Jackson, 641 F.2d 934 (D.C. Cir. 1981)
산드라 번디Sandra Bundy는 콜롬비아주 교정국의 직업 재활 전문가로, 직장 내 상급자 몇 명의 성적인 접근을 거절했다는 이유로 진급이 늦춰지거나 막히는 경험을 하였다. 그녀는 진급상의 불이익을 주는 행위뿐 아니라, 설사 거절로 인한 명확한 불이익이 없었다 하더라도 여성 고용인을 성적으로 괴롭히는 것 자체가 민권법 제7편을 위반하는 것이라고 주장하면서 소를 제기하였다.

콜롬비아주 소재 연방지방법원은 여성 고용인에게 부적절한 성적인 접근을 하는 것이 일상화된 상황임을 인정하고, 상급자였던 델버트 잭슨Delbert Jackson이 성적인 접근의 불쾌함에 대한 그녀의 문제제기를 진지하게 받아들이지 않았다는 사실도 인정하였으나, 성적 괴롭힘 그 자체가 민권법 제7편의 차별에 해당하지는 않는다고 보았다. 또 진급이 늦었던 데에는 다른 합리적인 이유가 있었다는 사측의 주장을 수용하여, 금전적 보상 혹은 즉시 진급을 요청하였던 원고의 주장을 배척하였다. 반면 연방항소법원의 라이트Wright 판사는 직장 내 성적 괴롭힘이 성별 고정관념에 기반한 모욕이자 고용인의 심리적·정서적 업무환경을 악화시키는 것이고, 여성 고용인으로 하여금 불안감을 안겨 주는 행위이기 때문에, 다른 직업상의 불이익 처우 없이도 그 자체로 성차별에 해당한다고 판시했다. 이에 원심을 파기환송하면서, 원심이 증명부담을 동등고용조항의 원칙에 따라 제대로 적용하지 않았음을 지적하고 증거를 일단 갖춘 사건prima facie case으로 볼 것을 요청했다.

Caban v. Mohammed, 441 U.S. 380 (1975)
아이의 입양을 위해 혼인한 경우 부모 양측, 혼인하지 않은 경우 모의 의사를 요구하는 뉴욕법이 차별적인지가 다투어졌던 가족법 사안이다. 압델 카반Abdiel Caban과 마리아 고나즈레스Maria Gonazles는 혼인하지 않은 채 5년을 함께 살면서 아들과 딸을 가졌는데, 헤어지고 난 이후에 각각 다른 사람과 혼인하였다. 카반과 고나즈레스의 남편인 모하메드Mohammed는 둘 다 아이를 법적으로 입양하려고 시도하였으나, 당시 뉴욕법 제111조에 의해 모하메드만이 받아들여졌다. 이에 카반은 동등보호조항 및 적법절차조항 위반이라며 소를 제기하였다.

연방대법원은 5:4로 해당 법안이 위헌적이라고 판단하였다. 중간심사기준을 적용했을 때, 부와 모를 달리 대우하는 것이 수정헌법상의 동등보호에 반하는 것임에도 정당화될 만큼의 상당한 이유(혼외 자녀에게 입양 가정을 제공하고자 하는 국가의 관심과 해당 법안 사이의 상당한 관련성)가 없다는 이유에서였다. 적법절차 위반 여부, 부가적인 동등보호 쟁점은 다뤄지지 않았다.

California Federal Savings and Loan Association v. Guerra, 479 U.S. 272 (1987)

캘리포니아 연방 저축·대출 협회California Federal Savings and Loan Association(이하 '칼페드')는 피고용인이 임신한 경우 무급휴가를 부여하는 휴가정책을 유지하고 있었다. 해당 휴가정책은 휴가 이후 피고용인의 원래 직위와 비슷한 직위가 없다면 사업주에게 피고용인과의 고용계약을 종료시킬 권리가 있는 것으로 명시적으로 규정되어 있었다. 피고용인이었던 릴리안 가란드Lillian B. Garland는 임신휴가를 사용했고 휴가 후 가란드는 칼페드에 복귀가 가능함을 통지했으나, 칼페드는 그녀의 직위가 이미 차 있고 그녀에게 제공할 만한 직위가 남아 있지 않다고 통보했다. 가란드는 공정고용주택국Department of Fair Employment and Housing에 통보했고, 해당 부서는 캘리포니아의 공정고용주택법Fair Employment and Housing Act 위반으로 칼페드를 고소했다. 동법에 따르면 사업주는 피고용인에게 임신의 경우 무급휴가를 부여해야 하며, 업무상 필요에 의해 정당화되지 않는 한 피고용인이 동일한 또는 그와 유사한 직위에 복귀하게 할 의무가 있다. 관련 심리가 시작되기 전에, 칼페드는 상인제조업자연합Merchants and Manufacturers Association과 캘리포니아 통상부California Chamber of Commerce에 캘리포니아 주법이 민권법 제7편에 어긋나 무효이므로 해당 법의 집행에 대한 중지명령을 구하는 소송을 제기했다.

연방지방법원은 Newport News Shipbuilding and Dry Dock Co. v. Equal Employment Opportunity Commission(EEOC)을 인용하면서, 임신으로 노동장애가 있는 여성 피고용인과 같은 취급을 받지 못하는 일시 노동장애가 있는 남성들에 대한 역차별을 인정하며 "캘리포니아 주법과 그에 대한 해석 및 집행의 관행을 살피건대, 이는 임신·출산 그리고 관련 증상으로 노동장애가 있는 여성에 대해 유리한 조치를 요구하는 것이므로 민권법 제7편에 위배되며, 미합중국 헌법의 우위조항Supremacy Clause에 따라 무효"라고 판시했다.

연방항소법원은 원심을 뒤집었는데, 동 법원은 임신차별금지법Pregnancy Discrimination Act, PDA은 임신으로 인한 노동장애에 대한 급여의 최소한도를 정한 것이지 최대한도를 정한 것이 아니라고 판시했다. 결론적으로 연방항소법원은 캘리포니아 주법이 여성을 위한 고용기회 평등이라는 목표를 이루는 데 적합하고, 민권법 제7편은 임신한 여성에게 얼마간의 출산휴가일을 보장하는 주법에 우선하지 않아 해당 주법은 민권법 제7편과 모순되지도 않으며 불법하지도 않다고 판시했다.

연방대법원의 마샬Marshall 판사는 첫째, 임신차별금지법은 임산부에 더 유리한 고용관행을 금지하지 않고, 둘째, 캘리포니아 주법은 임신차별금지법으로 수정된 민권법 제7편에 어긋나지 않고 따라서 우선되지 않으며, 셋째, 만약 임신차별금지법이 임신한 근로자에게 유리한 취급을 금지한다고 하더라도 캘리포니아 주법이 사업주들로 하여금 민권법 제7편을 위반하게 하는 것은 아니라고 판시하면서 원심을 유지했다.

Cannon v. University of Chicago, 441 U.S. 677 (1981)

제럴딘 캐넌Geraldine Cannon은 그녀의 성별로 인해 지원이 거부당했다면서 시카고 대학University of Chicago을 고소하였고, 북부 일리노이주 법원이 이를 각하하면서 연방 재원의 시설들에서의 성차별을 금지하고 있는 고등교육법 제9편이 소권을 부여한 것인지의 여부가 문제되었다.

연방대법원에서 다수의견을 낸 스티븐스Stevens 판사는 특정 법안이 사인에 의해 집행될 수 있는지의 여부에 대해 입법취지를 살피는 기준으로 Cort v. Ash 판결의 네 가지 테스트(원고가 입법취지상 혜택을 주고자 하는 특정 집단의 구성원인가, 입법자가 사인의 소권에 대한 법안 취지를 표출하는가, 사인에게 소권을 부여하는 것이 법안 설계를 좌절시키거나 그에 도움이 되는가, 해당 권리가 역사적으로 국가의 영역이었던 것을 포함하는가)를 적용하였다. 그 결과 소권이 있다고 판단되었다.

Cape v. Tennessee Secondary School Athletic Association, 424 F.Supp. 732 (E.D. Tenn. 1976)

농구 시합 도중 부상을 입게 된 여자 고등학생 빅토리아 케이프Victoria A. Cape가 공립학교 공무원들이 공포·집행한 청소녀 농구 규칙이 동등보호조항에 위반된다며 소를 제기하였다. 여학생들에게만 적용되었던 해당 규칙은 남학생들에게 적용되는 농구 규칙과는 달리 코트 절반만 사용하게 되어 있고, 선수를 6명으로 제한하고 포워드 포지션을 맡은 선수들만 슛을 할 수 있었다.

1심법원은 해당 규칙이 동등보호조항에 위반된다고 판단하였다. 설사 해당 규칙이 여학생들의 부상 확률을 높이는 등 여학생에게 더 불리한 것이 아니라고 하여도 남학생과 여학생이 서로 다른 규칙을 적용받아야 할 적절한 이유가 증빙되지 못했다는 이유에서였다. 그러나 항소심인 연방지방법원은 성별에 따른 육체적 특징과 능력의 구별되는 차이가 해당 규칙을 정당화할 수 있다고 보았다. 이에 따라 원심을 파기하였다.

Christenson v. The State of Iowa, 563 The University of Northern Iowa, and the State Board of Regents, F.2d 353 (8th Cir. 1977)

노던아이오와 대학University of Northern Iowa이 오직 여성으로만 이루어진 사무직 직원들에게, 지배적으로 남성이 많은 공장의 육체노동자들에 비해 적은 보상을 제공한 것이 성별에 기반한 차별인지가 문제되었다. 여성 사무직 직원들의 대표단이 대학교, 주 이사회, 주를 대상으로 소를 제기하였다. 1심법원이 원고의 주장을 기각하였고 원고가 항소하였으나 연방항소법원은 원심판결을 확정하였다. 연방항소법원의 브라이트Bright 판사는 사무직 노동과 공장 육체노동이 동일가치 노동임에도 후자에게 높은 임금이 지급되었다는 것에 기반하여 일단 증거를 갖춘 사건prima facie case을 수립하는 데 실패했다고 설시하였다.

City of Los Angeles, Department of Water and Power v. Manhart, 435 U.S. 702 (1978)

여성 고용인에게 남성 고용인에 비해 연금에 더 많이 기여해야 한다는 시 부서의 요구에 대해서 민권법 제7편 위반이라는 집단소송이 제기되었다. 1심법원은 해당 처우를 법률 위반으로 판단하고 연금으로 기 지급했던 기여의 초과분을 돌려주라고 판시하였다. 이에 시 부서가 항소했고, 2심법원도 원심판결을 확정하였다. 하지만 연방대법원은 원심을 파기환송하였다. 연방대법원의 스티븐스Stevens 대법관은 해당 처우가 민권법 제7편의 언어와 정책 모두를 위반한 것이나, 소급적인 금전적 회복은 부적절하다고 판시하였다. 블랙먼Blackman, 버거Berger, 렝퀴스트Rehnquist, 마샬Marshall 대법관이 각각 부분적으로 동의를 밝혔다.

Cleveland Board of Education v. LaFleur, 414 U.S. 632 (1974)

임신 4개월 이후의 교사가 교단에 서는 것을 금지하는 클리브랜드 교육위원회Cleveland Board of Education의 규정에 대해 두 임신한 초등학교 교사들이 소송을 제기했다. 해당 규정에 따르면 임신 후 교직에 복귀하고자 하는 교사들은 무급모성휴가를 받게 되고, 자녀가 태어나고 3개월 이후 첫 학기에 복귀할 수 있다.

북부 오하이오에 소재한 연방지방법원의 코넬Connell 판사는 교육위원회의 규정이 교사의 신체상태로 인해 학생들의 학교활동에 갑작스러운 장애가 생길 위험을 최소화하고 임시 교사들이 교실에서 일하고 훈련을 받을 수 있는 기회를 주는 합리적인 수단이며, 여성에 대한 차별이 되지 않는다고 판시했다.

이에 항소가 이루어졌고, 연방항소법원의 에드워드Edward 판사는 성별 구분에 근거한 해당 규정은 여성에 대해 불평등한 고용상 제한을 가하고 있어 위헌이며(남성도 수업에 장애가 될 만한 질병 사고에 직면할 수 있으나 해당 규정은 그에 대해서는 다루고 있지 않다.) 그 기간 역시 임의적이며 불합리하다고 판시했다.

연방대법원의 스튜어트Stewart 대법관은 해당 조항에 담긴 휴직일 규정이 임의적이고, 이는 교육의 계속성에 관한 주의 이익과 관계가 없어 적법절차조항에 위배된다고 판시했다.(해당 교사가 자신의 임신 사실을 미리 통보해야 하는 점이 규정되어 있음을 볼 때, 임신 4개월 이후의 날짜를 선택하게 하는 것도 교육위원회의 목표에 부합했을 것이다.) 또한 마찬가지 이유로 자녀가 태어난 지 3개월 이후에 복귀를 가능하게 하는 규정 역시 유효한 관련이 없다고 판시했다.

Communications Workers of America, AFL-CIO v. American Telephone and Thelegraph Company, Long Lines Department, 513 F.2d 1024 (2d Cir. 1975)

미국전화회사American Tel. & Tel. Co.는 임신·출산 또는 그로 인한 합병증으로 임시적 장애상태에 있는 여성들에게, 유사하게 임시적 장애상태에 있는 남성들에게 그러했듯이 권리를 제공하기를 거부함으로써 성에 기반한 차별을 정책적으로 시행하고 있다는 혐의를 받았다. 이에 1964년 민권법 제7편 위반을 이유로 집단소송이 제기되었다.

뉴욕 남부 소재 연방지방법원 크냅Knapp 판사는 원고의 주장을 기각함으로써 해당 문제를 재소답으로 넘겼다. 연방항소법원에서 브라이언Bryan 판사는 원심이 선례를 해당 사건에 연결 지어 해석한 방식에 이의를 제기하는 논증방식을 통해서 원심을 파기하였다. Geduldig v. Aiello에서와 같이 임신 관련 장애를 보상 범위에서 배제한 것이 동등보호조항에 위배되는지의 여부가 문제된 것이 아니라, 민권법 제7편과 고용기회평등위원회 가이드라인에 의해 금지된 것인지에 대해 문제제기가 이루어진 것이었기 때문이다. 이처럼 쟁점을 분명히 했을 때, Wetzel v. Leberty Ins. Co.이나 Union Free School District No. 6 v. New York State Human Rights Appeal Board 등 및 여타의 선례가 이미 해당 사안이 민권법 제7편에 의해 금지된 것임을 뒷받침하고 있다는 것이다.

Corning Glass Works v. Brennan, 417 U.S. 188 (1974)

코닝 글래스 웍스Corning Glass Works 사社에서 일하는 검사직inspection work은 주간 교대와 야간 교대로 이루어져 있고 주간 교대에는 여성이, 야간 교대에는 남성이 근무하고 있었다. 그리고 그 둘 간에는 현저한 임금격차가 있었는데, 노조 결성 이후 야간 교대에 여성이 지원하는 것이 가능해지고 기본급이 평등화된 이후에도 노조 결성 이전에 일하고 있던 야간 교대 검사직 남성 근로자는 계속 더 많은 기본급을 받게 되었다.

이에 연방노동부 장관Secretary of Labor은 해당 회사의 임금정책이 동등임금법에 위배된다며 당사의 두 개 공장에 대해 금지명령과 체불임금지급을 청구하는 소송을 제기했다. 이후 뉴욕 소재 연방지방법원에서는 동등임금법 위반을 인정했고, 펜실베이니아 소재 연방지방법원에서는 동법 위반을 인정하지 않았다. 그리고 이에 대한 각각의 항소심에서 연방항소법원은 원심을 유지했다.

이후 두 사건을 병합하여 연방대법원에서 심리가 이루어졌다. 마샬Marshall 대법관은 해당 회사의 임금정책이 야간근로에 대한 보상이므로 성별 외의 이유에 의한 차별에 해당한다는 것에 대한 입증책임은 사업주에게 있고, 이후 야간 교대에 여성이 지원하는 것을 가능하게 한 것만으로는 차별을 시정했다고 볼 수 없다고 판시하며 해당 회사의 임금정책이 동등임금법에 위반됨을 인정했다.

County of Washington v. Gunther, 452 U.S. 161 (1981)

이 사건에서는 교도소 남성동의 남성 교도관에 비해서 여성동의 여성 교도관이 적은 임금을 받은 것이 민권법 제7편 위반인지가 문제되었다. 여성동이 문을 닫을 때까지 교도관으로 복무했던 알베르타 건터Alberta Gunther가 소를 제기하였다. 오리건 소재 연방지방법원은 원고의 주장을 배척하였고, 원고는 항소하였다. 연방항소법원은 원심을 파기하고 이송명령을 내렸다. 이에 연방대법원의 브레넌Brennan 대법관은 베넷Bennett 수정안이 민권법 제7편의 성별 기반 임금차별 금지 및 동일노동 동일임금 주장을 제한하는 것이 아님을 분명히 하였다. 오히려 해당 사건에서 문제가 된 임금격차는 연공, 공로, 생산성의 양과 질 등 성별 이외의 요인에 의한 것이라는 우호적인 주장으로도 면해지지 않는 만큼, 민권법 제7편에 의거한 성별에 기반한 차별 주장은 반대 성별 가운데 누구도 동일노동 고임금 직업을 가지고 있지 않아도 제기할 수 있다고 설시하였다.

Craig v. Boren, 429 U.S. 190 (1976)

당시 오클라호마 주법은 비주류 품목에 속하는 도수 3.2% 맥주 판매를 21세 미만 남성과 18세 미만 여성에게 금지하고 있었고, 이에 크레이그Craig를 포함한 18-20세 남성들이 해당 주법의 위헌확인과 금지명령을 구하는 소를 제기하였다. 해당 법령의 성별에 기반한 차등이 18-20세 남성에게 동등한 법의 보호를 거부함으로써 미국 수정헌법 제14조를 위반한 것인지가 쟁점이 되었다.

서부 오클라호마 소재 연방지방법원의 할러웨이Holloway 판사는 통계 증거에 비추어 보았을 때 18-20세 남성이 동일한 나이의 여성에 비해 음주운전을 하는 경우가 더 많다는 점, 음주운전과 교통사고의 관계가 밀접하다는 점, 주류판매에 대해 주정부가 개입하는 것은 수정헌법 제21조에 비추어 정당화된다는 점에서 볼 때 해당 주법이 평등보호조항에 위배되는 것은 아니라고 판시하며 원고의 청구를 기각했다.

이후 항소가 이루어졌고, 연방대법원의 브레넌Brennan 대법관은 원심이 해당 법령의 기저에 교통안전 제고라는 목적이 있다고 본 점과 공공 건강과 안전 확보가 정부의 중요한 역할이라는 점을 인정하였다. 그러나 헌법상 동등보호조항에도 불구하고 해당 법령이 정당화되기 위해서는 성별에 기반한 분류가 중요한 정부의 목적을 위한 것이어야 할 뿐 아니라 그 목적의 성취와의 관련성이 상당해야 하는데, 피항소인이 제출한 다양한 통계적 자료를 검토한 결과 음주운전의 정도에 젠더에 따른 차이가 있다는 통계 증거만으로는 해당 주법을 정당화할 수 없다고 판시하며 원심을 파기했다.

Danielson v. Board of Higher Education, 358 F.Supp. 22 (S.D.N.Y. 1972)

로스 대니얼슨Ross Danielson은 대학 강사로, 모성휴가규정이 표면적으로 그리고 남성 교수진에 의해 적용될 때 위헌적이라는 선언적 판단과, 피고를 해고하거나 육아휴직을 쓴다는 이유로 징계하는 일을 막는 명령을 구하며 소를 제기하였다. 마찬가지로 대학 강사인 원고의 아내 또한 출산을 위해 12일간의 병가를 신청했을 때 이를 거부한 조치가 수정헌법 제14조를 위반하여 그녀의 재산을 박탈한 것이라는 선언적 판단과 그 기간만큼의 임금지급 명령을 구하였다.

뉴욕 남부에 소재한 연방지방법원은 남편의 동등보호권리가 육아휴가의 특권을 오직 그가 남자라는 이유로 적용하길 거부한 행위를 통해 침해되었으며, 아내에게 해당 기간 동안 임금을 지급하기를 거부한 것 또한 수정헌법 제14조를 위반한 침해행위라고 설시함으로써 원고의 손을 들어 주었다.

De La Cruz v. Tormey, 582 F.2d 45 (9th Cir. 1978)

지역 대학교 캠퍼스에 아이 돌봄 시설이 부족한 것이 여성에게 동등한 교육기회를 박탈하는 것인지가 문제되었다. 1심법원은 원고의 주장을 전부 기각하였고 원고 측이 항소하였다. 연방항소법원의 팔미에리Palmieri 판사는 원고가 성별 불균형 효과와 의도적 차별에 기반하여 동등보호 주장을 적절히 해냈으며, 원고는 민권법 제9편 위반을 제기할 수 있고, 원고의 불만은 그들이 대학을 다녔거나 다닐 것으로 기대되었다는 이유로 덜 명백해지는 것은 아니라고 설시하였다. 이에 연방항소법원은 원심을 파기하였다. 월러스Wallace와 서킷Circuit 판사는 반대의견을 밝혔다.

Devine v. Devine, 398 So. 2d 686 (Ala. Sup. Ct. 1981)

취약한 영유아기 아이의 양육은 어머니가 맡아야 한다는 가정이 성차별인지가 문제되었다. 앨러배마주 최고법원의 매독스Maddox 판사는 그 같은 가정은 아이의 양육권에 있어서 아버지와 어머니를 오직 성별에 따라 차별하는 위헌적 성별 기반 분류라고 판시하면서 원심을 파기하였다.

Doerr v. B.F. Goodrich Co., 484 F.Supp. 320 (N.D. Ohio 1979)

캐롤 도어Carol Doerr는 당시 굿리치Goodrich 사社에서 근무한 30세 여성으로, 가임기 여성을 특정 직무로부터 배제하는 사측의 정책이 불법적인 성별 기반 차별이라며 소를 제기하였다. 당시 굿리치는 화학적 비닐클로라이드에 노출될 수 있는 업무환경에는 가임기 여성이 배치되지 못하게 하고 있었다. 원고는 법원에 고용주가 정책을 집행하는 것을 막을 예비적 금지명령과 해당 정책이 시행되기 이전에 그녀가 일했던 직무로 재배치하라는 지시를 구하였다.

북부 오하이오에 소재한 연방지방법원의 크루판스키Krupansky 판사는 재배치로 인한 업무경험 상실이 장래 커리어에 방해가 될 것이라는 고용인의 주장에 대한 증거가 불충분하며 돌이킬 수 없는 해악이 발견되지 않으므로 고용인은 예비적 금지명령의 자격이 없다고 판시하였다.

Dothard v. Rawlinson, 433 U.S. 321 (1977)

1970년대에 앨라배마의 교도관으로 지원하기 위해서는 키와 몸무게 제한이 있었는데, 이에 따라 지원 자격을 박탈당한 디안 롤린슨Dianne Rawlinson이 민권법 제7편의 간접차별에 해당한다고 소를 제기하였다.

연방대법원은 8:1로 키와 몸무게 제한이 차별적이며, 고용주가 키와 몸무게 기준이 효율적인 직무수행에 필요한 것인지를 증명하지 못했다고 판시했다. 이는 최초로 연방대법원이 진정직업자격Bona Fide Occupational Qualification, BFOQ을 사용한 판례였다. 그러나 6:3으로 남성 수감자들로만 이루어진 교도소의 경우에는 여성을 배제하는 것이 합법적이라고 결정 내렸다. 여성 교도관은 남성 수감자들의 성적 공격에 더 취약하다는 이유에서였다.

Dworkin v. Hustler Magazine, Inc., 867 F.2d 1188 (9th Cir. 1989)

반反포르노그래피 운동가 안드레아 드워킨Andrea Dworkin이 성인용 정기간행물 『허슬러』 잡지사와 불화하던 중, 『허슬러』가 1984년 2월호, 3월호, 12월호에 드워킨의 이름이 모욕적인 방식으로 언급된 내용을 실었다. 이에 드워킨과 여성 운동단체 활동가인 주디스 포츠Judith Fouts, 프리실라 모리Priscilla Moree가 『허슬러』와 『허슬러』의 발행인인 래리 플린트Larry Flynt 등을 상대로 소를 제기하였다. 수정헌법 제1조 및 제14조 위반·침해, 정서적 손상의 고의적 부과, 명예훼손, 사생활 침해, 분노를 이유로 실제 손해배상액으로 5천만 달러, 징벌적 손해배상금으로 1억 달러를 요구한 것이었다. 이들은 해당 편이 언급된 당사자들의 권리와 이익에 대한 직접적 침해일 뿐 아니라, 여성들로 하여금 여성의 정치적 자유를 위해 나서기를 두렵게 만드는 것이라고 주장하였다.

그러나 연방지방법원은 약식결정summary judgement을 통해 원고들의 주장을 기각하였고, 연방항소법원 또한 원심을 인용하였다. 해당 판결을 내린 연방항소법원의 홀Hall 판사의 결론은 다음과 같았다. 첫째, 옹호자의 이름을 모욕적인 방식으로 언급하고 있는 잡지 편은 사실의 기술이라기보다는 특권화된 의견 진술에 해당한다. 둘째, 잡지의 해당 편은 『뉴욕타임스』의 악의적인 기준이 적용될 수 있는지 등과 같은 공적 관심을 불러일으킨다. 셋째, 원고가 헌법소원을 주장하기 위해서는 국가의 행위를 문제 삼아야 함에도 피고 잡지사 등이 국가 행위자가 아니다. 따라서 원고 측의 민권법 주장을 기각한다.

EEOC v. Sears, Roebuck & Co., 839 F.2d 302 7th Cir. (1988)

고용평등위원회EEOC는 시어즈Sears 사社에 대해, 커미션 판매직commission sales position에 여성을 고용하거나 그 자리에 여성을 승진시키지 않은 것과 여성 명부관리cheklist management 근로자에 대해 유사한 지위에 있는 남성 근로자보다 적은 임금을 준 것이 성차별적 관행이라는 이유로 고소했고, 이후 조정이 실패하자 일리노이주 동부 소재 연방지방법원에 소를 제기했다. 노드버그Nordberg 판사는 고용기회평등위원회가 차별적 관행이 존재했음을 증명하지 못했다고 판시하며 원고 승소 판결을 내렸다.

이에 항소가 이루어졌고, 연방항소법원의 우드Wood 판사는 사업주가 제시한 증거에 입각해 여성이 위탁판매직에 대해 남성만큼의 관심이 없다는 사실을 인정하면서 시어즈의 고용정책이 여성에 대한 차별임을 고용기회평등위원회가 증명하지 못했다고 판시하며 원심을 유지했다.

EEOC v. Southwestern Electric Power Co., 591. F.Supp. 1128 (1984)

고용기회평등위원회EEOC는 사우스웨스턴 일렉트릭Southwestern Electric Power 사가 임신 4주차인 주디스 밀러Judith Miller로 하여금 병가를 인정받기 어렵게 함으로써 성별을 이유로 차별했다고 주장하였다. 이에 1964년 민권법 제7편 위반인지의 여부를 두고 소를 제기하였다.

아칸소 서부 소재 연방지방법원의 워터스Waters 판사는 의료적 평가를 일시적 장애가 시작된 시점으로부터 합리적 기간이 도과한 연후에 실시하도록 하고, 유급휴가가 특정 기간 이상으로 필요한 경우 의료적 증빙을 구비하도록 요청하는 병가정책이 임신뿐 아니라 다른 종류의 일시적 장애들에도 적용되기 때문에 민권법 제7편 위반이 아니라고 판시하였다.

Eisenstadt v. Baird, 405 U.S. 438 (1972)

주州 형무소의 수형인에 의한 인신보호영장 청구petition for a writ of habeas corpus에 대한 판결이다. 청구인인 윌리암 베어드William Baird는 보스턴 대학에 강사로 초청을 받아 피임에 관한 강연을 하고 나서, 강연자들에게 피임용품을 직접 가져가라고 권한 다음 한 여성에게 직접 피임용품을 건네주었다. 베어드는 피임용품의 공연한 전시와 배포를 금지하는 메사추세츠 주법에 의해 기소되었고(동법에서는 의사나 약사가 결혼한 사람에게 지급을 하는 경우만을 허용하고 있었다.) 결국 3월 형을 선고받고 복역하게 되었다. 이에 베어드는 자신에게 형벌을 내린 것이 헌법에 위반된다며 인신보호영장을 청구했다.

메사추세츠 소재 연방지방법원의 줄리안Julian 판사는 강연회에서 있었던 베어드의 행위는 수정헌법 제1조상의 권리행사라고 볼 수 없으므로, 그를 메사추세츠 주법에 따라 처벌하는 것이 그의 언론의 자유를 침해하는 것이라 볼 수 없다고 판시했다. 또한 해당 주법은 사회구성원들의 건강을 보호하려는 적법한 목적을 가지고 있어서 위헌무효라고 볼 수 없다고 판시했다.

이에 베어드는 항소했고, 연방항소법원의 알드리치Aldrich 재판장은 해당주법이 결혼한 사람과 결혼하지 않은 사람을 다르게 취급하고 있어 건강의 보호라는 목적과 실질적인 관련성이 없고, 피임 자체를 도덕에 반하는 것으로 봄으로써 기본적 인권에 반하므로 위헌무효라고 판시했다.

이에 대해 지역 경찰관이 다시 상고했고, 연방대법원의 브레넌Brennan 대법관은 메사추세츠주의 해당 규정이 결혼하지 않은 사람들이 피임용품을 얻을 수 있는 기회를 심각하게 제한함으로써 피임용품과 관련된 프라이버시권에 대한 보호에 있어 결혼한 사람과 결혼하지 않은 사람에게 다른 취급을 하고 있어, 동등보호조항에 위배된다고 판시했다.

Fancher v. Veterans Bank, 507 F.Supp. 124 (1981)

버지니아 판처Virginia Fancher는 모성휴가가 끝나고 복귀하려 했을 때 사측이 원래 지위로 복직시켜 주지 않자 성별에 기반한 차별을 주장하며 소를 제기하였다. 이에 사측인 베테랑 은행Veterans Bank은 해제신청을 하였고, 이는 약식판결을 위한 신청으로 여겨졌다.

동부 아칸소 소재 연방지방법원의 로이Roy 판사는 해당 사건의 일부 사실들이, 민권법 제7편의 '성별로 인해'에 대한 해석이 임신·출산 혹은 그와 관련된 의학적 조건을 포함하는 것으로 정의되기 이전에 벌어진 것이기는 하나, 복직 실패가 수정안의 실효적 시행 이후의 일이기 때문에 원고의 소 제기에 문제가 없다고 설시하였다. 또한 수정 전이라 하여도 고용인이 소를 제기하는 것은 가능하고, 고용주의 행위가 고용인에게 상당한 짐을 부과하였는지의 여부를 검사하여 고려해야 할 것이라고 판시했다. 이에 따라서 해제신청을 기각하였다.

Frontiero v. Richardson, 411 U.S. 677 (1973)

미 공군 중위 샤론 프론티에로Sharron Frontiero는 그녀의 남편을 위한 주거 및 의료 혜택을 받기 위해 지원했으나, 남편이 그녀의 수입에 절반 이상 의존하고 있는 상태여야 한다는 기준을 충족시키지 못해서 거절당했다. 이에 프론티에로는 공직자 남성이 아내를 부양가족으로 신청하여 혜택을 받는 데에는 별도의 기준이 없으면서 공직자 여성이 남편을 부양가족으로 삼으려고 할 때에만 규정을 둔 것을 지적하며 소를 제기하였다.

연방대법원은 공직자 남성의 모든 아내에 대하여 부양가족 여부를 점검하는 행정적 비용을 줄이기 위함이라는 공군 측의 주장을 배척하고 해당 정책을 위헌적이라고 판시하였다. 통상적으로 남편보다 아내가 부양해야 할 가족구성원이 된다는 것이 경험 자료에 의해 뒷받침된다고 하여도, 진정으로 부양가족이 아닌 아내들에게 혜택을 제공함으로써 공군이 잃고 있는 비용이 더 클 가능성이 있으나 그 점에 대해 아무런 증빙도 제공되지 않았다는 이유였다. 더 중요한 것은, 최고법원이 성별에 기반한 구분을 둔 경우에는 단순히 합리성 심사기준을 적용할 것이 아니라 엄격심사기준을 적용해야 한다고 설시한 것이다. 1976년 Craig v. Boren 판례가 성차별을 평가하는 데 중간심사기준을 적용했기 때문에 이 판결은 유효한 선례로 자리 잡지는 못했다.

Geduldig v. Aiello, 417 U.S. 484 (1974)

캘리포니아주 비고용보험법California Unemployment Insurance Code에 따르면 임신과 관련된 노동장애는 보상 대상에서 제외된다. 이에, 다른 조건은 만족시켰지만 임신과 관련된 장애라는 이유로 보상을 받지 못한 네 명의 여성(이 중 세 명의 여성은 정상적 임신이 아니었다.) 이 캘리포니아주 보험정책에 대해 소송을 제기했다.

이에 대해 북부 캘리포니아 소재 연방지방법원은 해당 보험정책이 헌법상 동등보호조항에 위배된다고 결정했다. 주법원의 이전 판결에서 캘리포니아주는 보상 대상에서 제외되는 범위를 '정상적인 임신'으로 축소하기로 한 바 있는데, 연방지방법원은 이 항소법원의 판결을 근거로 한 재심 주장도 배척했다. 정상적인 임신을 보상 대상에서 제외하는 것은 기금의 지급능력을 보장하기 위한 것인데, 정상적인 임신을 보상 대상에 포함할 경우 늘어나는 기금의 부담은 근로자들의 부담률이나 보상 한도액을 조정함으로써 해결 가능하다는 것이 그 이유였다.

이에 대해 캘리포니아주는 항소했고, 연방대법원의 스튜어트Stewart 판사는 다음과 같이 판시하면서 원심을 파기했다. 첫째, 정상적 임신으로 인한 노동장애에 대한 보상을 하지 않는 캘리포니아주의 정책은 동등보호조항에 위배되지 않는다. 둘째, 해당 정책은 보상 대상이 되는 개인이나 단체와 관련해 어떠한 차별도 하고 있지 않으며, 정책으로 인한 총 보상액에 있어 어떠한 단체나 집단에 대한 차별이 있다는 증거도 없다. 셋째, 동등보호조항은 캘리포니아주가 또 다른 장애사유에 대해 보상을 제공하기 위해 보험정책의 자급력을 희생시키거나 보상 대상이 되는 장애사유에 대한 보상액을 줄일 것을 요구하지 않는다.

General Electric Co. v. Gilbert, 429 U.S. 125 (1976)

제너럴 일렉트릭General Electric 사社의 여성 근로자들과 노조들은 제너럴 일렉트릭의 노동장애 정책이 1964년 민권법 제7편에 위배된다며 집단소송을 제기했다. 해당 정책에 따르면 제너럴 일렉트릭의 모든 피고용인에게 업무관련성이 없는 질병과 사고에 대해서도 급여가 지급되지만, 임신으로 인한 노동장애는 급여 대상에서 제외되었다.

연방지방법원의 머라이지Merhige 판사는 이에 대해 임신을 급여 대상에 포함시키는 것이 사업주에게 과도하게 많은 부담을 지우게 되리라는 점, 임신을 제외시키는 것이 차별적이지 않다는 점, 사업주가 선의였다는 점에 대한 입증 책임은 사업주에게 있다며 임신에 대한 제외가 민권법 제7편에 위배됨을 인정했다.

연방항소법원의 러셀Russell 판사도 위법을 인정했다. 민권법 제7편에 따르면 개인의 성별을 이유로 보상에 있어서의 차별을 두는 것은 불법이라는 것이다. 또한 Geduldig v. Aiella의 판시 내용은 민권법 제7편의 맥락에는 적용되지 않는다고 언급하였다.

연방대법원의 랭퀴스트Rehnquist 대법관은 게둘딕 판결에서 인정한 바와 같이, 급여 대상에서 임신을 제외하는 것은 그것이 한 성별에 대해 다른 성별을 차별하려고 만들어진 구실에 불과하다는 증명이 없는 한 성별에 기반한 차별이 전혀 아니며, 피고용인들은 제너럴 일렉트릭의 정책이 그러한 구실이라는 입증을 게둘딕 사건에서 있었던 것 이상으로 제시하지 못하고 있다며 임신 관련 노동장애에 대한 보상을 하지 않는 것이 민권법 제7편에 어긋나지 않는다고 판시했다.

Gerdom v. Continental Airlines, 692 F.2d 602 (9th Cir. 1982)

캐롤 거덤Carole Gerdom이라는 여승무원이 피고 회사의 채용정책이 성차별적이라며 소송을 제기하였다. 1심법원은 피고에게 우호적인 약식판결을 내렸고, 원고가 항소하였다. 연방항소법원의 슈뢰더Schroeder 판사는 여승무원에게 엄격한 몸무게 자격요건을 둔 항공사의 채용정책이 의도적으로 여성직군에만 적용되는 것이므로 대놓고 차별적인 것이라고 판시했다. 따라서 고객에게 매력적인 여성 직원의 모습을 보여 줌으로써 경쟁력을 제고하려 했다는 항공사의 항변은 일단 증거를 갖춘 사건prima facie case을 무너뜨릴 수 없다는 것이다. 이에 원심을 파기환송하였다. 패리스Farris 판사가 반대의견을 밝혔고, 이 반대의견에 브라우닝Browning, 초이Choy, 월러스Wallace, 케네디Kennedy 판사가 동참했다.

Gerlach v. Michigan Bell Tel. Co., 501 F.Supp. 1300 (E.D. Mich. 1980)

이 사건의 원고들은 피고 회사의 엔지니어링 직렬에서 사무직으로 일하던 여성들로, 동 업무에는 여성이 지배적으로 많았다. 그들은 사측이 성별에 기반하여 분리·분류해 직업 기회를 주거나 주지 않는 경향을 보였으며, 자신들의 일이 비교 가능한 남성의 일에 비해 업무 가치가 저평가당하고 있다고 주장하였다. 나아가 원고들은 피고의 승진과 부서이동 체계도 차별적임을 지적했다. 동부 미시간주 소재 연방지방법원의 보일Boyle 판사는 첫째, 베넷Bennett 수정안은 민권법 제7편의 성별 기반 임금차별 주장을 동등임금법안에 의해 식별 가능한 주장들로만 제한하기 위한 의도가 아니며, 둘째, 비교 가능한 노동/저평가 주장은 민권법 제7편하에서 식별 가능하지 않고, 셋째, 원고의 주장은 고용기회평등위원회에 제기되었던 불만의 범위 안에 있다고 설시하였다. 이에 원고의 손을 들어 주었다.

Goesaert v. Cleary, 335 U.S. 464 (1948)

1948년 당시 인구 5만 이상의 도시에서 자신의 아버지 혹은 남편이 관련 가게의 소유자가 아닌 한 여성이 바텐더 자격증을 취득하는 것을 금지하고 있었던 미시건Michigan 주법이 문제되었다. 이 사건 소송의 원고인 발렌타인 괴서트Valentine Goesaert는 해당 법령이 수정헌법 제14조 동등보호조항에 어긋난다고 주장하였다.

연방대법원의 다수의견은 해당 주법을 합헌이라고 판시하였다. 바텐더라는 직업이 여성에게 도덕적이고 사회적인 문제를 일으킬 수 있기 때문에, 이를 금지하는 것은 주의 재량권 범위 내의 일이라는 이유였다. 여성 바텐더의 충분히 가까운 친척이 바의 주인일 때에만 부도덕성의 문제가 생기지 않을 수 있다고 보았다. 이 같은 결정은 1976년 Craig v. Boren 판결에 의해 뒤집혔다.

Gomes v. R.I. Interscholastic League, 469 F.Supp. 659 (D.R.I. 1979)

남자 고등학생인 도날드 고메즈Donald M. Gomes는 남자 배구팀이 없는 상황에서 자신의 여성 배구팀 입단을 막은 것에 대해 연방공민권법Federal Civil Rights State에 의거하여 소를 제기하였다. 연방지방법원의 패틴Pettine 판사는, 1972년 교육수정안Education Amendments의 제9편에 의하면 분리되었고 배제적인 고등학교 여성 체육팀은 남성들이 이미 그리고 지금도 적절한 참여기회를 제공받고 있을 때에만 적용되어야 하고, 고등학교는 별도의 남자팀을 만들든 현재 있는 여성팀에 합류할 수 있도록 허락하든 다른 실천적인 수단을 동원하든 간에 자격요건을 갖춘 남학생에게 배구를 할 기회를 제공해야 한다고 설시하였다. 이에 원고의 손을 들어 주고 예비적 유지명령을 내렸다.

Griggs v. Duke Power Co., 401 U.S. 424 (1971)

흑인 고용인들이 듀크 전력회사Duke Power Co.의 고용행태가 민권법을 위반하였다면서 고용주를 상대로 집단소송을 제기하였다. 노스캐롤라이나 중부 소재 연방지방법원은 주장을 배척했고, 원고가 항소했다. 연방항소법원은 원심 판단을 일부 확정하고 일부 파기하였다. 차별적 의도는 없는 것으로 보이고, 고등학교 교육 혹은 표준일반지능검사 통과를 채용 및 승진의 자격요건으로 하는 것은 민권법이 허용하는 것이라면서, 해당 자격요건이 불균등한 수의 흑인을 부적격으로 만든다고 하여도 직무관련성을 보이지 않는 한 불법적이라는 주장을 배척한 것이었다. 그러나 판결은 연방대법원에 이송된 후 뒤집혔다. 연방대법원의 버거Burger 대법관은 해당 직역이 백인 선호 경향성으로 인해 오랫동안 백인 고용인만을 두었으며, 해당 자격요건이 흑인 지원자들을 백인 지원자들보다 높은 비율로 부적격으로 만든다는 사실을 인정한 다음, 성공적인 직무수행력과의 관련성이 증명되지 않았음에도 해당 자격요건을 요구하는 것은 법률 위반이라고 판단하였다.

Griswold v. State of Conneticut, 381 U.S. 479 (1965)

코네티컷 주법 제53-32조와 제54-196조의 합헌성이 문제되었다. 전자 법안은 피임을 위한 목적으로 약, 의료 물품이나 도구를 사용한 사람을 처벌하는 내용이며, 후자 법안은 그 행위를 돕거나, 부추기거나, 조언하거나, 일으키거나, 누군가를 고용하거나 누군가에게 명령하여 전자 법안의 행위를 범하게 한 경우 동일하게 처벌하는 내용이었다. 코네티컷주 가족계획연맹Planned Parenthood League의 전무이사였던 에스텔 그리스월드Estelle T. Griswold, 의사이자 예일 의과대학 교수이며 동 연맹의 의료이사였던 벅스턴Charles Lee Buxton 등은 해당 법령의 종범으로 기소되어 100달러의 벌금형을 선고받았고, 이에 항소하였다.

연방대법원은 해당 법령이 사생활의 자유를 침해하는 것으로 보아 원심을 파기하였다. 헌법이 보장하고 있는 바에 기반하여 특정한 사생활의 영역 내지 공간이 형성되는데, 피임기구의 제조 혹은 판매를 규제하는 방법이 있음에도 사용 자체를 금지함으로써 부부관계에 미치는 타격을 극대화한 것은 사생활 영역에 대한 침해라는 것이다. 또한 사생활권은 권리장전보다도 오래된 것이며 결혼과 부부관계는 사생활의 영역에 속한다는 점을 근거로 삼았다.

Harris v. Pan Am. World Airways, 649 F.2d 670 (9th Cir. 1980)

팬암 국제항공사Pan Am. World Airways의 여승무원인 해리스 우트Ute R. Harris와 마가렛 페더Margaret A. Feather가 팬암 국제항공사의 모성휴가정책에 대해 집단소송을 제기하였다. 원고들은 팬암이 첫째, 여승무원들로 하여금 모성휴가를 자신의 임신 사실을 알게 된 즉시 사용하도록 요구하고, 둘째, 아이 출생 60일 이내에 돌아오지 않을 것을 요구하며, 셋째, 모성휴가의 첫 90일 이후에 연차의 증가를 거부하고, 넷째, 모성휴가 중일 때 병가 사용과 다른 부가적인 혜택들을 거부했기 때문에 민권법을 위반한 것이라고 주장했다.

캘리포니아 북부 소재 연방지방법원은 임신 즉시 휴가를 떠나도록 하고 아이 출생 60일 이내에 돌아오지 못하게 하는 것은 성차별의 일단 증거를 갖춘 사건prima facie case을 구성하기는 하나, 사업상의 필요와 진정직업자격에 의해 정당화될 수 있다고 판시하였다. 원고는 항소하였고, 연방항소법원은 원심을 일부 확정 일부 파기하였다. 연방항소법원의 패리스Farris 판사는 임신 즉시 휴가를 떠나도록 하는 것은 성차별의 일단 증거를 갖춘 사건에 해당하나 안전에 대한 고려로 정당화되지만, 아이 출생 60일 이내에 돌아오지 못하도록 하는 것의 필요성에 대해서는 원심이 충분한 증거를 확보하지 못했음을 지적하였다. 또한 고용주가 휴가기간 동안 추가 연차를 거부한 것은 성차별의 일단 증거를 갖춘 사건에 해당한다고 설시하였다.

Hayes v. Shelby Memorial Hospital, 546 F.Supp. 259 (N.D. Ala. 1982)

실비아 하이즈Sylvia Heyes는 방사능과 기술직원으로 고용되어 1980년 8월부터 일했고, 1980년 10월 초에 임신 진단을 받았다. 그녀는 병원 의사로부터 엑스레이 기술자 일반이 지켜야 할 안전 주의를 기울인다면 다음 해 4월 무렵까지 계속 일해도 좋다는 소견을 받았지만, 회사에 임신 사실을 알린 뒤 1980년 10월 14일

해고되었다. 이에 고용주 병원을 상대로 민권법 제7편 위반을 주장하며 소를 제기하였다.

북부 앨라배마 소재 연방지방법원은 첫째, 안전·업무효율이라는 '사업상 필요' 개념이 태아에 대한 가능한 미래의 의무를 피할 것을 포함하지 않으므로, 또 병원이 엑스레이 기술자의 스케줄을 바꾸거나 원고에게 특정 업무를 주어 엑스레이 노출을 줄일 수 있게 하는 등의 노력을 하지 않았으므로 피고가 원고 태아를 엑스레이 노출로부터 막기 위해 원고를 해고한 것을 사업상 필요라 주장한 것은 적절하지 않고, 둘째, 임신이 원고의 방사능과 직원으로서의 업무수행에 영향을 미치지 않았으므로 고용주는 진정직업자격을 통해 성차별 주장을 방어할 수 없으며, 셋째, 고용인의 아이가 나중에 병원을 고소할 가능성이 있기 때문에 소송을 최소화하기 위한 정당한 욕구에서 비롯된 것이었다는 주장도 피고의 해고조치를 정당화할 수 없다고 판단하였다. 따라서 임신한 엑스레이 기술자인 원고에 대한 피고 병원의 급작스러운 해고는 민권법 제7편을 위반한다고 판결했다.

Hishon v. King & Spalding, 467 U.S. 69 (1984)

킹 앤 스폴링King & Spalding 로펌의 어소시에이트 변호사 엘리자베스 히숀Elizabeth A. Hishon은 사측이 그녀에게 파트너 변호사 지위를 주지 않는 것이 성별에 기반한 차별이라며 소를 제기하였다. 연방지방법원과 연방항소법원 모두 청구를 기각하였으나, 연방대법원은 원심을 파기하였다. 연방대법원의 버거Burger 대법관은 설사 고용계약서에 명시적·암묵적으로 표현되어 있지 않은 것이라 하여도 고용 관계의 부분을 이루고 있는 것은 차별적인 방식이어선 안 되고, 만약 파트너 변호사직이 어소시에이트 변호사 고용의 계약조건term, 조건 혹은 특권이었다면 이는 민권법 제7편이 금지하고 있는 요인에 기반해서는 안 된다고 밝혔다. 또한 이와 같은 민권법 제7편의 적용은 표현 혹은 단체의 헌법적 권리를 침해하지 않는다고 설시하였다.

Hopkins v. Price Waterhouse, 618 F.Supp. 1109 (D.D.C. 1985)

프라이스 워터하우스Price Waterhouse 사社에서 근무한 회계사 앤 홉킨스Ann B. Hopkins는 회사의 파트너 선정에 후보로 추천을 받았으나 결국 파트너로 선정되지 못하였다.(그런데 그 선정 과정에서 각 파트너가 제출한 평가자료에 성적 고정관념으로 인한 부정적 평가가 포함되어 있었다.) 이에 홉킨스는 이것이 민권법 제7편상의 성별에 기반한 차별에 해당한다며 소를 제기했다.

이에 대해 콜로비아주 소재 연방지방법원 게젤스Gesells 판사는 성적 고정관념으로 인한 부정적 평가를 인정하고, 그러한 부정적 평가에 의존하는 것을 부정하지 않은 해당 회사의 파트너 선정은 위법한 차별에 해당한다고 판시했다. 또한 해당 회사가 '명확하고 확실한clear and convincing 증거로' 그러한 차별이 없었더라도 홉킨스를 파트너로 선정하지 않았을 것이라는 사실을 입증한다면 형평 조치equitable relief의 부담을 벗는다고 판시했다.

이에 대해 연방항소법원은 원심의 결론을 유지했고, 다만 해당 회사가 차별이 없었더라도 동일한 결정을 내렸을 것이라는 사실을 입증할 경우 민권법 제7편 위반 자체가 인정되지 않는다고 판시했다.

연방대법원의 브레넌Brennan 대법관은 이에 대해 해당 회사가 입증에 성공할 경우 민권법 제7편 위반 자체가 인정되지 않는다며 연방항소법원의 판결을 수용했지만, 그 입증 정도에 대해서는 명확한 증거가 아닌 '증거의 우세preponderance of evidence'만으로도 입증이 가능하다고 판시했다. 다만 해당 회사가 그러한 입증에 성공했음을 인정하지 않았다는 점과 홉킨스에 대한 차별이 민권법 7편에 위배된다는 점을 인정했다.

Hoyt v. Florida, 368 U.S. 57 (1961)

1961년 남편을 살해한 그웬돌린 호이트Gwendolyn Hoyt가 원심의 30년 형에 불복하여 항소하면서, 여성은 자원하지 않는 한 배심원의 의무를 지지 않도록 되어 있었던 플로리다 주법이 문제되었다. 해당 법령은 여성을 배심원 명단에서 배제하는 것의 목적이 여성들을 법정의 불결함, 음란함, 불쾌함 등으로부터 보호하기 위함이라고 하였다. 호이트가 결혼생활 동안 정신적·육체적 학대에 고통받았으며 신경증적 행동을 보이고 있었음에도 불구하고, 6명의 남성 배심원들은 25분 만에 그녀를 유죄로 평결하였다. 이에 호이트는 배심원의 성별이 남성이었던 것이 차별적이고 불공정한 상황을 초래하였다고 주장하였다.

연방대법원의 다수의견은 배심원 선발에 관한 법령이 차별적이지 않으며 합헌이라고 판결했다. 할란Harlan 대법관은 수정헌법 제14조가 보장하는 공정하게 선발된 배심원을 가질 권리라 함은 특정 사안의 환경에 맞춤형일 것을 요하는 것은 아니고, 자의적이거나 체계적인 배제 없이 선발된 것이면 족하다고 보았다. 또한 여성이 여전히 집과 가족의 삶의 중심으로 여겨지고 있기 때문에, 이러한 특별한 책임을 고려하면 시민적 책임인 배심원 의무를 면제하는 내용의 주법은 합리적인 이유가 있는 성별 구분이라고 하였다. 그리고 배심원 선택에 있어서 인종차별 사안 등과 달리 배심원 명단의 남녀 비율은 헌법적 유의미성을 지니지 않는다고 설시했다. 이 결정은 1975년 Taylor v. Louisiana 판결로 뒤집히게 된다.

Hutchinson v. Lake Oswego School District No. 7, 519 F.2d 961 (9th Cir. 1975)

오스웨고 호수 학교Lake Oswego School 이사회가 정상적인 임신에 대해서 병가수당을 지급하기를 거부하자, 학교 교사였던 바바라 허친슨Barbara R. Hutchinson이 그로 인한 자신의 손해에 대해 확인판결을 구한 사건이다.

오리건주 소재 연방지방법원이 교사의 손을 들어 주자 학교 이사회와 이사들은 항소했고, 교사는 학교 이사회가 수정헌법 제11조를 거부한 것에 항소하였다. 연방항소법원은 일부 인용 일부 기각 판결을 내렸다. 카터Carter 판사는 학교 이사회의 정책이 동등보호조항을 위반하지 않지만 민권법 위반이라고 판시했다. 또한 수정헌법 제11조가 오스웨고 호수 학교 이사회를 상대로 소를 제기하는 것을 금지하지 않았으며, 이 이사회의 재정은 상당 부분 지역사회로부터 충당되기 때문에 이사들은 손해를 책임질 지위에 있다고 하였다.

International Brotherhood of Teamsters v. United States, 431 U.S. 324 (1977)

고용주가 흑인과 스페인계 성姓을 가진 사람들을 차별하는 경향과 행동을 보였고 연공체계가 과거의 인종적·민족적 차별을 영속화하는 효과가 있었다는 이유로, 고용주와 노조를 상대로 제기된 고용차별 소송이다.

북부 텍사스 소재 연방지방법원은 고용주와 노조에게 더 이상의 1964년 민권법 위반을 금하고 개별적 구제를 제공했다. 양측 모두 항소하였다. 연방항소법원은 부적절한 구제였음을 설시하고 이송명령을 내렸다. 연방대법원의 스튜어트Stewart 대법관은 고용주가 체계 전반에 퍼진 고용차별의 경향과 행동에 연관되어 있다는 데 정부가 증명부담을 유지했고, 연공체계가 그런 부류의 구제에 관한 조항을 두고 있지 않다고 하여도 소급적 연공은 법안 시행 이후 차별받은 이들에게 구제로서 주어질 수 있다고 설시했다. 또 노조가 연공체계에 동의하고 그것을 유지하는 데 동참했다는 사실은 1968년 민권법을 위반하지 않고, 지원신청을 하지 않은 부주의한 고용인의 실패는 소급적 연공의 장점을 반드시 막는 것은 아니며, 개별 소수자 구성원들의 구제받을 권리에 대한 치료적 의견청취를 위한 송환은 필요하다고 판시했다.

Jones v. Cassens Transport, 617 F.Supp. 869 (E.D. Mich.1985)

프란시스 존스Frances Jones를 포함한 5명의 여성 사무원들은 공정거래운송회사Square Deal Cartage Company에서 근무하던 중 카센스 운송Cassens Transport 사社가 회사를 인수하자 해고되었다. 여성 사무원들은 여성이라는 이유로 카센스 운송에 대한 지원은 허락받지 못했기 때문에, 그녀들은 해당 회사와 지역 노조의 성차별을 주장하고 지역 노조가 공정한 대표의 의무를 위반한 데 대해서도 문제를 제기하였다.

동부 미시간 소재 연방지방법원은 원고의 손을 들어 주었다. 연방지방법원의 테일러Taylor 판사는 노조가 공정한 대표의 의무를 위반하였고, 여성 사무원들은 성차별의 일단 증거를 갖춘 사건prima facie case을 구성하며, 회사와 노조는 불평등 대우에 대한 정당한 이유를 적절히 구사하지 못하였다고 설시하였다. 그러나 피고가 항소하였고, 이 판결은 항소심에서 뒤집혔다.

Kahn v. Shevin, 416 U.S. 351 (1974)

플로리다 주법에 따르면, 남편이 사망한 경우 그 부인은 재산세를 면제받을 수 있었다. 하지만 부인이 사망한 경우 남편에게는 면세가 적용되지 않았다. 부인을 여윈 후 면세를 신청했으나 거절당한 멜 칸Mel Kahn은 플로리다의 해당 주법에 대해서 위헌확인을 구하면서 소송을 제기했다.

이에 대해 주州순회법원에서는 '과부widow'라는 규정은 성에 기반한 구분이기 때문에 해당 주법은 평등보호조항에 위배된다고 판시했다. 이에 대해 주최고법원은 해당 주법이 '남성과 여성의 경제력 격차를 줄인다'는 입법목적과 실질적인 관련성을 가지고 있어 평등보호조항에 위배되지 않는다고 판시하며 원심을 파기했다.

이후 상고심에서 연방대법원의 더글러스Douglas 대법원은 해당 주법이 평등보호조항에 위배되지 않음을 다시 확인하면서, 연방헌법에 부합하는 목적을 위한 합리적인 구분을 기반으로 하고 있다면 차별적인 취급이 임의적인 것이라고 볼 수는 없다고 판시했다.

Kaufman v. Beverly Rodeo Hotel, No. C494133 (Cal. Super. Ct. Santa Monica, filed April 12, 1984)

이 책의 여섯 번째 글인 리틀턴의 논문에서 언급된 판례로, 공공장소에서 모유수유를 하고자 하는 여성의 평등권이 문제된 사안이다. 여성은 모유수유를 위해 가슴을 노출해야 하는데, 베버리 로데오 호텔의 관리인은 공공장소에서 남녀 모두에게 적용되는 복장 규칙에 따라 가슴 노출을 허용하지 않으려 하였다. 그러나 리틀턴의 인용표기법으로는 해당 판례에 접근할 수 없었기 때문에 자세한 내용은 파악할 수 없었음을 알린다.

Lafler v. Athletic Board of Control, 536 F.Supp. 104 (W.D. Mich. 1982)

질 라플러Jill A. Lafler는 여성인 자신이 피고가 개최하는 권투시합에 참가할 수 있도록 해 달라며 명령적·선언적 구제를 구하는 소를 제기하였다. 주 법원은 피고로 하여금 원고의 체급에 해당하는 부문의 승자를 발표하지 못하도록 하는, 일방적인 일시적 제한 명령을 선고했다. 일시적 제한 명령을 해소하려는 피고의 움직임에 대하여, 연방지방법원의 마일스Miles 판사는 원고가 해당 명령의 이익에 대해서 그리고 해당 명령이 없다면 돌이킬 수 없는 해악을 입는지에 대해서 충분히 증빙하지 못했다고 설시하였다. 이에 제한 명령을 해소시켰다.

Lemons v. City and County of Denver, 620 F.2d 228 (1980)

메리 레몬즈Mary Lemons를 포함한 간호사들은 덴버Denver시市가 고용한 간호사들이 낮은 임금을 받도록 책정된 것이 오랫동안 간호사가 여성 직종이었기 때문이라며, 민권법안Civil Rights Act과 수정헌법 제14조에 기반한 성차별으로 소를 제기하였다.

콜로라도 소재 연방지방법원은 시의 손을 들어 주었고, 간호사들이 항소하였다. 연방항소법원의 세스Seth 판사는 덴버시의 분류 및 지급 계획은 덴버시의 고용인과 시외의 고용인이 동일수준 임금을 받는 것을 보장하는 내용에 불과하기 때문에 간호사가 아닌 다른 직업과의 비교를 주장하는 원고 측 주장을 받아들일 수 없다고 하였다. 이에 덴버시가 다른 지역의 간호사들과 동일한 수준의 임금을 원고들에게 지급하고 있었음은 분명하므로 원심판결을 확정하였다.

Lochner v. New York, 198 U.S. 45 (1905)

한 제과제빵점에서 1주일에 60시간 이상의 노동을 금지하는 뉴욕주의 노동법을 위반하여 고용인을 일하게 했던 것이 문제되었다. 이에 대해서 연방대법원은, 노동시간과 고용인 건강의 상관관계가 증빙되지 않았기 때문에 해당 법령은 건강법으로 사료할 수 없으며, 해당 법령의 진짜 목적은 도덕적으로 문제되거나 고용인의 건강을 해치는 것과 무관하게 단순히 사기업의 고용주와 고용인을 규율하기 위함이라고 판단하였다. 따라서 고용주와 고용인이 자유롭게 계약을 체결할 자유는 보장되어야 하고 그것은 연방헌법을 위반하는 것이 아니라고 판시하였다.

Lockwood *Ex Parte*, 154 U.S. 116 (1894)

벨바 록우드Belva A. Lockwood는 버지니아 항소법원에 변호사 활동을 허가해 달라고 신청하였으나, 버지니아주 항소법원은 그녀의 신청을 반려하였다. 록우드는 해당 행위가 "어떤 사람이 미국 어느 주에서든 정식으로 변호사의 자격을 얻고 활동했다면 버지니아주에서도 활동할 수 있다"는 해당 주의 법률에 위반될 뿐 아니라, 반려한 이유를 그녀가 여성이라는 데에서밖에 찾을 수 없다고 주장하였다. 이에 버지니아주 항소법원에 직무집행영장을 요청하는 탄원서를 제출하기 위한 휴가를 신청하였다. 그러나 연방대법원은 해당 버지니아 법률의 '사람'이라는 문구가 남성만을 의미하는 것인지 여성까지를 의미하는 것인지는 항소법원의 해석 재량 내에 있는 것이라면서 휴가신청을 기각하였다.

Loving v. Virginia, 388 U.S. 1 (1967)

1924년 인종 순혈주의 법안Racial Integrity Act에는 백인으로 분류된 사람과 유색인종으로 분류된 사람 사이의 혼인을 금지하는 반反잡혼 법령이 포함되어 있었다. 이에 따라 버지니아주의 흑인 여성 밀드레드 러빙Mildred Loving과 백인 남성 리처드 러빙Richard Loving이 혼인을 근거로 하여 1년 형에 처해졌고, 그들은 이에 항소하였다.

1967년 연방대법원은 1883년 Pace v. Alabama 판결을 뒤집으면서, 만장일치로 그와 같은 금지가 수정헌법 제14조의 적법절차조항과 동등보호조항에 위배되어 위헌이라고 판시했다. 버지니아주 측은 해당 법령을 위반한 백인과 흑인 모두에게 동일한 형벌을 부과하는 것은 인종차별적이라고 볼 수 없다는 주장을 하였지만, 연방대법원은 백인이 연루된 혼인에 대해서만 잡혼을 금지하는 것은 백인 우월주의의 발로라고 보았다. 또한 혼인은 보장받아야 할 기본적인 자유권에 해당하는 것으로서 인종적 분류가 정당화될 수 없다고 결론지었다.

Lynn v. Regents of the University of California, 656 F.2d 1337 (9th Cir. 1981)

캘리포니아 주립대학의 조교수 테레제 발레이 린Therese Ballet Lynn은 공적에 대한 봉급 인상과 종신재직권이 거절당하자 1964년 민권법의 동등고용기회 조항에 의거한 성차별이라고 소를 제기하였다.

중부 캘리포니아 소재 연방지방법원은 대학의 손을 들어 주었으나, 연방항소법원은 원심의 판단을 뒤집고 성별에 기반한 차별임을 인정하였다. 연방항소법원의 레인하트Reinhardt 판사는 여러 통계자료 등의 증거가 여성에 대한 차별의 일단 증거를 갖춘 사건prima facie case의 요건을 만족시켰다고 설시하였다. 또한 원심이 원고가 요청한 대학의 종신재직권 검토 파일을 검토하였음에도 원고에게는 공개하지 않고 파일을 증거로 사용한 것은 원고에 대한 적법절차에 어긋나는 것임을 짚었다.

Mack v. Rumsfeld, 609 F.Supp. 1561 (1985)

칼렌 맥Carlene Mack은 한부모인 자신과 유사한 처지의 사람들과 함께, 18세 미만의 아이가 있는 한부모를 특별한 사정이 있지 않는 한 등록 금지시킨 육군 및 공군의 정책에 이의를 제기했다.

그러나 서부 뉴욕주 소재 연방지방법원은 원고의 주장을 기각하였다. 커틴Curtin 판사는 해당 정책이 수정헌법 제5조가 보장하는 한부모의 적법절차 및 동등호보 권리를 침해하지 않았다고 판시했다.

Madrigal v. Quilligan, 639 F.2d 789 (9th Cir. 1981)

캘리포니아주 로스앤젤레스 카운티에서 라틴 여성을 대상으로 제대로 된 정보를 주고 동의를 구하지 않거나 강제로 불임수술을 자행한 것에 대한 집단소송 사건이다. 불임수술을 받은 10명의 여성들은 병원 산부인과 의사들에 의한 불임수술로 시민법·헌법상 임신할 권리를 침해당했다고 주장하며 소를 제기하였다. 구체적으로는 협박에 의해서 노동 직전 혹은 직후에 수술동의서에 서명하도록 하거나, 정보를 불충분하게 제공하거나 잘못 제공하였다는 것이었다. 이름을 밝힌 원고인 돌로레스 마드리갈Dolores Madrigal의 경우에는 그녀의 남편이 이미 서류에 모두 서명하였다는 말을 믿고 불임수술에 동의하였으나, 실상은 그런 사실이 없었다. 그러나 연방항소법원은 산부인과 의사들에게 여성들을 다치게 하려는 의도가 없었음을 이유로 의사들에게 우호적인 판결을 내렸다.

Matter of Baby M, 537 A.2d 1227 (1988)

이 사건에서는 생부와 그의 아내가 대리모에게 대리모 계약의 내용을 집행하여, 대리모가 낳은 아이를 생부의 아내에게 입양시키도록 하고 대리모의 친권을 종료시키고자 소를 제기하였다. 주 가정법원은 해당 대리모 계약이 유효하다고 판시하면서 대리모의 친권을 종료시키고 생부에게만 아이 양육권을 부여, 생부의 아내에게 입양을 허가하였다. 이에 대리모 측이 항소하였고, 뉴저지주 최고법원은 일부 인용 일부 기각 판결을 내렸다. 즉 첫째, 대리모 계약은 입양과 관련하여 금전의 사용을 금지하는 법률, 친권 종료와 입양 이전에 부모로서 부적합성과 유기가 입증되길 요구하는 법률, 사적인 입양에서 양육권 양도와 입양 동의를 파기할 수 있도록 하는 법률과 충돌하고, 둘째, 대리모 계약은 주의 공공정책과 충돌하며, 셋째, 생식의 권리는 생부와 그의 아내에게 아이의 양육권을 부여하지 않지만, 넷째, 아이의 최대 이익은 생부와 그의 아내에게 양육권을 주는 것을 정당화할 수 있으며, 다섯째, 대리모는 아이 접견권을 부여받는다고 판시하였다.

McDonnell Douglas Corp. v. Green, 411 U.S. 792 (1973)

퍼시 그린Percy Green은 항공우주회사 맥도넬 더글라스 사McDonnell Douglas Corp.의 기술공이자 연구기술자였다가 1964년 인원감축 때 정리 해고를 당했다. 이에 오랜 기간 시민권 운동을 해 온 경력이 있었던 그린은 인종적 차별이 해고의 배경에 자리 잡고 있다고 문제를 제기하며 시위를 벌였고, 맥도넬 더글라스가 낸 기술공 채용공고에 지원했으나 충돌 과정에서의 폭력적 행위를 이유로 거절당했다. 그린은 고용기회평등위원회에는 시민권 운동 경력에 의한 불공정한 대우에 대해, 주법원에는 시민권 운동 경력과 인종적 편견 둘 다에 대해 제소하였다.

이에 대한 연방대법원의 판결은 인종, 종교, 성별 등에 의거한 고용차별을 금지하고 있는 1964년 민권법 제7편이 문제된 사안들의 해결지침을 제공한 것으로 평가받는다. 연방대법원은 민권법 제7편이 다루어지는 소송에서 원고는 자신이 인종적 소수자에 속하며, 고용주가 채용하는 직무에 자격을 갖추고 있고, 자격조건을 충족함에도 불구하고 거절당했으나, 고용주가 계속해서 원고가 갖추었던 자격요건을 충족하는 고용인을 구하고 있었다는 것에 대한 입증책임만을 진다고 설시하였다. 다만 피고에게도 상기 원고가 입증한 사실이 원고의 불법행위에 의거한 것이라는 등 반박할 기회가 보장되어야 한다고 하였다.

Meyer v. Missouri State Highway Commission, 567 F.2d 804 (8th Cir. 1977)

미주리주 캔자스시티의 파세오 다리가 무료로 전환되자, 그곳에서 일하던 톨게이트 매표원들은 재배치에 지원해야 했다. 조장shift captain들은 재배치 지원이 필요치 않았고, 그때까지 네 개의 조장 자리를 모두 남성이 맡아 왔다. 18명의 매표원 중 16명이 재배치에 지원하였고 그들 중 12명이 인터뷰 제의를 받았으며 최종적으로 10명이 일자리를 얻었는데, 유일한 여성이었던 레이첼 메이어Rachel J. Meyer는 인터뷰 제의조차 받지 못했다. 이에 그녀는 파세오 다리에서 일하는 동안 조장으로 승진시키지 않은 것, 새로운 일자리로 재배치하지 않은 것 두 가지에 대해서 사측이 성별에 기반한 차별을 했다고 주장하며 소를 제기하였다.

서부 미주리주 소재 연방지방법원은 메이어의 청구를 받아들이지 않았고, 연방항소법원은 원심을 확정하였다. 메이어가 조장으로 일할 자격요건을 갖추지 못했다는 원심의 판단이 명확한 오류가 있다고 볼 수 없고, 메이어가 재배치 지원서를 작성함에 있어서 스스로가 일자리에 적합함을 충분히 피력하지 못했기 때문이라는 원심 판단 또한 타당하다는 이유에서였다.

Meyer v. Nebraska, 262 U.S. 390 (1923)

학교에서의 외국어 교육을 제한하는 1919년 제정 네브라스카법이 수정헌법 제14조의 적법절차조항 위반인지의 여부가 문제되었다. 제1차 세계대전 이후 독일과 관련된 모든 것들을 배제시키는 캠페인이 퍼져 나갔고, 마침내 시만법안Siman Act라고 불리는 법이 제정되기에 이르렀다. 사립학교든 교구학교든 공립학교든, 선생으로서든 개인적으로든, 외국어를 교과과목으로 가르치지 못하게 할 뿐 아니라 교육지침을 내리는 매개언어로도 영어만을 규정하는 내용이었다. 이에 1920년 5월 25일, 로버트 메이어Robert Meyer라는 교사가 4학년 학생 한 명에게 독일어로 읽기 수업을 가르쳐서 벌금형에 처해졌다.

연방대법원의 다수의견을 대표하여 맥레이놀즈McReynolds 대법관은 적법절차조항이 보호하는 '자유'에 직업에 대한 소명의식이 포함되며, 독일어에 대한 지식 자체가 해롭다고 여길 합리적 이유가 없으므로 직업상 업무의 일환으로 독일어를 가르친 것은 그의 권리에 속한다고 판시하였다. 또한 해당 법안이 교사들의 소명을 방해하며 제자들이 지식을 습득할 기회와 학부모들의 교육통제권에도 부정적인 영향을 미치는 것으로 보았다. 그리고 헌법상의 보호는 영어를 모국어로 사용하지 않는 시민들에게도 미치는 것임을 천명하였다. 홈즈Holmes와 서덜랜드Sutherland 판사는 반대의견을 냈다. 해당 법안이 교육 현장에서 교사의 가르침에만 적용되는 것이며, 집에서는 아이들이 영어 이외의 언어를 습득할 기회가 열려 있다는 이유였다.

Michael M. v. Superior Court of Sonoma County, 450 U.S. 464 (1981)

이 사건에서는 '18세 미만의, 가해자의 아내가 아닌 여성과의 성교'를 불법적인 것으로 규정하고 있는 캘리포니아 주법 제261.5조('법정강간' 조항으로도 불린다.)가 수정헌법 제14조에 위반되는지의 여부가 문제되었다. 해당 법령은 성교행위에 대해서 남성에게만 범죄 책임을 묻는 것이었다.

1978년 7월, 소노마 카운티Sonoma County의 시법원에 당시 17.5세였던 남성이 18세 미만의 여성과 성교를 한 사실로 고발된 것이 시발점이 되었다. 예심에 제출된 증거에 의하면, 1978년 6월 3일 자정 무렵 청원자는 두 명의 친구와 함게 16.5세의 여성 샤론Sharon과 그녀의 여동생에게 접근하였고, 이미 취한 상태였던 청원자와 샤론이 따로 떨어져 나와 키스를 시작했다. 샤론은 처음에는 퇴짜를 놓았다가 얼굴을 얻어맞은 이후 성교를 승낙하였다. 청원자는 이와 같은 정보는 논외로 삼으려 하면서, 제261.5조가 불법적으로 성별에 기반한 차별을 하고 있다고 주장하였다.

주법원과 캘리포니아주 항소법원은 청원자의 요청을 기각하였고, 연방대법원은 원심의 결정을 유지하였다. 성별에 기반한 구분을 금지하는 원칙에도 불구하고, 성별에 따라서 다르게 위치 지어진 사실을 현실적으로 반영한 경우에는 성별 구분이 불공평한 것이 아니게 된다는 이유였다. 최고법원은 해당 법령의 목적이 10대의 혼외 임신을 방지하기 위한 것이라는 주 측의 주장을 받아들였고, 미성년 남성과 미성년 여성이 성교에 수반되는 문제와 위험들에 유사하게 위치 지어져 있지 않음을 인정하였다. 또한 미성년 여성과 성교한 남성을 직접적으로 처벌하는 것이 적합한 수단인지의 여부에 관하여, 해당 법령이 헌법적 제한을 넘어서지 않는 것으로서 캘리포니아주의 재량권 내에 있다고 판시하였다. 임신으로 인한 생물학적·사회적 제재에 노출되어 있는 여성들의 처지를 고려하면 남성에게만 부과되는 형사적 제재가 성별에 따라 다르게 경험하던 억제를 '동등하게 만드는' 것으로 볼 여지가 있으며, 스스로가 기소될 가능성이 있는 경우 미성년 여성이 법의 보호를 요청하기 더 어렵다는 점을 근거로 들었다.

Miller-Wohl Company, Inc. v. Commissioner of Labor and Industry, 515 F.Supp. 1264 (D. Mont. 1981)

밀러-홀 사Miller-Wohl Company는 임신으로 인해 수일을 결근한 타마라 불리Tamara Buley를 자사의 고용정책에 의거하여 해고했다. 이에 타마라 불리는 밀러-홀을 노동산업위원회Commissioner of Labor and Industry에 고소했고, 당 위원회는 몬타나주 모성휴가법Montana Maternity Leave Act에 의거하여 해당 기업의 해고조치는 위법하다는 결정을 내렸다. 이에 밀러-홀은 몬타나주 모성휴가법에 대해 지방법원에 위법확인소송을 제기했다.

몬타나주 지방법원의 햇필드Hatfield 판사는 임신을 이유로 여성을 해고하고 합리적인 출산휴가를 보장해 주지 않는 것을 불법화하는 것은 적법절차조항 위반도 아니고 평등보호조항 위반도 아니며, 해당 주법은 임신차별금지법에 배치되지 않고, 단순히 임신을 정당한 해고 이유에서 제외시키고 임신을 제외한 다른 사유의 경우에 남성과 여성을 동등하게 취급한다는 점에서 위헌적 보호입법도 아니라고 판시했다. 이에 원고가 항소했으나, 상소법원은 관할권이 없다는 이유로 받아들이지 않았다.

Minor v. Happersett, 88 U.S. 162, 178 (1874)

1875년 연방대법원은 여성을 합법적인 투표자로 등록하기를 거부한 미주리 주법에 대해 합헌 결정을 내렸다. 수정헌법 제14조의 특권 또는 면책 조항이 쟁점이 되었는데, 연방대법원은 여성참정권 운동가였던 버지니아 마이너Virginia Minor가 미국의 시민이라는 것은 받아들였으나 헌법적으로 보호되어야 할 시민의 특권에 투표권이 포함되지 않는다고 설시하였다.

1920년 수정헌법 제19조가 성별에 기반한 투표권 차별을 규제하면서 해당 판례가 뒤집혔고, 이후 다른 종류의 제한적인 선거법을 지지하기 위해 인용되던 것도 1960년대에 이르러 연방대법원이 수정헌법 제14조의 동등보호조항을 투표권 보장에 적용시켜 해석하기 시작하면서 멈췄다.

Mississippi University for Women v. Hogan, 458 U.S. 718 (1982)

1979년 조 호건Joe Hogan이라는 남성이 미시시피 여자대학Mississippi University for Women, MUW 간호학과에 지원했으나, 다른 자격요건은 갖췄음에도 남성이라는 이유로 거부당했다. 미시시피 여자대학 측은 청강은 허락하지만 정식 등록하여 학점을 이수할 수는 없다고 밝혔고, 미시시피주에 위치한 다른 두 대학은 공학이긴 하지만 호건의 거주지로부터 각각 178마일, 114마일 떨어진 곳에 위치해 있었다. 이에 호건은 해당 관행이 수정헌법 제14조 동등보호조항 위반이라고 소를 제기하였다.

연방지방법원은 여자대학을 유지하는 것이 여학생에게 양질의 교육 기회를 제공한다는 합법적인 목적과 합리적 연관성을 갖고 있다는 이유로 미시시피 여자대학 측의 손을 들어 주었으나, 1982년 연방대법원은 미시시피 여자대학이 한 성별의 지원만을 허가하는 정책을 편 것이 수정헌법 제14조 위반이라고 판결했다. 성별에 기반한 차별에 대해서는 합리성 심사기준이 아니라 중간심사기준을 적용해야 하며, 이를 적용했을 때 목적과 수단 사이의 상당한 관련성이 입증되지 못했기 때문이다.

Mitchell v. Board of Trustees of Pickens County School District, 599 F.2d 582 (4th Cir. 1979)

교사 앤 미첼Ann Mitchell은 피킨스 주립학교 이사회Board of Trustees of Pickens County School District가 자신의 임신을 이유로 교사임용 계약을 갱신하지 않은 점을 문제삼아 소를 제기하였다.

사우스캐롤라이나 소재 연방지방법원은 피고인 학교 당국의 손을 들어 주었고, 원고가 항소하였다. 연방항소법원은 원심을 파기하여 미첼의 주장을 인용하였다. 연방항소법원의 필립스Phillips 판사는 첫째, 임신한 교사로 하여금 그녀의 임신 사실을 학교 당국에 발견 즉시 알리도록 한 이사회의 정책이 민권법 제7편 위반에 대한 증거를 일단 갖춘 사건prima facie case의 요건을 충족한 것이며, 그렇게 밝혀진 임신은 재계약을 거절하는 유일한 근거가 되었다고 보았고, 둘째, 학교 당국이 사업상의 필요성을 이유로 해당 정책을 정당화할 수 있는지의 여부는 현재의 자료로는 판단할 수 없는 것이라고 설시하였다.

Muller v. State of Oregon, 208 U.S. 412 (1908)

1903년 2월 오리건주 의회는 입법을 통해 "이 주에서는 어떠한 여성도 기계 시설, 공장, 세탁소에서 10시간 이상 일할 수 없다"고 규정했다. 그리고 이를 어길 시에는 벌금형에 처하도록 했다.

이후 1905년 멀트노마 카운티Multnomah County의 '그랜드 세탁the Grand Laundry'이라는 세탁소에서 한 여성이 10시간 이상을 일하고 있다는 신고가 접수되었고, 해당 사업주는 주州순회법원에서 벌금형을 선고받았다. 사업주는 항소했지만, 주최고법원은 원심을 유지했다.

사업주는 다시 연방대법원에 상고했고, 이에 연방대법원의 브루어Brewer 대법관은 오리건 주법에 따르면 여성과 남성은 계약능력 등 모든 권리에 있어서 동등한 지위에 있고, 개인에게는 계약의 자유가 있으나 그 권리는 제한이 가능한 상대적 권리이며, 현실적으로 여성이 가지는 남성과의 차이점, 즉 신체능력의 차이, 역할의 차이 등으로 인해 그녀들에 대한 '보호'가 필요하며, 그러한 근거에서 여성의 계약자유를 제한하는 오리건 주법은 정당하다며 주법원의 결정을 유지했다.

Newport News Shipbuilding & Dry Dock Co. v. EEOC, 462 U.S. 669 (1983)

뉴포트 뉴스 조선업Newport News Shipbuilding 고용주가 임신차별법PDA을 해석한 고용기회평등위원회EEOC의 가이드라인을 문제삼아 소를 제기하였다. 고용주 측은 입원수당 지원에 있어 남자 고용인들에게 불리한 방식으로 성별에 기반한 차별이 있다고 주장했고, 고용기회평등위원회는 이에 대응하기 위한 행동에 나섰다.

동부 버지니아주 소재 연방지방법원은 고용주 측이 제시한 수정안의 합법성을 지지하고 고용기회평등위원회의 주장을 기각하였다. 연방항소법원에서는 원심판결이 파기되었다. 연방대법원은 2심 판결을 인용하였다. 스티븐스Stevens 대법관은 청원인 고용주 측의 수정된 건강보험 계획에 담긴 임신 제한은 여성 고용인에게 입원수당을 다른 의료적 조건들과 동일한 정도까지 임신 관련 조건들로 제공하는 것이지만, 남자 고용인의 배우자에게는 임신수당을 덜 주는 것이기 때문에 남자 고용인에게 차별적인 것으로 민권법 제7편 위반이라고 하였다.

O'Connor v. Board of Education of School District No. 23, 645 F.2d 578 (7th Cir. 1981)

6학년 남학생 농구팀에 이 사건 원고인 여자 학생을 거부한 학교 위원회Board of Education of School District의 결정이 성차별인지가 문제되었다. 북부 일리노이 소재 연방지방법원의 마샬Marshall 판사는 학교 이사회와 다른 피고들에게 예비적 중지명령을 내림으로써 원고의 손을 들어 주었다. 그러나 연방항소법원은 원심을 파기하였다. 바우어Bauer 판사는 '분리되었으나 평등한separate but equal' 남학생 팀과 여학생 팀을 제공함으로써 스포츠 참여를 극대화한다는 학교 이사회의 정책이 일리노이헌법, 연방헌법, 민권법 제9편 위반임을 충분히 증명하는 데 실패했고, 따라서 원심법원의 예비적 중지명령은 결정권의 남용이었다는 이유를 들었다.

Odomes v. Nucare Inc., 653 F.2d 246 (6th Cir. 1981)

간호보조원들이 사설병원을 상대로 고용상의 차별을 문제삼은 사건이다. 간호보조원으로 일하던 흑인 여성 프랭키 오도메스Frankie Odomes는 1976년 해고된 이후 고용기회평등위원회에 진정한 바 있었고, 인종과 성별에 기반하여 차별받았다고 볼 합리적 이유가 있다는 고용기회평등위원회의 판단에 따라 소송을 제기하였다.

테네시주 서부 소재 연방지방법원의 맥레이MacRae 판사는 원고들이 해고된 이유가 인종 혹은 성별에 의한 것은 아니지만, 고용되어 일할 당시에 보다 높은 임금을 받던 남성 당번자들에 비해 동일노동을 수행하면서도 적은 임금을 받은 점을 차별로 인정하였다. 양측 모두 항소하였다.

연방항소법원의 필립스Phillips 판사는 피고 측의 사원연수 프로그램에 두 명의 남자 직원이 있었다는 사실만으로는 성별에 기반하여 동일노동 불평등임금을 지급하였다는 사실에 대한 반박이 되지 못한다고 원심 판단을 부분 확정하는 한편, 피고가 고용기회평등위원회 진정에 응했다는 이유로 피고가 원고에게 보복하지 않았다는 원심 판단은 오류라고 바로잡았다.

Orr v. Orr, 440 U.S. 268 (1979)

이혼한 아내 릴리안 오르Lillian M. Orr가 전남편 윌리엄 오르William H. Orr에게 부양금 체납금에 대한 이행을 청구하였고, 주법원은 주장을 인용하였다. 앨라배마주는 이혼 후 필요한 여성에게 지원을 제공함으로써 남녀 간 경제적 간극을 줄이려는 목적으로 남편에게만 별거수당 지급 의무를 부과하고 있었다. 윌리엄 오르가 항소함에 따라 해당 법안이 동등보호 위반인지의 여부가 문제되었다.

연방대법원은 중간심사기준을 적용하여 해당 법안과 기술된 목적 사이의 관련성이 충분하지 않다고 결론지었다. 성중립적인 법령이라고 해도 지원이 필요한 여성들에게 지원을 제공할 수 있으며, 해당 법안과 성중립적 법령의 유일한 차이는 지원이 필요없는 고소득 여성도 지원하고 필요한 남성들을 배제하는지의 여부만이기 때문이다.

Owens v. Brown, 455 F.Supp. 291 (D.D.C. 1978)

당시에는 법령으로 병원선 혹은 교통선 이외의 해군 선박에 여승무원을 배치하는 것을 금하고 있었다. 이에 요나 오웬스Yona Owens를 포함한 여성들이 유사한 위치에 처해 있는 모든 이의 이익에 서서 집단소송을 제기하였다. 사실심 약식

판결에 대한 반소도 제기되었다.

콜롬비아주 소내 연방지방법원의 시리카Sirica 판사는 정치적 지부들에 의한 군 결정은 헌법적 결함이 있는지 법원에서 검토될 수 있으며, 동등보호의무를 넘어서려면 성별 중심적 일반화가 사실과 부합하는 정도가 상당해야 함을 적시하였다. 그리고서 해당 사건에서처럼 특정 선박을 제외하면 여승무원의 해양 복무 배치를 절대적으로 금지하는 것은 수정헌법 제5조의 적법절차조항에 의해 보장되는 동등보호를 위반하는 것이라고 판시하였다. 선박과 승무원을 통합하는 것으로부터 파생될 문제들은 적절한 훈련과 계획으로 다룰 수 있을 것이라고 보았다.

Pan American Airways, Inc. v. Diaz, 404 U.S. 950 (1971)

셀리오 디아즈Celio Diaz라는 남성이 팬아메리카 항공사Pan American Airways 승무원에 지원했다가 해당 직렬에는 여성만을 선발한다는 사측 규정 때문에 거절되었다. 고용기회평등위원회를 통한 사측과의 타협도 실패하자, 그는 유사한 상황에 놓여 있는 다른 이들과 함께 집단소송을 제기하였다. 팬아메리카 항공사가 성별에 기반한 차별을 함으로써 1964년 민권법 제703조를 위반했다는 것이었다.

연방대법원은 남성을 배제하는 사측의 규정이 진정직업자격Bona Fide Occupational Qualification, BFOQ을 만족하지 못하는 것으로서 민권법 위반이라고 판시하였다. 사측은 승객의 선호를 이유로 자신들의 고용정책을 옹호하였는데, 이에 대해 최고법원은 항공사의 주요 기능은 편안한 환경조성이 아니라 승객의 안전한 운송이고 남성 승무원이 그 기능을 수행함에 있어서 부족할 것이라는 근거가 없다는 이유로 반박하였다.

Payne v. Travenol Laboratories Inc., 416 F.Supp. 248 (N.D. Mass. 1976)

이 사건에서 흑인 여성 윌리 페인Willie Payne은 사측이 12학년 수료라는 교육 수준을 자격요건으로 삼은 것이 인종과 성별에 기반한 차별이라며 소를 제기하였다. 연방지방법원의 스미스Smith 판사는 여러 교육 수준 자격요건이 흑인에게 불리한 방식으로 불균형 효과가 있고, 교육 수준 자격요건의 업무관련성이 충분히 증명되지 않았으며, 승진체계가 과거 차별을 영속화하고 있고, 여성은 효과적으로 일군의 직렬에서 배제되고 있음을 인정함으로써 원고의 차별 주장을 인용하였다.

Personnel Administrator of Massachusetts v. Feeney, 442 U.S. 256 (1979)

이 사건 당시 메사추세츠 주법은 공무원 임용에 있어서 퇴역군인veteran들을 우선적으로 고려하는 규정을 두고 있었다. 공무원 임용 시험에서 높은 점수를 받고도 이 규정으로 인해 고용기회를 얻지 못한 여성 헬렌 피니Helen B. Feeney는, 동 규정이 여성의 고용기회를 심각하게 제한함으로서 평등보호조항에 위배된다며 소를 제기했다.

이에 대해 연방지방법원은 해당 조항이 여성의 고용기회를 제한함을 인정하면서, 동 조항의 입법목적이 정당하고 그 안에 차별적 의도가 담겨 있지 않기는 하지만 그에 따른 고용기회의 제한이 너무 심각하여 주정부는 더 제한적인 우대조치를 취할 필요가 있고, 그러한 조치로도 입법목적을 충분히 달성할 수 있을 것이라고 판시했다.

이에 항소가 이루어졌고, 연방대법원은 (Davis v. Washington 판결에서의 법리에 따라) 원심을 파기환송했다. 환송심에서 연방지방법원은 해당 조항이 규정하고 있는 '퇴역군인'이라는 집단은 여성이 전통적으로 배제되어 왔던 집단이어서 동 조항이 성중립적이라고 볼 수 없고, 그 고용기회 제한 효과가 너무 커서 그러한 차별이 의도되지 않은 것이라고 보기 힘들다며 다시 평등보호조항 위반을 인정했다.

뒤따른 상고심에서 연방대법원의 스튜어트Stewart 대법관은, 메사추세츠 주법상의 해당 우대조치 조항은 퇴역군인인 사람을 퇴역군인이 아닌 사람에 대해서 우대하는 것이지 남성을 여성에 대해 우대하는 것이 아니라는 점을 들어 동 조항이 평등보호조항에 위배되지 않는다고 판시했다.

Petrie v. Illinois High School Association, 394 N.E. 2d 855 (Ill. 1979)

일리노이 고등학교에 재학 중이던 남학생 트렌트 페트리Trent Petrie가 그의 어머니와 이웃 친구를 통해서 소를 제기한 사건이다. 원고는 하나뿐인 학교 지원 배구팀에 여학생들만 가입할 수 있게 하는 일리노이 고등학교의 규칙과 협회Illinois High School Association가 재정을 지원하는 하나뿐인 배구 시합에 참여할 자격을 여학생으로 제한하는 주립고등학교협회의 규칙이 성별에 기반한 차별이라고 주장하였다.

1심과 2심에서는 해당 규칙이 위헌이 아니라고 판단했다. 일리노이 주법원의 그린Green 판사는 해당 규칙이 수정헌법 제14조의 적법절차조항을 위반하지도, 성별에 기반하여 동등보호를 거부하는 것을 금하는 주州헌법 조항을 위반하지도 않았다고 설시하며 원심을 확정했다.

Phillips v. Martin-Marietta Corporation, 400 U.S. 542 (1971)

1964년 민권법의 고용상 성차별 금지 조항 위반에 대한 소송과 관련된 사건이다. 이다 마틴 마리에타Ida Martin-Marietta는 필립스Phillips 사社가 여성이라는 이유로 자신을 채용하지 않았다며 소를 제기했고, 플로리다 중부 소재 연방지방법원의 영Young 판사는 이에 대해 피고 승소의 약식판결summary judgment을 내렸다. 이에 원고가 항소했고, 연방항소법원은 연방지방법원의 판결을 유지했다. 이에 대해 사건이송명령certiorari이 인정되었다. 연방대법원은 취학 전 아동을 양육하는 여성의 가족부양 의무가 직장에서의 업무수행과 갖는 관련성이 남성보다 더 큰 것인지, 즉 여성 지원자가 취학 전 아동을 키우고 있지 않은 것이 사업주의 경영에 합리적으로 필요한 진정직업자격인지에 대한 사실문제가 남아 있다며 원심을 파기했다.

Pierce v. Society of Sisters, 268 U.S. 510 (1925)

모든 아동들이 공립학교에 다녀야 하도록 규정한 오리건 주법이 문제되었다. 제1차 세계대전 이후 몇몇 주들은 이민자와 이국의 가치들이 유입되는 것을 걱정하였고, 공립교육을 통해 미국에 대한 동화교육을 시도하였다. 그 일환으로 1922년 오리건주가 사립학교를 인정하지 않는 이른바 '의무교육법안Compulsory Education Act'을 통과시켰다. 비종교적인 사립학교들은 수입 손실, 교구 사립학교들은 자신의 아이들로 하여금 종교적인 교육을 받도록 할 부모의 권리를 근거로 이의를 제기하였다.

최고법원은 1925년 만장일치로 원심판결을 유지하여 해당 법안에 대한 중지명령을 내렸다. 맥레이놀즈McReynolds 판사는 아동이 단지 국가 소유의 생명체가 아니며, 수정헌법 제14조에 의해 보호 대상이 되는 '자유'는 학생들이 오로지 공립학교로부터만 지시받도록 강요되는 것을 막는 방식으로 해석된다고 하였다. 또한 사립학교가 부모들과 맺었던 계약이 보호받아야 할 재산이라는 주장에 대해서, 학교는 법인이기 때문에 원칙적으로는 보호될 권한이 없지만 해당 법안에 의해 영업적·재산적 손해를 입은 사실이 있으며, 이 사건 소송에서의 주의 개입은 합당한 것으로 볼 수 없다고 판시했다.

Plessy v. Ferguson, 163 U.S. 537 (1896)

1890년에 루이지애나주 의회는 기차의 객차 내에 인종에 따라 객석을 분리하고, 자신의 인종에 맞지 않는 객석에 앉을 경우 역무원이 이를 제지할 수 있도록 하며, 이를 거부할 경우 벌금이나 금고형에 처하는 법안을 통과시켰다.

호머 플레시Homer Plessy는 루이지애나주에서 기차에 탑승한 후 자신의 인종에 맞는 객석으로 옮기라는 역무원의 요구를 거절했다는 이유로 기차에서 끌어내려졌고, 위 법안에 따라 주州형무소에 수감되었다. 이후 플레시는 올리언스 지구 주지방법원에서 위 법안에 대한 위반을 이유로 형사재판에 회부되었다. 플레시는 위 법안이 헌법에 위반되므로 무효라며 탄원을 제출했고, 지방검사는 탄원에 대한 항변을 제출했다. 법원은 탄원을 기각하면서 검사의 항변을 인정했고, 금지영장이 없는 이상 재판을 진행하여 플레시를 벌금형과 금고형에 처하겠다고 판시했다. 이에 플레시는 주최고법원에 금지영장과 사건이송명령서를 청구했다. 주최고법원은 해당 주법이 헌법에 합치한다고 판시하며 플레시의 청구를 기각했고, 이에 플레시는 연방대법원에 오류 영장writ of error을 다시 청구했다.

연방대법원의 브라운Brown 대법관은 개인에 의한 탑승 거부는 노예상태의 강제로 볼 수 없다는 이유로 해당 주법이 수정헌법 제13조에 위배되지 않으며, 인종에 따른 분리 자체는 인종에 대한 차별로 볼 수 없고 해당 주법은 그 합리성이 인정되므로 수정헌법 제14조에도 위배되지 않는다고 판시하며 플레시의 청구를 기각했다. 이는 '분리되었으나 평등하다separate but equal' 원칙이 나타난 첫 연방대법원 판결이었다.

Power v. Barry County, Michigan, 539 F.Supp. 721 (W.D. Mich. 1982)

이 사건에서는 운항 관리자로서 복무하는 동시에 1976-1981년 사이에 배리Barry 주 사법부에서 주州수감자들의 교도관직을 수행했던 여성 고용인들이 주, 사법장관, 지역 노조를 상대로 고용차별 소송을 제기했다. 불만의 글을 잘라 내려는 주와 사법장관의 움직임에 대해서, 연방지방법원은 원고가 비교가치이론하에서 회복할 수 없다고 설시하였다.

Reed v. Reed, 404 U.S. 71 (1971)

상속재산의 관리에 대해 피상속인의 부와 모가 각각 진정을 냈고, 이에 대해 유언검인법원probate court은 아이다호주 법률에 의거해 부를 관리인으로 지정하는 결정을 내렸다. 이에 모가 항소했고, 아다 카운티Ada County의 제4지방법원 재판장 맥파든McFadden 판사는 재산을 관리할 자격을 동등하게 갖춘 두 사람 중 남성을 여성보다 우선하는 당해 조항은 재산관리인 지명에 관한 소송을 간소화하는 데 그 목적이 있는 것이며, 비합리적이고 임의적인 구분을 함으로써 연방헌법 그리고 주헌법상의 동등보호조항이나 주법상의 민권법 조항을 위반하고 있다고 볼 수 없다고 판시했다.

이에 대해 모가 다시 상고했고, 연방대법원의 버거Burger 대법관은 아이다호 주법의 당해 조항이 수정헌법 제14조의 동등보호조항이 금지하고 있는 차별에 근거한 것이고, 따라서 동 조항을 위반한다고 판시했다. 당해 조항은 단지 절차 간소화만을 위하여 한 성별의 구성원들을 다른 성별의 구성원들보다 강제적 우선순위에 두는 것이며, 가족 내 분쟁을 회피함으로써 얻을 수 있는 긍정적 가치가 무엇이든 간에 오로지 성별에 기반하여 결정되도록 하는 것은 합법적일 수 없다는 이유였다. 연방대법원의 판결이 내려지기 전, 아이다호주는 당해 조항을 수정하여 남성에 대한 우선순위를 없앤 개정안을 통과시켰고 1972년 7월 1일부터 시행하였다.

Regents of the University of California v. Bakke, 438 U.S. 265 (1978)

1973년 앨런 바케Allan Bakke라는 35세 백인 남성이 의과대학 열두 곳에 지원하였으나 높은 연령 등의 이유로 모두 거절당했고, 이후 특별 입학 프로그램으로 지원했으나 대학 측에서 인종적 소수자만을 합격시켰기 때문에 불합격되었다. 이에 바케는 자신이 점수가 더 높은 데도 불구하고 거부된 것에 대해 문제를 제기하였고, 학교는 해당 프로그램이 합법적이라는 것에 대한 선언적 판결을 구하는 소를 제기하였다. 이에 따라 인종적 소수자에 대한 적극적 조치를 취하는 대학 입학 정책이 쟁점으로 부상했다.

캘리포니아주 최고법원은 해당 프로그램이 불법이라고 설시하고 바케를 합격시키도록 조치하였고, 학교 측은 사건이송명령을 구했다. 연방대법원의 아홉 명의 대법관들은 여섯 가지로 의견이 갈렸다. 포웰Powell 대법관은 해당 프로그램이 불법적인 것은 맞지만, 인종 또한 학교가 지원서를 심사하는 여러 요인 중 하나일 수 있고, 해당 프로그램이 아니라 하여도 바케가 합격할 수 없었을 거라는 점을 학교가 증빙하지 못했기 때문에 바케는 합격될 자격이 있다고 설시하였다. 이에 따라 원심을 일부 확정 일부 파기하였다. 브레넌Brennan, 화이트White, 마샬Marshall, 블랙먼Blackman 대법관은 일부 동의 일부 반대 의견을 작성하였고, 화이트, 마샬, 블랙먼 대법관은 각자 개별의견을 썼다. 스티븐스Stevenes 대법관도 일부 동의 일부 반대 의견을 작성하였고, 버거Berger, 스튜어트Stewart, 렝퀴스트Rehnquist 대법관이 동참하였다.

Roe v. Wade, 410 U.S. 113 (1973)

1970년 3월, 제인 로Jane Roe라는 여성이 낙태를 불법화하는 텍사스주 형법의 위헌성에 대한 확인판결과 해당 법령의 집행에 대한 중지명령을 요청하며 댈러스주의 지방검사를 상대로 소를 제기하였다. 로는 자신이 결혼하지 않은 상태로 임신을 하였으며, 자격증 있는 의사에게 안전하고 임상적인 조건하에 행해지는 시술을 받아 임신을 종결하고자 하나, 텍사스 주법이 그녀가 임신 지속에 의해 생명이 위협받지 않는다는 이유로 합법적 낙태를 금지하였다고 진술했다.

연방대법원은 이른바 '3, 3, 3' 판결을 내렸다. 임신 기간을 삼분하였을 때 첫 번째 기간 동안은 자유로이 임부가 결정권을 행사하도록 하고, 두 번째 기간 동안은 모체의 건강과 관련된 합당한 이유가 있는 경우에 가능하게 하고, 마지막 기간 동안은 금지하는 것이었다. 그 근거로서 우선 임부가 자신의 임신 종결 여부를 결정할 권리는 수정헌법 제14조와 제9조로부터 추론되는 사생활권의 영역에 포함되는 것으로 보았다. 반면 임신의 전 기간 동안 임부의 생명이 위태로운 경우가 아니라면 낙태를 금지하는 것이 고대로부터 기원하지도, 심지어 보통법 체계로부터 유래하지도 않는 비교적 근래(19세기 후반부터)의 법령이라는 점, 헌법 조문이 권리를 보장하고 있는 '사람'은 태어난 이후의 개체를 지칭하고 있는 것으로 보인다는 점을 설시하였다. 따라서 태아의 생명권은 절대적 권리로 보장받아야 할 것이 아니라 태아가 점차 자라남에 따라 임부의 결정권과 비등해질 수 있는 것이 된다. 비등해지는 지점은 태아의 모체 밖에서의 생존 가능성에 기반하여 판시했다.

Rosenfeld v. Southern Pacific Company, 444 F.2d 1219, 1225 (9th Cir. 1971)
리 로젠펠드Leah Rosenfeld는 서던 퍼시픽 사Southern Pacific Company가 해당 직렬에 후배 남자 고용인을 배치함으로써 그녀를 오로지 성별에 기반하여 차별했다며 소를 제기하였다.

중부 캘리포니아주 소재 연방지방법원은 원고의 손을 들어 주었고, 피고가 항소했다. 연방항소법원은 사측의 인사정책이 진정직업자격을 충족시키지 못한다는 이유로 원심을 인용하여 로젠펠드의 손을 들어 주었다. 여성의 신체적 능력 혹은 지구력과 같은 특성에 기반하여 고용이 거부되는 것에는 진정직업자격이 기존과 같은 방식으로 매우 좁고 엄격하게 해석되어야 한다는 것이었다.

Rostker v. Goldberg, 453 U.S. 57 (1981)
대통령이 남성들을 대상으로 군등록을 요구할 수 있게끔 규정된 군선발징병법안Military Selective Service Act, MSSA이 수정헌법 제5조를 위반하는지의 여부가 문제되었다. 해당 법안은 1971년 베트남전쟁 반대의 일환으로 처음 문제삼아졌고, 비판 중 한 가지는 베트남전쟁을 위해 남성만을 등록 및 징병하는 것이 허용될 수 없는 성별 기반 차별이라는 것이었다. 한참 후인 1980년에야 연방지방법원이 판결을 내렸는데, 카터 대통령의 움직임으로 인해 해당 법안의 성차별 여부가 새로이 쟁점으로 부상했기 때문이었다. 징병을 위한 등록은 1975년에 끝났으나, 1980년 소련이 아프가니스탄을 공격하자 카터 대통령은 등록을 재제도화하고자 하였다. 이때 의회에서 해당 법안을 여성까지 등록하게 하고 결국엔 징병하는 내용의 수정안이 통과되지 않음으로써, 대통령에게는 18세에서 26세의 남성만을 등록케 할 권한이 주어졌다. 연방지방법원은 해당 법원이 성별에 기반한 허용될 수 없는 차별을 포함하고 있어 수정헌법 제5조의 적법절차조항(제14조의 동등보호조항을 포괄하는 것이다.) 위반이라고 판시했다. 단, 이때 등록이 곧바로 전투배치를 의미하는 것은 아니기 때문에 여성의 전투능력에 대한 쟁점은 검토되지 않았다.

Royster Guano Company v. Virginia, 253 U.S. 412 (1920)

로이스터 구아노 사Royster Guano Company는 노포크시市 법원에 27만 2천 달러의 세금을 면제해 줄 것을 요청하였다. 당시 법령에 의하면 버지니아주 바깥에서 사업하는 국내 기업의 경우 세금이 면제되고 있었고, 원고의 사업 일부가 버지니아주 바깥에서 이루어지고 있었기 때문이다. 이에 대해서 연방대법원은 수정헌법 제14조의 동등보호를 보장하는 뜻에서 원고의 주장을 인용하였다. 분류가 이루어진 경우 그것은 자의적이어서는 안 되고 합리적이어야 하며, 입법의 대상과 공정하고 실질적인 관계를 가진 차이에 근거를 두어야 하며, 그리하여 유사한 환경의 모든 사람들은 비슷하게 대우받아야 한다고 설시하였다.

Satty v. Nashville Gas Co., 434 U.S. 136 (1977)

내쉬빌 가스 회사Nashville Gas Co.의 임신 관련 고용정책이 1964년 민권법을 위반한 것인지의 여부가 다투어진 사건이다. 내쉬빌 가스사의 피고용인들은 회사의 정책이 성에 기반한 차별이라며 소송을 제기했다. 해당 정책에 따르면 각 피고용인은 보험에 가입하는데 이 보험에 의해 지급되는 임신 관련 급여는 다른 경우의 50%에 해당하는 것이었다. 또한 임신한 피고용인에 대해 휴가를 받게 했는데, 이 경우 이들은 휴업임금을 받지 못하였고, 그때까지 축적된 선임권job senoiority도 잃게 되며, 복귀 시 고용인이 그녀를 위한 임시직을 마련하기는 하지만 고정직에 채용되려면 당시 그 직위에 지원하는 사람이 없어야만 가능했다.

테네시주 소재 연방지방법원의 모턴Morton 판사는 남성과 여성이 동일한 급여를 받기 때문에 해당 회사의 보험정책은 성별에 기반한 차별이 아니며, 선임권과 관련한 휴가정책은 차별에 해당한다고 인정했다. 또한 이 사건의 경우 출산휴가 동안 피고용인의 직위를 비워 두지 않은 고용인의 행위는 차별이 아니라고 판시했다.

이에 고용인이 항소했고, 연방항소법원의 테일러Taylor 판사는 원심을 유지했다. 그는 병가sick leave 프로그램에서 정상적 임신을 제외시키는 것은 고용평등법Equal Employment Opportunity Act에 위배된다며, 피고용인에게 휴가 동안 지급되었어야 할 급여와 임금의 부족분을 지급하고, 선임권을 복귀시키며, 합당한 변호사비를 지급하라고 판시했다.

이에 고용인은 상고했고, 연방대법원의 랭퀴스트Rehnquist 대법관은 다음과 같이 판시했다. 첫째, 출산휴가 후 복귀하는 피고용인에 대해 선임권을 부정하는 고용인의 정책은 겉으로는 중립적인 것으로 보이나, 여성 피고용인에게 남성의 경우와는 달리 중대한 부담을 지우고 있고 그에 대한 업무관련성을 인정할 수 없으므로 불법적인 고용관행이다. 둘째, 임신한 피고용인에 대해 병가수당sick leave pay을 지급하지 않는 것은 길버트 사건General Electric Co. v. Gilbert에서 판시한 대로 그 자체로는 차별이 아니며, 그것이 차별이라고 주장하기 위해서는 그것이 단순히 차별을 위한 구실에 불과함을 증명해야 하는데, 이에 대해서는 사실심인 하급심에 사건을 환송하여 판단해야 한다.

Schlesinger v. Ballard, 419 U.S. 498 (1975)

이 사건 소송에서 문제가 된 연방법은 은퇴 전까지 여성 해군장교에게는 14년, 남성 해군장교에게는 9년의 복무 기간을 규정하고 있었다. 연방대법원은 해당 법령이 동등보호에 대한 중간심사기준을 통과했으므로 합헌적이라고 판시했다. 여성들은 전투직무에서 제외되었기 때문에 군 내에서 승진기회를 덜 갖는데, 해당 법령이 승진에 대한 장해물로 작용했던 이전 법령들에 대한 직접적인 보상의 성격을 가진다는 이유였다.

Southeastern Community College v. Davis, 442 U.S. 397 (1979)

청각장애인 프랜시스 데이비스Frances Davis는 사우스이스턴 커뮤니티 칼리지Southeastern Community College 간호학과 입학을 거부당했고, 이에 수정헌법 제14조와 재활법 제504조 위반이라고 소를 제기하였다. 노스캐롤리나 동부 지방법원과 연방항소법원은 데이비스가 간호사로서의 업무를 제대로 수행할 수 없기 때문에, 장애가 있지만 직무를 모두 수행할 수 있는 사람을 보호 대상으로 삼는 재활법 제504조의 적용 대상이 아니라고 판시했다. 연방대법원은 들을 수 있는 능력이 간호사의 일상적 업무에 핵심적인 부분이며, 사업장이 제공해야 할 조정이 재활법 제504조가 규정한 것의 범위를 초월한 것으로 보았다.

Spaulding v. University of Washington, 740 F.2d 686 (9th Cir. 1984)

워싱턴 주립대학University of Washington 간호학부the School of Nursing의 여성 교직원들이 자신들의 임금이 동 대학 내 타 학부 직원들의 임금보다 적고, 이것이 동일

임금법Equal Pay Act에 위배되며 민권법 제7편이 금지하고 있는 차별에 해당한다며 대학을 상대로 소를 제기했다.

이에 대해 워싱턴주 연방지방법원에서는 원고가 타 학부 내의 남성 교직원들과 본질적으로 동일한 노동을 하고 있다는 사실을 입증하지 못했다는 법원 주사special master의 보고를 받아들이며 원고의 청구를 기각했다.

뒤따른 항소심에서 연방상소법원은 동일노동에 대한 입증에 실패했다는 원심의 주장을 인정하면서 해당 대학에서의 임금격차가 동등임금법에 위배되는 것이 아니며, 동 대학이 차별적 의도를 가지고 있었다는 것을 인정할 수 없으므로 민권법 제7편상의 직접차별을 인정할 수도 없고, 시장가격의 반영에 따른 광범위한 임금격차를 '비교가치론comparable worth theory'에 근거하여 간접차별로 인정하는 것도 받아들일 수 없다고 판시하며 원심을 인정했다.

Stanley v. Illinois, 405 U.S. 645 (1971)

조안 스탠리Joan Stanley와 피터 스탠리Peter Stanley는 혼인하지 않은 채 18년 동안 함께 살면서 아이 셋을 가졌는데, 조안이 사망하자 당시의 절차대로 아이들은 국가에 의해 수용되고 법정이 승인한 보호자에게 배치되었다. 이에 피터는 법정이 혼인한 부에게 제공하였을 소명의 기회를 그에게는 제공하지 않은 채 결정이 내려진 것이 수정헌법 제14조의 동등보호권리를 위반한 것이라며 소를 제기하였다. 연방대법원은 적법절차에 의거했을 때 혼인하지 않은 부는 혼인 혹은 이혼한 부와 동일한 권리를 보장받아야 한다면서 스탠리의 손을 들어 주었다. 이는 혼외 자녀를 둔 아버지가 아이들에 대한 권리를 가지고 있음을 인정한 첫 판례로서 의미를 가진다.

Stanton v. Stanton, 421 U.S. 7 (1975)

이혼한 부가 딸이 18세가 되자 양육비 지급을 중단하고, 이에 모가 법정에 딸과 아들이 21세가 될 때까지 지원을 요청하면서 남성은 21세, 여성은 18세에 성년이 되는 것으로 규정하고 있었던 유타 주법이 문제되었다. 유타 이혼법정에서 모가 패소하였고, 유타주 최고법원은 그와 같은 구분에 합리적 기반이 있다고 보았다. 여성이 일찍 성숙하고 어린 나이에 결혼하며, 남성은 교육의 필요가 더 크다는 이유였다.

연방대법원의 블랙먼Blackmun 대법관은 차별심사의 어떤 기준을 적용하더라도 해당 법령이 동등보호조항 위반이라고 판시함으로써 원심을 파기하는 다수의견을 냈다. 이 판결은 사회통념이 공식적인 정책으로 남성과 여성을 다르게 대우할 합법적 기반이 되지 못한다는 점을 천명한 것이었다.

State v. Wanrow, 88 Wash. 2d 221 (1977)

이본 완로Yvonne Wanrow는 스포카인 카운티 최고법원에서 2급살인과 흉기를 이용한 1급상해로 유죄판결을 받았으나, 연방항소법원은 이를 뒤집었고 연방대법원이 항소심 판결을 확정했다. 연방대법원의 어터Utter 대법관은 주의 관공서가 개인 간 사적 대화를 동의 없이 녹음하는 것을 금지하는 법률에 따르자면 피고가 총을 쏜 직후에 경찰서에 전화한 것도 사적인 대화였다고 보았다. 그럼에도 사적 대화가 담긴 테이프가 제출되어 편파적인 오류를 만들었으며, 자기방어의 객관적 기준을 사용하라는 지시는 오류이고 동등보호라는 피고의 권리를 침해하였다고 설시하였다. 라이트Wright 대법관은 보충의견을, 해밀턴Hamilton 대법관은 반대의견을 밝혔다. 스태포드Stafford, 로젤리니Rosellini 대법관이 반대의견에 동의하였다.

Struck v. Secretary of Defense, 409 U.S. 1071 (1972)

수잔 스트럭Susan R. Struck 대위는 1967년 4월에 미국 공군에서 장교로 복무를 시작하였는데, 그녀가 복무를 시작하기 전부터 임신한 공군 장교를 해고하는 규칙이 있었다. 스트럭 대위는 베트남에서 복무 중 임신하였고 해당 규칙의 적용을 받아 명예퇴직 권고를 받고 퇴직하게 되었다. 이에 그녀는 군 복무에서의 불법적인 해고를 방지하기 위한 항구적 금지명령과 선언적 구제를 요청하며 소를 제기하였다.

서부 워싱턴 지역법원은 원고의 주장을 기각하였고, 원고는 항소하였으나 연방항소법원에서는 원심을 인용하였다. 연방항소법원의 매든Madden 판사는 임신한 장교를 해고하도록 규정한 공군 규칙이 적법절차, 동등보호, 사생활권 고려 없이 자유 혹은 재산을 부인하지 않았다고 판시하였다. 더 나아가, 낙태는 해당 공군 장교의 종교상의 이유로 선택할 수 없었기 때문에 종교의 자유를 침해하는 것이라는 주장에 대해서, 그러한 권리는 임신 장교를 군에 두지 않기 위한 임박한 공익 앞에서 제한될 수 있다고 하였다. 그러나 정부가 해당 사안과 관련하여 전향적인 입장을 표명함으로써, 연방대법원은 정부의 새로운 입장발표에 비추어 쌍방의 다툼 없는 사건issue of mootness이 된 것인지 여부를 검토하라며 사건을 파기환송하였다.

Texas Department of Community Affairs v. Burdine, 450 U.S. 248 (1981)

여성 고용인 조이스 버딘Joyce Burdine이 사측의 승진 거부와 그에 뒤따른 해고 결정이 불법적인 성차별에 근거한 것이라며 소를 제기하였다. 미국 노동법 사안의 하나로, 특히 연방항소법원과 연방대법원에서 이 사건 소송이 다루어지는 동안 입증책임이 문제되었다.

연방항소법원은 피고 측이 자신들의 그 같은 결정에 합법적인 이유가 있으며 승진되고 고용된 다른 사람들이 원고보다 더 자격을 잘 갖춘 자들이었음을 충분히 증명했다고 보았다. 반면 연방대법원은 원심이 피고의 입증책임에 대해 잘못 해석했다고 판시했다. 실질적인 재판 진행과정을 살펴보았을 때, 피고는 의견제시의 책임을 넘어선 설득의 책임을 지지 않는 매개적인 증명책임만 졌을 뿐이기 때문에 사실상 입증책임은 원고에게서 피고에게로 전환된 바 없었다고 하였다. 반증이 없는 경우 원고가 이기게 되는 이 사건 소송의 경우, 피고인 고용주는 자신에게 차별의도가 있었는지의 여부에 대해 실질적인 답변을 제시해야 한다는 것이다.

Transworld Airlines, Inc. v. Hardison, 432 U.S. 63 (1977)

래리 하디슨Larry Hardison은 트랜스월드 항공사Transworld Airlines, Inc.에 고용되어 비행기 유지·보수 및 분해·수리 업무와 관련된 24시간 운영 부서에서 일하였다. 사측은 연차 순서대로 고용인들이 직무 및 교대 배치를 선택할 권한을 주는 방식을 취하고 있었는데, 하디슨은 처음에는 자신의 종교적 신념에 따라 토요일을 안식일로 보낼 수 있었지만 직무가 바뀐 뒤 연차가 적어지자 그럴 수 없는 상황에 처하였다. 이것 때문에 일을 그만두게 된 하디슨은 항공사와 노조가 그의 해고와 관련하여 종교적 차별을 했다는 이유로 소를 제기하였다.

연방지방법원은 피고의 손을 들어 주었고, 하디슨은 항소하였다. 결과는 항소심에서 뒤집어졌고, 결국 연방대법원에 올라오게 되었다. 연방대법원의 화이트White 대법관은 다음과 같은 이유를 들어 원심을 파기하였다. 첫째, 연공서열 제도 자체는 모든 항공사 직원들의 필요(종교적이든 세속적이든)를 충족시키기 위한 집합적 동의에 기반한 것이며, 둘째, 항공사는 토요일에 일할 수 없다는 종교적 신념을 가진 직원의 직무 및 교대 배치에서 실패한 데 대해 책임을 추궁당할 수 없다. 셋째, 의회에서 명확하고 명시적인 표시가 없었던 경우, 단체교섭 합의서에 합의된 연공서열 제도대로라면 항공사 고용주가 토요일에 일하는 것을 금지한 종교적 신념을 가진 점원을 수용하도록 길을 제공할 의무는 없었다. 넷째, 민권법에 의하면 차별적인 의도가 아니었다면 제도가 다소 차별적인 결과를 초래했더라도 연공서열 제도의 운영은 불법적인 고용관행이 아니다. 다섯째, 안식일 근무를 피하게 해 주기 위해 부가적 급여 지불을 통해 다른 직원과 교대시켜 주거나 4일간만 일하도록 허용하는 등의 조치를 취해야 할 의무가 항공사에 있는 것은 아니다.

Tyler v. Vickery, 517 F.2d 1089 (5th Cir. 1975)

조지아주의 변호사 자격시험에 불합격한 흑인들의 이익을 대변하는 견지에서 행해진 집단소송이다. 원고는 해당 시험이 적법절차조항과 동등보호조항을 위반하는 것으로서 위헌적이라고 주장했다.

북부 조지아 지방법원에서 약식판결로 해당 시험이 합헌적이라는 판결을 내렸고, 원고는 항소했으나 원심이 인용되었다. 연방항소법원 다이어Dyer 판사는 변호사 자격시험이 차별의 고의성을 지니지 않았을 뿐 아니라, 흑인 지원자 대비 흑인 불합격자의 비율이 백인과 불균형적이라는 이유만으로 해당 변호사 자격시험이 본질적으로 차별적이라고도 말할 수 없다고 하였다. 수험자의 입장에서 흑인이 불합격 점수가 나오는 절차상의 문제를 증명하는 데 실패한 것은 적법절차조항의 위반을 구성할 수 없다는 것이었다.

Vanguard Justice v. Hughes, 471 F.Supp. 670 (D. Md. 1979)

시市경찰국의 키·몸무게 자격요건이 성별과 인종에 기반한 차별인지가 문제되었다. 연방지방법원의 카우프만Kaufman 판사는 다음과 같이 설시했다. 첫째, 시경찰국의 키·몸무게 요건이 18-79세 여성의 95%를 배제하지만 동일 연령대 남성은 32%만을 배제한다는 사실은 민권법 제7편상의 증거를 일단 갖춘 사건

prima facie case의 조건을 충족시킬 뿐 아니라, 해당 자격요건이 여성 경찰을 적게 뽑기 위함이었다는 경찰 사령관의 증언에 따르면 차별의 의도도 명확하다. 둘째, 흑인 지원자들에게 불리한 영향이 있는 채용시험의 업무관련성이 충분히 증빙되지 못했으므로 해당 시험은 민권법 제7편에 위반된다. 셋째, 경사로 승진하기 위한 승진시험의 업무관련성 또한 증빙되지 못했으므로 마찬가지로 민권법 제7편에 위반된다. 이에 따라 연방지방법원은 원고의 주장을 인용하였다.

Village of Arlington Heights v. Metropolitan Housing Development Corporation, 429 U.S. 252 (1977)

시카고 교외의 알링턴 하이츠Arlington Heights에서는 아파트와 같은 다세대 주택이 이웃에 들어서는 것을 막는 건축규제 법령이 1959년 이래로 유지되어 오고 있었다. 해당 법령이 사실상 다양한 사회경제적·민족적·인종적 배경의 가족들이 입주하는 것을 가로막는 것이라는 문제제기가 이루어짐에 따라, 합헌성 여부가 문제삼아졌다.

법원은 엄격심사기준을 적용하여 판결을 내리기보다, 해당 법령이 인종적 구분에 대해서 명시적으로 언급하고 있지 않음에도 그러한 효과를 내고 있는지 여부를 확인하기 위한 간접차별심사를 시도했다. 공식적인 법안이 취약계층에 미치는 영향력이 다른 계층에 비해 상당히 크다면 그 법안의 차별적 목적을 인정하는 방식이다. 그 결과, 해당 법령의 의도를 규명하기 어려운 상황에서도 차별에 대한 실용적인 심사를 할 수 있었고, 법원은 해당 법령이 합헌적인 것이라 결론 내렸다.

Washington v. Davis, 426 U.S. 229 (1976)

두 명의 흑인 경찰관이 언어구사능력, 어휘력과 독해능력에 대한 평가를 포함하는 컬럼비아주 경찰청의 승진시험 정책이 과도하게 많은 수의 흑인을 제외시킴으로써 흑인을 차별하고 있음을 주장하며 이에 대해 위법확인과 금지명령을 구하는 소송을 제기했다.

컬럼비아주 연방지방법원의 게젤Gesell 판사는 해당 시험에 흑인이 더 많이 떨어진다는 점과 시험성적과 입사 이후 업무능력의 관련성이 증명되지 않았음은 인정했으나, 실제로 새로 선발되는 경찰관 중 흑인의 비율이 지역 내 20대

흑인의 비율에 상응하고, 해당 경찰청이 흑인을 선발하려는 노력을 했으며, 해당 시험이 신임 경찰관 훈련 프로그램과 합리적인 관련성을 가진다는 이유로 원고의 요약판결 청구를 기각했다.

이에 경찰관들은 항소했고, 연방항소법원의 로빈슨Robinson 판사는 Griggs v. Duke Power Co. 사건을 언급하면서 동 사건에서 사용된 민권법 제7편 해석의 기준을 이 사건에 적용했다. 그 결과 연방항소법원은 차별적 의도의 존재 여부와는 무관하게, 또한 시험과 이후 업무능력의 합리적 관련성 존재 여부와는 무관하게, 차별적 효과disparate impact의 존재만으로도 그 위헌성을 인정할 수 있다고 판시하면서 원심을 파기했다.

컬럼비아주 정부는 사건이송명령서를 신청했고, 연방대법원의 화이트White 대법관은 수정헌법 제5조상 적법절차조항의 판단에 있어서는 고용평등 사건에 적용되는 기준이 쓰일 수 없고, 인종차별적 목적 없이 단순히 차별적 효과만이 있다는 이유만으로 하나의 법이 위헌인 것이라고 볼 수 없으며, 해당 시험과 훈련 과정의 관련성만으로도 그 유효성을 인정하기에 충분하다고 판시했다.

Weeks v. Southern Bell Tel. & Tel. Co., 408 F.2d 228 (5th Cir. 1969)

서던 벨 전화&전신 사Southern Bell Tel. & Tel.에서 19년 동안 근무한 여성 고용인 로레나 윅스Lorena Weeks는 전철원 직렬에 지원하였다가 사측이 이를 거절하자 성별에 기반한 차별이라며 소를 제기하였다.

연방항소법원의 존슨Johnson 판사는 사측이 일반적인 차별금지를 넘어설 만큼 전철원 직무가 여성에게 부적합하다는 점을 충분히 증명하지 못했다고, 다시 말해 그것이 진정직업자격을 충족하지 못했다고 판시하였다.

Weinberger v. Wiesenfeld, 420 U.S. 636 (1975)

스테판 위센펠드Stephen Wiesenfeld는 출산 중 아내가 사망하여 아들을 혼자 부양하게 되었으나, 사회보장법 혜택이 과부에게만 미치고 홀아비인 자신은 부적격자로 여겨지자 소를 제기하였다. 원고는 사회보장법 제402조(g)가 홀아비인 스테판을 차별하는 것임과 동시에, 아내인 폴라Paula의 기여를 돈 버는 남성과 동등하게 다루지 않음으로써 그녀를 차별하는 것이기도 하다고 주장하였다.

연방대법원은 만장일치로 위센펠드의 손을 들어 주었다. 여성노동자가 남성노동자에 비해 사회보장비 납부 노력 대비 혜택을 적게 만드는 성별기반 구분이라면 헌법이 금지하고 있는 것이기 때문이다. 이는 수정헌법 제5조 적법절차조항에 의거한 동등보호의 권리가 위반된 것이었다.

Wetzel v. Liberty Mutual Ins. Co., 424 U.S. 737 (1976)

리버티 뮤추얼 보험회사Liberty Mutual Ins. Co.는 임신수당을 소득보장 계획에서 제외함으로써 여성 고용인으로 하여금 출산 3개월 후에 업무에 복귀하거나 해고에 직면할 것을 요구하였다. 이에 해당 정책이 1964년 민권법 제7편에 위반되는 것인지의 여부가 문제되었다.

서부 펜실베이니아 지방법원에서 원고인 고용인들이 승소하였고, 사측이 항소했으나 원심 인용판결이 내려졌다. 연방항소법원의 스탤리Staley 판사는 관할법원의 전제조건을 충족시킨 근로자는 기술적 오류로 법원 출입을 거부당하지 않을 것이며, 임신수당을 명시적으로 배제하면서 동시에 다른 장애나 고용주의 휴가정책을 포괄하고 있었던 사적 고용주의 소득보장 계획은 민권법 위반에 해당한다고 밝혔다.

Wright v. Olin Corp., 697 F.2d 1172 (4th Cir. 1982)

고용기회평등위원회는 올린 사Olin Corporation가 노스캐롤라이나에 있는 공장에서 모집, 고용, 배치, 분류, 승진, 해고, 재고용, 연공체계 등에서 인종과 성별에 기반한 차별을 했다고 결론 내렸다. 또한 서부 노스캐롤리나주 연방지방법원은 올린의 고용인인 테레사 라이트Theresa Wright와 윌리암 호웰William Howell이 언급된 바와 유사한 문제제기를 한 집단소송에서 원고의 주장을 부분 인용하였다.

올린은 항소하였고, 연방항소법원은 올린을 상대로 한두 개의 고용차별 소송을 병합하여 다루었다. 연방항소법원의 필립스Phillips 판사는 고용기회평등위원회는 주요 성차별 사안에 대해 사법권을 가지지 못하고 해당 사안들은 항소법원의 관할에 해당한다고 밝혔다. 이 사건에 대해서는 연공체계는 선의의 것이라는 원심 판단은 틀리지 않았으며, 고용주는 직무 배치에 있어서 차별하지 않았고, 승진도 차별적이지 않은 기준에 따랐다는 원심 판단을 타당한 것으로 보았다. 다만 불평등 효과와 사업상 필요 이론에 의거했을 때 피고가 운영한 태아 취약성 프로그램은 성차별의 일단 증거를 갖춘 사건prima facie case에 해당하며, 해당 프로그램의 사업상 필요에 대한 증명부담은 고용주가 지게 되는데 다른 수단이 없었음을 증명하지 못했다고 판시하였다. 이에 따라서 원심 판단을 일부 확정 일부 파기하였다.

Yellow Springs Exempted Village School District Board of Education v. Ohio High School Athletic Association, 443 F.Supp. 753 (S.D. Ohio. 1978)
접촉 스포츠에 여학생의 참여를 배제하는 고등학교체육연합의 규칙이 문제되었다. 서부 오하이오주 연방지방법원의 루빈Rubin 판사는 주 피고는 피고적격이 있으며, 연합의 행위는 주 행위에 해당하고, 여학생을 배제하는 연합의 규칙과 연방의 규칙은 적법절차 위반이라고 설시하였다. 이에 원고 승소 판결을 내렸다.

| 찾아보기 |

[용어]

[인명]

[판례]